suhrkamp taschenbuch
wissenschaft 12

AF533629

Mit seinem Entwurf einer Systemtheorie erneuert Luhmann den von der gegenwärtigen Soziologie vernachlässigten Versuch, Gesellschaft im ganzen zu begreifen. Er untersucht die Funktion der Zweckorientierung in sozialen Systemen und bestimmt sie als Reduktion von Komplexität, als Vereinfachung, die das System handlungsfähig macht.

Niklas Luhmann

Zweckbegriff und Systemrationalität

Über die Funktion von Zwecken in sozialen Systemen

Suhrkamp

Bibliografische Information der Deutschen Nationalbibliothek
Die Deutsche Nationalbibliothek verzeichnet diese Publikation
in der Deutschen Nationalbibliografie;
detaillierte bibliografische Daten sind im Internet über
http://dnb.d-nb.de abrufbar.

7. Auflage 2016

Erste Auflage 1973
suhrkamp taschenbuch wissenschaft 12
© Niklas Luhmann
J. C. B. Mohr (Paul Siebeck) Tübingen 1968
© Suhrkamp Verlag Frankfurt am Main 1993
Suhrkamp Taschenbuch Verlag
Alle Rechte vorbehalten, insbesondere das der Übersetzung,
des öffentlichen Vortrags sowie der Übertragung
durch Rundfunk und Fernsehen, auch einzelner Teile.
Kein Teil des Werkes darf in irgendeiner Form
(durch Fotografie, Mikrofilm oder andere Verfahren)
ohne schriftliche Genehmigung des Verlages reproduziert
oder unter Verwendung elektronischer Systeme
verarbeitet, vervielfältigt oder verbreitet werden.
Printed in Germany
Umschlag nach Entwürfen von
Willy Fleckhaus und Rolf Staudt
ISBN 978-3-518-27612-9

Inhalt

Einführung: Handlung und System 7

1. Kapitel: Das Handeln und die Spezifikation seiner Zwecke 18

1. Die teleologische Deutung des Handelns und ihre Kritik 18
2. Die Auslegung des Handelns als Bewirken von Wirkungen 24
3. Regulierung durch Werte und Zwecke: Transitivität oder Opportunismus 33

2. Kapitel: Systembegriff und Zwecktheorie der klassischen Organisationslehre 55

3. Kapitel: Kritische Strömungen und neue Positionen 87

1. Vom Polizeistaat zum Rechtsstaat 88
2. Das Optimierungsprinzip und seine Kritik 106
3. Theorien der Beitragsmotivation 128
4. Die Bestandsformel 143
5. Kybernetische Regelung 157

4. Kapitel: Die Funktion der Zwecksetzung 166

1. System/Umwelt-Theorie 171
2. Zweckfunktion 179
3. Zweckspezifikation, Umweltdifferenzierung und generalisierte Medien der Problemlösung 201
4. Bestimmtheitsgrad der Zwecksetzung 211
5. Widersprüchlichkeit der Zwecksetzung 227
6. Funktionale Äquivalente 236

5. Kapitel: Zweckprogrammierung 257

1. Das Dilemma von Funktion und Struktur 260
2. Die Relativität der Zweck/Mittel-Charakterisierungen 266
3. Programmaufbau: Mehrstufigkeit 284
4. Programmaufbau: Mehrgliedrigkeit 292
5. Programmaufbau: Zeitliche Ordnung 303
6. Probleme und Problemlösungen 311
7. Kontrolle 322
8. Organisation 337

Schluß: Zur Trennung von empirischer und normativer Forschung 343

Literaturverzeichnis 350

Sachregister 386

Handlung und System

Der Begriff des Zweckes wird in alter und fester Tradition auf das menschliche Handeln bezogen. Seine Bedeutung wird in der Lehre vom Handeln entfaltet. An ausweitenden Übertragungen hat es nicht gefehlt: Größeren Handlungskomplexen, Gruppen, Verbänden, Organisationen, ja selbst geistigen Sinngebilden und den Gegenständen der Natur, also Systemen jeder Art, wurden Zwecke zugeschrieben. Diese Zuschreibungen haben sich im großen und ganzen als problematisch, als nicht sehr beständig erwiesen, während die Basisvorstellung des Handlungszwecks unangefochten geblieben ist. Wir wollen in den folgenden Untersuchungen dem Verdacht nachgehen, daß diese beiden Ergebnisse der vorliegenden Bemühungen um den Zweckbegriff zusammenhängen, *daß die Theorie der Systemzwecke deswegen problematisch geblieben ist, weil der Zweckbegriff ursprünglich von der Einzelhandlung her konzipiert wird.*

Unsere Überlegungen ordnen sich demnach um den Unterschied von Handlung und System. Sie setzen in diesen Begriffen einen Gegensatz voraus. Sie erstrecken sich auf die Verschiedenartigkeit der Rationalität, die mit ihnen impliziert ist bzw. erstrebt wird; denn der Zweckbegriff steht zunächst für die Rationalität des Vorgangs, der den Zweck trägt und verwirklicht.

Unter Handlung soll jedes sinnhaft orientierte, außenwirksame menschliche Verhalten verstanden werden, unter System jedes Wirklich-Seiende, das sich, teilweise auf Grund der eigenen Ordnung, teilweise auf Grund von Umweltbedingungen, in einer äußerst komplexen, veränderlichen, im ganzen nicht beherrschbaren Umwelt identisch hält. Diesen weiten Systembegriff engen wir für die Zwecke unserer

Untersuchung ein und sprechen im folgenden, wo nichts anderes vermerkt ist, nur von *Handlungs*systemen, das heißt von Systemen, die aus konkreten Handlungen eines oder mehrerer Menschen gebildet sind und sich durch Sinnbeziehungen zwischen diesen Handlungen von einer Umwelt abgrenzen.

Diese vorangestellten Andeutungen sollen nur das Verständnis der Fragestellung erleichtern. Sie können nicht als abschließende Definition, geschweige denn als ausreichende Erhellung des gemeinten Sachverhaltes gelten. Sie lassen jedoch eine wechselseitige Implikation und damit die ganze Schwierigkeit des Themas anklingen: In den Handlung definierenden Begriffen »Orientierung«, »Außenwirksamkeit«, »menschliches Verhalten« ist der Systembegriff mit seiner Innen/Außen-Differenz schon vorausgesetzt, so wie auch der Systembegriff in der gegebenen Bestimmung eine Aktivität der Selbsterhaltung, einen Austausch mit der Umwelt, bei Menschen und Sozialsystemen also Handlung voraussetzt.

Die Umschreibungen des Handlungsbegriffs und des Systembegriffs zeigen ferner an, daß wir uns im Bereich eines sehr alten Dilemmas befinden, nämlich des Problems der nicht aufeinander zurückführbaren Grundbegriffe von Bewegung und Substanz. Unter den Denkvoraussetzungen der ontologischen Metaphysik, die postulierte, daß das Seiende in seinem Sein beständig, also nicht nicht sei, mußte dieses Dilemma einen zentralen Rang erhalten. In ihm scheiterten die Prämissen der Ontologie. Der Zweckbegriff hatte den Sinn, dieses Scheitern zu verdecken, indem er dem Vergänglichen einer Handlung, die ist und doch nicht ist, das Bleibende des Zweckes als ihr eigentliches Wesen aufprägte. Im Zweck konnte die Handlung, konnte die Bewegung als Substanz vorgestellt werden. Das aber war die Bedingung, unter der sie unter jenen Denkvoraussetzungen als rational begriffen werden konnte. So ist es kein Zufall, daß der Zweckbegriff in der Abwendung des griechischen metaphysische Funktion, im Gegensatz von Bewegung und Substanz zu vermitteln. Er verliert seine Verankerung im »Wesen« der Handlung und damit seine Stellung als nicht weiter begründbarer Grundbegriff der Handlungswissenschaften. Dafür wird die Zweckorientierung im Rahmen der Systemtheorie und im Lichte ihrer Grundbegriffe zu einem wichtigen Thema der Forschung. Sie erscheint dann als eine besondere Art der Systemrationalisierung neben anderen. Ihre Funktion kann analysiert, ihre Funktionsbedingungen können ermittelt, ihr Vorhandensein in bestimmten Arten von Systemen kann empirisch kontrolliert werden.

Für eine solche Besinnung auf die Funktion von Zwecken in Systemen gibt es noch einen anderen Anlaß. Auch er fällt bei einem Rückblick in die Geschichte des Zweckdenkens auf. Im abendländischen Denken war es feste Lehrtradition, daß die rationale Wahl nur Wahl von Mitteln zu einem Zweck sein könne, nicht Wahl des Zweckes selbst; es sei denn, daß der Zweck seinerseits als Mittel für einen entfernteren Zweck konzipiert werde. Diese Auffassung wurde ursprünglich mit der Offenkundigkeit des Erstrebenswerten, also der Wahrheit von Zwecken begründet, die als solche nicht wählbar sei; später, gerade umgekehrt, mit der Wahrheitsunfähigkeit der Zwecke, die eine wissenschaftliche Begründung und in diesem Sinne eine Rationalität der Wahl ausschließe[2]. Die Entgegengesetztheit der Begründungen legt an den Tag, daß sie das Problem nicht erfassen. Ob wahrheitsfähig oder nicht – der Zweck muß nicht deshalb, sondern wegen seiner Funktion für den Entscheidungsprozeß invariant gesetzt werden und also nur soweit, als diese Funktion es verlangt. Die Konstanz der Zwecke ist demnach nur eine systemrelative Konstanz, die eine Änderung von Zwecken im Rahmen ihrer Funktion nicht ausschließt[3].

2 Vgl. *Aristoteles,* Nikomachische Ethik 1112 a ff. einerseits und *Talcott Parsons,* The Structure of Social Action, 2. Aufl., Glencoe/Ill. 1949, insb. S. 228 f. andererseits.

3 Von dieser Ansicht geht die neuere Organisationswissenschaft aus-

Im Grunde ist der Systembegriff auch in der üblichen, handlungstheoretischen Zweckkonzeption schon enthalten, kann aber von ihr aus nicht erfaßt und nicht entfaltet werden. Zwecke werden schon seit langem nicht mehr als wahrer Endzustand der Handlungsbewegung begriffen, sondern als subjektives Engagement. Denn nur als subjektive Vorstellung können Zwecke aus der Zukunft in die Gegenwart hineinverlegt und so in den allein wahrheitsfähigen Kontext »mechanischer« Kausalität einbezogen werden in dem Sinne, daß der Zweck nurmehr als bewirkte gegenwärtige Vorstellung gilt, die in der Richtung des Vorstellens weiterwirkt[4]. Weil Zwecke als künftige Zustände nicht mehr wahrheitsfähig sind, haben sie den Charakter eines subjektiven Gesichtspunktes angenommen, auf den das handelnde Subjekt sich im Hinblick auf die Zukunft festlegt. Diese Festlegung ist eine Selbstverpflichtung auf eine Selektion von Handlungsfolgen, die für wertvoll gehalten werden, und damit zugleich ein Abstoßen von anderen Folgen, die das Subjekt für unerheblich oder für »den Zweck

gesprochen oder unausgesprochen aus. Siehe z. B. *Chester I. Barnard,* The Functions of the Executive, Cambridge/Mass. 1938, S. 195, oder *Karl W. Deutsch,* The Nerves of Government. Models of Political Communication and Control, New York-London 1963, S. 195 ff. Als Basis rationaler Zweckvariation wird mehr und mehr der Gedanke des Systembestandes in Anspruch genommen – siehe statt anderer *Harry M. Johnson,* Sociology, New York 1960, S. 284 ff.

4 Zu dieser Auflösung teleologischer Kausalität in mechanischer Kausalität vgl. z. B. die Darstellung bei *Max Weber,* Knies und das Irrationalitätsproblem. Neu gedruckt in: *ders.*, Gesammelte Aufsätze zur Wissenschaftslehre, 2. Aufl. Tübingen 1951, S. 128 Anm. 1; oder *Felix Kaufmann,* Methodenlehre der Sozialwissenschaften, Wien 1936, S. 80 ff. Unerklärbar bleibt bei dieser typisch neuzeitlichen Fassung des Zweckproblems freilich, wie Gegenwärtiges, nämlich Motive, überhaupt durch die Vorstellung von etwas Künftigem verursacht sein kann. Zur Kritik dieser Konzeption siehe im übrigen bereits *Christoph Sigwart,* Der Kampf gegen den Zweck, in: *ders.*, Kleine Schriften II, 2. Aufl. Freiburg/Brsg. 1889, S. 24–67; *Wilhelm Wundt,* Logik, Bd. I, 5. Aufl., Stuttgart 1924, S. 628 ff. und treffend *Alf Ross,* Kritik der sogenannten praktischen Erkenntnis. Zugleich Prolegomena zu einer Kritik der Rechtswissenschaft, Kopenhagen-Leipzig 1933, S. 56.

wert« ansieht, also in ihren eigenen Wertbezügen neutralisiert. Und weil die subjektive Zwecksetzung andere Folgen zu bloßen Kosten neutralisiert, ohne sie doch aus der Welt schaffen zu können, kann sie keine Allgemeinverbindlichkeit, also keine Wahrheit beanspruchen.

In diesem Gedankenkreis: Wahrheitsunfähigkeit – Subjektivität – subjektives Engagement auf spezifische Folgen – Neutralisierung anderer Folgen – fehlende Allgemeinverbindlichkeit – Wahrheitsunfähigkeit, bleibt der Träger dieses Zirkels ungedacht. Er wird als komplexes, beständiges System, das den Zweck überdauert und sich deshalb auf ihn verpflichten kann, vorausgesetzt, steht aber jenseits der vom Zweck aus erforschbaren Rationalstruktur des Handelns. Zwecke sind nicht bloße Erwartungen, auch nicht bloße Wünsche; sie werden erst Zweck durch Bereitschaft zum Einsatz[5], und das heißt: durch Bereitschaft zum Verzicht. Zwecksetzung wird daher zumeist als Willensakt dargestellt. Der Willensbegriff aber bezeichnet eine – wenn auch unzulängliche und abgekürzte – Reflexion auf die Totalität der Person. Es muß zunächst etwas da sein, das sich solche Einsatz- und Verzichtsbereitschaft zumuten kann, das genügend gefestigt ist und genügend Zeit hat, um sich gegenwartsferne Zwecke leisten zu können. Das, was sich auf diese Weise einsetzt und bindet – ein Organismus, eine Person, eine Gruppe, eine Organisation –, steht jedoch als System außerhalb der Zweck/Mittel-Kalkulation. Es ist ihr »Subjekt«, liegt ihr zugrunde. Dieses Zugrundeliegen, die Subjektivität des Systems, wird man bedenken müssen, wenn man den erwähnten Zirkel durchbrechen und damit den Rang des unmittelbar auf Wahrheit bezogenen teleologischen Denkens der Schulphilosophie – wenn auch auf andere Weise und mit anderen Begriffen – wiedergewinnen will.

5 Dies betont z. B. *Alfred Schutz*, On Multiple Realities. Philosophy and Phenomenological Research 5 (1944/45), S. 533–576 (536); neu gedruckt in: *ders.*, Collected Papers, Bd. I, Den Haag 1962, S. 207–259 (211).

Seit Kierkegaard ist zwar die Subjektivität des Wählens über die Zweckgebundenheit hinaus radikalisiert worden. Die Bindung des Wählens an die zweckrationale Struktur der aristotelischen *Prohairesis* ist damit – zumindest im Bereich der Philosophie – gesprengt. Die Vorstellung des freien, sich in seinen Zwecken selbst wählenden Subjekts hat aber im sogenannten Existentialismus eine betont transrationale, wenn nicht irrationale Fassung erhalten. Darin dauert die Abhängigkeit von der bekämpften Position, besonders von der Auffassung der Zweckrationalität als Handlungsrationalität, die das Subjekt außer acht läßt, fort. Die Aufgabe, ein zwar rationales, aber nicht zweckabhängiges Wählen vorstellbar zu machen, ist noch ungelöst.

Kann ich meine Zwecke wählen, können andere es auch. Es ist dann kein Verlaß darauf, daß andere in bekannten und vertrauten Bahnen handeln; daß sie nicht, während ich entscheide, ihre Handlungsgrundlagen plötzlich ändern. Nicht nur Dummheit und Bosheit muß ich fürchten und mich gegen sie verwahren; der andere Mensch schlechthin wird zum Problem. Eine ganz neue Dimension von Komplexität tut sich auf[6]. Der Verlust gemeinsamer Zweckwahrheit, die Subjektivierung der Zwecksetzung, macht den anderen Menschen als freies alter ego bewußt, und in der europäischen Geschichte taten die religiösen Bürgerkriege des 16. Jahrhunderts das ihre, dieses Problem zu illustrieren. Mit dieser neuen Komplexität verändert sich der Sinn von Rationalität in einer Weise, die noch kaum gesehen wird. Rationalität kann nicht mehr als einsehende Entfaltung und Beachtung vorgegebenen Sinnes verstanden werden. Sie ist zuallererst Reduktion von Komplexität.

Diese Überlegung führt zurück auf das Subjekt-System, das in der Vorstellung eines Engagements für Zwecke im-

6 Vgl. *G. L. S. Shackle,* Time, Nature, and Decision. In: Money, Growth, and Methodology and other Essays in Economics in Honor of Johan Åkerman, Lund 1961, S. 299–310 (299).

pliziert ist und nun ausdrücklicher zum Thema gemacht werden muß. Der Begriff des Rationalen wäre dann aus der einfachen, zweckgerichteten Handlungsrationalität umzudenken in eine komplexere, umfassende Systemrationalität. Deren Sinn ergäbe sich aus dem Bezug auf das Problem der Komplexität. Eine solche Neuorientierung ist, wie wir sehen werden, durch die jüngste Entwicklung verschiedener empirischer Wissenschaften in ausreichender Weise vorbereitet.

Die Umstellung von Handlungskategorien auf Systemkategorien betrifft die Bezugsbegriffe der Rationalität und geht daher tief. Sie verändert – zumeist unbemerkt – das, was man unter »rational« versteht und damit das, was der Mensch in seinen höchsten Möglichkeiten von sich selbst erwartet. Talcott Parsons war in einem wichtigen Abschnitt seines ersten Hauptwerkes bis vor die Tore dieses Gedankens gelangt[7]. Es gebe in den Handlungswissenschaften wissenschaftliche Aussagen, die in ihrem Gegenstand ein bestimmtes Maß von Komplexität voraussetzen und daher nicht in bezug auf Einzelhandlungen, sondern nur in bezug auf Handlungssysteme sinnvoll seien. So könne von wirtschaftlicher Rationalität nicht in bezug auf eine einzelne, nach Zweck und Mittel explizierte Handlung die Rede sein, sondern nur in bezug auf Handlungssysteme, da dieser Rationalbegriff Knappheit von Mitteln und eine Mehrheit von Zielen voraussetze. Zwecke und Mittel sind für Parsons jedoch zunächst noch Wesensmerkmale des Handelns[8]. Es fragt sich daher, ob Parsons' Argument an die-

7 Ich meine den Abschnitt »Systems of Action and Their Units« in: *Parsons*, aaO, 1949, S. 739 ff. Noch weitergehende Formulierungen in der Richtung, die hier vertreten wird, finden sich im Anschluß an Parsons bei *Alfred Schutz*, The Problem of Rationality in the Social World. Economics 10 (1943), S. 130–149; neu gedruckt in: *ders.*, Collected Papers, Bd. II, Den Haag 1964, S. 64–88 (80).

8 Als Motto des oben zitierten Werkes wählt Parsons das *Max Weber* Zitat: »Jede denkende Besinnung auf die letzten Elemente sinnvollen menschlichen Handelns ist zunächst gebunden an die Kategorien ›Zweck‹ und ›Mittel‹.« Ein anderes Beispiel bietet ein Ver-

ser Stelle abgebremst werden kann, oder ob nicht auch Zweck und Mittel Begriffe sind, die nur in bezug auf Systeme das Urteil »rational« begründen können. Fast unabweisbar drängt diese Vermutung sich auf, wenn man Zwecke nicht mehr als Enthüllung eines vorgegebenen Wesens des Handelns, sondern durch ihre Funktion zu begreifen sucht.

Eine weitere Überlegung erhellt dasselbe: Wenn der Zweck als vorgestellte wertvolle Wirkung gedacht wird, macht diese Perspektive das Handeln zum Mittel. Handeln kann dann, wenn man es überhaupt als rational ansieht, nur noch Mittel sein[9]. Die Rede vom »Selbstzweck« ist eine sinnlose, in sich widerspruchsvolle Protestformel, an der man die Furcht vor der Wirklichkeit des Gegenteils ablesen kann[10]. Das heißt jedoch nicht, daß alles Handeln stets unter dem Gesichtspunkt eines Zweckes erlebt oder miterlebt werden müsse, und vor allem nicht, daß auch Handlungssysteme »nur Mittel« sein könnten; ist doch keineswegs von vornherein ausgemacht, daß auch Systeme nur infolge eines spezifischen Zwecks rational sein können. So könnte es vielleicht einen Ausweg aus der unbefriedigenden Gleichsetzung von Instrumentalität und Rationalität weisen – das Rationale wäre dann ja das in sich selbst Unbefriedigende und Unvollendete –, wenn man den Blick von der Handlungsrationalität auf die Systemrationalität und ihre Bedingungen lenkte. Auch diese Überlegung ermuntert zu dem Versuch, nach der Funktion von Zwecken für die Rationalisierung von Systemen zu fragen.

such, die Verwaltungswissenschaft ausdrücklich auf die zweckrationale Struktur des Handelns zu gründen: *Alfred de Grazia,* The Science and Values of Administration. Administrative Science Quarterly 5 (1960), S. 362–397, 556–582, insb. S. 363 f.

9 Das wird verhältnismäßig selten ausdrücklich zugestanden. Ein Beispiel: *Rudolf von Jhering,* Der Zweck im Recht, Bd. I, 3. Aufl., Leipzig 1893, S. 13.

10 Zur romantischen Mystifikation des »Selbstzwecks« findet man gute Bemerkungen bei *Kenneth Burke,* A Grammar of Motives, Cleveland, New York 1962, S. 289 f. (Meridian Book Ausgabe).

Für die Ausarbeitung dieses Gedankens benötigen wir fünf Kapitel. Wir werden zunächst im ersten Kapitel sehen, wie weit wir auf der Ebene der Einzelhandlung mit der Aufhellung des Sinnes der Auslegung des Handelns als Bewirkens einer Wirkung und der zweckrationalen Steuerung dieser Handlungsauslegung kommen. Diese Überlegungen werden uns mit einem kritischen Vorstellungsvermögen ausstatten, mit dem wir im zweiten Kapitel die Zweckkonzeption der klassischen Organisationslehre und im dritten Kapitel die wichtigsten Ansätze zu ihrer Überwindung prüfen können. Dabei lassen sich manche Anregungen gewinnen, die auf eine systemtheoretische Behandlung der Zwecksetzung hinführen. Gewisse Grundgedanken lassen sich herauslesen, aber eine konsequente Ausarbeitung dieser Theorie werden wir vermissen. Auf diese kritisch-darstellenden Ausführungen folgt dann in den letzten beiden Kapiteln der Versuch, den Zweckgedanken prinzipiell aus der Handlungstheorie in die Systemtheorie zu übertragen. Dabei müssen wir im vierten und wichtigsten Kapitel ausführlich untersuchen, welche spezifische Funktion die Zweckorientierung in Sozialsystemen, besonders in Organisationen, erfüllt, welche Vorbedingungen sie in der Systemumwelt voraussetzt, welche Folgeprobleme sie nach sich zieht und welche Alternativen es für sie gibt. Schließlich sollen im fünften Kapitel die dabei gewonnenen Einsichten befestigt werden durch Behandlung einiger Probleme, die mit der Aufstellung von Zweckprogrammen in Organisationen verbunden sind.

1. Kapitel

Das Handeln und die Spezifikation seiner Zwecke

1. Die teleologische Deutung des Handelns und ihre Kritik

Daß das Handeln seinen Sinn in der Erfüllung eines Zwekkes habe, versteht sich heute nicht mehr von selbst. Man hat diese Deutung zwar nicht ersetzen können. Als einzig anerkannte Handlungsbeschreibung findet das Zweck/Mittel-Schema in alltäglichen, aber auch in wissenschaftlichen Vorstellungszusammenhängen immer noch ganz unbefangen Verwendung. Und doch ist der Geltungsanspruch und schon gar der Wahrheitsanspruch dieser Handlungsauslegung seit langem erschüttert.

Die Gründung des Seins auf das Subjectum des Selbstbewußtseins hat mit Beginn der Neuzeit die Intersubjektivität des Vorstellens in radikaler Weise problematisch werden lassen. Man sucht daher nach neuen, kritischen Maßstäben für eine Feststellung des Seienden, die jeden Vernünftigen bindet. In der scharfen Helle dieses neuen Lichtes verlieren alte Themen ihren Wahrheitsgehalt, alte Fragestellungen ihren Sinn. So ist auch die Wahrheitsfähigkeit, die Zwecke als etwas Seiendes einst besaßen, durch die methodischen Anforderungen der neuzeitlichen Wissenschaften diskreditiert. Das Einschrumpfen der Wahrheitsmöglichkeiten auf Gegenstände, die mit intersubjektiver Gewißheit festgestellt werden können, führt zur Subjektivierung der Zwecke. In der Antike als Teil der einheitlichen Handlungsstruktur, als krönender Endpunkt des Handlungsverlaufs gesehen, in dem das Streben sich erfüllt und zur Ruhe kommt, gilt der Zweck nunmehr als Vorstellung einer wegen ihres Wertes geschätzten Wirkung des Handelns. Eine solche Vorstellung liegt in ihrer Faktizität, nicht aber in ihrer Richtigkeit der wissenschaftlichen Erforschung offen.

Die Verschärfung der Wahrheitsanforderungen, vor denen die Zweckwahrheit zerfällt, bezeugt ein neuartiges Bewußtsein der Komplexität der Welt in zeitlicher, sachlicher und sozialer Hinsicht. Die Schulphilosophie hatte auf antiken Grundlagen ein natürliches Ende und in diesem Sinne einen Zweck von Wirkungsreihen gefordert, weil Unendlichkeit nicht sein könne[1]. Dem Menschen der beginnenden Neuzeit führt dieser Gedanke nur noch die Endlichkeit seines eigenen Geistes ins Bewußtsein[2], das heißt die Diskrepanz zwischen der unfaßlichen Komplexität der Welt und dem eigenen Begriffsvermögen. Die Zwecke werden dadurch zu willkürlichen, allenfalls sozial vereinbarten Durchgangsstationen eines unendlichen Kausalprozesses. Andererseits ist die Einsicht in die Begrenztheit menschlichen Vernunftvermögens nun etwas anderes als früher – nicht mehr Anlaß zur Resignation, Bescheidung oder gläubiger Verehrung, sondern Konzentrat einer Gewißheit, welche die Subjektivität des Selbstbewußtseins zum Ausgangspunkt macht für immer weitergreifende Prozesse der Reduktion von Komplexität auf gesicherte Vorstellungen.

Die neuzeitliche Wendung des Denkens hat somit die ältere teleologische Auslegung der Handlungseinheit in Frage gestellt und zugleich mit ihren Begriffen der mechanischen (zeitneutralen) Kausalität, der Vorstellung und des Wertes den begrifflichen Bezugsrahmen erstellt, in dem die Problematik des Zweck/Mittel-Denkens entfaltet wird. Diese Begriffe erschließen zunächst eine differenziertere Betrachtung des Handelns: Zwecke und Mittel bzw. Entscheidung, Handlung und Wirkungen werden als verschiedenartige Stationen eines Geschehens sichtbar, die nicht mehr

1 Vgl. *Aristoteles,* Nikomachische Ethik 1194 a; *Thomas von Aquino,* Summa contra Gentiles, 3, 2.

2 So *Descartes* in den Premières Réponses (Ausgabe der Bibliothèque de la Pléiade, Paris 1952, S. 347 f.) in bezug auf Ursachen und den scholastischen Gottesbeweis.

invariant und notwendig verbunden sind, sondern ihr eigenes Schicksal haben können. In die Handlungsauslegung kommt dadurch Beweglichkeit, Variabilität, Unsicherheit hinein; andererseits wird eben dadurch die Suche nach Auswegen und neuen Problemlösungen, nach Alternativen und neuartigen Kombinationen angeregt. Die Zukunft ist nicht mehr durch vorgegebene wahre Zwecke verstopft; sie ist unendlich offen, enthält mehr Möglichkeiten, als aktualisiert werden können, und muß daher durch Pläne festgelegt werden.

Diese Differenzierung und Verunsicherung der Handlungsstruktur gibt Anlaß zu einer Differenzierung verschiedenartiger Handlungswissenschaften. Ethik und Naturrecht fallen in mehrere Nachfolgewissenschaften auseinander, die einen je verschiedenen Sinn von Rationalität vertreten. Die empirischen Wissenschaften, die die Faktizität der Zwecksetzung zu erklären und ihre bedachten und nichtbedachten Folgen zu ermitteln suchen, also namentlich Psychologie und Soziologie, trennen sich von den Wissenschaften, die sich weiterhin um die Richtigkeit des Handelns bemühen, ihre Handlungsvorstellung nun aber von der Wirklichkeit abstrahieren. Die Wirtschaftswissenschaften halten weiterhin am Zweck/Mittel-Schema fest und versuchen, Rationalmodelle der Mittelwahl für Zwecke zu konstruieren, die möglichst allgemeingültig sind (z. B Gewinnmaximierung). Andere Disziplinen suchen ein Urteil über die Richtigkeit des Handelns durch Auslegung von Normen oder Werten zu gewinnen – allen voran die Rechtswissenschaft, die sich auf positives Recht stützen und es sich deshalb leisten kann, der Zweck/Mittel-Struktur des Handelns allenfalls die Bedeutung eines »Tatbestandes« beizumessen.

Daß die verschiedenen Wissenschaften, die sich mit menschlicher Zwecksetzung befassen, voneinander *analytisch unabhängig* sind, ist im übrigen eine Art (vorläufiger) *Ersatz für Zweckwahrheit.* Unabhängigkeit des begrifflichen Bezugsrahmens und die Richtung des analytischen Interesses erlauben es den einzelnen Wissenschaften, ihren Gesichtskreis und den Variationszusammenhang, den sie erforschen, zu begrenzen und an den Grenzen das als konstant bzw. als zufällig variabel anzunehmen, was anderen Wissenschaften zufällt. So ist es für die Wirtschaftswissenschaften bezeichnend, daß sie sich nicht mehr darum kümmern, aus welchen Motiven Zwecksetzungen empirisch-kausal zustande kommen und ihre eigenen Forschungsinteressen auf die eine oder andere Weise gegen ein Durchschlagen der Problematik psychologischer oder soziologischer Motivforschungen abzuschirmen suchen[3]. In ähnlicher Weise distanziert die Rechtswissenschaft sich von der Komplexität eines vollen Handlungsverständnisses durch die These, daß alles erlaubt sei, was nicht verboten ist.

Die Trennung dieser Fachrichtungen hat mit dazu beigetragen, daß die Problematik des Zweck/Mittel-Schemas als solchen kaum sichtbar geworden ist, geschweige denn diskutiert wird. Fortgeführt wird das aus dem skizzierten denkgeschichtlichen Hintergrund sich ergebende Bedenken ziemlich zerstreut außerhalb der eigentlichen fachwissenschaftlichen Forschung. Es hat in der Lebensphilosophie und im Pragmatismus, in der Phänomenologie und der Existenzphilosophie, gelegentlich auch in soziologischen, psychoanalytischen, ethnologischen und rechtstheoretischen Untersuchungen recht verschiedenartige Sprecher gefunden[4]. Deren Argumentation kann in folgende Fassung gebracht werden: Das alltägliche, laufende, natürliche Erleben sieht den Ver-

3 Dazu kritisch *Talcott Parsons,* Die Motivierung des wirtschaftlichen Handelns. In: *Ders.,* Beiträge zur soziologischen Theorie, dt. Übers. Neuwied-Berlin 1964, S. 136–159. Vgl. ferner *Parsons,* aaO, 1949, S. 62 f. u. ö. und *George Katona,* Das Verhalten der Verbraucher und Unternehmer. Über die Beziehungen zwischen Nationalökonomie, Psychologie und Sozialpsychologie, dt. Übers. Tübingen 1960.

4 Sehr typisch findet man diese Kritik des Zweck/Mittel-Denkens in fast allen Schriften von *John Dewey.* Vgl. besonders: Human Nature and Conduct, New York 1922; Democracy and Education, New York 1916 (24. Druck 1951), insb. S. 123 f.; The Quest for Certainty. A Study of the Relation of Knowledge and Action, New

lauf einer künftigen eigenen Handlungsfolge als einheitliches Geschehen bestimmter Typik vor sich. Es richtet sich nach dieser Erwartung und den miterwarteten Umständen. Die Zergliederung dieses Erlebens in Zweck und Mittel ist eine künstliche Trennung. Sie bringt nicht etwa ein an sich vorhandenes rationales Wesen der geplanten Handlung vor das Licht der Vernunft[5], sondern stellt eine konstituierende Ordnungsleistung dar, die in Entscheidungsprozessen

York 1929; Theory of Valuation. In: International Encyclopedia of Unified Science, Bd. 2, No. 4, Chicago 1939, 6. Druck 1950; siehe dazu auch *Aldo Visalberghi,* Remarks on Dewey's Conception of Ends and Means. The Journal of Philosophy 50 (1953), S. 737–753; und *Eduard Baumgarten,* Die geistigen Grundlagen des amerikanischen Gemeinwesens, Bd. II: Der Pragmatismus: R. W. Emerson, W. James, J. Dewey, Frankfurt 1938, S. 282 ff. Um die breite Streuung der Kritik deutlich zu machen, genügen einige weitere, willkürlich herausgegriffene Hinweise: *Ferdinand Tönnies,* Zweck und Mittel im sozialen Leben. In: Erinnerungsgabe für Max Weber, Bd. 1, München-Leipzig 1923, S. 235–270; *Alfred Schütz,* Der sinnhafte Aufbau der sozialen Welt. Eine Einleitung in die verstehende Soziologie. Wien 1932, und eine Reihe von Aufsätzen desselben Autors in: *Alfred Schutz,* Collected Papers, 3 Bde., Den Haag 1962/66; *Michael Oakeshott,* Rational Conduct. The Cambridge Journal 4 (1950–51), S. 3–27. Neu gedruckt in: *Ders.,* Rationalism in Politics and other Essays, London-Herford-Harlow 1962, S. 80–110; *Martin Heidegger,* Über den Humanismus, Frankfurt 1949, S. 5; *Carlos Cossio,* Intuition, Thought and Knowledge in the Domain of Law. Philosophy and Phenomenological Research 14 (1953–54), S. 470–493; *D. Demetracopoulou Lee,* A Primitive System of Values. Philosophy of Science 7 (1940), S. 355–378; *Jürgen Habermas,* Analytische Wissenschaftstheorie und Dialektik. Ein Nachtrag zur Kontroverse zwischen Popper und Adorno. In: Zeugnisse. Theodor W. Adorno zum 60. Geburtstag, Frankfurt 1961, S. 473–501 (498 ff.) und speziell aus der Organisationswissenschaft *Bertram M. Gross,* The Managing of Organization. The Administrative Struggle, Bd. II, New York-London 1964, S. 470.

5 Dies ist die alte Weise des überlieferten Rationalismus, natürliche Erlebnisformen als unzulängliche Erkenntnis zu behandeln. Nahestehend die Deutung, die *Nicolai Hartmann,* Teleologisches Denken, Berlin 1951, insb. S. 76 ff. gibt: Die Zweck/Mittel-Überlegung sei der natürliche Entscheidungsprozeß, der aber zumeist intuitivroutinemäßig erfolge und nur in Problemfällen eigens expliziert werde. Hier könnte ein Blick in die wirtschaftswissenschaftliche Diskussion der Rationalmodelle des Zweck/Mittel-Entscheidens ernüchternd wirken. Selbst elementare Kalkulationen dieser Art wird man seinem Unterbewußtsein nicht jeden Tag zumuten können.

eine genauer angebbare Funktion hat. Der Mensch *kann* diese Möglichkeit in begrenztem Umfange ergreifen; er kann auch in seinem natürlichen Erlebnishorizont unreflektiert oder an anderen Vorstellungen orientiert in sein Handeln hineinleben. Nie kann er die in der Zweck/Mittel-Orientierung vorausgesetzten Potentialitäten ausschöpfen; denn sie gehen ins Unendliche. Auch wenn er mit Zweck/Mittel-Begriffen plant, muß er vereinfachende Vorstellungen benutzen, die mit diesen Begriffen nicht zu rechtfertigen sind. So ist die entscheidende Frage, welche spezifische Funktion die Zweckorientierung erfüllt. Denn erst, wenn diese Frage beantwortet ist, läßt sich eine zweckorientierte Entscheidungstechnik mit den notwendigen Entscheidungsvereinfachungen entwerfen, lassen sich die Umweltbedingungen einer solchen Technik ermitteln, läßt sich überhaupt erst klären, in welche Situationen ein zweckorientiertes Entscheiden angebracht ist.

Die Funktion der Zweck/Mittel-Orientierung läßt sich allerdings nicht mit einem Zuge enthüllen. Vielmehr müssen zwei Fragen unterschieden, aber doch im Zusammenhang miteinander beantwortet werden. Die erste und grundlegende lautet: Welchen Sinn hat es überhaupt, die natürlich-erlebte Geschehenseinheit des Handelns kausal, also als Differenz von Ursache und Wirkung, auszulegen? Erst wenn diese Frage beantwortet ist, und nur in bezug auf die Antwort, kann die zweite Frage gestellt werden, welchen Sinn es hat, bestimmte (aber nicht alle) Wirkungen des ursächlichen Handelns als »Zweck«, dieses selbst dagegen als »Mittel« auszuzeichnen. Daß in der bisherigen Diskussion diese beiden Frageschritte nicht sorgfältig genug auseinandergehalten wurden, scheint die Hauptquelle jener Unklarheiten zu sein, die dem Sinn der Zweckorientierung bis heute anhaften. Und nur deshalb hat sich der Mythos, daß das Zweck/Mittel-Denken ein vorgegebenes »Wesen« des Handelns enthüllt, über den Zusammenbruch seiner Denkvoraussetzungen hinaus halten können.

Dem herkömmlichen Denken erscheinen die beiden Fragestellungen nicht als Entfaltung eines funktionalen Problemschemas, sondern als Gegensatz zweier Arten von Kausalität bzw. zweier Prinzipien der Erkenntnis: der mechanischen und der teleologischen[6]. Heute dominiert dagegen die *Trennung von Kausalschema und Wertordnung*. Da gerade diese Trennung dem Zweckbegriff einen neuen Sinn und eine spezifische Funktion gegeben hat, die im Vorstellungshorizont der alten Teleologie nicht mehr zu erfassen ist, müssen wir bei dem damit aufgeworfenen Fragenkomplex etwas länger verweilen.

2. Die Auslegung des Handelns als Bewirken von Wirkungen

Im natürlichen Erleben der Welt, in der man handelt, liegen Kausalvorstellungen und Wertaspekte, soweit sie überhaupt das Erleben strukturieren, zunächst ungetrennt und untrennbar beieinander. Wirkungen sind bewertete Wirkungen. Auf dieser Grundlage kann das Zweckprinzip zum universellen Prinzip der Weltauslegung erhoben werden. Eben diese Verschmelzung begrenzt jedoch die Potenz des natürlichen Erlebens – genauer gesagt: sie begrenzt sein Potential für Komplexität. Sie setzt voraus, daß Wirkungen durch die Natur schon bewertet *sind*, die Kom-

6 Vgl. statt anderer: *Rudolf Stammler*, Lehrbuch der Rechtsphilosophie, 3. Aufl. Berlin-Leipzig 1928, S. 57 f. oder *Wundt*, aaO, 1924, S. 574 ff. Zur Vordergründigkeit dieser einfachen Entgegensetzung hat schon Hegel das Nötige gesagt: »Wenn Mechanismus und Zweckmäßigkeit sich gegenüberstehen, so können sie eben deswegen nicht als *gleichgültige* genommen (werden), deren jedes für sich ein richtiger Begriff sei und so viele Gültigkeit habe als der andere, wobei es nur darauf ankomme, wo der eine oder der andere angewendet werden könne. Diese gleiche Gültigkeit beruht nur darauf, weil sie *sind*, nämlich weil wir beide *haben*. Aber die notwendige erste Frage ist, weil sie entgegengesetzt sind, welcher von beiden der wahre sei; und die höhere eigentliche Frage ist, *ob nicht ein Drittes ihre Wahrheit oder ob einer die Wahrheit des anderen ist.« (Georg Wilhelm Friedrich Hegel*, Wissenschaft der Logik, Bd. II. Sämtliche Werke [Hrsg. Lasson], Bd. IV, Leipzig 1948, S. 384.)

plexität anderer Möglichkeiten der Bewertung insoweit schon reduziert ist. Eine analytische Trennung des Kausalschemas und der Wertordnung hat demgegenüber gewichtige Vorteile. Sie ermöglicht es, mit zwei verschiedenen, gegeneinander invariant gesetzten Interpretationen der Komplexität der Welt zugleich zu arbeiten: mit einer schematischen und einer regulativen. Im Kausalschema wird die Welt als Unendlichkeit möglicher Beziehungen von Ursachen und Wirkungen definiert, die »an sich« wertneutral sind, aber durch Bewertung eine Relevanzstruktur erhalten können. Im Wertdenken wird eine regulative Ordnung von Gesichtspunkten des Vorziehens postuliert, die »an sich« unabhängig von ihrer kausalen Verwirklichung »gilt«, die aber auf Wirkungen projiziert werden kann, indem sie Regeln enthält, die angeben, welche Wirkungen im Einzelfall zu bevorzugen sind (und auf welche demgemäß zu verzichten ist). Wir müssen uns daher zunächst vergewissern, welchen Sinn die analytisch abstrahierte Kausalität hat, um dann auf die Möglichkeiten und Grenzen einer Wertordnung einzugehen, ehe wir die Funktion der Zwecksetzung in bezug auf das Problem der Interdependenz beider Bereiche klären können.

Die Auslegung des Handelns als Bewirken einer Wirkung postuliert, daß zwei (oder mehr) Stationen des Handlungsgeschehens gegeneinander invariant gesetzt und so verselbständigt werden. Das bedeutet, daß einzelne Stationen des Prozesses festgehalten werden und Wert haben können, auch wenn andere sich ändern oder ausgetauscht werden. Man kann eine bestimmte Wirkung wollen, aber unter mehreren geeigneten Ursachen wählen, zum Beispiel die naheliegende oder traditionell übliche verwerfen und andere suchen[7]. Ebenso kann man umgekehrt von der Ur-

7 Hierzu finden sich treffende Ausführungen bei *C. West Churchman/Russel L. Ackoff*, Purposive Behavior and Cybernetics. Social Forces 29 (1950), S. 32–39 (insb. 35 ff.) mit der Definition des Begriffs der »Mittel« als »alternative types of behavior having the same function« und der Zusammenfassung der Ursachen zu jeweils

sache aus die Wirkungen als variabel behandeln, indem man zum Beispiel Folgen, die sich bei dieser Ursache »an sich« einstellen würden, durch weitere Komponenten des Handlungsgefüges wieder eliminiert. Selbst Zwecke lassen sich in diesem Denkschema als variabel behandeln: Man kann die wegen bestimmter Folgen gewollte Handlung mit anderen (nicht motivierenden, aber gut darstellbaren) Folgen rechtfertigen.

Im Kausalschema ist – und das sehen wir, wenn nicht als das »Wesen«, so doch als Grundlage der Funktion der Kausalität an – die Existenz von Alternativen in zwei Richtungen postuliert: Es gibt immer andere Ursachen, die eine bestimmte Wirkung ebenfalls bewirken können; und es gibt immer andere Wirkungen, die eine bestimmte Ursache ebenfalls bewirken könnte – wenn nämlich Wirkung bzw. Ursache in einen anderen Kausalkontext hineinversetzt würden. Diese Alternativstruktur des Kausalschemas hängt eng damit zusammen, daß keine Ursache allein zur Bewirkung einer Wirkung ausreicht, so wie auch keine Ursache oder Ursachenvielheit nur eine einzige Wirkung hat. Die Vorstellung *einer* Ursache bzw. *einer* Wirkung ist jeweils eine Abstraktion, die eine bestimmte Ordnungsfunktion erfüllt. Die Vielzahl von Ursachen und Wirkungen, die in jedem faktischen Kausalgeschehen verknüpft sind, ermöglichen erst die abstrahierende Identifikation *einer* Ur-

einer »functional Class«, definiert durch die »potentiality for producing a specified product«. Als Konsequenz ergibt sich die Erkenntnis, daß es keine exakten Vorhersagen notwendiger Wirkungen bestimmter Ursachen gibt, sondern nur Wahrscheinlichkeiten, die sich nach der Verteilung möglicher Ursachen auf Kausalkontexte richten, die zur faktischen Bewirkung einer Wirkung erforderlich sind. Vgl. auch die daran anschließenden Erörterungen von *Omar K. Moore/Donald J. Lewis*, Purpose and Learning Theory. The Psychological Review 60 (1953), S. 149–156, die allerdings den Unterschied von teleologischer und mechanischer Kausalität wieder einführen und insofern dem Problem nicht ganz gewachsen sind. Siehe ferner die Definition des Zwecks durch die Bereitschaft, dieselbe Wirkung durch ein anderes Verhalten zu bewirken, bei *Heinrich Gomperz*, Interpretation. Erkenntnis 7 (1937/38), S. 225–232 (227).

sache oder *einer* Wirkung in dem Sinne, daß die Ursache A ihre Identität nicht verliert, wenn sie in einer veränderten Gesamtkonstellation statt der Wirkungen a, b, c, d, e, f die Wirkungen a, b, c, e, f, g erzeugt. Nur deshalb kann man sich vorstellen, daß eine bestimmte Ursache verschiedene mögliche Wirkungen haben kann.

Die das traditionelle Kausaldenken beherrschende Suche nach Kausalgesetzen im Sinne von invarianten Korrelationen zwischen je einer Ursache und je einer Wirkung übernimmt die Abstraktion, die als Isolierung eines *Einzelfaktors* sinnvoll ist, auf die *Kausalbeziehung* und verfehlt damit ihren eigentümlichen heuristischen Sinn, ihre Eignung als Schema der Entdeckung von Alternativen. Die Theorie der Kausalgesetze postuliert einen äußersten Grenzfall, in dem es weder auf seiten der Ursachen noch auf seiten der Wirkungen Austauschmöglichkeiten gibt und in dem die Orientierungsfunktion der Kausalbeziehung daher versagt. Glücklicherweise gibt es in der Wirklichkeit solche Kausalgesetze nicht, bei denen weder Ursachen noch Wirkungen disponibel sind[8]. Die herrschende Kausalwissenschaft, die nach ihnen sucht, muß die stets gegebenen Alternativen entweder durch ceteris-paribus-Annahmen wegfingieren oder den strengen Kausalnexus zu einer Wahrscheinlichkeitsbeziehung abschwächen.

Bei dieser Fragestellung kommt jedoch, jedenfalls für die Handlungswissenschaften, die Funktion des Kausalschemas nicht in den Blick. Sie liegt nicht in der Erkenntnis einer unabänderlichen Folge von Kausalfaktoren, die völlig uninteressant, weil unbeeinflußbar wäre; sondern gerade umgekehrt in der Erkenntnis einer bestimmt strukturierten Abänderungsfähigkeit solcher Ursache-Wirkung Beziehungen, die stets nur möglich, nie aber notwendig sind. Die Kausalauslegung des Handelns befreit, mit anderen Worten, von der Bindung an eine naturhaft vorgestellte Ver-

8 Vgl. zu entsprechenden Zweifeln am Begriff des »notwendigen Mittels« unten Kap. 3 Anm. 27.

laufstypik. Sie konstituiert eine Handlungsstruktur, die es ermöglicht, von einer Station des Prozesses aus andere zu analysieren, die eine konstant zu setzen, um im Hinblick auf sie andere verändern zu können. Ein Geschehen braucht dann nicht als Gesamtkomplex akzeptiert oder verworfen, geschätzt oder abgelehnt zu werden (als eine Erlebnisbedingung, die unvermeidlich an die gewohnten Handlungstypen fesselt, also traditional orientiert ist); sondern man kann das Geschehen zerlegen und es von innen heraus durch Variation einzelner Komponenten im Hinblick auf spezifische Konstanten modifizieren.

Diese Auffassung ist bisher vielleicht am deutlichsten in der Betriebswirtschaftslehre vertreten und ausgearbeitet worden, die das Verhältnis von Produktionsfaktoren und Faktorertrag als *Produktionsfunktion* interpretiert und darin die Grundbeziehung und Rationalisierungsvoraussetzung des industriellen Produktionsprozesses erblickt. Produktionsfunktionen sind aber, wie der Begriff Funktion schon andeutet, nichts anderes als *Substitutionsregeln* für den Austausch einzelner Faktoren bzw. Faktorenkomplexe – wie im einzelnen auch immer die Entscheidungsmodelle der Substitution aussehen und ob sie einer mathematischen Lösung durch Differentialrechnung oder durch lineare Programmierung zugeführt werden oder nicht[9]. In jedem Falle ist die Funktion das Schema, nach dem sich Ermittlung und Bewertung von Alternativen richten.

9 Vgl. dazu *Erich Gutenberg*, Grundlagen der Betriebswirtschaftslehre, Bd. I, 10. Aufl., Berlin-Heidelberg-New York 1965, S. 290 f. Besonders anzumerken ist, daß in der allgemeinen Theorie der wirtschaftlichen Entscheidung nicht nur diese Substitution von Faktoren, also *Ursachen*, sondern in der Theorie der Indifferenzfunktionen auch Substitutionsverhältnisse zwischen bewerteten *Wirkungen* untersucht werden. Siehe z. B. die Typologie der Indifferenzfunktionen bei *Gérard Gäfgen*, Theorie der wirtschaftlichen Entscheidung. Untersuchungen zur Logik und ökonomischen Bedeutung des rationalen Handelns, Tübingen 1963, S. 165 ff. Ob diese Doppelseitigkeit der Orientierung nicht letztlich dazu zwingt, das Suchen nach Extremlösungen der Maximierung oder Minimierung aufzugeben und zu Input/Output-Modellen überzugehen, bleibt die Frage.

Die Kausalauslegung des Handelns ist mithin ein heuristisches Denkschema. Sie stimuliert die Suche nach Alternativen. Sie vermag so die zähe Konservativität des natürlichen Erlebens für Neuerungen aufzuschließen, indem sie in je spezifischen Hinsichten kontrollierbare Variationsmöglichkeiten eröffnet.

Freilich darf nicht verkannt werden, daß das natürliche Erleben auch außerhalb des Anwendungsbereichs des Kausalschemas ständig auf andere Möglichkeiten verweist. Die Interpretation der Welt als kausale »Wirklichkeit« ist eine einengende Auslegung. Jede Identität wird, wie Edmund Husserl aufgedeckt hat, durch Verweisung auf weitere Erfahrungsmöglichkeiten konstituiert[10], und »der Zusammenhang der Kausalitäten ist nur eine der Arten horizonthafter Verweisung«[11]. Der Sinn der Schematisierung möglicher Erfahrung durch die Kausalkategorie besteht also lediglich darin, die im natürlichen Erleben sich zeigenden Erfahrungs- und Verhaltenspotentialitäten zu systematisieren und so zu interpretieren, daß sie für Vergleichszwecke verfügbar, also rationalisierbar werden.

Die Begriffe Ursache und Wirkung bezeichnen demnach nicht bestimmte *Eigenschaften* des Geschehens, etwa das »Vermögen« zu wirken oder Ursachen anzuziehen. Sie sind nichts weiter als *Variable*, als Leerplätze für den Austausch funktional äquivalenter Möglichkeiten. Ihre Besonderheit, und damit das Charakteristische der Kausalität, liegt darin, daß sie *füreinander funktionale Bezugsgesichtspunkte sind.* Die Eignung einer Ursache, eine Wirkung

10 Siehe z. B. *Edmund Husserl,* Cartesianische Meditationen und Pariser Vorträge. Husserliana Bd. I, Den Haag 1950, S. 79 ff.; *ders.*, Erfahrung und Urteil. Untersuchungen zur Genealogie der Logik, Hamburg 1948, insb. S. 26 ff. Vgl. auch *Helmut Kuhn,* The Phenomenological Concept of »Horizon«. In: *Marvin Faber* (Hrsg.), Philosophical Essays in Memory of Edmund Husserl, Cambridge/Mass. 1940, S. 106 bis 123; *Aron Gurwitsch,* Théorie du Champs de la Conscience, o. O. (Paris) 1957.

11 *Husserl,* Manuskript C 7 11, S. 14. Zitiert bei *Gerd Brand,* Welt, Ich und Zeit, Den Haag 1955, S. 11.

zu erzeugen, dient dabei als Prinzip der Selektion, der Begrenzung von Variationsmöglichkeiten. Man kann Ursachen im Hinblick auf eine Wirkung variieren, die sie zu erzeugen vermögen, und Wirkungen im Hinblick auf eine Ursache, nie aber Ursache und Wirkung zugleich als variabel behandeln, denn das würde einen unendlichen Regreß auslösen und die Thematik ins Unbestimmbare verflüchtigen[12]. Diese funktionale Unterscheidung von jeweils fixierten und variierten Kausalfaktoren ist der innere Grund für die notwendige *Asymmetrie* der Kausalbeziehung. Obwohl die Kausalkategorie ihre beiden Grundbegriffe als Variablen ansetzt, erfordert sie, daß jeweils die eine oder die andere als Basis der Variation konstant gesetzt wird. Die Konstantsetzung braucht indes nicht absolut zu sein. Die Konstante kann in anderen Zusammenhängen durchaus als veränderlich behandelt werden, nie aber in dem Zusammenhang, dessen Variation sie strukturiert. Die Kausalkategorie sieht also vor, daß alles geändert werden kann, aber nicht alles auf einmal.

Diese funktional-strategische Auslegung der Kausalität wird stark gestützt durch die bemerkenswerte, anders nicht zu erklärende Tatsache, daß es trotz der unendlichen Komplexität des Kausalnetzes der wirklichen Welt nur zwei verschiedenartige Kausalfaktoren[13] gibt: Ursachen und Wirkungen. Warum eigentlich zwei und warum nur zwei?

12 Darauf gründet *Gäfgen*, aaO, S. 103 f., 170 f., seine Kritik des Zweck/Mittel-Denkens, ohne zu erkennen, daß es der Überwindung gerade dieser Schwierigkeit dient.

13 Diese Zweiteilung darf nicht verwechselt werden mit der binären Strukturierung von Wahlsituationen. Zu deren Vorzügen, die namentlich im Zusammenhang mit der Konstruktion automatischer Datenverarbeitungsanlagen erfaßt worden sind, vgl. *Stafford Beer*, Kybernetik and Management, dt. Übersetzung: Frankfurt 1962, S. 104 ff. Die Unterscheidung von Ursachen und Wirkungen ist natürlich allein kein Schema für die Bestimmung von Alternativen. Aber in beiden Fällen liegt das gleiche Problem der Komplexität zugrunde und beide bedienen sich einer schrittweise vorgehenden Reduktionstechnik. Im übrigen sei angemerkt, daß auch die Systemtheorie von Talcott Parsons bewußt binär konstruiert ist.

Wenn man die Struktur des Kausalschemas nicht länger als gegeben hinnimmt – sei es als Wesensmerkmal der Natur oder als Eigenschaft einer ideal-seienden Kategorie –, sondern sie auf ihre Funktion befragt, dann erhellt, daß sie in bezug steht zum begrenzten Komplexitätspotential höherer menschlicher Denkprozesse. Obwohl die neuere psychologische Forschung, die vor allem durch die Erfindung informationsverarbeitender Maschinen ausgelöst wurde, in dieser Frage noch ganz in den Anfängen steckt[14], wissen wir doch bereits mit einiger Sicherheit, daß das menschliche Potential für Komplexität, das Vermögen, komplexe Sachverhalte zu erfassen und zu verarbeiten, seinen Schwerpunkt in den unterbewußten Wahrnehmungsprozessen hat, daß dagegen alle höheren, bewußtselektiven Denkleistungen nur sehr wenige Variablen zugleich überblicken können. Während es mir nicht schwer fällt, zwischen zwei Obstkörben zu wählen, wenn der eine vier, der andere fünf Apfelsinen enthält, ist die Wahl zwischen Körben mit gemischtem Obst sehr viel schwieriger, selbst wenn die Wertdifferenz erheblich größer ist[15]. Ich muß mich dann entweder auf eine sehr starke, dominierende Präferenz festlegen – etwa Bananen über alles schätzen – oder einen Preisvergleich vornehmen, in jedem Falle also einen Umweg einschlagen, um zunächst Komplexität zu reduzieren. Aus demselben Grunde verliert man den Überblick über Kausalzusammenhänge rasch, wenn man mehrere hintereinandergeschaltete Kausalfaktoren zugleich als Variable

14 Einen guten und aktuellen Überblick vermittelt *Roger N. Shepard,* On Subjectively Optimum Selection Among Multiattribute Alternatives. In: *Maynard W. Shelly, II/Glenn L. Bryan* (Hrsg.), Human Judgments and Optimality, New York-London-Sydney 1964, S. 257–281. Vgl. ferner *Jerome S. Bruner/Jacqueline J. Goodnow/George A. Austin,* A Study of Thinking, New York-London 1956.

15 Deshalb kommen auch, wie die experimentelle Forschung festgestellt hat, bei mehrdimensional strukturierten Wahlsituationen die meisten Verstöße gegen das »Transitivitätsprinzip« vor, das heißt gegen die Forderung, wenn A höher als B und B höher als C bewertet wird, auch A höher als C zu bewerten. Siehe dazu *Gäfgen,* aaO, S. 283 ff. Vgl. ferner unten S. 37 ff.

behandeln muß[16]. Aus dieser Schwierigkeit hilft, ähnlich wie die Vereinfachungen in unserem Obstkorb-Beispiel, die Unterscheidung von Ursachen und Wirkungen heraus. Denn sie ermöglicht es, jeweils nur einen Faktor im Lichte der Konstanz des anderen zu variieren, und dann, wenn diese Überlegung abgeschlossen ist, das gleiche Schema auf ganz oder teilweise andere Faktoren neu anzuwenden[17]. Für diese Funktion ist ein binäres Schema, dessen Anwendung bei Bedarf wiederholt werden kann, am vorteilhaftesten.

Ungeachtet aller Zwecksetzung enthält also schon das Kausalprinzip selbst eine strategische Schematisierung im Hinblick auf überkomplexe Anforderungen an das Handeln. Schon durch die Auslegung des Handelns als ursächliches Bewirken einer Wirkung wird eine konstituierende Leistung erbracht, die sich nicht von selbst versteht und angebbare Funktionen erfüllt. Die Leistung und ihre Problemrichtung kann auch mit den Begriffen Spezifikation und Unendlichkeit erfaßt werden. Beide Begriffe hängen – auch dies ist eine für das Folgende grundlegende Einsicht – eng miteinander zusammen, und zwar in dem Sinne, daß erst durch Spezifikation des Vorstellens die Unendlichkeit der Ursachen und Wirkungen problematisch wird und infolgedessen Einrichtungen und Entscheidungshilfen erfordert, welche die Unendlichkeit auf ein handliches, entscheidungsfähiges Format reduzieren.

Je weiter aber die Spezifikation getrieben wird, desto größer wird die erlebnisbesetzte Spannweite des Unendlichen, desto mehr weitet sich die Distanz aus zwischen spezifi-

16 Wir verwenden hier und im folgenden den Begriff »Kausalfaktor« ohne Rücksicht auf den Wortsinn von »Faktor« als übergreifende Bezeichnung, die sowohl Ursachen als auch Wirkungen meint, aber deren Unterschied im Unbestimmten läßt. Daß es eine solche übergreifende Bezeichnung in unserer Sprache nicht gibt, ist im übrigen eine interessante Tatsache, die mitschuldig sein dürfte daran, daß das Kausalschema nur als »Beziehung«, nicht in der Variabilität seiner Faktoren analysiert worden ist.

17 Wir werden diesen Gedanken unten S. 292ff. wieder aufgreifen, wenn Einzelheiten der Zweckprogrammierung erörtert werden.

schem Erlebnisthema und Bewußtseinshorizont. Damit ist eine Problematik angezeigt, die sich deuten läßt als angestrengter Versuch, mit Hilfe der Kausalauslegung die Komplexität der Welt zu erfassen und einer Schematik zu unterwerfen, die ein sinnvolles menschliches Entscheiden ermöglicht. Das erfordert einen zweiten Arbeitsgang der Wertbildung bzw. Zwecksetzung, durch den diese komplexe Unendlichkeit reduziert wird.

3. Regulierung durch Werte und Zwecke: Transitivität oder Opportunismus

Durch Auszeichnung bestimmter Teile des Geschehens als relevante, strategisch wichtige Faktoren eines Kausalprozesses wird die Entscheidung über Konstante und Variable der Handlungsplanung einer Steuerung durch *externe* Selektionsgesichtspunkte (Werte) ausgesetzt. Das Handeln wird nicht mehr mitsamt seinen komplexen Bedingungen und Folgen als ein funktional diffuses, kompaktes Geschehen erlebt, das nicht geändert werden kann, weil es, mit Sinnbeziehungen überladen, viele Funktionen zugleich erfüllt; sondern es tritt mit den Faktoren, die konstant gesetzt werden, in den Dienst einer spezifischen Funktion, um deretwillen andere Komponenten des Geschehens vernachlässigt, modifiziert oder ausgewechselt werden können. Es tritt infolgedessen nicht als ein in sich sinnvolles, notwendiges, befriedigendes Ereignis ins Bewußtsein, sondern wird im Hinblick auf etwas anderes vollzogen[18]. Es läßt

18 Klassische Quellen für diese Gedanken sind namentlich *Ferdinand Tönnies,* Gemeinschaft und Gesellschaft. Nachdruck der 8. Aufl. (1953), Darmstadt 1963, und *Max Weber,* Wirtschaft und Gesellschaft, 4. Aufl. Tübingen 1956, S. 1 ff. In überarbeiteter Form tauchen sie in der allgemeinen Theorie der Aktionssysteme von Talcott Parsons an zwei Stellen auf: (1) in der Lehre von den Orientierungsrichtungen (pattern variables), deren eine durch die Dichotomie von »specificity« und »diffuseness« bezeichnet wird – vgl. z. B. *Talcott Parsons/Edward A. Shils* (Hrsg.), Toward a General Theory of Action, Cambridge/Mass. 1951, S. 83 f. u. ö., und als neuere Fassung: *Talcott Parsons,* Pattern Variables Revisited. American Sociological Review 25 (1960), S. 467–483 (471) –, und (2) im Klassi-

sich damit an indirekten Rücksichten orientieren, organisieren, vertauschen, aber um den Preis eines Verzichts auf unmittelbare Sinnerfüllung[19].

Spezifikation vereinseitigt die Orientierung in einer Weise, die auf der anderen Seite das Problem der Unendlichkeit heraufbeschwört und unabweisbar werden läßt. Auf dem Untergrund eines undifferenzierten, lebenstypischen Ablaufs versucht der vorausplanende oder zurechnend-erklärende Blick, bestimmte Punkte als Wirkungen oder als Ursachen zu fixieren. Deren Identität versteht sich nicht von selbst, sondern muß erst konstituiert werden[20]. Mit

fikationsschema der Systembildung als Rubrikenbezeichnung »instrumental« und »consummatory«. Siehe z. B. *Talcott Parsons,* General Theory in Sociology. In: *Robert K. Merton/Leonard Broom/Leonard S. Cottrell, Jr.* (Hrsg.), Sociology Today, New York 1959, S. 3–38 (5 ff.). Besonders *David E. Apter,* The Political Kingdom in Uganda. A Study in Bureaucratic Nationalism, Princeton/N. J. 1961, S. 85 ff.; *ders.,* The Politics of Modernization, Chicago-London 1965, wertet die Unterscheidung instrumental – consummatory im Hinblick auf die Steigerung der Variabilität eines Systems aus. Vgl. auch die auf Tauschzusammenhänge abgestellte entsprechende Unterscheidung von »extrinsic« und »intrinsic rewards« bei *Peter M. Blau,* Exchange and Power in Social Life, New York-London-Sydney 1964, insb. S. 35 ff.

19 Um einer romantischen Mißdeutung vorzubeugen, sei angemerkt, daß unter »unmittelbarer Sinnerfüllung« hier nicht so etwas wie Wohlgefühl oder Nutzen verstanden wird. Diese Begriffe gehören nicht in eine Handlungstheorie, sondern in die Systemtheorie, denn sie lassen sich nur in bezug auf Systeme explizieren. Die mangelnde Unterscheidung beider Theorien hat viel Unklarheit verursacht. Unmittelbare Sinnerfüllung ist in dem Maße gegeben, als die motivierenden Vorstellungen sich auf den Handlungsvollzug selbst beschränken, liegt also auch dann vor, wenn er als Ritual vollzogen wird oder wenn er sich ohne weitere Implikationen von selbst versteht. Die Achse des Problems liegt nicht in dem Gegensatz von Genuß und Verzicht, von Gefühl und Verstand, von Glück und Arbeit. Sie ist in dem Umstand begründet, daß ein Handeln, welches seinen Sinn in sich trägt, notwendig unfrei, alternativenlos, schicksalhaft vollzogen werden muß, die Dispositionsfreiheit, die im ganzen mehr Befriedigung verspricht, dagegen nur durch Ausweitung des Zeithorizontes, Vertagungen, Umleitungen, kurz: durch Disziplinierung erreicht werden kann.

20 In der üblichen Diskussion der unendlichen Vielzahl von Ursachen und Wirkungen jedes konkreten Ereignisses und der Schwierigkeiten, die daraus erwachsen, wird zumeist übersehen, daß noch

der Einheit einer Ursache wird aber zugleich die Frage nach anderen Ursachen, mit der Einheit einer Wirkung zugleich die Frage nach anderen Wirkungen, mit der spezifischen Identität die Unendlichkeit anderer Möglichkeiten konstituiert.

Damit ist in einem sehr allgemeinen Sinne das Bezugsproblem angezeigt, das die Rationalisierung des Entscheidens und Handelns leitet. Wenn das Handeln als Kausalvorgang ausgelegt wird, muß das Entscheiden begriffen werden als Reduktion einer Unendlichkeit von Möglichkeiten auf eine einzige Handlung bzw. Handlungsfolge. Wenn man von dieser Problemfassung ausgeht, läßt sich der Entscheidungsvorgang in bestimmter Weise rationalisieren, läßt sich ermitteln, welche Funktion den einzelnen Zwischenentscheidungen, Hilfsvorstellungen, Kooperationsformen und Vereinfachungstechniken im Hinblick auf das allgemeine Problem der Unendlichkeitsreduktion zufällt. Auch die Zwecksetzung, ja selbst die Wertbildung lassen sich in dieser funktionalen Perspektive erhellen. Sie dienen der selektiven Stabilisierung eines engeren Bereichs von relevanten Ursachen und Wirkungen[21]. So kann man zwar nicht »erklären«, was Zwecke und Werte »sind«, wohl aber *verstehen,* was sie *leisten.*

Das erste, für sich allein aber nicht ausreichende Prinzip

nicht einmal die Einheit einer Ursache bzw. einer Wirkung etwas an sich Vorgegebenes und Erkennbares ist, sondern daß von der begrifflichen Fassung, letztlich also dem Feststellungsinteresse abhängt, was in einem bestimmten Planungs- oder Erklärungskontext als »eine« Folge bzw. Ursache behandelt wird. Dazu treffend *David Braybrooke/Charles E. Lindblom,* A Strategy of Decision. Policy Evaluation as a Social Process, New York-London 1963, S. 230.

21 Zum Vergleich siehe die andersartige Interpretation dieses Verhältnisses bei *Nicolai Hartmann,* aaO 1951, insb. S. 121 ff. Auch Hartmann sieht den Kausalnexus als wesenhaft offen und aufnahmebereit für neue Ursachen und neue Wirkungen, und den Finalnexus als Einführung einer exklusiven Selektion in das allgemeine Feld unendlicher Kausalität. Er interpretiert dieses Verhältnis aber nicht als Reduktion, sondern im Sinne seiner allgemeinen Schichtenvorstellung als »Überformung« des niederen Kausalnexus durch eine höherrangige Determination.

der Unendlichkeitsreduktion ist die Wertbildung. Auf die elementare Form des Erlebens zurückgeführt, sind Werte Erwartungen, die aber in bestimmter Weise interpretiert, generalisiert und abstrahiert werden und dadurch in der Lage sind, den Handlungshorizont für rationale Problemlösungen zu strukturieren.

Der Wertbegriff ist nicht zufällig als Neufassung eines alten Problems im 19. Jahrhundert aus der Wirtschaftstheorie in das allgemeine Bewußtsein, ja sogar in die Philosophie eingedrungen. Er ist auf die neuzeitliche Kausalauslegung des Handelns, wie wir sie eben skizziert haben, abgestimmt und nur im Zusammenhang mit ihr zu verstehen[22]. Er bezieht sich auf Wirkungen des Handelns, indem er spezifische Gesichtspunkte der Schätzung (praktisch also der Bevorzugung) solcher Wirkungen bezeichnet. Die *Generalisierung* des Gesichtspunktes der Schätzung bedeutet, daß er eine vom faktischen Eintritt einzelner Wirkungen unabhängige »Geltung« erhält. Werte sind also kontrafaktisch stabilisierte Erwartungen, zu denen man sich allgemein bekennen kann, selbst wenn entsprechende Wirkungen im Augenblick oder auch überhaupt nicht eintreten[23]. Die *Spezifikation* der Werte bedeutet, daß sie eine bestimmte Hinsicht der Schätzung von Wirkungen fixieren und die volle Sinnbedeutung des konkreten Ereignisses nicht ausschöpfen. Es gibt demzufolge viele Werte, die sich zwar nicht notwendigerweise begrifflich, wohl aber in ihren Anforderungen an das Handeln widersprechen. Die *Abstraktion* der Werte schließlich bedeutet, daß die Wertgeltung nicht nur von der Sinnfülle des konkreten Wirkungsereignisses, sondern auch von dem komplexen Folgenhorizont bestimmter ursächlicher Handlungen abgelöst ist. Deshalb muß alles konkrete Handeln mit einer kom-

22 Vgl. hierzu auch: *Niklas Luhmann,* Wahrheit und Ideologie. Der Staat 1 (1962), S. 431-448 (439 f.).

23 Vgl. dazu den Überblick über die sozialpsychologische Forschung bei *Ralph M. Stogdill,* Individual Behavior and Group Achievement, New York 1959, S. 59 ff., insb. 71 ff.

plexen Wertsituation rechnen, da es in seinen Folgen die verschiedenartigsten Werte und Unwerte berührt. Spezifikation und Abstraktion der Wertgesichtspunkte sind unerläßlich, da Werte anders nicht kontrafaktisch stabilisiert werden können.

Mit diesen Bestimmungen sind auch schon Grenzen der Ordnungsleistung der Werte angedeutet[24]. Jedes konkrete Handeln führt, wenn es kausal aufgefaßt wird, in ein Wertdilemma. Es kann sich nicht an Werten allein orientieren, sondern braucht zusätzliche Entscheidungshilfen. Diese Hilfen werden in zwei prinzipiell verschiedenen Formen angeboten, die aber zueinander funktional-äquivalent sind: im Postulat einer *»transitiven« Ordnung der Werte* (Werthierarchie) und im *Zweck/Mittel-Schema.* Beide Möglichkeiten sollen Informationen über die Entscheidungssituation verdichten und dadurch eine Entscheidung ermöglichen. Sie sind unter diesem funktionalen Gesichtspunkt gleichwertig. Das macht verständlich, wieso die moderne Theorie des wirtschaftlichen Handelns auf die Kritik des Zweck/Mittel-Schemas durch Annahme des Transitivitätspostulats reagieren konnte. Als funktional-äquivalente Problemlösungsversuche sind diese Prinzipien auswechselbar. Nur haben beide ihre Mängel und Schwierigkeiten, so daß die Substitution praktisch auf einen Austausch von Folgeproblemen hinausläuft.

Mit dem Postulat der Transitivität einer vollständigen Werteordnung soll die Möglichkeit einzig-richtiger Entscheidungen gesichert werden[25]. Es handelt sich, das wird beson-

24 Weitere Grenzen, die sich aus den Schwierigkeiten der Konsensbildung und Institutionalisierung der Werte ergeben, lassen wir hier zunächst außer acht, da sie erst im Rahmen der Systemtheorie behandelt werden können.

25 Zu dieser Prämisse und als Beispiele für ihre Verwendung vgl. *Ward Edwards,* The Theory of Decision Making, Psychological Bulletin 51 (1954), S. 380–417 (381 f., 403 ff.); *John M. Davis,* The Transitivity of Preferences. Behavioral Science 3 (1958), S. 26–33; *Kenneth J. Arrow,* Social Choice and Individual Values, New York-London 1951; *Jacob Marschak,* Towards an Economic Theory of

ders deutlich, wenn man die Bemühungen der welfare economics um das sogenannte Aggregationsproblem, das heißt die Verschmelzung individueller zu intersubjektiv geltenden Nutzenfunktionen, hinzunimmt, um ein formalisiertes, mathematisierbares Naturrecht. Das Transitivitätsprinzip besagt, daß die Beziehungen zwischen Werten als Vorrangbeziehungen zu verstehen seien und daß jede einzelne Rangbeziehung zwischen zwei Werten als durchgreifend anerkannt werde, daß also der Satz gilt: Wenn Wert A dem Wert B und Wert B dem Wert C vorzuziehen ist, dann ist Wert A auch dem Wert C vorzuziehen. In dieser Form wird heute der ältere Gedanke festgehalten, daß die komplexen Wertimplikationen des konkreten Handelns nur durch die *Einheit* eines höchsten Wertes[26] oder durch ein *Wertesystem*[27] bzw. eine Werte*hierarchie*[28] geordnet werden könnten. Die phänomenologische Werteethik behauptete sogar, mit Intuition und Wesensschau auf dieses Erfordernis zu stoßen[29]. Indessen ist der Glaube an dieses Prinzip sehr leicht zu erschüttern.

Organization and Information. In: *Robert M. Thrall/Clyde H. Coombs/Robert L. Davis* (Hrsg.), Decision Process, New York-London 1954, S. 187–220, und *ders.*, Actual Versus Consistent Decision Behavior. Behavioral Science 9 (1964), S. 103–110; *R. Duncan Luce,* Individual Choice Behavior. A Theoretical Analysis, New York-London 1959, S. 1, 9. Besonders kennzeichnend für diese Forschungsrichtung ist, daß sie die Transitivität der individuellen Wertordnungen als *Prämisse,* die intersubjektive Vergleichbarkeit und Verschmelzbarkeit der Werte dagegen als ein mit äußerster Skepsis beurteiltes *Problem* ansetzt – ein deutliches Zeichen für einen vorsoziologischen, ideologisch bedingten Individualismus.

26 So die traditionelle praktische Philosophie von Platon an bis hin etwa zu *John Stuart Mill,* System of Logic. Ratiocinative and Inductive, Bd. II, 9. Aufl., London 1875, S. 554 f.

27 So z. B. *Bruno Bauch,* Wahrheit, Wert und Wirklichkeit, Leipzig 1923, S. 479 f.; *F. Kaufmann,* aaO, S. 95 ff.; *Talcott Parsons,* The Place of Ultimate Values in Sociological Theory. The International Journal of Ethics 45 (1935), S. 282–316 (294 ff.).

28 Vgl. etwa *Parsons/Shils,* aaO, z. B. S. 178; *Gäfgen,* aaO, S. 187 ff. (Wertskala).

29 Vgl. z. B. die Ableitung der Rangdimension aus dem »Wesen« der Werte bei *Max Scheler,* Der Formalismus in der Ethik und die materiale Wertethik, 4. Aufl., Bern 1954, S. 107 ff. Ähnlich, aber

Einmal steht fest, daß der Mensch faktisch nicht ohne weiteres transitiv entscheidet, ja daß es in komplexen Situationen über seine rationalen Kräfte geht, sich transitiv zu orientieren[30]. Auf diesen im Vordergrund der Diskussion stehenden Einwand könnte man jedoch noch durch Konditionalisierung des Anwendungsbereichs der Theorie reagieren; man könnte erwidern, daß die Modelle rationalen Handelns eben nur anwendbar sind, wenn und soweit der Mensch sich transitiv orientiere. Deshalb ist ein zweiter Einwand der wichtigere, daß eine transitive Orientierung in der komplexen Situation des konkreten menschlichen Handelns gar nicht rational wäre, weil sie zu starr ist und den Bedingungen sinnvoller Wertorientierung nicht entspricht[31]. An einzelnen Werten kann nämlich zwar der

vorsichtiger, beruft sich *Nicolai Hartmann*, Ethik, 4. Aufl. Berlin 1962, S. 269 ff. auf das Wertgefühl, das eine Wertrangordnung offenbare als Dimension sui generis, die nicht näher definiert werden könne. Siehe auch die Kritik durch *Viktor Kraft*, Die Grundlagen einer wissenschaftlichen Wertlehre, 2. Aufl. Wien 1951, S. 21 ff.

30 In der amerikanischen Forschung betrachtet man allerdings die experimentelle Überprüfung des Transitivitätsprinzips als noch nicht abgeschlossen. Immerhin zeichnet sich bereits ab, daß das Ergebnis nicht einfach ja oder nein lauten wird, sondern daß es mehr darauf ankommen wird herauszufinden, in welcher Art von Situationen der Mensch ein hohes Potential an Transitivität erreichen kann und in welchen nicht. Siehe den Bericht über den Forschungsstand bei *Gäfgen*, aaO, S. 276 ff.; als weitere Beispiele *Davis*, aaO; *K. O. May*, Transitivity, Utility, and Aggregation in Preference Patterns. Econometrica 22 (1954), S. 1–13; *Donald Davidson/Patrick Suppes*, Decision Making. An Experimental Approach, Stanford/Cal. 1957, und als allgemeine Ablehnung dieses Prinzips auf empirischer Grundlage etwa *Gunnar Myrdal*, Das Zweck/Mittel-Denken in der Nationalökonomie. Zeitschrift für Nationalökonomie 4 (1933), S. 305–329 (insb. 312 ff.). Neu gedruckt in: *ders.*, Das Wertproblem in der Sozialwissenschaft, Hannover 1965, S. 213–233, oder *Roland N. McKean*, Efficiency in Government Through System Analysis With Emphasis on Water Resources Development, New York 1958, S. 103 ff.

31 So namentlich *Braybrooke/Lindblom*, aaO. In der wirtschaftswissenschaftlichen Entscheidungstheorie läßt man sich zwar nicht so rasch einschüchtern und nimmt an, daß ein Wechsel der Wertordnungen das Transitivitätsprinzip an sich nicht erschüttere, da jede der sich ablösenden Wertordnungen transitiv sein könne. Auch gibt es Möglichkeiten, Präferenzentscheidungen zu vertagen, z. B. mit

Gesichtspunkt des Schätzens, nicht aber der Rang abstrahiert und spezifiziert werden; denn die relative Bedeutung spezifischer Werte hängt immer davon ab, wie weit andere Werte befriedigt sind. Wertgesichtspunkte lassen sich zwar in Worten und Begriffen abstrahieren; Wertrangbeziehungen kann man dagegen nicht aus dem Kausalkontext der Wirklichkeit herauslösen, da Veränderungen der Wirklichkeit die Dringlichkeit der Bedürfnisse und damit die Dringlichkeitsordnung der Werte ändern[32]. Die Werteordnung erfordert also geradezu einen elastischen Opportunismus[33]: daß einmal der Frieden auf Kosten der Freiheit und dann wieder die Freiheit auf Kosten des Friedens gefördert wird, daß man sich einmal persönlich durchsetzt, ein anderes Mal nachgibt, einmal für Nahrung sorgt, dann wieder für Kleidung. Eine Rangordnung, die in die gleiche Abstraktionshöhe gebracht würde wie die Werteformeln selbst, würde den Menschen übermäßig verpflichten, ja bis zur Lebensunfähigkeit fesseln[34].

Wer seine Werte als *transitiv-geordnet* postuliert, ist schon dadurch fast unvermeidlich gehalten, sie auch als *feststehend* zu behandeln und umgekehrt; denn er kann dann nicht einzelne Werte umrangieren, ohne die Gesamtord-

Hilfe des Geldmechanismus, und doch gegenwärtig schon rational zu handeln. Im Grunde lassen sich jedoch gerade bei einer Theorie des Wählens Sachordnung und Zeitablauf nicht in dieser Weise trennen, und das Transitivitätsprinzip verliert seine Funktion genau in dem Maße, in dem man die Wertkonstanzthese aufgibt.

32 Dieses Argument findet sich auch bei *Myrdal,* aaO, S. 305–329 (313 f.).

33 Hierzu und zum Zusammenhang dieses Gedankens mit dem aristotelischen der Gerechtigkeit vgl. *Niklas Luhmann,* Grundrechte als Institution. Ein Beitrag zur politischen Soziologie, Berlin 1965, S. 214 f.

34 Für den Organisationsbereich vgl. *A. K. Rice,* The Enterprise and its Environment. A System Theory of Management Organization, London 1963, S. 13 f., 188 ff. mit Ausführungen darüber, daß manche Organisationen eine Mehrheit von Zwecken verfolgen und die Prioritätsfrage unentschieden, also fluktuieren lassen müssen. Siehe ferner *Barnard,* aaO, S. 200 ff. und *Richard M. Cyert/James G. March,* A Behavioral Theory of the Firm, Englewood Cliffs/N. J. 1963, S. 35 f., 118 über »sequential attention to goals«.

nung zu gefährden und alles neu zu durchdenken. Die Postulate der transitiven Konsistenz und der Dauerhaftigkeit der Wertordnung bedingen sich wechselseitig und können nur gemeinsam in Frage gestellt werden. Und daraus folgt, daß die Präferenzen unabhängig von den Opportunitäten festgestellt sein müssen[35].

Damit wird erkennbar, daß das Transitivitätspostulat keinen Wahrheitswert hat – es entspricht nicht »der Sache selbst« –, sondern nichts weiter ist als eine Strategie der Absorption von Unsicherheit in bezug auf Werte[36]. Geht man von der natürlichen, fluktuierenden Wertlage aus, wo jeder Wert in seiner Attraktivität vom Befriedigungsstand anderer Werte abhängt, dann heißt dies, daß beim Blick in den Zukunftshorizont des Handelns nicht nur das Eintreffen der Wirkungen ungewiß sein kann, sondern auch die Frage, ob die Wirkungen dann, wenn sie eintreten, das Handeln noch wert sein werden, oder ob die Gesamtkonstellation der Werte sich inzwischen so geändert haben wird, daß man nachträglich einen anderen Einsatz der Mittel bevorzugt haben würde[37]. Das Transitivitätspostulat

35 Diese Trennung, die für die wirtschaftswissenschaftliche Entscheidungstheorie bisher typisch war, stellt *Tjalling C. Koopmans,* On Flexibility of Future Preference, in: *Maynard W. Shelly II/Glenn L. Bryan* (Hrsg.), Human Judgments and Optimality New York-London-Sydney 1964, S. 243–254 in Frage mit dem Vorschlag, Präferenzen auf Opportunitäten zu beziehen. Die Rückwirkungen auf das Transitivitätsprinzip werden dabei leider nicht behandelt.

36 Das wird auch der Grund sein, weshalb es trotz vielseitiger Bemühungen bis heute nicht gelungen ist, auf der Basis des Transitivitätsprinzips eine axiomatisch geschlossene Theorie der Rationalität zu entwerfen. Siehe dazu *Patrick Suppes,* The Philosophical Relevance of Decision Theory. The Journal of Philosophy 58 (1961), S. 605–614.

37 Siehe diese Unterscheidung auch bei *James D. Thompson/Arthur Tuden,* Strategies, Structures and Processes of Organizational Decision. In: *James D. Thompson* u. a., Comparative Studies in Administration, Pittsburgh 1959, S. 195–206 (196 ff.) und *James D. Thompson,* Decision-making, the Firm, and the Market, in: *William W. Cooper/Harold J. Leavitt/Maynard W. Shelly II* (Hrsg.), New Perspectives in Organization Research, New York-London-Sydney 1964, S. 334–348 (335 ff.). Diese Zeitabhängigkeit der Wert-

ist eine ziemlich grobe Strategie, die diese Möglichkeit einfach wegfingiert. Es sollte jedoch nicht den Blick trüben für andere, funktional äquivalente Strategien. Vor allem läßt sich Wertunsicherheit in gewissem Umfange auch durch Konsens absorbieren oder dadurch, daß man in Systemen handelt, die einen gewissen Befriedigungsstand im Hinblick auf andere Bedürfnisse einregulieren und für die Zukunft garantieren können.

Bei so gewichtigen Einwendungen gegen das Prinzip der Transitivität wird man zweifeln dürfen, ob der Übergang vom Zweckprinzip zum Transitivitätsprinzip, den die wirtschaftswissenschaftliche Theorie des rationalen Handelns vollzogen hat, in jeder Hinsicht einen Fortschritt darstellt[38]. Auf alle Fälle sollte das Zweck/Mittel-Schema

urteilsgrundlagen ist im übrigen eine der versteckten Komponenten des berühmten, aber noch sehr kompakt formulierten Prinzips der »Heterogonie der Zwecke« – siehe *Wilhelm Wundt*, Ethik. Eine Untersuchung der Tatsachen und Gesetze des sittlichen Lebens, Bd. I, 3. Aufl., Stuttgart 1903, S. 274 f., und zu den weiteren Ausstrahlungen etwa *Werner Sombart*, Die drei Nationalökonomien, München-Leipzig 1930, S. 230 f. Diese Formel faßt den Wertaspekt und den Kausalaspekt ungetrennt zusammen in der These, daß das Handeln unerwartete Folgen haben könne, die bei ihrem Eintritt Anlaß gäben, neue Zwecke zu setzen. In ihrem Kausalaspekt ist sie einer der Vorläufer der Theorie kybernetischer Regelung; in ihrem Wertaspekt nimmt sie, konsequent durchdacht, eine Theorie opportunistischer Wertverwirklichung vorweg.

38 Diese These wird in der modernen Entscheidungstheorie nicht selten vertreten – entweder implizit durch Nichterwähnen der Zweck/Mittel-Begriffe (so z. B. *Robert M. Thrall/Clyde H. Coombs/Robert L. Davis*, aaO) oder ausdrücklich –, so z. B. *Gäfgen*, aaO, S. 102 ff., 170 f. Gäfgen begründet seine Ablehnung mit der komplizierten Struktur und den angeblich hohen Anforderungen an eine rationale Handhabung des Zweck/Mittel-Schemas, ohne die darin angelegten Möglichkeiten der Entscheidungsvereinfachung zu würdigen; und er spricht im weiteren dann von Alternativen, ohne zu klären, wodurch Handlungen zu Alternativen werden, wenn nicht durch Zwecksetzung. Der wirkliche Grund für diese Theorieentscheidung ist indes, daß Kalküle auf der Basis des Transitivitätsaxioms sich mathematisieren lassen, Zweck/Mittel-Kalküle dagegen nicht. Im Unklaren bleibt das Verhältnis von Zweckprinzip und Transitivitätsprinzip auch bei Autoren, die den Zweckbegriff zwar benutzen, um eine Situation mit einer Mehrheit von Alternativen zu illustrieren, bei der Entfaltung der Kalküle für rationales Entschei-

weiterhin im Blickfeld bleiben. Und dazu ist zunächst erforderlich, daß man es in seiner Funktion und in seinem Unterschied zum Transitivitätsprinzip klar herausarbeitet, zumal die gegenwärtige Diskussion beide Gedanken nicht deutlich genug als funktionale Alternativen trennt.

Das Zweck/Mittel-Schema postuliert in seinem Grundgedanken ebenfalls ein Verhältnis zwischen Werten. Es hat seine Eigentümlichkeit nicht, wie gemeinhin angenommen wird, in einer Beziehung zwischen Ursache und Wirkung[39]. Ein Mittel ist nicht etwa nur eine Ursache in ihrer Ursächlichkeit für einen bestimmten Zweck. Und ein Zweck ist nicht etwa nur Wirkung qua Wirkung. Zur Bezeichnung dieses Verhältnisses genügen die Kausalbegriffe. Die Begriffe Zweck und Mittel setzen ein Kausalverhältnis voraus, beschreiben es aber nicht als solches[40]. Sie mei-

den aber auf gerade diese Vereinfachungsfunktion des Zweckes nicht mehr zurückzukommen, sondern alle Werte der Entscheidungen zu berücksichtigen suchen. Siehe z. B. *Peter Fishburn,* Decision and Value Theory, New York-London-Sydney 1964. Dabei wird verkannt, daß es prinzipiell unmöglich ist, Kausalkontexte auf Alternativen zu begrenzen, ohne Werte zu neutralisieren, die man in anderen Zusammenhängen hoch schätzt. Bezeichnend für diese Problematik sind ferner die ständigen Rückfälle vom Alternativen-Denken ins Zweck/Mittel-Denken, die man bei Simon findet. Dazu gut: *Herbert J. Storing,* The Science of Administration. Herbert A. Simon. In: *Herbert J. Storing* (Hrsg.), Essays on the Scientific Study of Politics, New York 1962, S. 63–150 (69 ff.).

39 Historische Wurzel dieser vorherrschenden Darstellung ist natürlich der Gedanke einer teleologischen Kausalität des Zwecks als Ursache der Mittel. Nachdem man diesen Gedanken aufgeben mußte, hätte die Beziehung der Zweck/Mittel-Begriffe zum Kausalprinzip neu durchdacht werden müssen. Das ist nicht geschehen. Stattdessen begnügt man sich damit, die teleologische Kausalität umzudrehen und die Mittel als Ursache einer bezweckten Wirkung zu behandeln. So kommt es zu der ziemlich undurchdachten Vorstellung, daß Zwecke eine besondere Art von Wirkungen und Mittel eine besondere Art von Ursachen seien, ohne daß das Wesen dieser Besonderheit gegen den allgemeinen Sinn des Kausalprinzips abgegrenzt würde.

40 So jedoch die klassische, noch heute verbreitete Auffassung, die deshalb glaubt, daß das Verhältnis von Mittel und Zweck streng wissenschaftlich-wertfreier Feststellung zugänglich sei. Vgl. z. B. *Mill,* aaO, 1875, Bd. II, S. 552, und als eine neuere, sehr ausführ-

nen vielmehr, ebenso wie das Transitivitätsprinzip, *eine Wertrelation unter den Wirkungen des Handelns.*

Der Zweckbegriff bezeichnet diejenige Wirkung bzw. den Komplex von Wirkungen, die das Handeln rechtfertigen sollen, also stets nur einen Ausschnitt aus dem Gesamtkomplex der Wirkungen. Sein »Thema« ist nicht die Bewirkung jener augezeichneten Wirkungen, sondern das Verhältnis ihres Wertes zu den Werten der Nebenwirkungen (einschließlich der Wirkungen anderer Möglichkeiten des Handelns, auf die man bei einem bestimmten Engagement verzichten muß). Die Zwecksetzung besagt, daß der Wert der bezweckten Wirkungen *ungeachtet der Werte oder Unwerte der Nebenwirkungen bzw. der aufgegebenen Wirkungen* anderer Handlungen das Handeln zu begründen vermag. Der Mittelbegriff erfaßt dieselbe Wertrelation von der anderen Seite der benachteiligten Werte aus. Er geht von den Ursachen aus, die zum Erreichen einer bezweckten Wirkung geeignet sind, und besagt, daß die Wertimplikationen der Folgen dieser Ursachen außerhalb des Zwecks vernachlässigt werden dürfen[41].

Der Zweck postuliert, mit anderen Worten, die Wertrelation: Wirkung A ist besser als »nicht-A«. Die Mittelana-

liche Erörterung *Asger Langkjaer,* Contributions to a General Normology or Theory of Purpose-Setting with Particular Reference to Imperatives and Definitions of Serviceability, Kopenhagen 1961.

41 Diese Aussage muß streng funktional und nicht substantiell verstanden werden. Wertneutralisierung ist eine stets nur begrenzt mögliche Leistung der Handlungsplanung, nicht etwa das »Wesen« bestimmter Mittel. Vor allem ergibt sich daraus, daß Mittel wie Geld oder Macht für viele und wechselnde Zwecke eingesetzt werden können, noch nicht, daß sie wertfrei eingesetzt werden könnten. Deshalb ist es auch bedenklich, mit *Gisbert Rittig,* Prinzip des offenen Systems. Bemerkungen zum Werturteilsproblem. Festschrift Gerhard Weisser, Berlin 1963, S. 79–102, zu versuchen, die Wertfreiheit der Wissenschaft unter Hinweis auf die Existenz eines Bereichs von an sich neutralen, daher werturteilsfrei zu behandelnden Mitteln zu retten. Ganz abgesehen davon, daß auch Wertneutralität ein Werturteil ist, darf die Wissenschaft ihre Wertfreiheit nicht davon abhängig machen, daß und wieweit der Praxis Wertneutralisierungen gelingen, zumal die Wertneutralisierungen der Praxis stets zweckgebundene, also höchst einseitige Werturteile sind.

lyse behandelt dieselbe Wertrelation. Sie erhellt, welche Verzichte die Verwirklichung von A erfordert, und bringt so mit Hilfe der Kausalanalyse Licht in den Wertbereich, der sich hinter der pauschalen Negationsformel »nicht-A« verbirgt (was natürlich im Lichte besserer Erkenntnis zur Aufgabe des Werturteils »A ist besser als nicht-A« führen kann). Im vorausgesetzten Werturteil sind also Zweck und Mittel identisch[42]. Der Umweg über die Kausalanalyse ist der Weg, das Ungleichgewicht zwischen Position und Negation im Werturteil zu mildern. Die Zwischenfrage nach den Ursachen, die einen Zweck verwirklichen können, und nach deren nichtbezweckten Folgen hat den Sinn, den Negationsbereich der Zwecksetzung aufzuklären, ändert aber an dem vorausgesetzten Werturteil nichts[43]. Sie hebt die Naivität des unmittelbaren Zweckstrebens auf, nicht seine Einseitigkeit.

42 Diese Identität des in Zweck- und Mittelaussagen implizierten Werturteils begründet das Recht der berühmten These John Deweys, daß Zwecke und Mittel nur zusammen gewählt werden können (die Dewey selbst bekanntlich dadurch zu begründen versucht hatte, daß auch Zwecke nur Mittel seien). Siehe dazu außer den oben (Kap. 1 Anm. 4) angeführten Schriften auch *John Dewey,* Logic. The Theory of Inquiry, New York 1938, S. 496 f. Zum Fortwirken dieses Gedankens gerade auch in der Organisationswissenschaft vgl. z. B. *Charles E. Lindblom,* Policy Analysis. The American Economic Review 48 (1958), S. 298–312 (307 ff.); *Braybrooke/Lindblom,* aaO, S. 38, 93 ff.; *John M. Pfiffner/Frank P. Sherwood,* Administrative Organization, Englewood Cliffs/N. J. 1960, S. 413. Auf die gleiche Identität des Werturteils geht zurück, daß man Zwecke nicht nur im Direktangriff, sondern subtiler und eleganter auch durch Kritik ihrer Mittel zerstören kann.

43 Das heißt aber keineswegs, daß zwischen mehreren gleich geeigneten Mitteln nun auf der Basis dieses Werturteils ohne weitere Werturteile gewählt werden können, wie oft, z. B. auch von *Max Weber* mit Entschiedenheit (»das ist wohl noch nie jemanden zu bestreiten eingefallen« – Wissenschaftslehre, Tübingen 1951, S. 487) behauptet wird. An sich unterscheiden sich die mehreren Mittel durch ihre Nebenfolgen. Wäre dem nicht so, wäre die Wahl zwischen ihnen gar kein Problem. In jedem Falle impliziert sie zusätzliche, über den Zweck hinausgehende Werturteile, die allerdings in den seltenen Fällen, in denen eine volle Quantifikation aller Folgen gelingt, auf die Prämisse »Mehr ist mehr wert als weniger« abgekühlt werden können.

Zwecksetzung und Zuordnung von Mitteln zum Zweck bedeuten demnach stets eine Verengung des Werthorizontes, eine partielle Neutralisierung[44] der Wertimplikationen des Handelns, eine Legitimation zu nur begrenzter Rücksichtnahme[45]. Damit wird die Parallelität zum Transitivitätsprinzip deutlich:

Dieses behauptet eine generelle Wertrangordnung ohne Rücksicht auf die konkrete Konstellation von Ursachen und Wirkungen. Es findet eben wegen dieser überzogenen Abstraktion kein Kriterium für die Feststellung der Rangbeziehungen – außer dem der subjektiven Willkür. Das Zweckprinzip geht dagegen von der konkreten oder doch typischen Konstellation kausaler Beziehungen aus und postuliert die Verbindlichkeit eines Ausschnittes der betroffenen Werte und die Unbeachtlichkeit aller übrigen, *soweit es um die Bewirkung einer bestimmten Wirkung geht.* Der Zweck soll die Mittel heiligen, das heißt zur Inkaufnahme der »Kosten« des Handelns legitimieren. Das ist seine Funktion.

Mit diesen Formulierungen liegen vielerörterte Bedenken auf der Hand. Die Zwecksetzung ist eine Vergewaltigung

44 Von Neutralisierung sprechen wir hier und im folgenden in Anlehnung an *Edmund Husserl,* Ideen zu einer reinen Phänomenologie und phänomenologischen Philosophie, Bd. I, Husserliana, Bd. III, Den Haag 1950, §§ 109 ff., S. 264 ff.

45 Zu diesem Gedanken der Neutralisierung der Mittel durch den Zweck vgl. namentlich: *Herbert A. Simon/Donald W. Smithburg/Victor A. Thompson,* Public Administration, New York 1950, S. 488 ff. Als eine ähnliche soziologische Konzeption vgl. *Wigand Siebel,* Rationalität und Normorientierung in der Organisation. Zeitschrift für die gesamte Staatswissenschaft 120 (1964), S. 678–685. Auch *Myrdal,* aaO, begreift das Zweck/Mittel-Schema in dieser Weise – doch nicht, um seine Funktion zu erkennen, sondern nur um es als Theorie zu diskreditieren; denn es gibt natürlich keine Werttheorie, welche die Neutralisierung rechtfertigen könnte. Der gedankliche Schritt von Gunnar Myrdal zu Herbert Simon bezeichnet eine wichtige Station jenes Umdenkens, das wir einleitend gefordert haben: Die Handlungsauslegung nach Zweck und Mittel ist als solche keine Theorie, wohl aber wichtiger Gegenstand einer Theorie, die allerdings nach einem anderen grundbegrifflichen Bezugsrahmen Ausschau halten muß.

von Werten, ein Scheuklappenprinzip. Es nimmt daher nicht wunder, daß die Geschichte der Zweckrationalität begleitet ist von widersprechenden Stimmen, die dem Zweck das Recht zur Auswahl der Mittel bestreiten. Die Kritik geht heute so weit, daß der exklusiven Orientierung des Handelns am Einzelzweck nicht nur das moralische Recht, sondern auch die Rationalität abgesprochen wird[46]. Die Opposition ist verständlich. Nur sollte nicht länger verkannt werden, daß diese Kritik die Zweckorientierung im Kern, nämlich in ihrer Funktion, trifft, und daß es keinen Sinn hat, das Zweck/Mittel-Schema beizubehalten, wenn man die Neutralisierung der Mittel durch den Zweck ablehnt[47].

Im Grunde ist es nur nötig, sich den Begriff der »Neutralisierung« von Wertaspekten etwas genauer anzusehen. Er besagt nichts weiter als Ausklammerung, momentanes, vielleicht häufig wiederholtes Unberücksichtigtlassen. Denn Zwecksetzung will andere Werte *weder negieren noch* den in einem bestimmten Wirkungszusammenhang bevorzugten Werten *generell unterordnen*. Eine logische Entscheidung dieser Art ist praktisch selten – und auch dann nur in konkreten Situationen – erforderlich. Ich kann meine Arbeit liegen lassen, um zum Mittagessen zu gehen, ohne den Wert meiner Arbeit zu leugnen oder ihn dem des Essens nachzuordnen. Ich verfolge nur eine Strategie alternierender Wertbedienung, weil sich während des Arbeitens schlecht essen und während des Essens schlecht arbeiten läßt. Weil diese oft verkannte Möglichkeit opportunistischer Wertbefriedigung besteht, bereitet das Zweck/Mittel-Schema der herkömmlichen Logik unübersteigbare Schwierigkeiten: Es rechnet nicht mit einfachen Negationen, son-

46 So z. B. *Gross*, aaO, 1964, S. 476 f., der die Frage nach »dem« Zweck geradezu als Fangfrage ansieht.

47 Daß der Streit um die Frage, ob der Zweck die Mittel heilige, auf eine substantielle Fixierung der Zwecke, auf ein Relikt des alten Wahrheitsanspruchs, zurückgehe, hat besonders *Dewey* unterstrichen. Vgl. z. B. aaO, 1922, S. 277 ff.; *ders.*, aaO, 1939, S. 41 ff.

dern mit provisorischen, zeitabhängigen Neutralisationen und würde also, wollte man es kalkülisieren, eine besondere, die Zeitdimension berücksichtigende Logik voraussetzen. Und umgekehrt scheint die zweiwertige, mit einfachen Negationen auskommende Struktur unserer herkömmlichen Logik zu manchen Mißverständnissen des Zweck/Mittel-Schemas beigetragen zu haben, indem sie dem an sich so harmlosen Zweckstreben allzuviel logisch-negierende Kraft unterstellte.

Die Einsicht, daß Zwecke trotzdem ein Gewaltmittel der Rechtfertigung sind und daher nicht allein zu überzeugen vermögen, hat zur Suche nach einer allgemeinen Ordnung der Werte geführt. Doch damit verbaut man sich die Einsicht in die unentbehrliche Elastizität des Handelns, die das Zweckprinzip eröffnet, indem es gestattet, einmal durch diesen Zweck jene Werte, dann durch einen anderen Zweck andere Werte abzudunkeln. Die Vielheit der Werte erfordert ein solches Verfahren, und daher können auch Werte einem Zweck nicht die letzte Rechtfertigung geben. Es scheint mithin sinnvoller zu sein, die Begründung von Zwecken nicht länger, in glattem Widerspruch zu ihrer Funktion, in einer allgemeinen Werteordnung zu suchen, sondern in der Funktion selbst. Auf eine kurze Formel gebracht kann zwar nicht die *Wahrheit* der Zwecke noch die *Notwendigkeit* der Zwecke, wie die Schulphilosophie meinte[48], wohl aber die *Funktion* der Zwecksetzung als Reduktion der Unendlichkeit begriffen werden. Diese Funktion läßt sich in einer Theorie des Handelns nicht voll explizieren. Sie setzt eine Theorie der Handlungssysteme voraus[49].

Darauf aufmerksam geworden, wird man die Unabgeschlossenheit und Unvollständigkeit der vom Handeln her begriffenen Theorie der Zweckrationalität an vielen Stellen erkennen können. Um unseren Gedankengang noch-

48 Vgl. Hinweise in Anm. 2 (Einführung) und Anm. 1 (dieses Kap.).
49 Siehe dazu allgemeine Überlegungen zur Wechselbezogenheit von Funktionsbegriff und Systembegriff in: *Niklas Luhmann,* Funktionale Methode und Systemtheorie. Soziale Welt 15 (1964), S. 1–25.

mals zusammenzufassen: Die Auslegung des Handelns als Bewirken einer Wirkung ist keine Beschreibung eines vorliegenden Sachverhaltes, sondern ein heuristisches Schema der Handlungsanalyse, das zur Entdeckung von Alternativen dient. Darin wirkt nicht mehr die alte Vernunft des Vernehmens, sondern eine neue Vernunft des Vergleichens. Diese setzt, schon aus vergleichstechnischen Gründen, eine Begrenzung voraus. Grenzen können aber nicht allein durch »Gesichtspunkte« (z. B. Werte), sondern nur durch Systembildung gezogen und stabil gehalten werden[50]. Zwecksetzung ist ein solches Verfahren der Grenzziehung. Zwecke fixieren bestimmte geschätzte Wirkungen unter Systemgesichtspunkten, um von da aus andere Wertaspekte der Folgen des Handelns für irrelevant erklären zu können. Die Nebenwirkungen werden dadurch aus dem Bereich der relevanten Kausalstruktur der beachtlichen Motive und der Rechtfertigungsgründe hinauskomplimentiert.

Das für den Zweckbegriff funktional kennzeichnende Merkmal liegt demnach – das können wir aus all diesen Überlegungen herausdestillieren – in seiner *vermittelnden*

50 In Untersuchungen, die sich mit der Logik des Vergleichens befassen, wird zwar allgemein ein »Gesichtspunkt« des Vergleichs für nötig gehalten, der die »Hinsicht« fixiert, unter der Verschiedenes als gleich gesehen bzw. behandelt werden kann. Aber für die Wahl dieses Gesichtspunktes gibt es dann keine überzeugende Begründung mehr. Vgl. z. B. *Edmund Husserl*, Logische Untersuchungen, Bd. II, 1. 3. Aufl. Halle 1922, S. 112 f., und weitere Nachweise bei *Niklas Luhmann*, Öffentlich-rechtliche Entschädigung rechtspolitisch betrachtet, Berlin 1965, S. 54, Anm. 16. Auch hier ist die gleiche Schwelle vom Gesichtspunktdenken zum Systemdenken zu überwinden. Bisher hat zwar die Subjektivität und in diesem Sinne auch die Systemrelativität der Gleichsetzungsperspektive Aufmerksamkeit gefunden – siehe z. B. *Alfred Schutz*, Equality and the Meaning Structure of the Social World. In: *Lyman Bryson u. a.* (Hrsg.), Aspects of Human Equality, New York 1956, S. 33–78. Neu gedruckt in: *Alfred Schutz*, Collected Papers, Bd. II, Den Haag 1964, S. 226–273 –, nicht aber die Systemfunktion. Nur wenn die Systemfunktion des Gleich/Ungleich-Schemas geklärt ist, wird man erkennen können, daß Systemrelativität nicht auf Willkür der Wahl von Gesichtspunkten hinausläuft.

Doppelstellung im Kausalkontext und im Wertkontext[51]. Der Zweck bildet den Übergang. Seine Leistung wird in beiden Bereichen benötigt. Durch Zwecksetzung wird die in beiden Bereichen getrennt und verschieden erfaßte Komplexität der Welt zugleich reduziert, und zwar dadurch, daß die Reduktion des einen Bereichs die des anderen begründet und umgekehrt. Ein begrenztes Feld vergleichbarer möglicher Ursachen formiert sich dadurch, daß es unter dem Gesichtspunkt einer durch Werte ausgezeichneten Wirkung (Zweck) zum Bereich funktional äquivalenter Mittel wird. Und die Komplexität der Wertordnung, die nie auf einmal ganz realisiert werden kann, wird dadurch aufgelöst, daß die Werte einzeln auf spezifische Wirkungen bezogen werden, die die Realisierung anderer wertvoller Wirkungen zwar im Augenblick, nicht aber auch für andere Zeitpunkte ausschließen. Die reduzierte Kausalstruktur ermöglicht eine opportunistische Wertverwirklichung im Nacheinander der Zeit.

Eine Reduktion des Kausalkontextes oder des Wertkontextes je für sich ist dagegen unmöglich – es sei denn, daß man ihnen jeweils eine innere, »natürliche Ordnung (z. B. Kausalgesetze, Transitivität und Konsistenz der Wertverhältnisse) unterstellt, die in der wirklichen Welt nicht gegeben ist, und die Reduktion auf die Form eines Algorithmus bringt, der gleichsam automatisch zu eindeutigen Lösungen führt. Isolierte Reduktion reiner Kausalzusammenhänge oder reiner Wertverhältnisse auf eindeutige Formen (Erklärungen, Voraussagen, optimale Entscheidungen) muß eine präzise Ordnung voraussetzen – und das heißt nichts anderes, als daß der Mensch insoweit darauf verzichtet, Komplexität selbst zu bewältigen. Diese Schranken und Probleme isolierter Reduktion haben letzt-

51 Vgl. hierzu auch die Unterscheidung von Alternativen-Erzeugung und Alternativen-Test bei *Allen Newell/J. C. Shaw/Herbert A. Simon,* The Processes of Creative Thinking. In: *Howard E. Gruber/ Glenn Terrell/Michael Wertheimer* (Hrsg.), Contemporary Approaches to Creative Thinking, New York 1962, S. 63–119 (77 ff.).

lich ihren Grund darin, daß Kausalschema und Wertordnung nur künstliche Abstraktionen, einseitige und unvollständige Versuche sind, die Komplexität des natürlichen Welterlebens einzufangen, und daß sie in dieser natürlichen Lebenswelt ihre gemeinsame Basis haben und behalten. Diese Interdependenz kausaler und wertmäßiger Reduktion, die dem Zweck seine Vermittlungsfunktion gibt, wird besonders in der mathematischen Entscheidungstheorie heute weitgehend außer acht gelassen, was sich darin zeigt, daß sie komplizierte Annahmen über eine vorgegebene Wertordnung macht, also auf eine opportunistische Wertverfolgung verzichtet und zugleich davon ausgeht, daß die Kausalstruktur sich vor Ingangsetzen der Wertkalkulation auf eine Anzahl von Alternativen begrenzen läßt. Es ist jedoch *prinzipiell unmöglich, zu vergleichbaren, strategisch äquivalenten Alternativen zu kommen, ohne zugleich Werte zu neutralisieren, die man hoch schätzt und in anderen Zusammenhängen weder neutralisieren kann, noch will, noch muß.*

Nunmehr kann ein bisher ausgeklammerter Aspekt unseres Themas direkt beleuchtet und in die Betrachtung einbezogen werden: die Zeitdimension. Sie erfährt in der Trennung von Kausalschema und Wertregulativ eine bemerkenswerte Behandlung. Die Trennung ist nur dadurch möglich, daß in beiden Bereichen in je verschiedener Weise von der Zeit abstrahiert wird. Die skizzierte Theorie des Kausalschemas und der Wertordnung entspricht damit dem gegenüber der Antike grundsätzlich gewandelten neuzeitlichen Verständnis des Verhältnisses von Sein und Zeit.

Der aristotelischen Teleologie lag, wie oben[52] bereits angemerkt, die Vorstellung der Zeit als eines Kreislaufs zugrunde, der das Sein erscheinen läßt. Die Unendlichkeit der Zeit war in die Endlichkeit des Kreisens eingefangen. Sie wurde daher nicht als endlos, nicht als zwecklos gesehen. Die Zeit hatte in den Zwecken der Seinsbewegung

52 Vgl. oben Einführung Anm. 1.

ihre eigenen Präferenzen, so wie der Raum an bedeutsamen Orten seine eigene Struktur offenbarte. Zeit und Raum dienten so gleichsam als Chiffren für nichtdurchschaute Ursachen und absorbierten damit nichtbewältigte Komplexität.
Erst die moderne Auffassung der Kausalität abstrahiert die Zeit ebenso wie den Raum aus dem Bereich möglicher Ursachen und Wirkungen hinaus. Sie postuliert damit eine radikale Differenzierung von Sein und Zeit, um die analytischen Vorteile einer solchen Differenzierung zu gewinnen und in ihnen die Stellung des Menschen in der Welt zu befestigen. Während aber das Kausalschema durch seine Form als asymmetrische (unumkehrbare) Relation von Ursachen und Wirkungen sich immerhin noch die Möglichkeit einer Interpretation als Zeitablauf bewahrt, löst sich die Konzeption einer Wertordnung radikal von der Zeit ab. Sie versteift sich in Wertgesichtspunkten, die den Anspruch erheben, unabhängig davon zu gelten, ob – und deshalb auch unabhängig davon, wann – sie verwirklicht werden. Wird dieses Postulat kontrafaktischer und deshalb zeitunabhängiger Geltung nicht nur auf die Wertgesichtspunkte selbst, sondern auch auf Vorrangsrelationen erstreckt, dann schließt das eine opportunistische Wertverfolgung nach Maßgabe des jeweils zu bestimmten Zeitpunkten Wichtigen und Vordringlichen aus. Auch darin findet man einen Verzicht auf die Möglichkeit, den »Kairos« abzuwarten und sich an der in der Situation eines Zeitpunktes gegebenen Konstellation zu orientieren – einen grandiosen Verzicht auf die Möglichkeit, die Zeit als Hilfsmittel zur Reduktion von Komplexität zu benutzen. Und das scheint die Voraussetzung dafür zu sein, daß die Komplexität der Welt radikal zum Problem gemacht wird.
Von dieser Intention bewußt oder unbewußt beherrscht, muß das Denken eine neue Bestimmung des Verhältnisses von Sein und Zeit zu erreichen suchen. Die Zeit wird, nachdem sie die Maßgeblichkeit einer eigenen Ordnung und jede Kraft des Begründens verloren hat, zur endlos-zweck-

losen Notwendigkeit, Unbestimmtes zu bestimmen[53]. Die Bestimmung des Unbestimmten kann nun aber nicht mehr als »Formung« von »Materie« verstanden werden, denn diese Begriffe sind durch jenes Umdenken von Sein und Zeit zu Leerformeln geworden, die nur dann einen Gegensatz vortäuschen, wenn man sie nicht bis zum Ende durchdenkt. Statt dessen bietet es sich an, den Zeitfluß der Bestimmung des Unbestimmten als selbsttätige Reduktion unbestimmter Komplexität der Welt zu begreifen – einer Komplexität, die durch das Kausalschema als reduzierbar ausgelegt werden kann. Das Sein wird, zeitgemäß, als »Wirklichkeit« verstanden. Solche Reduktion aber ist nur durch Systembildung steuerbar. Durch Systembildung gewinnt sie die Rationalität eines sinnvollen Vorgangs. Der Systembegriff rückt damit in das Zentrum jenes Spannungsfeldes, das durch die Auslegung von Sein und Zeit konstituiert ist. Er verdrängte den Begriff der Substanz. Und deshalb wird es notwendig, die vom Substanzbegriff her konzipierte, wenn auch längst von ihm abgelöste und verselbständigte Theorie der Handlungszwecke durch eine Theorie der Zweckfunktion in Handlungssystemen zu ersetzen. Nur vom Systembegriff her können unter den veränderten Denkvoraussetzungen und Überzeugungsgrundlagen Zwecke wieder Sinn gewinnen, und zwar als Strategien der Reduktion von Komplexität und Veränderlichkeit.

Die Strategie der Zweckorientierung setzt aber, wie wir in diesem Kapitel sahen, eine Auslegung der Komplexität durch das Kausalschema und ein Wertregulativ voraus. Soll die Zweckorientierung als Systemfunktion begriffen werden, müssen auch diese beiden Voraussetzungen als Systemleistungen der Welt- bzw. Selbstinterpretation gedeutet werden. Wir ordnen damit sowohl die Kausaltheorie als auch

53 Und infolgedessen kann *Dewey*, aaO, 1922, S. 232 formulieren: »ends are, in fact, literally endless«. Siehe auch den Begriff der »continuity«, mit dem Dewey die unbegrenzte Zukunftsdurchlässigkeit aller Wirkungen festhält – und feiert.

die Werttheorie in die Systemtheorie ein, indem wir nach den Systemfunktionen der vermeintlichen Grundbegriffe Ursache, Wirkung und Wert fragen. Die doppelreduktive Funktion der Zwecksetzung im Kausalzusammenhang und im Wertzusammenhang wird es uns ermöglichen, zu erklären, weshalb soziale Systeme sich so oft unter Zweckgesichtspunkten strukturieren.

2. Kapitel

Systembegriff und Zweck-Theorie der klassischen Organisationslehre

Die Anwendung des Zweckbegriffs auf Systeme und die Folgen, die ein solcher theoretischer Entschluß für das Verständnis der Systeme hat, könnten an vielen Beispielen aufgezeigt werden. Wir beschränken uns von hier ab grundsätzlich auf den besonderen Fall des organisierten Sozialsystems, ohne jedoch gelegentliche Ausblicke auf die Theorieentwicklung bei andersartigen Handlungssystemen, etwa Persönlichkeiten oder Kleingruppen, auszuschließen. In sehr weiter, distanzierter Perspektive bieten sich hier interessante Parallelen an. In der Organisationswissenschaft hat sich aber das Zweckdenken in besonderer Weise festgesetzt. Organisationen wurden und werden auch heute zumeist noch als Systeme aufgefaßt, die auf die Erfüllung bestimmter Zwecke ausgerichtet sind (und in diesem Sinn nicht einfach nur »am Leben bleiben« sollen)[1]. Gemeinhin

1 Um diese These mit einigen bekannten Namen zu illustrieren, sei hingewiesen auf *Lyndall F. Urwick,* Grundlagen und Methoden der Unternehmensführung, dt. Übers., Essen 1961, insb. S. 42 f., 64 f.: *Franz Eulenburg,* Das Geheimnis der Organisation, Berlin 1952, S. 12 f.; 34 ff., 61 ff.; *Erich Kosiol,* Grundlagen und Methoden der Organisationsforschung, Berlin 1959; *Horst Albach,* Entscheidungsprozeß und Informationsfluß in der Unternehmensorganisation. In: *Erich Schnaufer/Klaus Agthe* (Hrsg.), Organisation, Berlin-Baden-Baden 1961, S. 355–402 (357 f.); *Barnard,* aaO, S. 42 f., 65 ff. u. ö.; *Renate Mayntz,* Soziologie der Organisation, Reinbek 1963, S. 18 f., 36, 58 ff.; *Rice,* aaO, insb. S. 12 ff., 185 ff.; *W. Richard Scott,* Theory of Organizations. In: *Robert E. L. Faris* (Hrsg.), Handbook of Modern Sociology, Chicago 1964, S. 485–529 (492 ff., 505 ff.); *Amitai Etzioni,* Modern Organizations, Englewood Cliffs./N. J. 1964, S. 3, 5 ff.; *Gross,* aaO, 1964, I, S. 247 f., II., S. 467 ff.; *ders.,* What are your Organization's Objectives? A General Systems Approach to Planning. Human Relations 18 (1965), S. 195–216; *Theodore Caplow,* Principles of Organization, New York-Chicago-Burlingame 1965, S. 119 f. Wichtiger noch als eine solche Aufzählung ist, daß sie beliebig vermehrt werden könnte, da sie Betriebswirtschaftler und Sozio-

gilt, daß ein organisiertes System rational ist, wenn es seine Zwecke erfüllt. Seine Systemrationalität wird demnach als Zweckrationalität interpretiert, und demzufolge gilt die Systemstruktur, oder jedenfalls die amtliche, »formale« Struktur, als Mittel zum Zweck. In diesem Bereich treten mithin die Auswirkungen des Zweckdenkens auf das Systemverständnis in besonders prägnanter Weise zutage. Zugleich scheint der Tatbestand selbst die Berechtigung einer den Zweckbegriff als Grundbegriff verwendenden Theorie zu legitimieren. Deshalb wollen wir uns diesem engeren Typ von Handlungssystemen zuwenden.

Systeme werden in alter, wenn auch nie ganz geklärter Tradition als Ganzheiten definiert, die aus Teilen bestehen[2], aber »mehr sind als die Summe ihrer Teile«[3]. Wird das Zweck/Mittel-Schema auf diese Systemkonzeption projiziert, so liegt es nahe, das Ganze als den Zweck des Systems und die Mittel als seine Teile anzusehen[4]. Durch

logen vereint, und daß die Frage nicht als zweifelhaft behandelt oder auch nur diskutiert wird. Bei der vielfältigen Kritik des Zweck-Modells, die man dann bei näherem Hinsehen findet, ist die Geschlossenheit dieser Grundlagensicht erstaunlich. Aber vielleicht erweist die Grundlage sich bei näherem Zusehen als Oberfläche. Im Grundsätzlichen kritisch äußern sich namentlich *Martin Irle,* Soziale Systeme. Eine kritische Analyse der Theorie von formalen und informalen Organisationen, Göttingen 1963, S. 94 ff.; *Bruce J. Biddle,* Roles, Goals and Value Structures in Organizations. In: *William W. Cooper/Harold J. Leavitt/Maynard W. Shelly II* (Hrsg.), New Perspectives in Organization Research, New York-London-Sydney 1964, S. 150–172 (164 ff.).

2 Siehe statt anderer *Rudolf Eisler,* Eislers Handwörterbuch der Philosophie, 2. Aufl. Berlin 1922, S. 651 f. und *Johannes Hoffmeister,* Wörterbuch der philosophischen Begriffe, 2. Aufl. Hamburg 1955, S. 598 f.

3 Zur Vieldeutigkeit dieser Aussage vgl. *Ernest Nagel,* On the Statement »the Whole is More than the Sum of its Parts«. In: *Paul F. Lazarsfeld/Morris Rosenberg* (Hrsg.), The Language of Social Research, Glencoe/Ill. 1955, S. 519–527.

4 Als Ausarbeitung dieses Gedankens vgl. namentlich *Kosiol,* aaO, 1959, insb. S. 15 ff. und ähnlich *ders.,* Organisation der Unternehmung, Wiesbaden 1962, S. 19 ff. Siehe auch *Fritz Nordsieck,* Rationalisierung der Betriebsorganisation, 2. Aufl. Stuttgart 1955, S. 16 f. Als typisches Beispiel für die Unklarheit des Ineinanderflech-

die Art der Kombination der Mittel, nämlich die Organisation, käme dann etwas zustande, was mehr ist als die Summe der Teile, nämlich die Erfüllung des Zwecks. Organisation im Sinne einer rein internen Koordinierung von Mitteln wäre danach der fundierende Prozeß der Systembildung, das, was das Wesen des Systems ausmacht. Eine solche Auffassung scheint, obwohl selten in dieser Schärfe als volle Kongruenz der beiden grundbegrifflichen Schemata formuliert, den üblichen Vorstellungen von arbeitsteiliger Organisation zugrunde zu liegen. Jedenfalls fehlt es an anderen Bestimmungen der beiden grundbegrifflichen Dichotomien Ganzes/Teil und Zweck/Mittel je für sich und in ihrem Verhältnis zueinander.

Mit der Gleichsetzung (bzw. dem ungeklärten Verhältnis) von Zweck/Mittel-Ordnung und Ganzes/Teil-Ordnung hängt zusammen, daß der Aufgabenbegriff in der betriebswirtschaftlichen Organisationslehre den Anspruch erhebt, ein wissenschaftlicher Grundbegriff zu sein[5]. Hinter ihn wird nicht zurückgefragt. Das bedeutet zugleich, daß für den Funktionsbegriff kein Platz ist, denn in dem durch den Aufgabenbegriff abgesteckten Bezugsrahmen kann er seine Tragweite nicht entfalten. Wie immer man ihn faßt,

tens beider Dichotomien siehe *Walter Schramm,* Die betrieblichen Funktionen und ihre Organisation, Berlin-Leipzig 1936, S. 5, und trotz vieler neuer Anstriche nicht darüber hinauskommend die »Systemtheorie« des amerikanischen »Management Science«, siehe z. B. *George E. Briggs,* Engineering Systems Approaches to Organizations. In: *Cooper/Leavitt/Shelly II* (Hrsg.), aaO, S. 479–492 (479 f.). Eindeutige, aber deswegen noch nicht klare Bekenntisse zu dem Gedanken, daß der Zweck das Einheitsprinzip der Systembildung sei, findet man in der älteren philosophischen Literatur. Vgl. z. B. *Christoph Sigwart,* Logik, Bd. II, Freiburg/Brsg. 1893, S. 249.

5 Vgl. außer den eben angeführten und anderen Schriften von Erich Kosiol z. B. *Schramm,* aaO, S. 5, 7 ff.; *Nordsieck,* aaO, 1955, S. 23, 27 ff.; *ders.,* Betriebsorganisation. Lehre und Technik. Textband, Stuttgart 1961, insb. Sp. 5 ff.; *Hermann Böhrs,* Organisation und Gestaltung der Büroarbeit, München-Bern 1960, S. 9 ff., um nur einige Beispiele herauszugreifen. Als Versuch einer Kritik dieses grundbegrifflichen Status des Aufgabenbegriffs vgl. *Heinz Langen,* Bemerkungen zur betriebswirtschaftlichen Organisationslehre, Betriebswirtschaftliche Forschung und Praxis 5 (1953), S. 455–464.

die Verlegenheit ist evident, daß es nicht gelingt, ihn gegen den Mittelbegriff abzugrenzen[6]. Er ist, abgesehen von seiner Verwendung im mathematischen Sinne, überflüssig, soviel man auch von betrieblichen Funktionen, von funktionaler Organisation usw. reden mag. Darin liegt ein Verzicht auf ein eigenständiges methodisches Instrumentarium der wissenschaftlichen Analyse. Die Wissenschaft bedient sich, wie die Praxis, der Zweck/Mittel-Analyse, mit abstrakteren Begriffen, mit mehr Scharfsinn vielleicht, und jedenfalls mit viel latentem Funktionalismus, der jedoch in der Anwendung des Zweck/Mittel-Denkens verborgen bleibt und nicht wie in der Soziologie als besondere Methode entfaltet wird.

Von diesen Methodenfragen abgesehen, ist die Unklarheit des Verhältnisses jener beiden Dichotomien die unerkannte Wurzel sehr vieler Schwierigkeiten, in die die klassische Organisationslehre geraten ist. Zugleich ist sie die Quelle zahlreicher Sekundärtheorien, mit denen man diese Schwierigkeiten zu beheben sucht. Denn natürlich kann von einer solchen Kongruenz der beiden grundbegrifflichen Schemata

6 *Kosiol,* aaO, 1959, S. 30, definiert Funktion z. B. als Einzel- oder Teilaufgabe. Ähnlich *Schramm,* aaO, S. 4; *Hermann Böhrs,* Aufgabe und Funktion in der Organisation des Industriebetriebs. Zeitschrift für Betriebswirtschaft 30 (1960), S. 263–273 bezeichnet Aufgaben als Funktionen, wenn sie bestimmte, näher angegebene Voraussetzungen erfüllen. Der Aufgabenbegriff selbst ist bei ihm in unklarer Weise auf den Betriebszweck hin instrumentalisiert. *Nordsieck,* aaO, 1961, S. 36 nennt Funktion die Arbeitsleistung als Beziehung zwischen Person und Aufgabe, ohne an die Möglichkeit zu denken, daß eine solche »Beziehung« z. B. auch in Unlust oder Widerwillen bestehen kann. Siehe auch den Überblick über betriebswirtschaftliche Äußerungen zum Funktionsbegriff bei *Jürgen Stahlmann,* Organisation, Entscheidung und Kommunikation (Diss.), Göttingen 1960, S. 13 ff.; *Hermann Böhrs,* Organisation des Industriebetriebes, Wiesbaden 1963, S. 155 ff.; oder *Heinrich Acker,* Die organisatorische Stellengliederung im Betrieb, Wiesbaden o. J., S. 148 ff. über den »Irrgarten der Funktionen«. Auch in der soziologischen Methodendiskussion tauchen solche Vermischungen auf – wenn z. B. *Brigitte Steinbeck,* Einige Aspekte des Funktionsbegriffs in der positiven Soziologie und in der kritischen Theorie der Gesellschaft, Soziale Welt 15 (1964), S. 97–129 glaubt, eine Tendenz zur »Instrumentalisierung« des soziologischen Funktionsbegriffs feststellen zu können.

nicht die Rede sein. Das Schema Ganzes/Teil ist ein statisches Ordnungsmodell für einen komplexen Sachverhalt; das Zweck/Mittel-Schema beruht dagegen auf einem dynamischen Kausalmodell für eine linear vorgestellte Handlung. Man kann deshalb nicht das eine durch das andere »definieren«, ohne wesentliche Verschiedenheiten zu übersehen, was sich dann bei der Anwendung der Theorie rächt. Ob die herrschende Systemdefinition beibehalten werden kann, werden wir später erörtern[7]. Jedenfalls kann sie nicht angemessen durch Begriffe wiedergegeben werden, die auf ein Handeln gemünzt sind. Nach der allgemeinen Auffassung, die Mittel als Ursachen einer bezweckten Wirkung ansieht, ist das ebensowenig möglich wie nach der hier vertretenen Ansicht, die den Sinn des Mittelbegriffs in den Wertrelationen der Folgen des Handelns sucht. Mittel sind nicht »Teile« eines Zwecks, sondern allenfalls Teile eines Handlungssystems, in dem auch Zwecke eine Teilfunktion erfüllen.

Wenn man dagegen mit der klassischen Organisationslehre daran festhält, daß das Systemverständnis nach den Kategorien Ganzes und Teil und das Handelnsverständnis nach den Kategorien Zweck und Mittel aufeinander projiziert und miteinander verschmolzen werden, kann die Frage nach dem Verhältnis von Systemauslegung und Handlungsauslegung nicht gestellt werden. Auch eine Entscheidung der Frage, ob Begriff und Zielsetzung der Rationalisierung auf Systeme oder auf Handlungen zu beziehen sind, ist auf dieser Grundlage nicht möglich. Diese Mängel erscheinen in der klassischen Organisationslehre natürlich nicht als Thema, aber sie zeigen sich implizit an zahlreichen Sekundärproblemen, von denen wir einige erörtern wollen.

Solange Zwecke als Handlungszwecke interpretiert werden, kann man organisierte Sozialsysteme nicht auf Zwecke gründen, ohne sich der Frage auszusetzen: wessen Zwecke? Diese Frage ist mit dem Zweckbegriff selbst nicht beant-

7 Vgl. Kap. 4, 1.

wortet. Sie verweist auf die Notwendigkeit einer Komplementärtheorie, zum Beispiel einer Macht- oder Konsenstheorie, die selbst nicht mehr im Zweck/Mittel-Schema expliziert werden kann, weil sie gerade die Zwecksetzung erklären soll. Die Unzulänglichkeit des Zweck/Mittel-Schemas als Systeminterpretation findet ihren Ausdruck daher in einer Spaltung, welche die gesamte Organisationswissenschaft durchzieht. Wir können in bezug darauf von Maschinenmodell und Befehlsmodell der Organisation sprechen oder von Bemühungen um zweckrationale Orientierung einerseits, um Stabilisierung einer Herrschaft andererseits.

Organisationstheorien optieren zumeist schwerpunktmäßig für die eine oder die andere Seite, die betriebswirtschaftlichen Theorien typisch mehr für die Probleme der Zweckrationalität, die soziologischen Theorien oder die politikwissenschaftlichen Theorien mehr für die Probleme des Zweckkonsenses bzw. der Herrschaft. Doch lassen sich beide Standpunkte nicht verabsolutieren. Jede Theorie muß der anderen in ihrem Begriffsgebäude einen sekundären Platz anweisen: In der Theorie der zweckrationalen Organisation wird die Käuflichkeit des Konsenses als Kostenfaktor berücksichtigt und die Herrschaft als ein Mittel behandelt, das durch eine hierarchische Struktur aktualisiert wird. In den Konsenstheorien bzw. Herrschaftstheorien geht man davon aus, daß Herrschaft bzw. Konsens Zwecksetzungen ermöglichen, die für den Einzelnen unerreichbar wären. Beide Forschungsansätze reiben sich aneinander, sind nicht auf einen Nenner zu bringen und diskreditieren auf diese Weise ihren jeweiligen Anspruch auf fundierende Grundbegrifflichkeit.

Sieht man sich die beiden Theorievarianten näher an, dann läßt der Ursprungsmangel sich bis in die Details der Problemstellung hinein verfolgen. Für unsere Zwecke genügt eine grobe Skizze dieses Zusammenhangs.

Die Theorie zweckrationaler Organisation muß versuchen,

ihren Forschungsbereich in die Form von Zweck/Mittel-Ketten zu bringen. Das ist relativ gut möglich, solange man sich auf eine Betrachtung des Handlungsablaufs in einem organisierten System beschränkt, zum Beispiel den Produktionsprozeß analysiert, der im Endprodukt seinen eindeutigen Zweck hat. Das Endprodukt vermag als vorgestellter Zweck Aufschluß darüber zu geben, welche Mittel erforderlich sind und welche Alternativen in der Materialbeschaffung, der Arbeitsordnung usw. vom Zweck her möglich sind. Der Zweck programmiert die möglichen Mittel unter Neutralisierung aller Wertaspekte in nichtbezweckten Folgen dieser Mittel.

Indessen kann ein Betrieb sich gerade diese Neutralisierung typisch nicht leisten. Die eigentliche Funktion der Zwecksetzung ist für ihn nicht ohne weiteres brauchbar. Er muß den Mitteleinsatz mit anderen Erfordernissen, zum Beispiel solchen der Kapitalbeschaffung, der physisch-psychischen Belastung der Organisationsmitglieder, der Rentabilität usw. in Einklang bringen und dabei die Mittel wieder entneutralisieren. Sie erscheinen dann als unzumutbar, als zu teuer usw. Es wird deshalb heute weithin eingeräumt, daß Privatbetriebe, von öffentlichen Verwaltungen ganz zu schweigen, eine »Vielzahl von Zwecken« verfolgen, die sich in ihren Mittelanforderungen widersprechen können[8].

8 Vgl. z. B. *Peter F. Drucker,* Praxis des Management. Ein Leitfaden für die Führungsaufgaben in der modernen Wirtschaft, dt. Übers., 4. Aufl. Düsseldorf 1964, S. 81 ff.; *V. F. Ridgway,* Dysfunctional Consequences of Performance Measurement. Administrative Science Quarterly 1 (1956), S. 240–247, neu gedruckt in: *Albert H. Rubenstein/Chadwick Haberstroh* (Hrsg.), Some Theories of Organization, Homewood/Ill. 1960, S. 371–377; *Pfiffner/Sherwood,* aaO, insb. S. 11 f., 407 ff.; *C. Michael White,* Multiple Goals in the Theory of the Firm. In: *Kenneth E. Boulding/W. Allen Spivey* (Hrsg.), Linear Programming and the Theory of the Firm, New York 1960, S. 181–201; *Werner Dinkelbach,* Unternehmerische Entscheidungen bei mehrfacher Zielsetzung. Zeitschrift für Betriebswirtschaft 32 (1962), S. 739–747; *Heinz Sauermann/Reinhard Selten,* Anspruchsanpassungstheorie der Unternehmung. Zeitschrift für die gesamte Staatswissenschaft 118 (1962), S. 577–597 (580, 589 f.); *Edmund Heinen,* Die Zielfunktion der Unternehmung. In: Festschrift Erich Guten-

Das heißt aber nichts anderes, als daß die Zweckprogrammierung insoweit mißlungen ist, weil in komplexen Systemen die Neutralisierungsfunktion bestimmter Zwecksetzungen nicht oder nur im Rahmen vielfältiger Rücksichten erfüllt werden kann. Das Koordinieren dieser Rücksichten und die Einrichtungen, die dazu erforderlich sind, können nicht eigentlich mehr als »Mittel« für den Produktionszweck gesehen und rationalisiert werden.

Aus dieser Schwierigkeit hilft es nicht heraus, den »Bestand des Systems« als ein Mittel für den Systemzweck anzusehen[9]. Die Analyse der spezifischen Funktion des Zweck/

berg, Wiesbaden 1962, S. 9–71, insb. 14, 16 ff., 62 ff. (Die unter dem Titel »Das Zielsystem der Unternehmung«, Wiesbaden 1966, veröffentlichte Neubearbeitung konnte nicht mehr berücksichtigt werden); *Beer,* aaO, 1962, passim z. B. S. 162 f.; *Arthur Maas* u. a., Design of Water Resource Systems, Cambridge/Mass. 1962; *Johannes Bidlingmaier,* Unternehmerziele und Unternehmerstrategien, Wiesbaden 1964, insb. S. 42 ff. mit gründlicher Behandlung der älteren betriebswirtschaftlichen Literatur; *Herbert A. Simon,* On the Concept of Organizational Goal. Administrative Science Quarterly 9 (1964), S. 1–22 (3 ff.); *Henry A. Latané,* The Rationality Model in Organizational Decision-Making. In: *Harold J. Leavitt* (Hrsg.), The Social Science of Organizations. Four Perspectives, Englewood Cliffs/ N. J. 1963, S. 85–136; *M. D. Mesarović/J. L. Sanders/C. F. Sprague,* An Axiomatic Approach to Organizations from a General Systems Viewpoint. In: *Cooper/Leavitt/Shelly II* (Hrsg.), aaO, S. 493–512. Als eine der seltenen empirischen Untersuchungen über Korrelationen zwischen mehreren Zwecken vgl. *Stanley E. Seashore/Bernard P. Indik/Basil S. Georgopoulos,* Relationships Among Criteria of Job Performance. Journal of Applied Psychology 44 (1960), S. 195–202. In der soziologischen Organisationsforschung wird wohl allgemein eine Mehrheit von Zwecken unterstellt. Siehe als ein Beispiel unter vielen: *Charles Perrow,* The Analysis of Goals in Complex Organizations. American Sociological Review 26 (1961), S. 854–866. Die Staatslehre hatte verständlicherweise schon sehr viel früher Anlaß gefunden, gegen die Tyrannei des einen Endzwecks zu protestieren; so z. B. *Robert von Mohl,* Encyclopädie der Staatswissenschaften, 2. Aufl. Freiburg–Tübingen 1872, S. 74 f. oder *John St. Mill,* Representative Government. Ausgabe der Everyman's Library, London-New York 1954, S. 247.

9 Dieser Gedanke wird oft in der Kurzfassung vertreten, daß Organisationen bloße Mittel seien und kein »Selbstzweck«. Vgl. z. B. *Eulenburg,* aaO, S. 61; *Erich Gutenberg,* Die Unternehmung als Gegenstand betriebswirtschaftlicher Theorie, Berlin-Wien 1929, S. 11 f.; *ders.,* aaO, 1965, S. 234 f.; *Schramm,* aaO, S. 5; *Ernest Dale,* Plan-

Mittel-Schemas im vorigen Kapitel macht es leicht, diesem Gedanken entgegenzutreten. Der »Bestand des Systems« ist eine Formel für einen komplexen Sachverhalt, der einer Vielzahl von Wertrichtungen genügen muß und deshalb nicht durch einen spezifischen Zweck wertneutralisiert werden kann. Der Bestandsbegriff bezeichnet eine Perspektive, die auf konkrete Existenzbedingungen achtet, der Mittelbegriff dagegen eine bestimmte Art von Abstraktion. Ordnet man den »Bestand eines Systems« seinem Zweck unter, so verkennt man damit die eigentümliche Funktion der Zweck/Mittel-Orientierung und degradiert sie zu einer tautologischen Rechtfertigungsformel für den jeweiligen Bestand[10].

Wer dieser abstrakten Überlegung keinen Glauben schenkt und sich lieber historisch orientiert, mag außerdem daran erinnert werden, daß in den Staatstheorien des 17. und 18. Jahrhundert genau dieses Problem auf der Grundlage der instrumentalen Staatskonzeption, mit der man die konfessionellen Bürgerkriege beendet hatte, durchdiskutiert worden ist. In den Doktrinen vom Gemeinwohl als Staatszweck, von der Staatsräson und vom *ius eminens* hatte man versucht, den Bestand des Staates als Mittelbegriff in einer Rechtfertigungskette zu verwenden mit dem Ergebnis, daß das Zweck/Mittel-Schema in seiner Anwendung auf den Staat dadurch gründlich diskreditiert wurde und,

ning and Developing the Company Organization Structure, New York 1952, 6. Druck 1959, S. 17; *Fritz Morstein Marx,* Einführung in die Bürokratie, Neuwied 1959, S. 48 f.; *Pius Bischofberger,* Durchsetzung und Fortbildung betriebswirtschaftlicher Erkenntnisse in der öffentlichen Verwaltung. Ein Beitrag zur Verwaltungslehre, Zürich-St. Gallen 1964, S. 12 f. Als Beispiel für eine ausdrückliche Einordnung des Bestandsgedankens (»organizational viability«) in eine Zweck/Mittel-Kette siehe *Gross,* aaO, 1964, II, S. 477 ff.

10 Die Auffassung von *Scott,* aaO, S. 490, daß die instrumentale Organisationstheorie und die Sozialsystem-Theorie der Organisation miteinander vereinbar seien, ja einander zur Ergänzung forderten, vermag ich deshalb nicht zu teilen. Sie beruht auf einer nicht hinreichend durchdachten Verwendung des Mittel-Begriffs. Auch sonst findet man nicht selten beide Auffassungen gleichzeitig vertreten – z. B. bei *Rice,* aaO, S. 10 und S. 275.

wie wir weiter unten[11] noch ausführlicher sehen werden, durch den Gedanken des Rechtsstaates ersetzt werden mußte. Denn die Einfügung des Bestandsgedankens in eine Kette von Zweck/Mittel-Beziehungen erwies sich als unbegrenzbar und als geeignet, jede beliebige Handlung zu rechtfertigen[12].

Ein anderer Gedanke hat diese Schwierigkeit zeitweilig verdeckt, nämlich die Vorstellung, daß Aufbau und Ablauf, Struktur und Prozeß scharf zu trennen und je für sich zu rationalisieren seien[13]. Das heißt, man rationalisiert in zwei verschiedenen Zweck/Mittel-Ketten den Produktionsprozeß und die Organisation, wobei die eine Bemühung jeweils die andere als unproblematisch gegeben voraussetzt[14]. Die klassische Organisationslehre hat sich auf die-

11 Vgl. Kap. 3, 1.

12 Ein anderes, näherliegendes Beispiel bietet die Diskussion der Bestandsformel im soziologischen Funktionalismus. Vgl. z. B. *Everett E. Hagen,* Analytical Models in the Study of Social Systems. The American Journal of Sociology 67 (1961), S. 144–151; *Niklas Luhmann,* Funktion und Kausalität, Kölner Zeitschrift für Soziologie und Sozialpsychologie 14 (1962), S. 617–644 (629 f.). Dazu näher unter Kap. 3, 4.

13 Als Beispiel für die Darstellung dieser Unterscheidung, die zumeist als Unterscheidung verschiedener Rationalisierungsperspektiven eingeführt wird, vgl. etwa *Nordsieck,* aaO, 1955, S. 76 ff.; *Kosiol,* aaO, 1962, S. 32; *Heinrich B. Acker,* Organisationsstruktur. In: *Schnaufer/Agthe,* aaO, S. 119–148; *Bischofberger,* aaO, S. 58 mit weiteren Hinweisen. Heute wird zwar zugestanden – so von *Nordsieck,* aaO, 1961, Sp. 105 ff.; *Marcell Schweitzer,* Probleme der Ablauforganisation in Unternehmungen, Berlin 1964, S. 34, oder von *Erwin Grochla,* Zur Organisation des betrieblichen Planungsablaufs, Zeitschrift für Betriebswirtschaft 32 (1962), S. 702–715 (704) –, daß diese Trennung in der Organisationspraxis nicht durchführbar ist, ohne daß jedoch daraus die Konsequenzen gezogen würden.

14 Eine ausdrückliche Formulierung dieser Voraussetzung findet sich bei Gutenberg, aaO, 1929, S. 26. Siehe auch *Martin Lohmann,* Einführung in die Betriebswirtschaftslehre, 3. Aufl., Tübingen 1959, S. 22, 25. Der amerikanischen »theory of the firm« hat aus ganz anderen Gründen – nämlich wegen einer unzureichenden Trennung von nationalökonomischer und betriebswirtschaftlicher Perspektive – lange Zeit eine ähnliche Trennung zugrunde gelegen: Das Unternehmen wurde nur als rationales Individualhandeln des Unternehmers erfaßt und die inneren Probleme der Organisation, Kommunikation und Motivation dabei als perfekt gelöst vorausgesetzt. Siehe die tref-

ser Basis als relativ selbständiges Teilfach der allgemeinen Betriebswirtschaftslehre entwickeln können. Noch stärker hat dieser Gedanke sich in der öffentlichen Verwaltung festgesetzt (wenngleich sie weniger gewohnt ist, ihm theoretischen Ausdruck zu verleihen), weil hier das Entscheiden nicht nur durch das Optimierungsprinzip, sondern viel mehr noch durch die Rechtsordnung auf einzig-richtige Ergebnisse festgelegt und dadurch von den Organisationsstrukturen, unter denen sie erarbeitet werden, unabhängig gemacht ist.

Nun ist eine begriffliche Trennung von Struktur und Prozeß ohne Zweifel notwendig. Sie hat in der allgemeinen Systemtheorie grundlegende Bedeutung, da jedes System, das sich in einer veränderlichen Umwelt erhalten will, aus Konstanten und Variablen zugleich bestehen muß[15]. Das

fende Charakterisierung dieser Auffassung als »single-person multifactor approach« bei *Andrew C. Stedry*, Budget Control and Cost Behavior, Englewood Cliffs./N. J. 1960, S. 146. Neuerdings wird dies namentlich unter dem Einfluß von Simon häufig kritisiert. Vgl. z. B. *William W. Cooper*, A Proposal for Extending the Theory of the Firm. The Quarterly Journal of Economics 65 (1951), S. 87–109; *Edith T. Penrose*, The Theory of the Growth of the Firm, New York 1959, insb. S. 15 ff.; *Horst Albach*, Zur Theorie der Unternehmensorganisation. Zeitschrift für handelswissenschaftliche Forschung 11 (1959), S. 238–259; *Kenneth E. Boulding*, Implications for General Economics of More Realistic Theories of the Firm. The American Economic Review 42 (1952), Papers and Proceedings, S. 35–44; *ders.*, The Present Position of the Theory of the Firm. In: *Boulding/Spivey*, aaO, S. 1–17 (1, 11 ff.); *Stahlmann*, aaO, insb. S. 74 ff., 121 ff.; *Heinen*, aaO, 1962, S. 51 ff.; *Gäfgen*, aaO, S. 196 ff., 218; *Hans Günter-Krüsselberg*, Organisationstheorie, Theorie der Unternehmung und Oligopol. Materialien zu einer sozialökonomischen Theorie der Unternehmung, Berlin 1965. Siehe auch *Frank H. Knight*, Risk, Uncertainty and Profit, Boston-New York 1921, 7. Neudruck 1948, S. 106 f., 168 f., der schon 1921 bemerkt hatte, daß Organisationsfragen nur unter der Bedingung vollständiger Entscheidungsgewißheit vernachlässigt werden können.

15 Vor allem in neueren Formulierungen der Systemtheorie von Parsons gewinnt diese Unterscheidung grundsätzliches Gewicht. Vgl. insb. *Talcott Parsons*, Some Considerations on the Theory of Social Change. Rural Sociology 26 (1961), S. 219–239. Vgl. zu dieser Trennung ferner unter dem Gesichtspunkt der Vorteile »doppelter Selektivität«, *Niklas Luhmann*, Soziologie als Theorie sozialer Sy-

Bedenken geht gegen die Versteifung dieser Trennung zu einer Verschiedenheit von zwei Richtigkeits-Perspektiven, die nur auf dem soeben behandelten Wege der Unterordnung des Systembestandes unter den Systemzweck wieder zusammengefügt werden können. Vor allem wird es auf diese Weise unmöglich, die *Rationalisierung des Verhältnisses von Struktur und Prozeß* – das vielleicht wichtigste Thema der Systemtheorie – angemessen zu behandeln.

Heute wird dieses Problem gesehen. Besonders das Vordringen entscheidungs- und kommunikationstheoretischer Überlegungen und in der Praxis die elektronische Datenverarbeitung haben zu der Einsicht geführt, daß die Rationalisierung des Kommunikations- und Entscheidungsvorgangs Strukturentscheidungen impliziert, und daß von da aus Forderungen an den Betriebsaufbau zu stellen sind[16]. Es genügt jedoch nicht, wechselseitige Rücksicht zu fordern. Unvermeidlich kommt es zu Widersprüchen, wenn man nach wie vor Aufbau- und Ablaufgestaltung je für sich aus dem Betriebszweck ableitet und erst nachträglich einen Kompromiß erstrebt. Das Dominieren des Aufgabenbegriffs führt zusammen mit der Trennung von Aufbau und Ablauf notwendig in dieses Dilemma. Deshalb gewinnt in Theorie und Praxis und nicht zuletzt unter dem Einfluß der zunehmenden Automation ein Organisationsdenken an Raum, das nicht von einem durch Zweckzerlegung gewonnenen Abteilungsschema ausgeht, sondern vom Arbeitsfluß, und das die Systemstruktur nur noch als einen Komplex von »Entscheidungsprämissen« behandelt, die den Arbeits-

steme. Kölner Zeitschrift für Soziologie und Sozialpsychologie 19 (1967), S. 615–645.

16 Vgl. namentlich *Herbert A. Simon,* Das Verwaltungshandeln. Eine Untersuchung der Entscheidungsvorgänge in Behörden und privaten Unternehmen, dt. Übers., Stuttgart 1955; ferner z. B. *Rolf Kramer,* Information und Kommunikation. Betriebswirtschaftliche Bedeutung und Einordnung in die Organisation der Unternehmung, Berlin 1965; *Herbert Hax,* Die Koordination von Entscheidungen. Ein Beitrag zur betriebswirtschaftlichen Organisationslehre, Köln-Berlin-Bonn-München 1965.

fluß »programmieren«[17]. Gerade weil in der Praxis der Prozeß sich nach der Struktur richten soll, muß die Theorie und die Organisationsentscheidung davon ausgehen, daß die Struktur sich nach den Erfordernissen des Prozesses zu richten hat[18]. Aber weder läßt die Struktur sich als notwendiges Mittel aus dem Prozeßzweck ableiten, noch umgekehrt der Prozeß als Mittel der Strukturentscheidung. Das Zweck/Mittel-Schema vermag die Rationalisierung des Verhältnisses von Struktur und Prozeß nicht zu leisten (und dies ist wohl der heimliche Grund, der die Betriebswirtschaftslehre bisher zu der Ansicht nötigt, beide Aspekte seien je für sich zu rationalisieren). Denn in Wahrheit hat die Struktur zwar eine notwendige Beziehung zum Prozeß, der ohne sie nicht Prozeß sein kann. Aber diese Beziehung kann nicht als Mittel *im* Prozeß, ja nicht einmal als Funktion verstanden werden. Sie ist schon in der Prozeßhaftigkeit des Prozesses vorausgesetzt; denn ohne Konstanten kann es keine geordnete Variation geben. Das Verhältnis von Struktur und Prozeß ist weder eine instrumentale noch eine funktionale Beziehung; denn das hieße, daß die Struktur in ihrer Funktion (bzw. als Mittel) für den Prozeß

17 Vgl. z. B. *Eliot D. Chapple/Leonard R. Sayles,* The Measure of Management, New York 1961; Alex Orden, Man – Machine – Computer Systems. In: *George P. Shultz/Thomas L. Whisler* (Hrsg.), Management Organization and the Computer, Glencoe/Ill. 1960, S. 67–86 (74); *Richard A. Johnson/Fremont E. Kast/James E. Rosenzweig,* The Theory and Management of Systems, New York-San Francisco-Toronto-London 1963, S. 313 f.; *Urs Jaeggi/Herbert Wiedemann,* Der Angestellte im automatisierten Büro. Betriebssoziologische Untersuchungen über die Auswirkungen elektronischer Datenverarbeitung auf die Angestellten und ihre Funktionen, Stuttgart 1963, passim, z. B. 114 ff., 152 f., 227 f. Ein Fortschritt der deutschen Betriebswirtschaftslehre in dieser Richtung besteht darin, daß heute anerkannt wird, daß der Arbeitsfluß eigene *Organisationsprobleme* stellt, die als solche der traditionellen Aufbau-Organisation gegenübergestellt werden. Vgl. dazu *Schweitzer,* aaO, insb. S. 7, 22 f.; *Kramer,* aaO, S. 45 f., 156 ff.

18 *Nordsieck,* aaO, 1961, gibt ganz im Bezugsrahmen der klassischen Organisationslehre diesem Gedanken dadurch Ausdruck, daß er die Prozeßgliederung als Idealprinzip der Arbeitsteilung erklärt und den übrigen Prinzipien nur sekundäre Bedeutung zuerkennt (Sp. 22 ff.).

durch etwas anderes als funktionales Äquivalent ersetzt werden könnte, daß sie also keine unersetzliche Systemkomponente wäre. Es gibt aber keine strukturlosen Systeme. Zerstört man diese beiden das Problem verdeckenden Auswege, die Instrumentalisierung des Systems und die Trennung von Aufbau und Ablauf unter verschiedenen Rationalisierungskriterien, dann kommt die eigentliche Schwierigkeit, das Versagen des Zweck/Mittel-Schemas als Systemmodell, wieder ans Licht. Bei Herbert Simon, der die Kritik dieser und anderer Behelfslösungen der »klassischen Organisationslehre« vielleicht am schärfsten und am nachhaltigsten formuliert hat, mündet sie in die Einsicht ein, daß die Zerlegung eines Organisationszweckes in Mittel notwendigerweise innerorganisatorische Konflikte erzeugt[19]. Das heißt zum einen, daß die Neutralisierungsfunktion der Zwecksetzung nicht voll verwirklicht werden kann, zum anderen, daß die Zweck-Theorie der Organisation nicht ohne Rücksicht auf Motivationsprobleme durchgeführt werden kann. Und damit sind wir an die oben bereits geforderte Komplementärtheorie der Macht- oder Konsensbildung verwiesen.

In der älteren Vorstellung des Handlungszwecks lagen zunächst die rationalisierende und die motivierende Funktion ungetrennt beieinander. Der Zweck schien für den Handelnden zugleich Grund und Richtmaß seines Handelns zu sein. Und dieser Gedanke dominiert, wo man nicht eigens

19 Siehe namentlich *James G. March/Herbert A. Simon*, Organizations, New York-London 1958, S. 124 ff.; *Simon*, aaO, 1964, S. 16 f.; ferner etwa *C. West Churchman/Russell L. Ackoff/Leonard Arnoff*, Operations Research. Eine Einführung in die Unternehmensforschung, dt. Übers. Wien-München 1961, S. 14; *C. West Churchman*, Prediction and Optimal Decision. Philosophical Issues of a Science of Values, Englewood Cliffs./N. J. 1961, S. 309 ff.; *Heinen*, aaO, 1962,, S. 62 ff.; *Albach*, aaO, 1959, S. 247 f.; *R. N. Spann*, The Study of Organizations. Public Administration 50 (1962), S. 387–405 (393 ff.); *Rice*, aaO, S. 14, 190 f. Abgesehen davon gibt es eine umfangreiche sozialpsychologische Forschung, welche die Identifikation mit zu engen Gruppenzielen als Folge der Arbeitsteilung behandelt. Vgl. z. B. *Burleigh B. Gardner/David G. Moore*, Praktische Menschen-

auf seine Problematik achtet, in den Sozialwissenschaften noch heute[20]. Er ist in einer Handlungswissenschaft, die vom Begriff der Einzelhandlung ausgeht, auch ganz konsequent. Er zerfällt jedoch in seine beiden Komponenten, sobald man hinter der Handlung das handelnde System sieht und zu analysieren beginnt. Dann enthüllt der Motivationsvorgang sich als ein eigenes hochkomplexes Systemgeschehen, das der Kausalstruktur des Handelns gegenüber selbständig ist, also auf anderen Ursachen und anderen Wirkungen beruhen, ein anderes Selektionsschema verwenden kann und deshalb auch anders rationalisiert werden muß. Man kann zu rationalem Handeln irrational motiviert sein und umgekehrt. Irrationales Handeln kann die inneren Systemprobleme des handelnden Systems glänzend lösen, während umgekehrt zweckrationales Handeln sie verschärfen mag.

Stellt man sich den Einzelmenschen, also ein Persönlichkeitssystem, als Handelnden vor, so wird niemand zweifeln, daß für die Erklärung der Motivation die angezielten Handlungszwecke nicht ausreichen, sondern daß eine psychologische Theorie der Persönlichkeit einschließlich ihrer unbewußten Probleme und ihrer latenten Motivationsstruktur erforderlich ist[21]. Man weiß, an welchen Forschungsbereich man sich zu halten hat. Geht es dagegen um die Zwecke eines Sozialsystems, so ist die Antwort alles andere als offensichtlich. An dieser Unklarheit ist neben der man-

führung im Betrieb, dt. Übers. Köln-Opladen 1957, S. 94 ff.; *De Witt C. Dearborn/Herbert A. Simon,* Selective Perception. A Note on the Departmental Identifications of Executives. Sociometry 21 (1958), S. 140–144; *March/Simon,* aaO, S. 150 ff.; *Melville Dalton,* Men Who Manage. Fusions of Feeling and Theory in Administration, New York-London 1959, z. B. S. 16.

20 Besonders in der Organisationslehre. Siehe als typisches Beispiel *Nordsieck,* aaO, 1961, Sp. 34 ff.

21 Diese Distanz zur Zweckrationalität bringt ein bekannter amerikanischer Psychologe bereits in einem Buchtitel zum Ausdruck: *Norman F. Maier,* Frustration. The Study of Behavior without a Goal, New York 1949.

gelnden Unterscheidung von Handlungsbegriff und Systemtheorie vermutlich auch der Umstand schuld, daß man Motivationsprobleme sogleich psychologisch verstand und sie damit aus der Organisationslehre hinaus verwies. So blieb als Gegenstand der Organisationslehre scheinbar nur die rationale Zweck/Mittel-Struktur des Handelns übrig.

Inzwischen ist die Forschung dabei, dieses Vorurteil aufzugeben und Motivationsstrukturen anzunehmen, die durch das Sozialsystem vermittelt und geprägt sind, die aber weder mit dem Systemzweck zusammenfallen noch auf die Motivationsstrukturen der beteiligten Persönlichkeiten zurückgeführt werden können. Auf diese neuere Entwicklung werden wir im nächsten Kapitel eingehen, das den gegenwärtigen Tendenzen zur Überwindung der älteren Zweck-Theorie der Organisation gewidmet ist. Hier kommt es zunächst darauf an, die Konsequenzen festzuhalten, die sich für die klassische Organisationslehre aus ihrer Zweckkonzeption ergeben. Sie zeigen sich darin, daß (1) nur die Motive *eines* Beteiligten bzw. eines kleinen Teiles der Organisationsteilnehmer als Organisationszwecke Berücksichtigung finden, die der anderen dagegen instrumentalisiert, neutralisiert oder diskreditiert, in jedem Falle verzerrt oder vernachlässigt werden[22]; und daß (2) die Organisation deshalb als Herrschaftssystem verstanden wird, das hierarchisch organisiert ist, um die Zweckerreichung in der Form

22 Dabei war bis vor kurzem unzweifelhaft, daß, wenn nicht die Motive der ganzen Belegschaft, so doch die Motive des Unternehmens mit dem Betriebszweck und den Erfolgskriterien der Unternehmung gleichgesetzt werden könnten. Neuerdings erscheint auch dies als fragwürdig – siehe z. B. *Adolf Moxter,* Präferenzstruktur und Aktivitätsfunktion des Unternehmens. Zeitschrift für betriebswirtschaftliche Forschung 166 (1964), S. 6–35; *Oliver E. Williamson,* The Economics of Discretionary Behavior. Managerial Objectives in a Theory of the Firm, Englewood Cliffs./N. J. 1964. *Bidlingmaier,* aaO; *Krüsselberg,* aaO, S. 98 ff. mit Überblick über einige ältere Bemühungen. Damit steuert auch die Betriebswirtschaftslehre auf eine begriffliche Trennung von Motivstrukturen und Rationalkriterien zu als Voraussetzung für die Möglichkeit, die Interdependenz beider Variablen zu untersuchen.

der Befehlsbefolgung ohne Rücksicht auf die Motivationsstrukturen der übrigen Beteiligten zu gewährleisten.

Wenn man nämlich im Organisationszweck einen Handlungszweck und im Handlungszweck eine zugleich motivierende und rationalisierende Vorstellung sieht, wird die Frage unausweichlich, um wessen Zweck es sich eigentlich handelt. Angesichts dieser Frage hat sich sowohl die betriebswirtschaftliche Theorie wie auch die ältere Theorie der Staatsverwaltung für eine scharfe Scheidung zwischen zweckinteressiertem Unternehmer bzw. Herrscher auf der einen Seite und indirekt, also unpersönlich motivierten Arbeitern oder Beamten auf der anderen Seite entschieden. Der Unternehmer rekrutiert für *seine* Zwecke Arbeiter, der politische Herrscher bildet einen Verwaltungsstab aus Anhängern, die sich aus Faszination oder um zu erwartender Vorteile willen *seine* Zwecke zu eigen machen[23]. Diese

23 In der Unternehmenstheorie war hierfür die inzwischen gebrochene Vorstellung vom Eigentum als Autoritätsgrundlage bezeichnend. Siehe z. B. *Gutenberg,* aaO, 1965, S. 470 ff., aber auch das Eingehen auf die widersprechende Wirklichkeit S. 480 ff., ferner *ders.,* Unternehmensführung. Organisation und Entscheidungen, Wiesbaden 1962, S. 155, wo das »originäre« Recht zur Geschäftsführung auf »das Gesetz« gegründet wird. Auch unabhängig davon kann jedoch eine Theorie der Unternehmung als Zweckstrategie des Unternehmers entworfen werden. Dies war zum Beispiel in der amerikanischen »Theory of the firm« unter dem mächtigen Einfluß von *Alfred Marshall* der Fall (dazu bereits oben Anm. 14). Als ein neues, prononciert vorgetragenes Beispiel vgl. *Helmut Koch,* Die Theorie der Unternehmung als Globalanalyse. Zeitschrift für die gesamte Staatswissenschaft 120 (1964), S. 385–434; als kritische Äußerung z. B. *Cooper,* aaO; *Herbert A. Simon,* Models of Man, Social und Rational. Mathematical Essays on Rational Human Behavior in a Social Setting, New York-London 1957, S. 174.

Für die öffentliche Verwaltung wäre in erster Linie natürlich die Bürokratiesoziologie *Max Webers,* aaO, 1956, zu nennen; ferner als weiteres Beispiel der amerikanische Versuch, ein selbständiges Lehrfach »Public Administration« unter der Annahme zu begründen, daß in der Politik die Zwecke festgelegt würden, die Verwaltung dagegen ohne eigenes Zweckinteresse die ihr zugewiesenen Aufgaben ausführe und sich im Hinblick darauf instrumental rationalisiere. Es ist kein Zufall, sondern stützt in bezeichnender Weise die Argumentation im Text, daß nach dem Scheitern dieser Konzeption in den 40er Jahren ein verstärktes Interesse an Herrschafts- und Füh-

Trennung von privaten bzw. politischen Unternehmern und bloßen Beamten, Angestellten oder Arbeitern bezieht sich, und das ist für ihre Problematik entscheidend, nicht auf abstrakte Funktionen, sondern auf konkrete Personen, allenfalls auf Systemrollen. Sie versucht, auf die Tatsache des unzureichenden Zweckkonsenses nicht durch eine funktionale, sondern durch eine strukturelle Unterscheidung zu reagieren. Sie verdeckt sich, mit anderen Worten, durch eine Unterscheidung von Personen, Positionen oder Rollen die Notwendigkeit einer funktionalen Differenzierung, und zwar der Differenzierung von Motivationsprozessen und Prozessen der Handlungsrationalisierung. Statt diese beiden Funktionen zu trennen, verschmilzt man sie im Zweckbegriff und dadurch wird es notwendig, eine viel zu konkret ansetzende strukturelle Trennung zu behaupten, die den komplexen Motivationsstrukturen der Wirklichkeit schwerlich gerecht werden kann.

Aus diesen Gründen kommt es zu einer für die klassische Organisationslehre bezeichnenden These, durch die sie ihr Grundprinzip, die Gleichsetzung von Zweck/Mittel-Schema und Ganzes/Teil-Schema, erläutert und präzisiert. Diese These besagt, daß die hierarchische Stellenordnung im System eine Ordnung von Zwecken und Mitteln sei. Die Stellen seien durch Aufgaben definiert und diese Aufgaben einander im Zweck/Mittel-Verhältnis zugeordnet[24].

rungstheorien wach wurde. Siehe zu dieser Entwicklung *Herbert Kaufman,* Emerging Conflicts in the Doctrines of Public Administration. The American Political Science Review 50 (1956), S. 1057–1073.

24 Zu dieser durchgehenden Kongruenz von Hierarchie und Zweck/Mittel-Ordnung vgl. z. B. *Schramm,* aaO, S. 41 f.; *Karl Theisinger,* Grundsätze der Betriebsorganisation. In: Festschrift Wilhelm Kalveram, Berlin–Wien 1942, S. 141–151 (142); *Barnard,* aaO, S. 192, 231 ff.; *Robert Tannenbaum/Irving Weschler/Fred Massarik,* Leadership and Organization, New York-Toronto-London 1961, S. 258 f.; *Renate Mayntz,* Die soziale Organisation des Industriebetriebes, Stuttgart 1958, S. 22; *Neal Gross/Ward S. Mason/Alexander W. McEachern,* Explorations in Role Analysis, New York 1958, S. 122 f., 134; *Pfiffner/Sherwood,* aaO, S. 18 ff., 66 ff.; *Nordsieck,* aaO,

Die Weisungsgewalt höherer Stellen über untergeordnete Stellen sei deshalb notwendig, weil jene die Zwecke, diese nur die Mittel verträten; und die Zwecke gingen den Mitteln naturgemäß vor. Zugleich läge im Zweck/Mittel-Schema eine Begrenzung der Autoritätsunterwerfung auf spezifische Kompetenzen, welche die internen Beziehungen trotz des Ranggefälles unpersönlich und motivierbar mache.

Dieser zunächst blendende, bestechend harmonische Grundgedanke macht einen unproblematischen Eindruck. Das ist sein Fehler. Er vermittelt kein ausreichendes Schema der wirklichen Systemprobleme, keine Systemvorstellung, die hinreichend komplex wäre, um einem System gerecht werden zu können, das einer komplexen Umwelt Rechnung tragen muß. Er ist als Strukturprinzip zu unproblematisch. Denn Systemstrukturen müssen in sich selbst problematisch und spannungsgeladen sein, weil sie anders die Umweltproblematik nicht rezipieren, in das System hineinziehen und entscheidungsfähig machen können. Die klassische Organisationslehre versteckt zahlreiche Probleme und tendiert dazu, den Einzelpersonen, besonders den Systemmitgliedern, die an nicht eingestehbaren Rollenkonflikten scheitern, die Schuld zu geben – also Probleme aus dem Sy-

1961, Sp. 39 ff.; *Amitai Etzioni,* A Comperative Analysis of Complex Organizations. On Power, Involvement, and their Correlates, New York 1961, S. 93 f., 106, 214; *Irle,* aaO, S. 99; *Joseph A. Litterer,* The Analysis of Organizations, New York-London-Sydney 1965, S. 246 ff. Bemerkenswert ist auch hier die Übereinstimmung von Betriebswirtschaftlern und Soziologen. Selbst Herbert Simon, der sich doch sonst als Kritiker der Annahme einer transitiven Wertordnung hervorgetan hat, betont immer wieder die weitgehende Übereinstimmung der Struktur von Entscheidungsprogrammen mit dem hierarchischen Aufbau, wobei er aber den Hierarchiebegriff ziemlich lose für System-Subsystem-Beziehungen verwendet und wohl keine durchweg transitiven Rangverhältnisse impliziert. Vgl. *March/Simon,* aaO, S. 151 ff., 194 ff.; *ders.,* The New Science of Management Decision, New York 1960, S. 40 ff.; *ders.,* The Architecture of Complexity. Proceedings of the American Philosophical Society 106 (1962), S. 467–482, und dazu auch *William R. Dill,* Administrative Decision-Making. In: *Sidney Mailick/Edward H. Van Ness* (Hrsg.), Concepts and Issues in Administrative Behavior, Englewood Cliffs./N. J. 1962, S. 29–48 (43).

stem in die Umwelt der Persönlichkeiten und ihres Versagens abzuschieben. Vermutlich käme es aber gerade darauf an, die Problematik aus der Umwelt in das System hineinzuziehen, um sie intern definieren und absorbieren zu können.

Wie dem auch sei, die unterdrückten Probleme kommen an zahlreichen Stellen in verwandelter Form wieder zum Vorschein, und die neuere sozialwissenschaftliche Forschung hat sich mit einem ausgeprägten Sinn für latente, offiziell nicht zugestehbare Zusammenhänge gerade diesen Sekundärproblemen zugewandt. Die Mängel des klassischen Ansatzes erscheinen einmal in der bekannten Problematik, ein angeblich exklusives Profitmotiv des Unternehmers, das den Zweck der Unternehmung konstituieren soll, empirisch zu verifizieren. Die klassische Theorie ist hier zu unrealistischen Entscheidungsmodellen gezwungen. Würde sie sich der Realität, den wirklichen Präferenzen des Unternehmens nähern, würde zugleich unabweisbar deutlich werden, daß damit keineswegs die einzige Rationalisierungs- und Entscheidungsgrundlage des modernen Großbetriebes erfaßt ist[25].

Zum anderen fördert diese Theorie die Annahme, daß allein die Spitze des Systems legitimen Außenverkehr führen kann – alle anderen Mitglieder handeln allenfalls in ihrem Namen –, da allein ihr Zweck sachlicher Entscheidungsmaßstab für die Außenkontakte ist. Dies ist für alle Großsysteme natürlich eine völlig unrealistische Vorstellung, die zwar juristischen Wert haben mag, aber wichtige praktische Organisationsprobleme unsichtbar macht – etwa die Notwendigkeit einer gewissen Autonomie Untergebener im Außenverkehr, die Notwendigkeit, die »Loyalität« der Grenzstellen des Systems (einschließlich der Spitze)[26] lau-

25 Vgl. hierzu *Heinen*, aaO, 1962, insb. S. 16 ff.
26 Erfahrungen lehren z. B., daß selbst ein Minister in Außenkontakten absichtlich oder unabsichtlich die sorgfältig ausgearbeitete Linie seines Hauses verlassen kann und deshalb ständig überwacht werden muß.

fend zu überwachen, die Notwendigkeit einer Bestimmung der hierarchischen Höhenlage der einzelnen Außenkontakte usw.[27].

Eine weitere, unrealistische Vereinfachung steckt im Begriff der »Koordination«. Nach der klassischen Konzeption, wie sie weithin sichtbar von Luther Gulick[28] formuliert wurde, ist der Bedarf an Koordination ein Folgeproblem der Arbeitsteilung. Diesen Bedarf zu befriedigen, ist Sache der Zweckorientierung und ergänzend der hierarchischen Organisation. In jedem Falle wird das Koordinationsproblem also mit Bezug auf eine Wirkungseinheit formuliert. Für eine Handlungstheorie ist das verständlich, ja selbstverständlich. In einer Systemtheorie wirkt sich diese Konzeption zentralistisch aus – und dies schon vom Begriffsansatz her, bevor auch nur gefragt oder untersucht worden ist, ob eine solche Zentralisation überhaupt als rationale Lösung der Systemprobleme angesehen werden kann[29].

Rationalität als Wirkungseinheit heißt, daß die Umwelt auf *ein* Problem reduziert, ihre Komplexität also ignoriert wird. Nur deshalb kann die klassische Theorie das Problem der Systemrationalität als Problem der bewußten Koordination begreifen und zentral – also relativ einfach – zu lösen suchen. In Wahrheit bekommt sie, wie Charles Lindblom[30] vom Gegenstandpunkt aus deutlich zu machen versucht, damit nur einen Ausschnitt aus dem weiteren Problemkreis der Abstimmung von Entscheidungen aufeinander in den Blick, und sie irrt, wenn sie diesem Ausschnitt allein

27 Vgl. hierzu Näheres im Kapitel über »Grenzstellen« in: *Niklas Luhmann,* Funktionen und Folgen formaler Organisation, Berlin 1964, S. 220 ff.; ferner *Robert L. Kahn/Donald M. Wolfe/Robert P. Quinn/J. Diedrick Snoek,* Organizational Stress. Studies in Role Conflict and Ambiguity, New York-London-Sydney 1964, S. 99 ff.

28 Siehe seine »Notes on the Theory of Organization«. In: *Luther Gulick/Lyndall Urwick* (Hrsg.), Papers on the Science of Administration, New York 1937.

29 Dies Problem wird sichtbar bei *Hax,* aaO, 1965.

30 Siehe *Charles E. Lindblom,* The Intelligence of Democracy. Decision Making Through Mutual Adjustment, New York-London 1965.

die Rationalität des Systems zurechnet. Es mag sinnvoll und unentbehrlich sein, in komplexen Organisationssystemen bestimmte Organe eigens mit Koordination zu beauftragen, aber damit sind bei weitem nicht alle Aspekte des Entscheidungsprozesses erfaßt, die der wechselseitigen Abstimmung dienen[31]. Und wechselseitige Abstimmung sichert bei weitem nicht, daß ein System die Probleme lösen kann, die sich im Verhältnis zu seiner Umwelt ergeben[32].

Der Gedanke der Wirkungseinheit verbindet Zweck/Mittel-Schema und Hierarchiekonzeption, richtet das System auf ein viel zu einfaches Umweltbild aus und prägt ihm dadurch bis in arbeitstechnische Einzelheiten ein Vorurteil auf, so daß zahlreiche Probleme retuschiert werden müssen und manche Erfahrungen der Zusammenarbeit in großen Organisationen nicht gemacht oder jedenfalls nicht diskutiert werden können.

Das Prinzip der hierarchischen Organisation, der Gedanke einer Rangordnung von Stellen, erfüllt in der klassischen Organisationslehre die Aufgabe einer Komplementäreinrichtung zum Prinzip der Zweckrationalität[33]. Es dient als Lückenbüßer für die Unzulänglichkeit der einfachen Zweckorientierung, indem die hierarchisch von oben nach unten laufende, ranggestützte Kommunikation, der Befehl, die Unbestimmtheit des allgemeinen Systemzwecks in konkrete Handlungsanweisungen ausprägt und zugleich die

31 Vgl. dazu auch: *Edward C. Banfield,* Political Influence, New York 1961, insb. S. 307 ff.; *Aaron Wildavsky,* The Politics of the Budgetary Process, Boston-Toronto 1964.

32 Dieser Aspekt wird auch von *Lindblom,* aaO, 1965, vernachlässigt bzw. nur in der Form berücksichtigt, daß die Entscheidungsprobleme selbst als äußerst komplex angesehen werden.

33 Häufig findet man diese Einsicht in Erörterungen über die Funktion der »Leitung« – entweder ausdrücklich (so bei *Schramm,* aaO, S. 22 ff.) oder impliziert, wenn etwa die Funktion der Leitung in der Koordination oder der Entscheidung von Konflikten Untergebener gesehen wird. Siehe ferner allgemein: *Gutenberg,* aaO, 1965, Bd. I, S. 251.

mangelnde Arbeitsmotivation durch scharfe Aufsicht »heilt«. Das Hierarchieprinzip steht mithin für die Komplementärtheorie der Motivation, die wir oben im Sinne einer Macht- oder Konsenstheorie gefordert haben. Maschinenmodell und Befehlsmodell gehören deshalb, obwohl die Akzentsetzungen in den einzelnen Darstellungen schwanken, in der klassischen Organisationslehre notwendig zusammen[34].

Heute ist der Gedanke in dieser Form in Mißkredit geraten[35]. Die Kritik hat sich nicht selten überschlagen – besonders, wo sie das Unmenschliche und Undemokratische einer nicht fachlich legitimierten Autorität vorführte[36]. Immerhin ist es ihr gelungen, die Schwächen jener Konzeption scharf zu beleuchten. Einige Anstoßstellen verdienen es, besonders hervorgehoben zu werden:

Die Stellenhierarchie kann die Zweck/Mittel-Orientierung nur dann konkretisieren, wenn sie selbst als Zweck/Mittel-Ordnung konstruiert ist. Sie wird dadurch zum (einzigen) Rückgrat des Systems. Die oberste Instanz muß den

34 Vgl. die kritische Würdigung dieses Zusammenhanges bei *Harvey Leibenstein,* Economic Theory and Organizational Analysis, New York 1960, S. 138 ff., 162 ff.

35 Die Komplementarität von Zwecksetzung und Führung wird jedoch beibehalten. Sie findet sich in der human relations Bewegung, die sich in der Einsicht, daß die Organisationszwecke den Menschen nicht ansprechen, mit besonderer Intensität um informale Führungsstrukturen in Kleingruppen und um erfolgversprechende Führungsstile in Großorganisationen gekümmert hat. Und auch in der neueren Organisationssoziologie wird der Führer als Loyalitätsvermittler in Organisationen gesehen, die nicht über motivkräftige Zwecke verfügen. Siehe z. B. *Amitai Etzioni,* Dual Leadership in Complex Organizations. American Sociological Review 30 (1965), S. 688–698.

36 Vgl. z. B. *Mary Parker Follett,* Dynamic Administration (hrsg. von Henry C. Metcalf und Lyndall Urwick), London-Southampton 1941; *Victor A. Thompson,* Modern Organization, New York 1961; oder *Chris Argyris,* The Integration of the Individual and the Organization. In: *Chris Argyris u. a.,* Social Science Approaches to Business Behavior, Homewood/Ill. 1962, S. 57–98; ferner den Überblick über die einzelnen Ansatzpunkte der Kritik bei *George Strauss,* Some Notes on Power Equalization. In: *Harold J. Leavitt,* The Social Science of Organizations. Four Perspectives, Englewood Cliffs./N. J. 1963, S. 39–84.

Systemzweck darstellen und als ihren Zweck verfolgen[37]. Die nächstuntere liefert ihr die Mittel zu diesem Zweck, die für sie als Unterzweck fixiert werden, für welche weiter unten die Untermittel beschafft werden usw., bis der Boden der Hierarchie erreicht ist. Auf diese Weise wird das bekannte Prinzip der Abteilungsbildung durch Zweckzerlegung gewonnen, auf dem die klassische Lehre von der Arbeitsteilung aufbaut.

Inzwischen ist man mindestens unsicher geworden, ob bei einer solchen Arbeitsteilung der horizontale Arbeitsfluß am reibungslosesten organisiert werden kann[38]. Ein anderes Bedenken beginnt sich gegen eine Implikation jenes Modells zu richten. Eine Arbeitsteilung ist nur zwischen verschiedenen Mitteln, nicht aber zwischen Zweck und Mittel möglich, da die Entscheidung über Zwecke nicht ohne Kenntnis der möglichen Mittel erfolgen kann. Die Deutung der Hierarchie nach dem Zweck-Mittel-Schema zwingt deshalb zu der Annahme, daß eine funktional-spezifische Arbeitsteilung nur in der Horizontale als Trennung verschiedener gleichrangiger Unteraufgaben sinnvoll sei, während in der Vertikale die Verantwortungen sich überschnitten, weil ja die Verantwortung für den Zweck die Verantwortung für die Mittel in sich schließe. Demgemäß sieht noch heute die vorherrschende Auffassung die Hierarchie lediglich als eine Dimension der Generalisierung, des Aufstiegs von spezielleren zu allgemeineren, umfassenderen Aufgaben und Entscheidungssituationen[39]. Von da her kommt man zu der Auffassung, daß jeder Vorgesetzte für seine Untergebenen aus der Einheit der Aufgabenstellung

37 Man beachte, wie dieser Gedanke mit dem schon behandelten harmonisiert, daß das Unternehmen im Grunde nur den Zwecken des Unternehmers dient. Dieser steht notwendig an der Spitze der Hierarchie.

38 Vgl. die Hinweise oben Anm. 17.

39 Vgl. die Ausarbeitung dieses Gedankens bei *Norman H. Martin,* Differential Decisions in the Management of an Industrial Plant, The Journal of Business 29 (1956), S. 249–260.

heraus voll verantwortlich sei[40], so daß er bei der Verbergung oder Entschuldigung von Fehlern mit ihnen kollaborieren muß und auf diese Weise in eine gruppenfreundlich-außenfeindliche Einstellung hineinmanövriert wird. Das mag neuerdings sogar beabsichtigt werden. Und doch ist es sehr die Frage, ob man nicht auch die einzelnen hierarchischen Ebenen im Interesse einer präziseren Aufgabenstellung funktional-spezifisch differenzieren sollte[41]. Aber das würde die Darstellung der Hierarchie als kausaler Zweck/Mittel-Kette sprengen.

Weiter hat die Auffassung der Hierarchie als Zweck/Mittel-Ordnung zur Folge, daß die Rollen der Untergebenen durch widerspruchsvolle Ideale, wenn nicht durch widerspruchsvolle Erwartungen, geprägt werden, ohne daß der Widerspruch selbst Ausdruck finden könnte: Und darauf

40 Siehe z. B. *Gutenberg*, aaO, 1965, Bd. I, S. 250 mit weiteren Hinweisen; ferner *Eugen Schmalenbach*, Über Dienststellengliederung im Großbetriebe, Köln-Opladen 1959, S. 45 f., 48 f., 56 f., mit der ebenfalls klassischen Begründung, daß man »anders keinen Betrieb regieren kann«. Natürlich folgen dann sofort Bemühungen um eine verständnisvolle Auslegung dieses Grundsatzes, die von ihm nicht viel übriglassen – ein Beispiel für den typischen, von *Herbert A. Simon*, The Proverbs of Administration. Public Administration Review 6 (1946), S. 53–67, so scharf gerügten Argumentationsstil der klassischen Organisationslehre. Zur Kritik des Grundsatzes vgl. auch *Thompson*, aaO, 1961, S. 129 ff.

41 Unabweisbar wird diese Frage namentlich dann, wenn man Organisationen als Sozialsysteme in ihrem Umweltkontext erfassen will und den Sinn der Hierarchie demgemäß in der Differenzierung von Ebenen der Generalisierung des Umweltkontaktes sieht. Hierzu finden sich grundsätzliche Anregungen bei *Talcott Parsons*, Suggestions for a Sociological Approach to the Theory of Organizations. Administrative Science Quarterly 1 (1956), S. 63–85, 225–239, und *ders.*, Some Ingredients of a General Theory of Formal Organization, in: *Andrew W. Halpin* (Hrsg.), Administrative Theory in Education, Chicago 1958, S. 40–72; beide neu gedruckt in: *Talcott Parsons*, Structure and Process in Modern Society, Glencoe/Ill. 1960. Vgl. ferner zu dieser Tendenz *Spann*, aaO, S. 387–405. Auch in der deutschen Betriebswirtschaftslehre gibt es vergleichbare Bestrebungen. Siehe namentlich *Albert Meier*, Rationelle Führung und Leitung in der Unternehmung. Aufgabengliederung und Aufgabenverteilung in neuer Sicht, Stuttgart 1957, insb. S. 16 ff.

gehen zahlreiche verständnislose Vorwürfe gegen das bürokratische Unwesen in großen Organisationen zurück. Denn vorbehaltlose Bereitschaft zur Ausführung von Weisungen verträgt sich typisch nicht mit neugierig-erfindungsreichem Interesse an Alternativen, wie es das Kausalschema und die Zweckorientierung im Grunde stimulieren wollen[42]. Da Befehle prompter sanktionierbar sind als Zwecke, wird dieser Konflikt zum Nachteil des Zweckprinzips gelöst. Neuerungen werden, wenn überhaupt, von oben durch Anordnung eingeführt; ihre Entdeckung bleibt speziell dafür eingesetzten Forschungs- und Planungsabteilungen überlassen, die relativ weisungsfrei arbeiten und eben deshalb Mühe haben, ihre Einfälle in der Hauptorganisation durchzusetzen. Auch der Koordinierungszwang, der bei jeder Einführung von Neuerungen in einen schon laufenden Betrieb unvermeidlich ist, begünstigt diese Zentralisierung. Damit wird aber fraglich, welchen Sinn es überhaupt noch hat, die vom Untergebenen erwarteten Wirkungen ihm nicht nur als Wirkungen sondern als »Zwecke« aufzugeben. Dies bedeutet dann nicht viel mehr als »Folgenneutralisierung«, als Befreiung von der Verantwortlichkeit für nicht im Zweck/Kosten-Schema erfaßte Handlungsfolgen. Widersprüche dieser Art werden unvermeidbar sein und nur in begrenztem Umfange durch interne Differenzierung gelöst werden können. Um so notwendiger ist es, daß der Begriffsapparat der Wissenschaft so gestaltet wird, daß er die widerspruchsvollen Rollenanforderungen als solche darstellen kann[43]. Die theoretisch postulierte Kongruenz von Hierarchie und Zweck/Mittel-Ordnung täuscht eine wider-

42 Vgl. dazu auch *Victor A. Thompson,* Bureaucracy and Innovation. Administrative Science Quarterly 10 (1965), S. 1–20; ferner *March/Simon,* aaO, S. 172 ff., und *Kahn/Wolfe/Quinn/Snoek,* aaO, S. 125 ff.; *James Q. Wilson,* Innovation in Organization. Notes Toward a Theory. In: *James D. Thompson* (Hrsg.), Approaches to Organizational Design, Pittsburgh 1966, S. 193–223.

43 Vgl. hierzu namentlich *Kahn/Wolfe/Quinn/Snoek,* aaO, oder *Eugene Litwak,* Models of Bureaucracy Which Permit Conflict. The American Journal of Sociology 67 (1961), S. 177–184.

spruchsfreie Harmonie vor und täuscht damit über wesentliche Systemprobleme hinweg.

Ferner zeigt sich die Künstlichkeit der Identifizierung von Hierarchie und Zweck/Mittel-Ordnung daran, daß zahlreiche Funktionen sich nicht in ihm unterbringen lassen und deshalb als »Stabsfunktionen« in der Nähe von Leitungsstellen angesammelt werden müssen. Das Anschwellen der Stäbe beweist, daß es der Hierarchie nicht gelingt, sich über Zweck/Mittel-Relationen selbst zu koordinieren. Die Mittel zum Zweck weisen nämlich keineswegs von sich aus eine natürliche Rangordnung auf, wie es notwendig wäre, wenn man sie durch eine Hierarchie abbilden wollte. Vielmehr liefert das wirkliche Geschehen ein recht zerzaustes Bild von hin- und herlaufenden Kausalbeziehungen, die, wenn man sie auf eine Hierarchie projiziert, künstlich in legitime und illegitime (trotzdem aber sinnvolle und unvermeidliche) Abhängigkeiten gespalten werden[44]. Im Grunde setzt die Vorstellung der Wiedergabe von Zweck/Mittel-Relationen durch eine Hierarchie vollständig-transitive Wertverhältnisse voraus. Die formale Stellenhierarchie ist eine künstlich transitiv gemachte Statusordnung[45] und eben deshalb ungeeignet, die Wertaspekte wirklicher Kausalverhältnisse widerzuspiegeln.

Das Verkennen faktischer Abhängigkeitsverhältnisse, die nicht durch den Zweckbezug legitimiert werden können, zeigt sich im übrigen nicht nur in der Vertikale, sondern auch in der Horizontale. In der klassischen Organisationslehre wird das Verhältnis von Hierarchie und Arbeitsteilung durch gemeinsame Ausrichtung an der Zweck/Mittel-Ordnung harmonisiert. Es wird allenfalls daran gedacht, daß

44 Siehe dazu etwa *David Mechanic,* Sources of Power of Lower Participants in Complex Organizations. Administrative Science Quarterly 7 (1962), S. 349–364; *Heinz Hartmann,* Bürokratische und voluntaristische Dimensionen im organisierten Sozialgebilde. Jahrbuch für Sozialwissenschaft 15 (1964), S. 115–127; *Benjamin Walter,* Internal Control Relations in Administrative Hierarchies. Administrative Science Quarterly 11 (1966), S. 179–206.

45 Vgl. Näheres bei *Luhmann,* aaO, 1964 a, S. 156 ff.

die Reibungslosigkeit des horizontalen Verkehrs die Koordinierungsfunktion der Hierarchie entlasten könne (wie ja überhaupt die Hierarchie nur einspringt, wo die Zweck/Mittel-Koordinierung versagt). Man ignoriert jedoch, daß die horizontale Arbeitsteilung Interdependenzen und einseitige Abhängigkeiten und infolgedessen Machtchancen schafft, die in manchen Fällen den Kollegen zum Konkurrenten des Vorgesetzten werden lassen. Das würde dem Prinzip der »Einheit der Leitung« widersprechen, welches mit dem Zweckmodell der Organisation eng verbunden ist. Tatsächlich erzeugen aber horizontale Arbeitsteilungsregelungen, sofern sie den Arbeitsfluß nicht strikt festlegen, sondern Spielraum für Ungewißheit lassen, ein Machtgefälle unter Kollegen, das niemand, der rational handeln will, ungestraft ignorieren kann[46]; und in der Organisationswirklichkeit findet sich nicht selten der Fall, daß man seinem Kollegen mehr gehorchen muß als seinem Vorgesetzten, weil der koordinierende Dienstweg für viele Arten von Konflikten ungeeignet ist[47]. Die kollegialen Abhängigkeiten und Machtchancen entrücken den Untergebenen der Befehlsgewalt seines Vorgesetzten: Sie geben ihm einerseits Entschuldigungen an die Hand und andererseits Einflußmöglichkeiten, deren Ausnutzung nicht befohlen werden kann. Bei der Wahl eines horizontalen Arbeitsteilungsprinzips müssen solche Auswirkungen mitberücksichtigt werden. Dabei ist die Sicherung der »Einheit der Leitung« keineswegs die einzige Rücksicht, die zu nehmen ist; es kann je nach den Umständen sinnvoll sein, die Autorität des

46 Vgl. dazu *Michel Crozier,* Le phénomène bureaucratique, Paris 1963; *Henry A. Landsberger,* The Horizontal Dimension in Bureaucracy. Administrative Science Quarterly 6 (1961), S. 299–332; *George Strauss,* Tactics of Lateral Relationship. The Purchasing Agent. Administrative Science Quarterly 7 (1962), S. 161–186; *Jaeggi/Wiedemann,* aaO, passim insb. S. 227 f.; *Hartmann,* aaO, S. 119 ff., und bereits *William F. Whyte,* Human Relations in the Restaurant Industry, New York 1948.

47 Vgl. zu den Grenzen der Benutzbarkeit des Dienstweges *Kahn u. a.,* aaO, S. 116; *Luhmann,* aaO, 1964 a, S. 244 f.

Vorgesetzten durch die Art der horizontalen Arbeitsteilung zu stärken oder zu schwächen. In jedem Falle ist dies ein Problem, das zu überlegen und zu entscheiden ist, und das nicht durch die klassischen Organisationsprinzipien wegfingiert werden sollte.

Dazu kommt, daß der hierarchische Kommunikationsweg mit der Aufgabe, *alle* Unzulänglichkeiten der einfachen Zweckorientierung zu kompensieren, überfordert wird. Der Befehl ist als Organisationsmittel in letzter Zeit unter mancherlei Gesichtspunkten kritisiert worden[48]. In dieser Erörterung hat sich als Grundgedanke herausgeschält, daß der Befehl eine multifunktionale (funktional diffus strukturierte) Statusordnung voraussetzt, die nicht leicht zu konstruieren, geschweige denn durch einfache Substitutionsvorgänge zu stabilisieren ist. Bei einer die spezifischen Führungsfunktionen auseinanderlegenden Betrachtungsweise[49] zeigt sich, daß die zweckbezogene, zur Ausführung anweisende Führung andere Qualitäten besitzen und andere Voraussetzungen machen muß als die stimulierende, zu Leistungen motivierende Führung. In der Kleingruppenforschung wird diese Einsicht in der Form einer Doppelführungstheorie vertreten, die Aufgabenführung und sozio-emotionale Führung unterscheidet und die Verbindbarkeit beider in einer Rolle in Frage stellt[50]. Auch auf die ein-

48 Einige dieser Gesichtspunkte habe ich zusammengestellt in: *Niklas Luhmann,* Zweck-Herrschaft-System. Grundbegriffe und Prämissen Max Webers. Der Staat 3 (1964), S. 129–158 (139 ff.).

49 Zur Entwicklung dieser zunächst die alte Lehre von den »Eigenschaften eines guten Führers« relativierenden, dann mehr und mehr problembezogenen funktional denkenden modernen Führungstheorie vgl. etwa *Cecil A. Gibb,* The Principles and Traits of Leadership. The Journal of Abnormal and Social Psychology 42 (1947), S. 267–284, und *ders.,* Leadership. In: *Gardner Lindzey* (Hrsg.), Handbook of Social Psychology. Bd. II, Cambridge/Mass. 1954, S. 877–920; *Alvin W. Gouldner* (Hrsg.), Studies in Leadership, New York 1950, S. 21 ff.; *Alex Bavelas,* Leadership. Man and Function. Administrative Science Quarterly 4 (1960), S. 491–498.

50 Siehe insb. *Robert F. Bales,* Interaction Process Analysis. A Method for the Study of Small Groups, Cambridge/Mass. 1950; *Robert F. Bales/Philipp E. Slater,* Role Differentiation in Small

zelne Kommunikation hin gesehen wird man ein geringeres Maß an Leistung zu erwarten haben, wenn man einer Mitteilung verschiedene Funktionen zugleich aufträgt; wenn sie nicht nur informieren, das heißt die Unbestimmtheit der Situation reduzieren, sondern zugleich auch emotional ansprechen und motivieren soll[51].

Für die klassische Organisationslehre ist die Erwartung bezeichnend, daß diese beiden verschiedenen Funktionen in einer Beziehung, von einem Vorgesetzten, erfüllt werden, und daß der formale Rang und die formalen Sanktionsmittel, die ihm gewährt werden, ausreichen, um ihn für

Decision-making Groups. In: *Talcott Parsons/Robert F. Bales* (Hrsg.), The Family, Socialization and Interaction Process, Glencoe/Ill. 1955, S. 259–306; *Philipp A. Slater,* Role Differentiation in Small Groups. American Sociological Review 20 (1955), S. 300–310; *Robert F. Bales,* Task Status and Likeability as a Function of Talking and Listening in Decision-making Groups. In: *Leonard D. White* (Hrsg.), The State of the Social Sciences, Chicago 1956, S. 148–161; *Robert F. Bales,* Task Roles and Social Roles in Problem Solving Groups. In: *Eleanor E. Maccoby/Theodore M. Newcomb/Eugene L. Hartley,* Readings in Social Psychology, 3. Aufl. 1958, S. 396–413; *Peter R. Hofstätter,* Gruppendynamik, Reinbek 1957, S. 129 ff.; *John W. Thibaut/Harold H. Kelley,* The Social Psychology of Groups, New York 1959, S. 278 ff.; *Philipp M. Marcus,* Expressive and Instrumental Groups. Toward a Theory of Group Structure. The American Journal of Sociology 66 (1960), S. 54–59; *René König,* Die informellen Gruppen im Industriebetrieb. In: *Schnaufer/Agthe,* aaO, S. 55–118 (112 ff.); *Barry E. Collins/Harold Guetzkow,* A Social Psychology of Group Processes for Decision Making, New York-London-Sydney 1964, S. 214 ff.; *Etzioni,* aaO, 1965. Auch die mit statistischen Methoden arbeitende Industrieforschung hat auf der Suche nach den Faktoren, die die Leistungsmotivation bestimmen, zu einem ähnlichen Ergebnis geführt, daß nämlich zweckorientierte und gruppensympathische Führung untereinander und mit einem bestimmten Leistungsergebnis nicht fest korrelierbar sind, sondern unabhängig voneinander veränderliche Variable vorstellen. Vgl. z. B. *Edwin A. Fleishman/Edwin F. Harris/Harold E. Burtt,* Leadership and Supervision in Industry, Columbus Ohio 1955.

51 Auch hier muß man jedoch ebenso wie in der Führungstheorie die ungeschiedene Einheit von werbenden und informativen Kommunikationsbestandteilen als das *natürliche* Wesen der elementaren Kommunikation ansehen und die funktionalspezifische Trennung beider Komponenten als eine *künstliche* Leistung, die nur in komplexen Systemen und nur unter bestimmten organisatorischen und umweltmäßigen Voraussetzungen möglich ist.

diese schwierige Aufgabe zu rüsten. Diese multifunktionale Hierarchiekonzeption entspricht gewiß dem Phänomen des elementaren Ranges, der ebenfalls zu diffuser Generalisierung auf alle Beziehungen zwischen zwei Personen tendiert. Aber sie bekommt die sozialen Vorbedingungen echter Rangbildung nicht in den Griff; denn die lassen sich nicht organisieren. Und sie stößt sich hart an der Tendenz, persönliche Unterordnung zu vermeiden und alle Einzelbeziehungen im System funktional zu spezifizieren, um damit ein Höchstmaß an Leistung und volle Austauschbarkeit aller Einzelfaktoren zu gewährleisten.

Wir wollen uns nicht in weitere Einzelheiten verlieren, zumal der Zusammenhang mit unserem Ausgangsproblem, den Grenzen der einfachen Zweckorientierung, durch viele zusätzlich einschießende Variablen dünner und dünner und das Gesamtbild immer komplizierter wird, je weiter man in die Details geht. Festzuhalten bleibt: die hierarchische Ordnung wird überfordert, wenn man von ihr die Lösung aller offenen Probleme der Zweck/Mittel-Orientierung erwartet. Und diese Überforderung kann in ihrem Grund nicht sichtbar, sondern nur in vielen Folgeproblemen spürbar werden, wenn man von einer Kongruenz des hierarchischen Aufbaus und der Zweckstruktur des Handelns ausgeht. Die Überforderung der Hierarchie geht letztlich auf eine Überschätzung der Transitivität des Zweck-Mittel-Schemas zurück. Alle Einzelglieder dieser Kette von Argumenten haben ihre Kritiker gefunden. Es kommt nun darauf an, sich den Zusammenhang selbst bewußt zu machen.

Die zentralen Thesen der klassischen Organisationslehre, die Deutung des Systems als ein Ganzes, das aus Teilen besteht, die Deutung des Ganzen als Zweck und der Teile als Mittel und der Gedanke, die damit notwendigerweise ins Unbestimmte abstrahierte Zweckbeziehung durch eine hierarchische Stellenorganisation mit Befehlsbeziehungen zu konkretisieren, geben in ihrer eindrucksvollen Einfachheit das Bild eines geschlossen-zweckmäßigen Organisationsaufbaus. Und gerade dagegen richten sich unsere Bedenken, denn diese Einfachheit steht dem Fortschritt der Organisationswissenschaft und der Organisationspraxis im Wege. Inzwischen haben die verschiedenen Wissenschaften, die sich mit organisierten Sozialsystemen befassen, eine Problemfülle aufgedeckt, die nach einer sehr viel komplizierteren Theorie und Systemplanung ruft, und zugleich Techniken der Analyse entwickelt, die eine solche Theorie möglich machen und ein sehr viel stärkeres Maß an Spezifikation funktionaler Beziehungen bewältigen können, als es in der klassischen Theorie formulierbar wäre. Die Zeit ist daher reif, den Zweckbegriff als Theorie zu entthronen und ihn als Variable mit spezifischen Funktionen in eine umfassendere Theorie organisierter Sozialsysteme einzuordnen.

3. Kapitel

Kritische Strömungen und neue Positionen

Die Darstellung der klassischen Organisationslehre, der das vorige Kapitel gewidmet war, mußte, um bei ihrem Thema zu bleiben, mit vorsichtiger Zurückhaltung zu Werke gehen. Der heutige Stand der Forschung, welche fast alle Positionen der klassischen Lehre einer scharfen Kritik unterzieht, legt es allzu nahe, die Kritik in die Darstellung einzubeziehen. Zum Teil ist das unvermeidlich. Denn erst aus der kritischen Distanz werden die Konturen des Ganzen sichtbar; erst der Vergleich mit bewußt erfaßten Alternativen läßt erkennen, was bestimmte Ordnungsvorstellungen leisten und wo ihre Schwächen liegen. Die klassische Organisationslehre hat niemals dieses Selbst-Bewußtsein gehabt, das ihr heute möglich wäre, und natürlich stammt auch die Charakterisierung als »klassisch« aus der Feder ihrer Kritiker[1].

So viel an Kritik im vorigen Kapitel schon angeklungen war, so wenig ist damit das erschöpft, was sich zum Thema der Zweckrationalität an Fragestellungen, Forschungsperspektiven, Beobachtungen und Theorieversuchen aus den zahlreichen Wissenschaften herausziehen läßt, die sich heute mit sozialem Verhalten befassen. Wir benötigen ein weiteres Kapitel, um uns eine Übersicht über einige weiterführende Ansätze zu verschaffen, die entweder vorliegen oder in der Ausarbeitung begriffen sind. Dieser Überblick soll vor allem dazu dienen, die abschließende Erörterung vorzubereiten, die den Zweckbegriff in die Systemtheorie einfügen wird. Er führt – ungefähr in der geistesgeschichtlichen Reihenfolge ihres Auftretens – vom Gedanken des Rechtsstaates (1) zum Optimalprinzip (2), zur Motiva-

1 Nämlich von *March/Simon*, aaO, S. 12 ff.

tionstheorie (3), zur soziologischen Theorie der Erhaltung des Systembestandes (4) bis zur Kybernetik (5).

1. Vom Polizeistaat zum Rechtsstaat

Die Rechtswissenschaft unterhält, seitdem sie sich als Wissenschaft der Auslegung des positiven Rechts etabliert hat, kaum noch Beziehungen zu den Wirtschafts- und Sozialwissenschaften. Sie lebt wie auf einer Insel. Die abgesonderte Konstitution ihres Gegenstandes scheint das zu erlauben. So kommt es, daß man in juristischen Argumentationszusammenhängen bei der Verwendung der Begriffe Zweck und Mittel oft eine erstaunliche Naivität vorfindet – verglichen etwa mit dem Raffinement, das die wirtschaftswissenschaftlichen Entscheidungstheorien entwickelt haben. Immer wieder trifft man auf Äußerungen wie die, daß die Mittel in einem angemessenen Verhältnis zum Zweck stehen sollen, auf Entscheidungsregeln also, die ihre Undurchdachtheit auf der Stirn tragen und mehr der Bekundung guter Absichten als der Instruktion zu dienen scheinen[2].

Andererseits nehmen die übrigen Handlungswissenschaften kaum davon Kenntnis, daß in der rechtlichen Erfassung und Gestaltung des Staatswesens, vor allem in der Wendung vom sogenannten Polizeistaat zum Rechtsstaat, eine der lehrreichsten Erfahrungen mit den Grenzen der Zweckrationalität vorliegt, eine Erfahrung zudem, die mit der Ausbildung der politischen Ordnung zu einem relativ autonomen Teilsystem der Gesellschaft, nämlich zu einem System der Anfertigung verbindlicher Entscheidungen, zusammenhängt und die deshalb doppelt aufschlußreich ist, weil

2 Über Entscheidungsregeln dieser Art kommen auch zwei umfangreiche neuere Untersuchungen nicht hinaus: *Ruprecht von Krauss*, Der Grundsatz der Verhältnismäßigkeit, Hamburg 1955, und *Peter Lerche*, Übermaß und Verfassungsrecht. Zur Bindung des Gesetzgebers an die Grundsätze der Verhältnismäßigkeit und der Erforderlichkeit, Köln-Berlin-München-Bonn 1961.

sie die Grenzen der Zweckrationalität am Vorgang der Systembildung erlebt und verarbeitet hat.

In der ethisch-naturrechtlichen Tradition war es eine Selbstverständlichkeit, daß Rechtsnormen auf zweckstrebiges menschliches Handeln bezogen waren und mit ihren Sanktionen die guten Zwecke fördern, die schlechten unterdrükken sollten. Das Recht gehörte in die Ethik. Auch die Rechte und Pflichten des Herrschers waren diesem allgemeinen Formzwang unterworfen und anders nicht vorstellbar. Dieses Denken setzte im Grunde jedoch eine Sozialordnung voraus, in der politische Rollen nicht eigens ausdifferenziert waren, sondern ineins mit religiösen, wirtschaftlichen, familiären, erzieherischen, kriegerischen, rechtsprechenden, kulturellen Prominenzrollen erfüllt wurden. Nur unter dieser Voraussetzung konnten Zwecke ihre Doppelfunktion erfüllen: einen Handlungszusammenhang zur Einheit integrieren *und* zu rechtfertigen. Eine im wesentlichen funktional diffuse Rollenstruktur war in älteren Gesellschaften jedenfalls Bedingung sozialer Stabilität[3]. Alle Versuche, die politische Funktion des Problementscheidens strukturell auszugliedern, sie damit der Beeinflussung durch unpolitische Rollenrücksichten zu entziehen und relativ autonom zu setzen, waren, wie Eisenstadt in seiner groß angelegten Untersuchung historischer bürokratischer Reiche gezeigt hat, von ständigen Krisen begleitet gewesen[4]. Sie gerieten in Konflikt mit den traditionellen Kräften ihres Landes und blieben doch auf eine Legitimation in traditionalen Kategorien und Werten angewiesen. Erst die frühneuzeitlichen Nationalstaaten vermochten mit Erfolg den Übergang zu einer differenzierten Gesamtordnung zu finden, weil sich zugleich die theologisch interpretierte Religion und die Geldwirtschaft zu relativ geschlossenen Teil-

3 Vgl. dazu *Fred W. Riggs,* Agraria and Industria. In: *William J. Siffin* (Hrsg.), Toward the Comparative Study of Public Administration, Bloomington/Ind. 1957, S. 23–116.

4 *Shmuel N. Eisenstadt,* The Political Systems of Empires, New York 1963.

systemen der Gesellschaft entwickelt hatten und so in der Lage waren, ihre Interdependenzen mit dem politischen System zu begrenzen und zu spezifizieren.

Dieser Entwicklungsprozeß, der im späten Mittelalter einsetzt und das politische Handeln wie nie zuvor isoliert und dadurch problematisch, sichtbar und kontrollbedürftig erscheinen läßt, wird von einer wachen und bewußten Interpretation begleitet. Sie hält sich zunächst im allgemeinen Rahmen des Naturrechts, verändert dessen Inhalt aber von Grund auf. Das als Natur Vorgegebene ist nun, entsprechend der cartesianischen Wendung des Denkens, die menschliche Vernunft, die sich selbst vergewissernde Instruktion des Bewußtseins. Dazu kommt, daß der neuen politischen Wirklichkeit Rechnung getragen werden muß. Die alten hauswirtschaftlichen Begriffe des landesherrlichen Regiments werden in staatlich-politische Begriffe umgemünzt. Die alte Befriedungsfunktion des Fürsten, die Gewährleistung der »pax et tranquillitas«, wird in kaum merklichen Übergängen zu einer Bestandsverantwortung formalisiert, die in der neuen Formel von der »Staatsräson« Ausdruck findet. Diese Formel vermag mit der moralfreien Strategie der Machtentfaltung und -erhaltung, wie sie in der neuen politischen Wissenschaft konzipiert wird, ein Verhältnis wechselseitiger Stimulierung und Befruchtung einzugehen. Das Gemeinwohl wird als angebliche Zweckbestimmung festgehalten und dem Bestand des Staates übergeordnet[5], aber diese Überordnung ist nicht mehr entscheidungswirksam, weil das Zwischenmittel der Staatserhaltung so generalisiert ist, daß es jedes Untermittel zu rechtfertigen scheint – besonders wenn man einräumen

5 Es kommt in der Staatslehre mithin zunächst nicht, wie vor allem in der zeitgenössischen Philosophie Spinozas, zu einer prinzipiellen Ersetzung der Zweckursache durch die Bestandsformel (bei *Spinoza*, des conatus in suo esse perseverandi; vgl. Ethik I Anhang und III 6 ff.). Und das wird verständlich, wenn man bedenkt, daß der neue Staat ein System von Handlungen ist, für die selbst Spinoza den Sinn subjektiver Zwecksetzung nicht bestreitet.

muß, daß zur Erhaltung des Ganzen auch seine »Teile« erhalten werden müssen[6]. Praktisch dient diese Zweckbestimmung nicht mehr der Begrenzung, sondern führt im Gegenteil dazu, das Bestandsinteresse auszuweiten auf alles, was für den öffentlichen Nutzen von Belang ist[7]. Diese Forderung wird dann mit dem Etikett der Staatsnotwendigkeit versehen[8]. Wir stoßen hier auf die oben schon berührte Problematik des Einbaus einer Bestandsformel in die Zweck/Mittel-Rechtfertigung. Aus dem »ius eminens« des Landesherren, ursprünglich eines seiner Rechte unter anderen, wird nun ein allgemeines »Polizeyrecht«, das nichts anderes ist als die Aufgabe, das öffentliche Wohl nach eigener vernünftiger Erkenntnis zu fördern[9].

Der letzte umfassende Versuch, dieses Problem im Einklang mit den geistigen Kräften der Zeit zu lösen, findet man in der romantischen Formel vom »Selbstzweck« des Staates. Sie wendet die Gefahr, an deren Eindämmung man zuvor mit kleinen und unzureichenden Mitteln gearbeitet hatte, ins Positive eines »Ich will es so«. Das läuft auf eine mystische Verschmelzung von Zweckformel und Bestandsformel hinaus und wird, wenn überhaupt als

6 Das Ausgleiten gerade auf diesem Argument ist für die Situation des zerfallenden Deutschen Reichs typisch. Vgl. z. B. *Gottfried Achenwall,* Ius naturae, 7. Aufl. Göttingen 1774, Teil II, § 146; *Johann Stephan Pütter,* Institutiones iuris publici Germanici, 3. Aufl. Göttingen 1782, § 260.

7 Zur Aushöhlung der alten Konzeption des Zwecks als Befugnis *und Schranke* des Staatshandelns durch die Rationalisierung des Staates und die Glückseligkeitsziele vgl. *Walter Merk,* Der Gedanke des gemeinen Besten in der deutschen Staats- und Rechtsentwicklung, Weimar 1934, S. 66 ff. Besonders typisch *Christian Wolff,* Ius Gentium Methodo Scientifica Pertractatum. Carnegie Classics of International Law, Oxford-London 1934, Bd. I, wo nicht nur die Erhaltung (§ 32), sondern auch die Perfektion (§ 37) von Staat und Gesellschaft als Ziel jedes Mittel zu rechtfertigen scheint – mit Ausnahme der unerlaubten, wie sich später (§ 71) herausstellt.

8 Siehe namentlich *Hippolythus a Lapide,* Dissertatio de ratione status in imperio nostro Romano-Germanico, Freistadt 1647. z. B. S. 8 f.

9 Vgl. die Darstellung dieser Entwicklung bei *Rolf Stoedter,* Öffentlich-rechtliche Entschädigung, Hamburg 1933, S. 52 ff.

Paradox empfunden, als solches geschätzt. Ihr Zerfallen brachte den juristischen Positivismus nach oben, von dem sich das deutsche Staatsdenken bis heute nicht erholt hat. Seitdem gibt es keine ernstzunehmende Theorie der Staatszwecke mehr, für den konsequenten Juristen Kelsen[10] ebensowenig wie für den Soziologen Max Weber[11], wenngleich es an Versuchen, sie zu ersetzen, nicht fehlt[12].

Die Probleme dieser Entwicklung lassen sich nicht allein an der Unbestimmtheit der Zweckformel ablesen. Sie ergeben sich erst daraus, daß diese Formel auf ein gesellschaftlich ausdifferenziertes politisches System angewandt werden soll[13]. Die soziale Differenzierung macht den alten Zusammenhang von Einheitsstiftung (Systembildung) und Rechtfertigung im Zweckbegriff fragwürdig[14]. Alle Aus-

10 Vgl. z. B. *Hans Kelsen,* Allgemeine Staatslehre, Berlin 1925, S. 29 ff.

11 *Max Weber,* aaO, 1956, S. 30.

12 *Klaus Hespe,* Zur Entwicklung der Staatszwecklehre in der deutschen Staatsrechtswissenschaft des 19. Jahrhunderts, Köln-Berlin 1964, S. 76, weist treffend darauf hin, daß die tragenden Grundbegriffe der Weimarer Diskussion, Carl Schmitts Begriff Dezision, Rudolf Smends Integrationsbegriff und Hermann Hellers Begriff der Organisation, den Begriff des Staatszwecks abzulösen und ihn in der Funktion, Einheit und Rechtfertigung zusammenzufassen, zu ersetzen suchten. Eben weil sie dies wollten, weil sie zuviel wollten, ist ihnen aber nur ein je partieller Aspekt der Wirklichkeit zu Gesicht gekommen, so daß die Diskussion zwischen ihnen endlos fortgesetzt werden kann.

13 Dies natürlich dort sehr viel mehr, wo das politische System nicht schlicht als »government« in der Gesellschaft, sondern als »Staat« über der Gesellschaft gedeutet wird. Zur Herausbildung dieses Unterschiedes zwischen der angelsächsischen und der deutschen Auffassung vgl. *Horst Ehmke,* »Staat« und »Gesellschaft« als verfassungstheoretisches Problem. Festgabe für Rudolf Smend, Tübingen 1962, S. 23–49.

14 Das verkennen Versuche der Wiederbelebung des traditionellen teleologischen Staatsdenkens, wie man sie sehr vorsichtig angedeutet bei *Hespe,* aaO, und mit besonderem Eifer von *Wilhelm Hennis,* Politik und praktische Philosophie. Eine Studie zur Rekonstruktion der politischen Wissenschaft, Neuwied-Berlin 1963, insb. S. 56 ff., vertreten findet. Hier werden die Gefahren einer rein dogmengeschichtlichen Betrachtungsweise evident: Sie neigt dazu, zu übersehen, daß dieselben Dogmen in anderen sozialen und politischen Wirklichkeiten einen anderen Sinn bekommen.

wege, die dem traditionellen Denken entstammen und die vom 16. bis zum 18. Jahrhundert forciert und fast wie im Bewußtsein der Vergeblichkeit herausgestellt werden: die Tugend des Fürsten als politische Forderung, die Institutionalisierung des Ratgebens, die Sorgfalt in der Prinzenerziehung, das Einflößen moralischer Grundsätze in die Verwaltungspraxis durch Lehre und Aufsicht, wie man es im kameralistischen Schrifttum mit kennzeichnendem Nachdruck vertreten findet, ja selbst die besondere Betonung des Staatszwecks als Begrenzungsformel, die sich wohl zuerst bei Pütter findet[15], all diese Lösungen reichen nicht an den Grund des Problems heran, *daß nämlich die reine Zweckrationalität als alleinige Programmform versagt, wenn das politische System aus gesellschaftlichen Bindungen herausgelöst und verselbständigt wird.* Dann muß die Orientierung dieses Teilsystems der Gesellschaft umweltbezogen und so komplex institutionalisiert werden, daß sie sich weder kausal noch wertmäßig gesehen unter das Dach einer Zweckformel bringen läßt. Ein neues Denken, ein Durchdenken des politischen Systems *als System* ist gefordert. Daran versuchen sich in erster Linie die Gewaltenteilungslehre, die das System durch eine interne Mechanik zu bändigen sucht, in zweiter Linie die Vorstellung des Staates als Rechtsstaat, die den Staat durch externe Schranken, insbesondere das Verbot des Eingriffs in subjektive Rechte, begrenzen will, und schließlich in jüngster Zeit soziologisch orientierte Theorien des »politischen Systems«.

Gewiß hätte die Auseinandersetzung mit der politischen Zweckräson geistesgeschichtlich ganz andere Wege nehmen

15 Besonders bezeichnend ist die ausdrückliche Forderung einer *Spezifikation* von Zweck/Mittel-Verhältnissen bei *Nicolaus Thaddäus Gönner,* Teutsches Staatsrecht, Landshut 1804, S. 418 f., auf die *Hespe,* aaO, S. 35 f., hinweist. Siehe auch die allzu schematische Darstellung des Übergangs vom expansiven zu limitierenden Staatszwecken bei *Georg Jellinek,* Allgemeine Staatslehre, 6. Neudruck der 3. Auflage Darmstadt 1959, S. 242 ff.

können – zum Beispiel den des Direktangriffs auf die isolierte Zweckrationalität, den erst John Dewey[16] mit aller Bewußtheit wagt, daß nämlich öffentliches Handeln keine Folgen unverantwortet lassen dürfe, sich also nicht auf den Neutralisierungseffekt von Zwecken stützen könne. Auf diese demokratisch-sozialstaatliche Konzeption war jedoch – und das hatte besonders für Deutschlands politische Entwicklung unabschätzbare Folgen – das Denken der europäischen Aufklärung nicht vorbereitet. Noch war der Zweckgedanke selbst im sozialen und politischen Bereich unangefochten und unentbehrlich. Er konnte daher nicht als solcher, sondern nur auf dem Umwege des Rechtsstaats untergraben werden, indem man der Zwangsläufigkeit des Schlusses vom Zweck auf das Mittel mehr oder weniger unbemerkt die juristische Geltung entzog.

Wir können die weitere Fortbildung des Rechtsstaatsgedankens und das, was an ihm vorläufig bleibt oder politisch inadäquat ist, hier nicht verfolgen. Das wäre eine Untersuchung für sich[17]. Auch das dogmengeschichtliche Schicksal der Lehre von den Staatszwecken, die, weil als Recht-

16 Für die Staatstheorie vor allem in *John Dewey*, The Public and Its Problems, New York 1927; siehe die Grundsatzformulierung, S. 12 f.

17 Angemerkt sei nur zweierlei: Der *Rechtsstaatsgedanke* hat sich aus seiner politisch verständnislosen Abwehrhaltung bisher nicht zu befreien vermocht, trotz gelegentlicher Kritik zum Beispiel durch *Ulrich Scheuner*, Begriff und Entwicklung des Rechtsstaates. In: *Hans Dombois/Erwin Wilkens*, Macht und Recht. Beiträge zur lutherischen Staatslehre der Gegenwart, Berlin 1956, S. 76–88, und *dems.*, Die neuere Entwicklung des Rechtsstaates in Deutschland. In: Hundert Jahre deutsches Rechtsleben. Festschrift Deutscher Juristentag, Karlsruhe 1960, Bd. II, S. 229–262. Die strukturierende Funktion des Rechts für das politische System bleibt unbedacht. Die *Gewaltenteilungslehre* hat durch die volle Bürokratisierung aller drei Gewalten an Bedeutung verloren. An ihrer Stelle gewinnt die Unterscheidung der Staatsbürokratie einerseits und der politischen Prozesse, die in ihrem Vorfeld legitime Macht und Konsens aufbauen, andererseits als Innendifferenzierung des politischen Systems den ersten Rang. Dazu *Luhmann*, aaO, 1965 a, S. 148 ff. und *ders.*, Politische Planung. Jahrbuch für Sozialwissenschaft 17 (1966), S. 271–297.

fertigungsvorstellung unentbehrlich, immer wieder umgeformt und angepaßt wird, kann hier im einzelnen nicht dargestellt werden[18]. Zu unserem engeren Thema, den Schranken der Zweckrationalität, gehört dagegen eine für die Entwicklung bezeichnende Beobachtung: *Die Zweck/Mittel-Orientierung verliert mit dem Übergang zum Rechtsstaat ihre unmittelbare rechtliche Relevanz* und wird von dem neu entstehenden Verwaltungsrecht beiseitegelassen und nicht juridifiziert, sondern einem mit Mißtrauen betrachteten, zunehmend eingeschränkten »Ermessensbereich« überlassen.

Vor allem verliert die »Folgerungsweise des Polizeistaates«[19], der Schluß vom Zweck auf die Rechtfertigung des Mittels, das heißt der Kern der Zweckrationalität, ihre Neutralisierungsfunktion, die rechtliche Legitimation[20]. Sie büßt ihre Fähigkeit ein, das Handeln rechtlich zu begrün-

18 Vgl. als klassische Darstellung: *Jellinek*, aaO, S. 230 ff.; ferner *Hans Hug*, Die Theorie vom Staatszweck, Winterthur 1954, und vor allem die bemerkenswerte Studie von *Hespe*, aaO.

19 Diese Charakterisierung findet sich in der ersten Auflage von *Otto Mayer*, Deutsches Verwaltungsrecht, Bd. I. Leipzig 1895, S. 284, Anm. 20.

20 So insb. die Entscheidung des Bayerischen Verwaltungsgerichtshofs vom 15. 3. 1951 VGHE NF 4 S. 19 ff. (22) und dazu zustimmend *Klaus Stern*, Zur Grundlegung einer Lehre des öffentlichrechtlichen Vertrages. Verwaltungsarchiv 49 (1959), S. 106-157 (141), und *Franz Mayer*, Die Eigenständigkeit des Bayerischen Verwaltungsrechts, dargestellt an Bayerns Polizeirecht, München 1958, S. 215, 235 f. Vgl. ferner *E. Rasch*, Die Behörde. Begriff, Rechtsnatur, Errichtung, Einrichtung. Verwaltungsarchiv 50 (1959), S. 1–41 (4); *Hans J. Wolff*, Verwaltungsrecht II, München-Berlin 1962, S. 13; *Franz Mayer*, Das Opportunitätsprinzip in der Verwaltung, Berlin 1963, S. 21 ff. In der Rechtsprechung findet man dagegen auch heute gelegentlich noch Argumentationen, die aus der Feststellung eines Zwecks als öffentliche oder staatliche Aufgabe auf die Zulässigkeit von Mitteln schließen, z. B. aus der Aufgabe, Wahlen abzuhalten, auf die Zulässigkeit der Parteifinanzierung (Urteil des Bundesverfassungsgerichts vom 24. 6. 1958, BVerfGE 8, S. 51 ff., S. 63). Siehe dazu auch die Kritik von *Hans H. Klein*, Zum Begriff der öffentlichen Aufgabe. Die öffentliche Verwaltung 18 (1965), S. 755–759 (756 f.), daß hier die Charakterisierung als öffentliche Aufgabe die Begründung ersetze.

den. Die Umstellung vollzieht sich allerdings erstaunlich langsam. Die alte Rechtsregel »ius ad finem dat ius ad media«[21] war so fest in der Rechtsstruktur und dem Normenbestand verankert, daß sie selbst dem liberalen Rechts- und Staatsdenken noch einleuchtete[22]. Teils ist sie gesetzlich verankert[23], teils einfach dadurch unentbehrlich, daß sie im Aufbau des Rechts vorausgesetzt war und es an positiven Normen fehlt, die an ihre Stelle treten könnten. Namentlich im Preußischen Polizeirecht und im Kommunalaufsichtsrecht[24] hätte die Zerstörung dieser Regel eine unerträgliche Lücke geschaffen. Nicht zuletzt zeigen die Erörterungen aber auch die oben schon erwähnte Unklarheit in der juristischen Handhabung des Zweck/Mittel-Schemas. Dessen funktionale Struktur wird nicht durchschaut. Der Zweck wird als Grund für die Rechtfertigung

21 Vgl. z. B. *Samuel Pufendorf,* Elementorum Iurisprudentiae Universalis Libri II. Carnegie Classics of International Law, Oxford-London 1931, lib. I. Def. 11 § 5; *Thomas Hobbes,* Leviathan. Ch. 18 Ausgabe Everyman's Library, London-New York 1953, S. 92 und öfter; *Wolff,* aaO, 1934, Bd. I, §§ 32, 37 und öfter, vgl. aber auch § 71; und an Neueren namentlich *Herbert Krüger,* Allgemeine Staatslehre, Stuttgart 1964, S. 58 f., 260 f., 828 ff. mit weiteren Hinweisen.

22 Siehe etwa die ungenierte Verwendung dieses Rechtsgedankens bei *Robert Mohl,* System der Präventivjustiz und Rechtspolizei, Tübingen 1834, S. 543 f.

23 Vgl. § 89 der Einleitung des preußischen Allgemeinen Landrechts: »Wem die Gesetze ein Recht geben, dem bewilligen sie auch die Mittel, ohne welche dasselbe nicht ausgeübt werden kann« und bereits die Digestenstelle D. 2. 1. 2. Man beachte, daß die Formulierung nicht *jedes* Mittel, sondern nur das *notwendige* Mittel deckt und das eigentliche Problem: die Auswahl unter mehreren Mitteln, unterschätzt. Das gleiche gilt für die berühmte, vermeintlich rein analytische These Kants: »Wer den Zweck will, will (sofern die Vernunft auf seine Handlungen entscheidenden Einfluß hat) auch das dazu unentbehrlich notwendige Mittel, das in seiner Gewalt ist.« (Grundlegung zur Metaphysik der Sitten, zit. nach: Immanuel Kant's sämtliche Werke. Bd. III [Hrsg. v. Kirchmann], Leipzig 1897, S. 39.)

24 Siehe hierzu die Entscheidungen des preußischen Oberverwaltungsgerichts vom 8. 10. 1887, PrOVGE 15, 423 (425); vom 19. 2. 1889, PrOVGE 33, S. 450 ff. (454) und vom 24. 1. 1911, PrOVGE 58, S. 288 ff. (301).

des Mittels gesehen, die Möglichkeit der Auswahl unter mehreren Mitteln und überhaupt die durch die Kausalauslegung des Handelns eröffnete Alternativenorientierung, das eigentlich regelungsbedürftige Problem, wird als Ausnahmefall behandelt, für den ergänzende Entscheidungsregeln gesucht werden[25]. Dazu kommt, daß der Schluß auf unerlaubte Mittel nicht angewandt werden darf, weil Zwecke, die nur durch unerlaubte Mittel erreicht werden können, nicht rechtsverbindlich sein können[26]. Das, was der Schluß beweisen soll, wird also vorsichtshalber bereits vorausgesetzt: Es handelt sich um eine verunklärte Tautologie, die nur der Begründung von Entscheidungen dient, die bereits getroffen sind.

Gerade dieser heimlich-tautologische Charakter gibt der Regel ihre Evidenz und hat verhindert, daß der Schluß vom Zweck auf das Mittel im Gleichtakt mit der Kritik des Polizeistaates diskreditiert wird. Im Grunde ist diese Regel nie durch Aufhellung ihres Sinnes und durch Widerlegung zerstört worden[27]; sie hat durch eine Wandlung

25 Vgl. z. B. *Ernst Radnitzky,* Dispositives und mittelbar geltendes Recht. Archiv für öffentliches Recht 21 (1907), S. 380–409 (391); *Walter Jellinek,* Gesetz, Gesetzesanwendung und Zweckmäßigkeitserwägung, Tübingen 1913, insb. S. 10 ff., 80 f. mit zahlreichen Hinweisen auf Literatur und Rechtsprechung; vgl. auch *ders.,* Verwaltungsrecht, 3. Aufl. Neudruck Offenburg 1948, S. 151; *Hans J. Wolff,* Verwaltungsrecht, I, 6. Aufl., München-Berlin 1965, S. 129.

26 So besonders klar *Pufendorf,* aaO.

27 Siehe die unsicher-einschränkenden Bemerkungen bei *Walther Burckhardt,* Methode und System des Rechts, Zürich 1936, S. 286. Sorgfältige logische Analysen sind mir nicht bekannt – mit einer neuesten Ausnahme: *Georg H. von Wright,* Practical Inference. Philosophical Review 72 (1963), S. 159–179. Nach von Wright ist der Schluß vom Zweck auf das Mittel bei notwendigen Mitteln haltbar, der Schluß von einer Pflicht auf das Mittel ist bereits sehr viel schwieriger zu begründen (S. 175 ff.). Im übrigen könnte man sich fragen, ob nicht bereits der Begriff des »notwendigen Mittels« sich selbst widerspricht; denn welchen Sinn hätte es, Mittel und Zweck zu trennen, wenn das Mittel notwendig ist. Das Beispiel von Wrights, der Zweck sei, eine Hütte bewohnbar zu machen, das Mittel, sie heizbar zu machen, zeigt deutlich, daß es sich bei »notwendigen Mitteln« gar nicht um echte Kausalbeziehungen handelt,

des gesamten Rechtsdenkens und den Umbau der Rechtsordnung im Bereich des öffentlichen Rechts ihre Funktion verloren. Die alten Aufgabennormen sind praktisch zu Kompetenznormen eingeschrumpft[28]. Für sie wird die »Folgerungsweise des Polizeistaates« nur noch in der abgeschwächten Form benötigt, daß Kompetenzen so ausgelegt werden müssen, daß sie nicht illusorisch werden, sondern ausgeübt werden können. Im übrigen werden die notwendigen Mittel den Staatsorganen spezifisch und unter programmierten Bedingungen zugewiesen als Eingriffsrechte, Geldsummen oder als Entscheidungsmöglichkeiten, die zwar keine Rechte verletzen, aber Interessenkonstellationen verändern.

Daß diese Wendung zur Spezifikation der Aktionsbedingungen ein immenses Anschwellen des Normenbestandes im öffentlichen Recht zur Folge haben mußte, liegt auf der Hand. Nicht nur die Aufgabenvermehrung, die auf polizeistaatliche Weise sehr einfach hätte vollzogen werden können, sondern vielmehr die Tatsache, daß Aufgaben indirekt juristisch programmiert werden, ist Anlaß der viel beklagten Gesetzesflut. Der Jurist sollte nicht versuchen, die »Schuld« daran auf den Politiker abzuwälzen, denn der unmittelbare Grund dafür ist die Eigenart seiner eigenen Problembehandlungstechnik, die das Zweck/Mittel-Verhältnis als solches nicht juridifizieren kann[29].

sondern um eine Teilcharakterisierung des Zweckes selbst. Zur Frage einer besonderen Logik des Zweck/Mittel-Schemas äußert sich ablehnend auch *Herbert A. Simon,* The Logic of Rational Decision. The British Journal for the Philosophy of Science 16 (1965), S. 169–186.

28 Eine Unterscheidung von Aufgabennormen und Kompetenznormen, wie sie *Mayer,* aaO, 1958, und aaO, 1963, auf bayerischen Grundlagen wiederzubeleben sucht, dürfte nur dann sinnvoll sein, wenn man den Schluß von den Aufgaben auf die Mittel wieder zuläßt. Denn worin sollte sonst der Unterschied bestehen?

29 *Ulrich Scheuner,* Die Aufgabe der Gesetzgebung in unserer Zeit. Die öffentliche Verwaltung 16 (1960), S. 601–611 (606 ff.) behandelt immerhin den Rechtsstaatsgedanken als eine der Ursachen der Gesetzesflut.

Die Wandlung des Rechtsdenkens hängt mit dem Verfall des Naturrechts und der Positivierung des Rechts durch die staatliche Entscheidungsorganisation zusammen. Sie kann auf die Formel gebracht werden, daß die Rechtmäßigkeit des Staatshandelns heute nur noch als »konditionale Programmierung« vorstellbar ist. Die Rechtsnorm nimmt die Form einer Wenn/Dann-Regel an. Sie verbindet Tatbestand und Rechtsfolge zu einer invarianten Korrelation. Sie regelt auf diese Weise die spezifischen Bedingungen, unter denen ein Verwaltungsakt zulässig bzw. geboten ist. Diese Rechtsvorstellung prägt die Erwartungshaltung des heutigen Verwaltungsjuristen so sehr, daß ihm im Rückblick der Polizeistaat als ein Staat ohne öffentliches Recht erscheint[30].

Durch diese Grundvorstellung verlieren Zweckprogramme ihre rechtliche Relevanz[31]. Auch das französische Verwaltungsrecht hat diese Erfahrung machen müssen: Der Begriff der services publics hat bei seiner Ausdehnung von einer organisatorischen zu einer materiell-rechtlichen,

30 Vgl. *Ernst Forsthoff*, Lehrbuch des Verwaltungsrechts, Bd. I, 8. Aufl. München-Berlin 1961, S. 39 ff.; *Wolff*, aaO, 1965, formuliert vorsichtiger S. 36: Staat ohne »zweiseitig bindendes Verwaltungsrecht«.

31 Bemühungen der neueren Verwaltungslehre um den Aufgabenbegriff, vgl. außer *Mayer*, aaO, 1958, und aaO, 1963, z. B. *Erich Becker*, Verwaltung und Verwaltungsrechtsprechung. Veröffentlichungen der Vereinigung der Deutschen Staatsrechtslehre 14 (1956), S. 96–135; *ders.*, Verwaltungsaufgaben. In: *Fritz Morstein Marx* (Hrsg.), Verwaltung. Eine einführende Darstellung, Berlin 1965, S. 187–214; *Christian-Friedrich Menger*, Die Bestimmung der öffentlichen Verwaltung nach den Zwecken, Mitteln und Formen des Verwaltungshandelns. Deutsches Verwaltungsblatt 75 (1960), S. 297–303; *Thomas Ellwein*, Einführung in die Regierungs- und Verwaltungslehre, Stuttgart-Berlin-Köln-Mainz 1966, leiden deshalb im Vergleich zum zeitgenössischen juristischen Anspruchsniveau an einer eigentümlichen Unschärfe. Die Funktion des Aufgabenbegriffs in juristischen Argumentationszusammenhängen ist bisher nicht überzeugend geklärt worden. Wenn man diesem Problem ausweicht und den Aufgabenbegriff einer neben das Verwaltungsrecht gesetzten »Verwaltungslehre« zuordnet, müßte der Zusammenhang beider Disziplinen geklärt und vor allem erst einmal eine sorgfältige Analyse des Zweck/Mittel-Schemas geleistet werden.

zweckbezogen-funktionellen Ordnungsvorstellung seine feste Kontur und damit seine juristische Brauchbarkeit verloren[32].

Bezeichnenderweise denkt der Jurist heute, wenn die Rede auf Zwecke und Mittel kommt, sofort an »Mißbrauch«[33], und darin zeigt sich, daß er die eigentümliche Zweckfunktion, die Wertneutralisierung der Folgen, nicht einsetzen und nicht akzeptieren kann. Die rechtliche Zulässigkeit des staatlichen Handelns wird von allgemein definierten, programmauslösenden »Tatbeständen« abhängig gemacht. Man nähert sich der Realität nicht, wie im Rahmen der Zweckrationalität, heuristisch durch Ermittlung von Alternativen, sondern durch wachsende Präzisierung, Differenzierung und Verfeinerung der Tatbestände und durch ein elastisches Denken in Regeln und Ausnahmen. Das eigentlich heuristische Prinzip der Kausalauslegung des Handelns und das Verfahren der Wertneutralisierung durch Zwecksetzung liegen außerhalb des Rechts[34]. Eine solche Orientierung wird im »Ermessensbereich« der Verwaltung wie in einem ausgesparten, unregulierten Spielraum unter bestimmten Bedingungen zugelassen. Zwei der wichtigsten Begriffsschwierigkeiten und Kontroversen des »Allgemei-

32 Vgl. z. B. *Jean Rivero,* Existe-t-il un critère du droit administratif? Revue du Droit Public et de la Science Politique 59 (1953), S. 279–296; *Jean-Louis de Corail,* La crise de la notion juridique de service public en droit administratif français, Paris 1953; *Roman Schnur,* Die Krise des Begriffs der services publics im französischen Verwaltungsrecht. Archiv des öffentlichen Rechts 79 (1954), S. 418–430; *Georges Liet-Veau,* La théorie du service public. Crise ou mythe. Revue Administrative 14 (1961), S. 256–263.

33 Vgl. z. B. *Léon Husson,* Les transformations de la responsabilité. Etude sur la pensée juridique, Paris 1947, S. 252 ff.; im übrigen natürlich die verwaltungsrechtliche Kasuistik des »Ermessensmißbrauchs«.

34 Eine Ausnahme muß indes erwähnt werden: In der Vorgabe spezifischer Zwecke kann die *Pflicht* liegen, andere Zwecke außer acht zu lassen. Auch diese Wertneutralisierung wird von Juristen unter die Kategorie des Mißbrauchs gebracht. Siehe *Harald Dombrowski* Mißbrauch der Verwaltungsmacht. Zum Problem der Koppelung verschiedener Verwaltungszwecke, Mainz 1967.

nen Verwaltungsrechts«, die Frage nach dem Umfang des Prinzips der Gesetzmäßigkeit der Verwaltung und die Frage nach der Abgrenzung des »Ermessens« vom »unbestimmten Rechtsbegriff« beziehen sich im Grunde auf dieses Problem der Gegensätzlichkeit von Zweckprogrammen und Konditionalprogrammen und sind deshalb für das Berufsverständnis des Verwaltungsjuristen von so kritischer Bedeutung.

Um aus dieser Erörterung für unser allgemeines Thema der Zweckfunktion lernen zu können, müssen wir, das dürfte deutlich geworden sein, von der herrschenden juristischen Problemdarstellung abrücken und den Unterschied von Zweckprogrammen und Konditionalprogrammen als Unterschied von Systemfunktionen zu begreifen suchen. Wie an anderer Stelle näher ausgeführt[35], beziehen sich beide Programmformen auf verschiedene Systemgrenzen der Verwaltung und gehören eben dadurch zusammen. Verwaltungen können als Systeme der Informationsverarbeitung verstanden werden[36]. Sie nehmen Informationen ihrer Umwelt als Eingang auf, verarbeiten sie und geben sie in Form einer »Entscheidung« wieder an die Umwelt ab. Das Konditionalprogramm fixiert den Eingang des Systems, die Art der Umweltinformationen, die als *Ursache* die Entscheidung auslösen sollen; das Zweckprogramm regelt den Ausstoß des Systems, die *Wirkung* in der Um-

35 Siehe *Niklas Luhmann,* Lob der Routine. Verwaltungsarchiv 55 (1964), S. 1–33. Eine ausgezeichnete Darstellung des Gegensatzes dieser beiden Programmformen findet sich auch bei *Torstein Eckhoff/ Knut Dahl Jacobsen,* Rationality and Responsibility in Administrative and Judical Decision-making, Kopenhagen 1960.

36 Dazu näher *Niklas Luhmann,* Theorie der Verwaltungswissenschaft. Bestandsaufnahme und Entwurf, Köln-Berlin 1966. Der Systembegriff besagt dabei zunächst mindestens dies: Im Fluß der Informationen sind Grenzen gezogen, die ein Außen und ein Innen der Informationsveränderung markieren und als Filter dienen. Diese Vorstellung, die noch weiter ausgebaut werden muß, taucht in der Systemforschung der amerikanischen Unternehmenstheorie auf. Vgl. z. B. *Stanford L. Optner,* Systems Analysis for Business Management, Englewood Cliffs/N. J. 1960, S. 26 ff.

welt, die das System bewirken soll. Natürlich setzt ein Zweckprogramm auch Anlässe des Tätigwerdens in der Umwelt voraus, stellt aber das System in dieser Hinsicht relativ frei. Und natürlich führt auch das Konditionalprogramm zu Entscheidungen, die in der Umwelt Wirkungen bewirken, stellt aber in dieser Hinsicht das System frei – was heißt, daß das System zu seiner Rechtfertigung nicht darauf angewiesen ist, daß spezifische Umweltwirkungen erzielt, spezifische Zustände geändert oder konstant gehalten werden; es genügt, daß normgemäß entschieden worden ist[37].

Ein weiterer Aspekt des Unterschiedes von Zweckprogrammen und Konditionalprogrammen verdient besonders hervorgehoben zu werden: daß nämlich diese Unterscheidung nicht neutral dagegen ist, welche besondere Umwelt die Verwaltung beeinflussen kann und auf welcher Ebene der Generalisierung dieser Einfluß ausgeübt wird. Mit anderen Worten: Die beiden Programmformen räumen den verschiedenen Umwelten der Staatsbürokratie unterschiedliche Einflußchancen ein[38]. Konditionalprogramme sind, jedenfalls der Idee nach, als Algorithmen fixiert, das heißt unabhängig davon, wer entscheidet[39]. Sie begünstigen dadurch die jeweils speziell interessierten Angehörigen des Publikums, während Zweckprogramme auch dem Politiker und dem Entscheidenden selbst Einfluß auf die Entscheidung einräumen. Denn in Konditionalprogrammen ist eine Rechtsfolge fest an einen Tatbestand montiert, also die

37 Diese Einschränkung der Folgenverantwortlichkeit bei juristisch-konditionaler Problembearbeitung wird besonders von *Eckhoff/Jacobsen,* aaO, herausgestellt.

38 Hierzu auch *Niklas Luhmann* Positives Recht und Ideologie. Archiv für Rechts- und Sozialphilosophie 59 (1967), S. 531–571.

39 Diese Seite des Konditionalprogrammes muß in engem Zusammenhang mit dem Grundrecht der Gleichheit vor dem Gesetz gesehen werden, das ebenfalls den Sinn hat, persönliche Eigenschaften und Beziehungen des Entscheidenden zu neutralisieren: Er hat nach universellen Kriterien zu entscheiden, ist also gehalten, sich selbst als austauschbar vorzustellen. Vgl. dazu *Luhmann,* aaO, 1965 a, S. 162 ff.

Entscheidung als Ganzes oder in einzelnen Aspekten durch den zu erwirken, der die Verwaltung entsprechend informieren kann; bei Zweckprogrammen mag der Zweck selbst spezielle Interessen begünstigen, aber die Wahl der Mittel ist durch den Zweck neutralisiert, also nicht festgelegt, so daß hier politische Rücksichten oder Vorlieben des Entscheidenden die Einzelentscheidung färben können. Die Bevorzugung der einen oder der anderen Programmform erweist sich daher als ein Mechanismus der allgemeinen Ausbalancierung des Verwaltungssystems, seiner Anpassung an die Verteilung der Umweltpressionen. Hier fallen die Entscheidungen über Macht und Status der Verwaltungsmitglieder; hier reagiert das System auf die Leistungsfähigkeit der politischen Prozesse; hier wird eine Vorbedingung für die Zentralisierbarkeit des politischen Handelns gesetzt, da die Politik bei Zweckprogrammen legitimerweise auf die Einzelentscheidung drücken kann, bei konditionaler Programmierung dagegen nur das Programmieren selbst, die zentralisierte Rechtsetzung, beeinflussen kann. Die Wahl der Programmform ist mithin zugleich eine Bestimmung der Ebene der Generalisierung, auf der Politik und Verwaltung sich begegnen und ihre Interdependenz stabilisieren können.

Mit dieser Systemkonzeption, die im nächsten Kapitel weiter ausgearbeitet werden soll, gewinnen wir schließlich die Möglichkeit einer Interpretation des Wandels vom Polizeistaat zum Rechtsstaat und zugleich die Möglichkeit, die Erfahrungen dieses Wandels für die Erkenntnis der Grenzen der Zweckrationalität nutzbar zu machen.

Im Rechtsstaat setzt sich die Einsicht durch, daß die Entscheidungsbürokratie des Staates im Prinzip nicht nur an einer, sondern an beiden Zeitgrenzen des Systems, sowohl im »Input« als auch im »Output« programmiert werden muß. Dies gilt zwar nicht für jede Einzelentscheidung im gleichen Maße, wohl aber generell für die Stabilisierung des Systems als System. Die Programmierung der Entscheidungen, letztlich also die Struktur des Systems, kann sich nicht nur auf eine, sie muß sich auf beide Grenzen beziehen und sie konstant zu halten suchen, soll das System als Ganzes erhalten bleiben. Zweckprogramme und Konditionalprogramme müssen beide benutzt, je nach den Problemen, die die Umwelt stellt, angewandt, ja gegebenenfalls sinnreich kombiniert und ineinandergeschachteit werden. Die Umweltunabhängigkeit des Verwaltungssystems, seine gesellschaftliche Autonomie beruht in einem wesentlichen Aspekt darauf, daß es zwischen diesen beiden Programmformen, also zwischen zwei Arten der Abhängigkeit, wählen kann und sich je nach den politisch gefilterten Umweltpressionen mehr von den Ursachen oder mehr von den Wirkungen seines Handelns her dominieren läßt.

Die Autonomie des Systems kann demnach nicht einfach als Autonomie der Zwecksetzung verstanden werden. Sie besteht in einer relativen Autonomie der Selbstprogrammierung in beiden Formen – in einer Positivierung von Zweckprogrammen und von Konditionalprogrammen[40]. Nicht ein vorgegebener Zweck, sondern die Systemstruktur – und das ist bei Entscheidungssystemen vor allem die Gesamtheit der Entscheidungsprogramme – macht das stabilisierende Gesetz der Systembildung aus. Ein Teilsystem der Gesellschaft wie das politische System kann nie in dem Sinne autonom sein, daß es nur auf die Umwelt wirkt, ohne selbst bewirkt zu sein. Autonomie ist nicht in Kausalkategorien als ursachelose Spontaneität zu begreifen, sondern nur systemstrukturell als Selbstprogrammierung. Sie besteht darin, daß das System sich durch eigene Pro-

40 Kennzeichnend für das Vordringen dieser Auffassung, daß über Programme in Organisationen selbst entschieden wird, ist es, daß ein neues, der Systemtheorie verpflichtetes Lehrbuch der Organisationswissenschaft Organisationszwecke nur noch im Kapitel über »Policy Formulation and Decision-making« behandelt. Siehe *Daniel Katz/Robert L. Kahn,* The Social Psychology of Organizations, New York-London-Sydney 1966, S. 260 ff.

gramme in die Lage versetzt, an beiden Zeitgrenzen, sowohl im Hinblick auf die Ursachen als auch im Hinblick auf die Wirkungen seines Handelns, Informationen der Umwelt aufzunehmen, selektiv zu verarbeiten.

Politisch gesehen, findet man darin bestätigt, daß »absolute« Macht zur Fiktion wird, weil Macht nur in wechselbezogenen, doppelseitig motivierten Kommunikationsprozessen aufgebaut werden kann[41]. Wer Macht gewinnen will, muß sich der Beeinflussung öffnen. Der Versuch, das politische Teilsystem der Gesellschaft als absolute Herrschaft allein durch Zweckprogramme zu stabilisieren, ist mit dem Polizeistaat gescheitert. Die umgekehrten Einseitigkeiten des Rechtsstaates waren in gleicher Weise problematisch. Mit der Formel von Rechts- und Sozialstaat scheint sich der Versuch einer Balance von Konditional- und Zweckprogrammen anzubahnen, die der Eigenart des politischen Systems als Teilsystem der Gesellschaft mit der spezifischen Funktion, Probleme verbindlich zu entscheiden, vielleicht am besten entspricht. Von einem eindringlichen Verständnis dieses Vorgangs ist die gegenwärtige Diskussion freilich noch weit entfernt, weil ihr dafür eine ausreichende systemtheoretische Grundlage fehlt.

Die theoretische Kritik und der Zerfall der Lehre von den Staatszwecken darf nach alldem nicht zu der Annahme verleiten, daß im Bereich des politischen Systems die Zweckorientierung unangebracht sei oder doch ihre Bedeutung verloren habe. Das wäre weit gefehlt. Sie besagt lediglich, daß das politische System nicht mehr durch gesellschaftlich vorgegebene, für wahr gehaltene (und damit invariante) Zwecke bestimmt werde, sondern in seiner Zwecksetzung gesellschaftlich autonom geworden ist. Nicht nur das Recht, sondern auch die Zweckaufgaben des po-

41 Vgl. dazu *Blau,* aaO, 1964. Siehe auch die Beurteilung der absoluten Monarchie im älteren Siam durch *Fred W. Riggs,* The Ecology of Public Administration, London 1961, und *ders.,* Thailand. The Modernization of a Bureaucratic Polity, Honolulu 1966, S. 85 ff., 132 ff.

litischen Systems sind in diesem Sinne positiviert worden: Sie werden durch programmierende Entscheidungen gesetzt, die im politischen System selbst getroffen werden müssen. Das politische System und mit ihm die Gesellschaft selbst haben auf diesem Wege neue Möglichkeiten der Variation und insgesamt eine höhere Stufe der Komplexität erreicht. Eben deshalb kann die Theorie des politischen Systems nicht länger mehr eine teleologische Theorie der politischen Gesellschaft sein, die an die Vorgegebenheit wahrer Zwecke anknüpft; sie muß vielmehr in eine Systemtheorie umgeformt werden, die für alle programmierten und für alle programmierenden Entscheidungen, also auch für Rechtsetzung und für Zwecksetzung, einen grundbegrifflichen Bezugsrahmen von höherer Komplexität zu bieten vermag.

2. Das Optimierungsprinzip und seine Kritik

Die Rechtswissenschaft hat sich, wie wir sahen, radikal und theoretisch ziemlich unbedacht vom Zweckdenken abgewandt. Wir mußten daher durch eine etwas ausführlichere Analyse die kritische Beziehung des Rechtsdenkens zum Zweck/Mittel-Schema erst wieder ins Bewußtsein bringen. Die Wirtschaftswissenschaften sind dagegen auf der Ebene der Nationalökonomie ebenso wie in der Betriebswirtschaftslehre von Anbeginn mit der besonderen Problematik des Zweck/Mittel-Denkens befaßt gewesen. Zuweilen haben sie sich mit dieser Problematik geradezu identifiziert und sich als Wissenschaften vom rationalen Handeln schlechthin verstanden[42]. Hier bedrängt uns daher im Gegenteil eine Überfülle von Theorien, Modellen und Methoden, zu denen wir Distanz gewinnen müssen, da wir ihnen hier im einzelnen unmöglich gerecht werden können.

42 So z. B. *Ludwig von Mises,* Grundprobleme der Nationalökonomie. Untersuchungen über Verfahren, Aufgaben und Inhalt der Wirtschafts- und Gesellschaftslehre, Jena 1933, speziell zum Zweck/Mittel-Schema besonders S. 30 ff.

Im ganzen und in denkgeschichtlicher Perspektive gesehen hat sich auch die wirtschaftswissenschaftliche Theorie – ebenso wie das positive Recht und seine Dogmatik – aus dem umfassenden Bereich der traditionellen Ethik herausgelöst und auf der Basis besonderer Perspektiven und Problemstellungen verselbständigt. Diese Ausdifferenzierung verschiedener Wissenschaften – auf die empirischen Handlungswissenschaften kommen wir in den folgenden Abschnitten dieses Kapitels zu sprechen – ist nur durch Sprengung des Postulats der Wahrheitsfähigkeit der Zwecke möglich gewesen, durch Zerstörung der alten Annahme, daß das Gute an den verschiedenen Zwecken die Wahrheit ihres Seins sei. Der einheitstiftende Zusammenhang, den die Ethik der ontologischen Metaphysik in dieser These fand, wird nun gleichsam durch einen defizienten Modus ersetzt, durch eine Problemstellung, die in ihrer Negativität eine Differenzierung der Wissenschaften erlaubt. Die mangelnde Wahrheit der Zwecksetzung, ihre subjektive Willkürlichkeit, wenn man so will, wird jetzt zum gemeinsamen (aber nicht integrierenden) Grundproblem der verschiedenen Handlungswissenschaften. Während das Rechtsdenken Korrektive und Kontrollen der Zwecksetzung des politischen Systems entwickelt und die empirischen Wissenschaften sich darum bemühen, die Zwecksetzung in ihrer Faktizität durch latente Ursachen oder Funktionen zu erklären, haben die Wirtschaftswissenschaften sich der Zweckproblematik am unmittelbarsten angenommen. Sie versuchen trotz Anerkennung der Willkürlichkeit der Zwecksetzung zu wahren Urteilen über richtiges zweckrationales Handeln zu kommen[43]. Wie ist das möglich?

Diese Frage gewinnt schärfere Konturen, und Möglichkei-

43 Zur Bedeutung des Theorems der »Zufälligkeit« der Zwecksetzung für die utilitaristische Theorie des wirtschaftlichen Handelns und als Bezugspunkt der späteren soziologischen Kritik finden sich einsichtsreiche Ausführungen bei *Parsons,* aaO, 1949, S. 59 f. und passim.

ten der Beantwortung werden greifbar, wenn wir von den Einsichten in die Zweckfunktion ausgehen, die wir im ersten Kapitel skizziert haben. Die Zwecksetzung dient der Neutralisierung von Wertaspekten der Folgen des Handelns. In der ethischen Tradition wahrheitsfähiger Zwecke konnte dieses Problem nicht gestellt, die Folgenneutralisierung überhaupt nicht als »Leistung« des menschlichen Bewußtseins erfaßt und rationalisiert werden, weil schon das Handeln gar nicht im modernen Sinne kausal ausgelegt und in Möglichkeiten zerlegt, sondern erlebt wurde als durch wahre Gründe geprägtes oder sie verfehlendes, typisch geformtes Verhalten. Erst nach Auflösung dieser allzu lebensnahen, kompakten und diffusen Vorstellung und vor allem nach Trennung der empirischen Kausalanalyse von der Folgenbewertung ist es möglich geworden, das Problem der Folgenneutralisierung zu stellen. Die Frage lautet, wie man trotz der Vielzahl wertkomplexer Folgen einer Vielzahl von Alternativen zu einer garantiert-richtigen Entscheidung kommen kann.

Rückblickend bedeutet das Aufgeben der Wahrheitsthese, das diese Fragestellung ermöglicht, nun zugleich, daß die Neutralisierungsleistung der Einzelzwecke als faktische Willkür gesehen werden muß und nicht einfach hingenommen werden kann. Die wissenschaftliche Analyse muß sich vom Erlebnishorizont des Handelnden abheben und seine Verwendung des Zweck/Mittel-Schemas kritisch prüfen. Sie muß die Neutralisierungsfunktion des Handlungszweckes mindestens unschädlich machen, wenn nicht gar begründen oder durch etwas Besseres ersetzen, ohne indes die Funktion selbst, die Reduktion der Unendlichkeit von Möglichkeiten auf eine bestimmte, auszuführende Handlung, unerfüllt zu lassen. Wir können nun etwas präziser fragen, wie dies möglich ist.

Die Wirtschaftstheorie hat eine doppelte Antwort gegeben: auf der Ebene der Gesamtwirtschaft durch das Prinzip des Marktes mit freier Konkurrenz, das die individuelle

Zwecksetzung folgenlos werden läßt (und deshalb hier nicht weiter interessiert), und – in entscheidenden Hinsichten davon abhängig – auf der Ebene des Einzelbetriebes durch das Postulat einer optimalen Wertrelation unter den Folgen des Handelns. Jene Handlung sei die beste und damit die einzig richtige, deren Folgen in einer optimalen Wertbeziehung zu den Folgen aller ihrer Alternativen stehen. So leicht dieser Gedanke zu formulieren ist, so sehr er auf den ersten Blick einleuchtet, so schwer ist er zu durchschauen. Seine Evidenz täuscht. Er ist alles andere als klar[44]. Die übliche Fassung dieses Gedankens als »Wirtschaftlichkeitsprinzip«, daß ein gegebener Zweck mit möglichst geringen Mitteln erfüllt bzw. ein gegebener Mittelbestand zu maximaler Zweckverwirklichung ausgenutzt werden solle, verdunkelt mehr als daß sie aufhellt; denn sie verquickt die entscheidende Frage der Wertrelation unnötigerweise mit der Vorstellung einer Kausalbeziehung zwischen Ursache und Wirkung und zerfällt daher in zwei unversöhnliche Alternativen. Außerdem impliziert ihre superlativistische Fassung einen zweifellos undurchführbaren Absolutheitsanspruch. Wir werden besser tun, *das Optimierungsprinzip auf das Problem der Folgenneutralisierung zu beziehen* und es durch die Art zu charakterisieren, wie es diese Funktion erfüllen will. Dadurch können wir eine stark beschränkte Auffassung der Funktion und Reichweite von Optimierungskalkülen gewinnen, die sich dann aber durchhalten und mit neueren Entwicklungen zur Systemtheorie in Einklang bringen läßt.

Zunächst einmal muß die feste Bindung des formalen Prinzips der Optimierung von Zweck/Mittel-Beziehungen an eine

44 Daß der definitorischen Klarheit des Optimalitätsprinzips keine gedankliche Klarheit entspricht, wird heute durchaus gesehen. Vgl. z. B. *Maynard M. Shelly II/Glenn L. Bryan*, Judgments and the Language of Decision. In: *Dies.* (Hrsg.), Human Judgments and Optimality, New York-London-Sydney 1964, S. 3–36 (8 f.). Der Grund ist natürlich, daß die Absolutheit eines Superlativs sich leichter aussprechen als denken läßt.

bestimmte inhaltliche Zweckformel, nämlich an *Gewinnmaximierung*, gelöst werden. Diese Zweckformel ist, wie Zwecke überhaupt, von der Einzelhandlung her konzipiert und leuchtet auf dieser Ebene ein. Sie wird fragwürdig und unzulänglich, sobald sie auf permanente Systemprobleme übertragen wird – das heißt auf Probleme, die auf unabsehbare Zeit immer wieder Entscheidungen erfordern, und zwar interdependente Entscheidungen, so daß die früheren auf die späteren Rücksicht nehmen müssen. Das Ziel der Gewinnmaximierung läßt sich nicht ohne weiteres von Einzelentscheidungen auf Systeme übertragen[44a].

Irgendwelche Zwecke müssen der Wirtschaftlichkeitsrechnung freilich gegeben werden[45]. Zwecksetzung ist ein unentbehrliches Reduktionsmittel, das durch die Verweisung des Kausalschemas ins Unendliche gefordert ist. Niemand kann alles mit allem vergleichen; Struktur muß sein. Auch das Wirtschaftlichkeitsprinzip kann mithin nur in einem durch Zwecksetzung begrenzten, teilneutralisierten Folgenhorizont angewandt werden. Aber dieser Horizont braucht nicht drastisch handlungsnah zusammengezogen zu werden, wenn man die Technik der Wirtschaftlichkeitsrechnung beherrscht. Diese Technik besteht in einem rechnerischen (also »gefühllosen«, vom »Wert« der Werte nicht bewegten, mithin präzisen, raschen, auch maschinell durchführbaren) Vergleich der Werte der Folgenkomplexe der einzelnen Handlungsalternativen. Sie setzt voraus, daß die einzelnen Wertergebnisse vergleichsfähig, und zwar in den verschiedensten Konstellationen vergleichsfähig sind, was praktisch nur durch Quantifikation, namentlich mit Hilfe der Geldrechnung, erreichbar ist[46].

44a Diesen wichtigen Hinweis gibt *Peter Bendixen*, Die Komplexität von Entscheidungssituationen. Kritik am Formalismus der betriebswirtschaftlichen Entscheidungstheorie. Kommunikation 3 (1967), S. 103–114 (108).

45 Vgl. dazu *Niklas Luhmann*, Kann die Verwaltung wirtschaftlich handeln? Verwaltungsarchiv 51 (1960), S. 97–115 (101 ff.); *McKean*, aaO, S. 34 f.; *Bidlingmaier*, aaO.

46 Zu den beträchtlichen Schwierigkeiten eines solchen Vergleichs

In dieser Voraussetzung liegt nun ebenfalls eine partielle Folgenneutralisierung, nämlich in qualitativer, nicht aber in quantitativer Hinsicht. Die Quantifikation der Folgen-Werte ist eine Neutralisierung eigener Art, die die Neutralisierung durch Zwecksetzung *entlastet und korrigiert.* Man braucht in dem Folgenbereich, der von der Wirtschaftlichkeitsrechnung erfaßt wird, die neutralisierten Wertaspekte nicht ganz, sondern nur in ihrer Qualität als irrelevant zu behandeln, kann also mehr Folgen berücksichtigen und doch zu eindeutigen Ergebnissen kommen. Man kann, mit anderen Worten, *dank der Wirtschaftlichkeitsrechnung mit abstrakteren Zwecken in einem weiteren Zeithorizont (langfristiger) und mit sehr viel komplexeren Präferenzstrukturen arbeiten,* ohne deswegen auf Entscheidungen verzichten oder im Entscheidungsgang irrationale Hilfen verwenden zu müssen. Durch Einbau von Maximierungs- oder Minimierungskalkülen in ein Zweckprogramm kann sichergestellt werden, daß das Programm, obwohl der Zweck an sich viele Alternativen als Mittel zuläßt, nur jeweils eine einzige Handlung als richtig auswählt, nämlich jene, die in dem durch das Zweckprogramm gesteckten Rahmen eine spezifische Wertrichtung maximal oder minimal befriedigt.

Das Wirtschaftlichkeitsprinzip ist im Vergleich zur einfachen Zweckrationalität zweifellos ein Fortschritt. Es ist zwar keineswegs ein Prinzip des absoluten Optimums, und wertneutral ist es nur im Sinne einer künstlichen Indifferenz. Es kann ebensowenig wie ein Zweck eine Entscheidung vorbehaltlos rechtfertigen. Aber es erfüllt eine wichtige Aufgabe als eine zweite, zur Zwecksetzung funktional äquivalente Neutralisierungstechnik. Es ist nur zusammen mit einer Zwecksetzung einsetzbar, da Quantifikation allein den

siehe *Churchman/Ackoff/Arnoff,* aaO, S. 133 ff. mit zahlreichen Vereinfachungsvorschlägen. Vgl. ferner *Davidson/Suppes,* aaO, insb. S. 104 ff.; *Kenneth E. Boulding,* A Reconstruction of Economics, New York 1950, S. 43 ff.; *Gäfgen,* aaO, S. 137 ff.

Regreß ins Unendliche nicht abschneiden kann. Aber eine geschickte Kombination dieser beiden verschiedenen Neutralisierungsmittel erlaubt die rationale Beherrschung eines viel größeren Kreises von Wertfaktoren, als dies mit Hilfe der schlichten Zweckrationalität möglich wäre. Sie macht es, und darauf wollen wir hinaus, in vielen Fällen möglich, die *Zweckformel von der Ebene der Einzelhandlung auf die Ebene großer Systeme zu transponieren und sie so zu komplizieren, daß sie Bestandsbedingungen dieser Systeme mehr oder weniger angemessen wiedergeben kann.*

Wenn man sich in dieses Verhältnis wechselseitiger Äquivalenz, also wechselseitiger Entlastung von Zwecksetzung und Wirtschaftlichkeitsrechnung unter dem Gesichtspunkt der Neutralisierungsfunktion hineindenkt, werden wesentliche Einwendungen gegen das Wirtschaftlichkeitsprinzip hinfällig; genauer: Sie stoßen als Kritik ins Leere. Zwar ist die Optimierungstechnik gewiß kein voller Wahrheitsersatz: Was ins Feld geführt wird gegen die Behauptung, daß das Wirtschaftlichkeitsprinzip die optimale Richtigkeit der einzelnen Handlung zu begründen vermöge, bleibt richtig, verliert aber seinen polemischen Sinn, wenn man das Wirtschaftlichkeitsprinzip auf seine spezifische Systemfunktion der Neutralisierungshilfe begrenzt und die Richtigkeit des Handelns erst darauf gründet daß es Systemprobleme löst. Wie beim Zweckbegriff selbst kann sich auch beim Wirtschaftlichkeitsprinzip die Kritik zwar gegen den theoretischen Ausschließungsanspruch wenden: Der Optimierungsgedanke ist keine ausreichende Handlungstheorie. Aber er findet im Rahmen einer Theorie der Handlungssysteme einen Platz als begrenzt sinnvolles Prinzip für den Entwurf von Entscheidungsmodellen. Dies läßt sich an einigen typischen Einwendungen gegen das Optimalprinzip deutlich machen:

Gunnar Myrdal[47] hat mit Nachdruck darauf hingewiesen,

47 *Myrdal,* aaO.

daß das Wirtschaftlichkeitsprinzip die Wertneutralisierungen durch Zwecke nicht beseitigen, das Entscheiden nicht wertunabhängig machen könne. Die Konzentration des Wertaspektes im Zweck sei und bleibe subjektiv. Die Nationalökonomie könne sich daher nicht auf dieses Prinzip als Grundbegriff stützen, sondern müsse die neutralisierten Werte im Sinne der faktischen, z. B. politischen Wertsetzungen mitberücksichtigen und sich auf eine vorauszusetzende und zu explizierende Werteordnung relativieren, indem sie die wirklichen Werteinstellungen als Prämissen übernehme. Das ist ein gutes Beispiel dafür, daß übertriebene Ansprüche übertriebene Kritik auf sich ziehen. Das Durchschauen des subjektiven und je relativen Charakters der Wertneutralisierungen hindert zwar, daß die Wissenschaft unkritisch auf die Entscheidungsideologien der Praxis hineinfällt. Aber das bedeutet keineswegs, daß sie nun mit Bewußtsein hereinzufallen und die Präferenzstruktur der Praxis ihrerseits als Wertprämisse anzuerkennen hätte. Sie kann und muß vielmehr nur die Frage nach der Funktion, die solche Neutralisierungsleistungen für Handlungssysteme erfüllen, ausdrücklich explizieren und beantworten. Sie kann dabei allgemeine Systemprobleme als Gesichtspunkte sichtbar machen, und in bezug auf sie einen Wechsel der Präferenzen und Neutralisierungen begründen.

Ein weiteres Bedenken ist bisher in Teilaspekten sichtbar gemacht, aber nicht prinzipiell diskutiert worden. Es kann als *Widerspruch zwischen Optimierung und Operationalisierung* bezeichnet werden. Optimierung erfordert Operationalisierung im Sinne einer empirischen Fixierung der Erfolgskriterien[48], weil anders kein eindeutig bestimmtes Handeln abgeleitet werden kann. Operationalisierung aber schließt durch ihre Prämissen Optimierung aus. Sie erfordert eine Auflösung der Zwecke in Mittel, die, sofern sie interdependent sind, zueinander in Widerspruch geraten,

48 Auf Begriff und Technik der Operationalisierung kommen wir im 5. Abschnitt des 5. Kapitels zurück.

wenn sie selbst optimiert werden sollen. Und sie erfordert eine zeitliche Begrenzung, mindestens eine Periodisierung des Erfolgskriteriums, und darin liegt immer ein unbegründeter Verzicht auf Chancen, die über den Zeithorizont der Planung hinausreichen. Diesem Widerspruch kann man jedoch ausweichen, wenn man das Optimalprinzip als Kriterium der Rationalität entthront und es statt dessen nur mit der spezifischen Funktion der Aussortierung von letzten Alternativen in einem schon durch andere Gesichtspunkte begrenzten Entscheidungszusammenhang einsetzt.

Neben diese Argumente der Unausräumbarkeit von Werturteilen und der inneren Widersprüchlichkeit im Optimierungsprinzip tritt als dritter Einwand, daß ein prinzipielles Optimieren das menschliche Auffassungsvermögen überfordern würde. Für diesen Gedanken ist Herbert Simon der wirksamste Sprecher geworden. Er stellt darauf ab, daß das Entscheidungsmodell des optimierenden wirtschaftlichen Handelns die menschlichen Fähigkeiten zu rationaler Überlegung überschätze und deshalb unrealistisch, also empirisch nicht zu verifizieren sei. Es müsse durch ein Modell für nur befriedigendes, brauchbares Handeln ersetzt werden, das ein grob vereinfachtes, in bezug auf ein gegebenes »Anspruchsniveau« aber immer noch ausreichend rationales Entscheiden orientiere. Der Mensch suche in Wahrheit nicht einzig-richtige, sondern nur befriedigende Problemlösungen[49]. Dieser Vorstoß sollte jedoch nicht zu

49 Vgl. *Simon,* aaO, 1957, S. 196 ff., 241 ff.; *March/Simon,* aaO, S. 140 f. u. ö.; *Herbert A. Simon,* Theories of Decision Making in Economics and Behavioral Science. The American Economic Review 49 (1959), S. 253–283; *ders.,* The Role of Expectations in an Adaptive or Behavioristic Model, in: *Mary Jean Bowman* (Hrsg.), Expectations, Uncertainty, and Business Behavior, New York 1958, S. 49–58; *Simon,* aaO, 1964; *Richard M. Cyert/Herbert A. Simon/Donald B. Trow,* Observation of a Business Decision. The Journal of Business 29 (1956), S. 237–248; *Julius Margolis,* The Analysis of the Firm. Rationalism, Conventionalism, and Behaviorism. The Journal of Business 31 (1958), S. 187–199; *R. M. Cyert/E. A. Feigenbaum/J. G. March,* Models in a Behavioral Theory of the Firm.

einer Kontroverse »satisfycing vs. maximizing behavior« aufgebauscht werden. Er kann, schon seiner Begründung nach, nicht als prinzipielle Ablehnung des Wirtschaftlichkeitsprinzips verstanden werden, das Simon mehrfach selbst vertreten hat[50]. Mit einer leichten Korrektur der Frontstellung kann vielmehr sichtbar gemacht werden, daß es sich um eine Theorieerweiterung handelt, die es möglich machen soll, der »optimierenden« Rechnung als einem bedingt einsetzbaren Entscheidungsverfahren einen Platz neben anderen, weniger glanzvollen Problemlösungstechniken einzuräumen.

Im Grunde wird heute weitgehend zugestanden, daß es für Betriebe in der Realität keine Optimallösungen schlechthin gibt[51] (und daß es daher auch keinen Sinn hat, ihnen eine entsprechende Entscheidungsnorm vorzuhalten), sondern das allenfalls Modelle »suboptimalen« Entscheidens praktikabel sind[52]. Der Spielraum für die Suche nach sub-

Behavioral Science 4 (1959), S. 81–85; *James G. March,* Some Recent Substantive and Methodological Developments in the Theory of Organizational Decision-Making. In: *Austin Ranney* (Hrsg.), Essays on the Behavioral Study of Politics, Urbana III. 1962, S. 191–208; *Cyert/March,* aaO, 1963, und als darauf bezogene oder ähnliche Auffassungen in der deutsch-sprachigen Literatur etwa *Luhmann,* aaO, 1960, *Albach,* aaO, 1961 (359 ff.); *Sauermann/Selten,* aaO, *Heinen,* aaO, 1962, insb. S. 65 ff.

50 Vgl. *Simon/Smithburg/Thompson,* aaO, S. 488 ff.; *Simon,* aaO, 1964, S. 11. Zu neueren Bemühungen um eine Annäherung, Kombination und Wiederverschmelzung von Modellen des »satisfycing« bzw. »optimizing behavior« vgl. *A. Charnes/W. W. Cooper,* Deterministic Equivalents for Optimizing and Satisficing under Chance Constraints. Operations Research 11 (1963), S. 18–39, und *Roy Radner,* Mathematical Specification of Goals for Decision Problems. In: *Shelly II/Bryan,* aaO, S. 211 ff.

51 Dies Zugeständnis kann auch die Form einer sprachwidrigen Abschwächung des Optimalprinzips zu irgendwelchen Kriterien annehmen, »durch die man die erstrebte Wahl unter den verschiedenen Alternativen zur Entscheidung bringt«; so *Erich Kosiol,* Modellanalyse als Grundlage unternehmerischer Entscheidungen. Zeitschrift für handelswissenschaftliche Forschung 13 (1961), S. 318–334 (323). So gelangt man allerdings in eine bedenkliche Nähe zum reinen Dezisionismus, der eine Entscheidung für richtig hält, wenn sie sich entscheiden läßt.

52 Siehe zu diesem Begriff *Charles Hitch,* Sub-optimization in Ope-

optimalen Lösungen wird durch »Nebenbedingungen« (constraints) der Entscheidungsmodelle abgesteckt[53]. Diese Nebenbedingungen erweisen sich mehr und mehr als die Hauptsache. Nur die Faszination durch den Gedanken einzig-richtiger Lösungen durch bestimmte Einzelentscheidungen steht dieser Einsicht noch im Wege. Tatsächlich sind denn auch die Nebenbedingungen der Modelle oft innerbetriebliche Abstimmungsvariablen, mit welchen dem nur suboptimalen Charakter der Modelle Rechnung getragen werden kann; in seltenen Fällen handelt es sich um absolute, unmittelbar umweltdiktierte, z. B. technologische Konstanten. Auch die Nebenbedingungen sind also im Planungskontext variabel. Man kann sie »anziehen« und durch Drehen an dieser Schraube den Lösungsspielraum so verkleinern, daß es schließlich fast gleichgültig wird, in wel-

rations Problems. Journal of the Operations Research Society 1 (1953), S. 87–99; *Charles Hitch/Roland McKean*, Sub-optimization in Operations Problems. In: *Joseph F. McCloskey/Florence N. Trefethen* (Hrsg.), Operations Research for Management, Bd. I, Baltimore 1954, S. 168–186. In der Sache findet man ihn implizit in jedem Versuch, Modelle optimalen Entscheidens zu konstruieren; denn immer müssen solche Modelle neben der Optimalität noch ihre Einpaßbarkeit in den Gesamtzusammenhang des Betriebes im Auge behalten.

53 Siehe dazu *Erich Schneider*, Bemerkungen zu einigen neueren Entwicklungen der Theorie der Unternehmung. Weltwirtschaftliches Archiv 83 (1959 II), S. 93–97; ferner etwa *Gutenberg*, aaO, 1962, S. 160 ff.; *Rudolf Gümbel*, Nebenbedingungen und Varianten der Gewinnmaximierung. Zeitschrift für handelswissenschaftliche Forschung 15 (1963), S. 12–21; ders., Die Bedeutung der Gewinnmaximierung als betriebswirtschaftliche Zielsetzung. Betriebswirtschaftliche Forschung und Praxis 16 (1964), S. 71–81; *Vernon E. Buck*, A Model for Viewing an Organization as a System of Constraints. In: *James D. Thompson* (Hrsg.), Approaches to Organizational Design, Pittsburgh 1966, S. 103–172. Die Grundlagen dafür sind durch gewisse Erweiterungen der mathematischen Methoden über die klassische Differentialrechnung hinaus geschaffen worden. Als Darstellungen der »linearen Programmierung«, die gerade diesen Punkt hervorheben, vgl. z. B. *Robert Dorfman*, Mathematical or »Linear« Programming. A Non-mathematical Exposition. The American Economic Review 43 (1953), S. 797–825, und sehr ähnlich: *Waldemar Wittmann*, Lineare Programmierung und traditionelle Produktionstheorie. Zeitschrift für handelswissenschaftliche Forschung 12 (1960), S. 1–17.

cher Richtung ein Ergebnis maximiert und wer dadurch begünstigt wird, da der wesentliche Verteilungsprozeß bereits bei der Definition des Rechenansatzes stattgefunden hat[54].

Die Frage ist aber: nach welchen Verteilungskriterien und unter welchen Kriterien der Rationalität[55]? Diese Frage könnte nur eine Systemtheorie beantworten, die in der Lage wäre, die zu lösenden Probleme und in bezug darauf die Bedingungen brauchbaren Entscheidens zu definieren. Was aber sind die Grundbegriffe dieser umfassenden Theorie?

Eine Theorie des brauchbaren Entscheidens steht wie der Vorschlag von Myrdal in Gefahr, die Wertprämissen der Entscheidenden unbesehen als Prämissen der Theorie zu übernehmen; aber sie ist gegen eine solche Versuchung besser gerüstet. Ihr Kerngedanke liegt nicht im Wertbegriff, sondern im Begriff der »Brauchbarkeitsbedingungen« oder der »constraints« des Entscheidungsprozesses oder der »Entscheidungsstandards«. Diese können sozialpsycholo-

54 Deshalb ist es kein Wunder, daß der Anspruch, *die* Zielfunktion der Unternehmung zu sein, heute von mehreren Variablen erhoben wird, die die jeweils anderen als Nebenbedingungen zulassen, und daß eine Einigung in dieser Diskussion sich nicht abzuzeichnen scheint. Vgl. als Überblick *Walther Busse von Colbe,* Entwicklungstendenzen in der Theorie der Unternehmung. Zeitschrift für Betriebswirtschaft 34 (1964), S. 615–627 (617 ff.). Unter diesen Umständen scheint es konsequent zu sein, die Zwecke mit *Buck,* aaO, nur noch als eine bestimmte Art von »Constraints« neben anderen anzusehen.

55 *Boulding,* aaO, 1960, S. 17, stellt fast die gleiche Frage: Welche Gleichungen sollen als Maximand und welche nur als beschränkende Ungleichungen in die Rechnung eingehen? Oder noch schärfer *Gross,* aaO, 1964, S. 491 f.: Welcher der mehreren Systemzwecke solle maximiert und welche nur als Nebenbedingungen berücksichtigt werden? Vgl. ferner *Robert Dorfman,* Operations Research. American Economic Review 50 (1960), S. 575–623 (607 ff.); *Simon,* aaO, 1964, S. 3 ff.; *Bidlingmaier,* aaO, S. 83 f. Der Abstützpunkt dieser Frage, die Annahme einer »Mehrheit von Zwecken«, ist jedoch von der Zweckfunktion her gesehen eine nur negative Formulierung. Mehrheit von Zwecken heißt insoweit Verlust der Zweckorientierung und gibt keinerlei Hinweis darauf, wie man sich unter dieser Bedingung verhalten soll. Wir werden dieses Thema weiter unten (S. 227 ff.) nochmals aufgreifen.

gisch als fluktuierendes, doch zeitweise stabiles »Anspruchsniveau«[56] interpretiert werden. Aber dieser Begriff bezeichnet nur eine Zwischenvariable. Er verweist letztlich auf eine Theorie des Handlungssystems, welche die Bedingungen expliziert, unter denen Anspruchsniveaus stabil sein können bzw. ihre Änderung eine Funktion erfüllen kann. Darin zeigt sich, daß die Modelle des brauchbaren Entscheidens im Grunde eine Systemtheorie, sei es eine Theorie der Persönlichkeit[57], sei es eine Theorie des Sozialsystems, voraussetzen. Diese Theorie hätte die Bedingungen zu formulieren, unter welchen Entscheidungen als brauchbar gelten können. Als Systemtheorie kann sie dies durch Formulierung der Probleme, die ein System lösen muß, wenn es in einer unkontrollierbaren Umwelt fortbestehen will. Auch eine solche Formulierung hat zwar nur vorläufigen Wert. Wir werden im übernächsten Abschnitt auf ihre Problematik eingehen. Hier kommt es zunächst nur darauf an festzuhalten, daß die wirtschaftswissenschaftliche Theorie des rationalen Handelns an dieser Stelle sich von

56 Dieser Begriff stammt aus der Schule von Kurt Lewin. Er dürfte hier aus mehr als einem Grunde interessieren, zumal es sich im Grunde um einen Ersatz für den Zweckbegriff handelt. Als eine zusammenfassende Darstellung vgl. *Kurt Lewin/Tamara Dembo/Leon Festinger/Pauline S. Sears,* Level of Aspiration. In: *J. McV. Hunt* (Hrsg.), Personality and the Behavior Disorders, New York 1944, Bd. I, S. 333–378. Als eine neuere Arbeit, die Einblicke in den heutigen Stand der Diskussion vermittelt, siehe *Heinz Heckhausen,* Hoffnung und Furcht in der Leistungsmotivation, Meisenheim am Glan 1963, und als Studien mit Auswertung für die Entscheidungstheorie: *George Katona,* Rational Behavior and Economic Behavior. Psychological Review 60 (1953), S. 307–318 (315 f.); *ders.,* aaO, 1960, S. 108 ff.; *Andrew C. Stedry,* Budget Control and Cost Behavior, Englewood Cliffs/N. J. 1960; *S. Siegel,* Level of Aspiration and Decision Making. Psychological Review 64 (1957), S. 253–262; *William H. Starbuck,* Level of Aspiration Theory and Economic Behavior. Behavioral Science 8 (1963), S. 128–136, sowie zahlreiche Bezugnahmen in der oben (Anm. 49) angeführten Literatur.

57 Siehe als Beispiel die Verwendung des Anspruchsniveau-Begriffs in einer individualpsychologischen Theorie des Lernens bei *Harold J. Leavitt,* Managerial Psychology. An Introduction to Individuals, Pairs, and Groups in Organization, Chicago 1962, S. 75 ff.

psychologischen oder soziologischen Systemtheorien abhängig machen muß[58].

Eine zweite Überlegungsreihe kann diesen Nachweis untermauern. Die Modelle des nur brauchbaren Entscheidens geben das Ideal der einzig-richtigen Entscheidung auf. Sie erkennen an, daß es mehrere richtige Lösungen eines Problems geben kann[59]. Das hat man zunächst als Voraussetzung einer realistisch-praktikablen Entscheidungstechnik formuliert: Es genüge, wenn man beim Überlegen auf eine der richtigen Entscheidungen stoße: dann könne man sich mit der »ersten besten« Lösung begnügen, oder sonstige opportunistische bzw. adaptive Entscheidungskriterien verwenden[60]. Das läuft auf einen mehrstufigen Prozeß der Reduktion von Komplexität und Unbestimmtheit hinaus,

58 Zur soziologischen Interpretation der »Zwecke« (im breiten Sinne von Brauchbarkeitsbedingungen) als »functional requisites« eines Sozialsystems vgl. einige Bemerkungen bei *Simon,* aaO, 1964, S. 20. Was fehlt, ist nur noch eine Klärung der Frage, welchen Sinn es für ein System haben könnte, seine Bestandsbedingungen als Zwecke zu formulieren. Siehe auch den nahestehenden Vorschlag von *Crozier,* aaO, S. 211 ff., 369 f., das ökonomische Prinzip des »one best way« abzulösen durch eine Theorie, die mit soziologischen Bezugsbegriffen arbeitet – bei *Crozier* eine etwas eng gefaßte Machttheorie (siehe meine Rezension in: Der Staat 4 (1965), S. 238–241). Von der herrschenden, optimum-orientierten wirtschaftswissenschaftlichen Theorie aus gesehen, besteht dagegen eine unüberbrückbare Kluft zwischen wirtschaftswissenschaftlicher Rationalorientierung und soziologischer Bestandsorientierung. Für eine Formulierung dieser Auffassung vgl. *Clark Kerr/Lloyd H. Fisher,* Plant Sociology. The Elite and the Aborigines. In: *Mirra Komarovsky* (Hrsg.), Common Frontiers of the Social Science, Glencoe/Ill. 1957, S. 281–309 (281 f.). Allgemein vgl. auch *Hans Albert,* Marktsoziologie und Entscheidungslogik. Objektbereich und Problemstellung der theoretischen Nationalökonomie. Zeitschrift für die gesamte Staatswissenschaft 114 (1958), S. 269–296.

59 Auch in der neuerdings verbreiteten Auffassung des Entscheidens als »Problemlösung« steckt im übrigen ein verdeckter Hinweis auf Systeme, denn Probleme entstehen nur in Systemen, die sich trotz »schwieriger« Umweltbedingungen zu erhalten suchen.

60 Auf diese Mehrstufigkeit weist auch *Gutenberg,* aaO, 1962, S. 97 hin. Vgl. auch *Margolis,* aaO, S. 191; *Krüsselberg,* aaO, S. 118 ferner *Gäfgen,* aaO, S. 240 ff., der die Theorie des erwünschten Entscheidungsniveaus aus diesem Grunde für normativ hält. Sie ist aber nur ergänzungsbedürftig.

der arbeitsteilig entsprechend aufgeteilt werden kann, so daß für die einzelnen Entscheidungsbereiche in einer Organisation verschiedenartige Kriterien gelten können. Eine Stufe des Überlegens bzw. Teilentscheidens entlastet dann die andere.

Dieser Gedanke, daß die Festlegung eines erwünschten Entscheidungsniveaus durch Brauchbarkeitsbedingungen die Entscheidung nicht eindeutig determiniere, sondern nur gewisse Prämissen für sie fixiere, hat noch andere Seiten. Er trifft zugleich einen wesentlichen Aspekt der funktionalen Systemanalyse[61], daß sie als Analyse nie zu einer eindeutigen Entscheidungsdetermination führen kann, da Funktionen keine Ursachen, sondern nur Gesichtspunkte für die Beurteilung der Äquivalenz verschiedener Problemlösungen sind[62]. Von einer Theorie umweltoffener Systeme aus, die ihre Probleme und Problemlösungen mit den Mitteln der funktionalen Methode expliziert, müßte man also geradezu Entscheidungsmodelle fordern, die sich auf die Vorgabe von Brauchbarkeitsbedingungen beschränken. Optimalmodelle sind eben deshalb, weil sie nur einzigrichtige und keine funktional äquivalenten Lösungen kennen, keine mögliche funktionale Theorie.

Diese Beschränkung ist auch ein wichtiges Erfordernis der strukturellen Elastizität von Systemen. Systemstrukturen

61 Die funktionale Methode wird ebenso wie die Modelle brauchbaren Entscheidens deshalb nicht selten kritisiert, weil sie keine eindeutigen Vorhersagen und Erklärungen leisten könne – so z. B. von *Carl G. Hempel,* The Logic of Functional Analysis. In: *Llewellyn* Gross (Hrsg.), Symposium on Sociological Theory, Evanston/Ill.-White Plains/N. Y. 1959, S. 271–307 (284 ff.) oder von *Robert Brown,* Explanation in Social Science, London 1963, S. 109 ff.

62 Vgl. *Luhmann,* aaO, 1962 a, *ders.,* aaO, 1964 d. Diese Interpretation der funktionalen Analyse als vergleichende Methode vermag ihrerseits im übrigen die Bedeutung des »Anspruchsniveaus« als Zwischenvariable zu beleuchten; denn auch für Anspruchsniveaus ist es bezeichnend, daß sie im Wege des Vergleichs fixiert werden. Siehe dazu *Albert S. Dreyer,* Aspiration Behavior as Influenced by Expectation and Group Comparison. Human Relations 7 (1954), S. 175–190, und *Leon Festinger,* A Theory of Social Comparison Processes. Human Relations 7 (1954), S. 117–140.

müssen, sollen sie in einer unkontrollierbar veränderlichen Umwelt identisch gehalten werden, aus Entscheidungsprämissen bestehen, die mehrere verschiedene Anwendungen erlauben, die also lediglich Variationsgrenzen für das konkrete Verhalten bezeichnen[63]. Das Verkennen dieser notwendigen Indifferenz der Systemstruktur ist besonders bezeichnend für die Anfänge der Bewegung des »scientific management«: Die Frage nach Optimallösungen trieb hier zur Regulierung und Standardisierung bis ins Letzte, weil man für alle Probleme die einzig-richtige Lösung suchte[64]. Auch heute wird noch weithin verkannt, daß Optimalprinzip und Arbeitsteilung sich direkt widersprechen, weil das Optimalprinzip Prüfung und Vergleich aller Konsequenzen aller Alternativen erfordert und diese Entscheidungsleistung, soweit die Möglichkeiten untereinander wertmäßig oder kausal wechselbezogen sind, nur an einer Stelle, also nur ungeteilt, erfolgen kann[65]. Und weiter sieht man an dieser Stelle, daß die klassische Organisationslehre auch deshalb das Verhältnis von Struktur und Prozeß nicht angemessen erfassen konnte, sondern sich zu einer strikten

63 Nach einer treffenden Formulierung, die sich bei *Johnson u. a.*, aaO, S. 70 f. findet, ist die Anerkennung eines organisations*internen Variationsspielraums* erzwungen durch die Unmöglicheit, *alle externen Variationen genau vorherzusehen.* Man könnte auch sagen, daß Systeme in einer sehr komplexen Umwelt nur durch interne Freiheiten existieren können. Vgl. auch *Fred E. Katz,* Autonomy and Organization, New York 1968.

64 So in einer kritischen Erörterung des Taylorismus auch *William F. Whyte u. a.,* Lohn und Leistung, dt. Übers., Köln-Opladen 1958, S. 13.

65 Die Gründe für dieses Verkennen sind unter anderem: (1) die nur »prinzipienmäßige«, also unpräzise, Verwendung des Optimierungs- und des Arbeitsteilungsgedankens; (2) die Ausklammerung von Organisationsfragen aus der Betriebswirtschaftslehre (s. oben S. 64 ff.); (3) die statische, kästchenmäßige Behandlung von Arbeitsteilungsfragen ohne Rücksicht darauf, daß aufeinander angewiesene Entscheidungen stets nacheinander erfolgen müssen, also nicht, wie eine Optimallösung es erfordern würde, sich wechselseitig zur Kenntnis nehmen können (s. unten S. 278 ff.); und damit zusammenhängend (4) das Fehlen einer ausgearbeiteten Theorie der Arbeitsteilung des Entscheidungsprozesses.

Trennung zweier »Perspektiven« (Aufbau und Ablauf)[66] entschließen mußte, weil sie sich in der Entscheidungstheorie auf Optimalmodelle festgelegt hatte[67]. Ein Optimum ist nämlich immer ein Optimum, gleich unter welcher Organisationsstruktur die Entscheidung erarbeitet wird; nur wenn man die Rationalität in brauchbaren Problemlösungen sucht, kann man die Bedeutung der Organisationsstruktur für die Rationalisierung des Entscheidungsprozesses studieren, weil dann die Struktur die Problemfassung ebenso wie die Möglichkeit geeigneter Lösungen und die Art, wie man auf eine der geeigneten Lösungen stößt, beeinflußt[68].

Ferner finden wir in der Theorie des brauchbaren Entscheidens wichtige Beziehungen zur kybernetischen Systemtheorie, auf deren Beitrag zur Lösung des Zweckproblems wir ebenfalls noch ausführlicher zurückkommen müssen. Die Zwischenvariable des »Anspruchsniveaus« dient, in der Sprache der Kybernetik gesprochen, als »Stufenfunktion«[69]. Sie ermöglicht es dem System, wenn es bei einem gegebenen Anspruchsniveau brauchbare Lösungen nicht (oder nur unter unzumutbarem Zeitaufwand) finden kann, durch Umschaltung, nämlich durch Herabsetzen des Anspruchsniveaus, in ein anderes Feld von Lösungsmöglich-

66 Vgl. dazu oben S. 64 ff.

67 So auch *Albach*, aaO, 1959, und *Heinen*, aaO, 1962, S. 65 ff.

68 Diese Sätze müssen vorsichtig gelesen werden. Es gibt natürlich umfangreiche Forschung über den Einfluß von Strukturen auf das *faktische* Verhalten; anders läßt sich der Strukturbegriff in empirischen Wissenschaften ja gar nicht behandeln. Vgl. dazu allgemein: *Peter M. Blau*, Structural Effects. American Sociological Review 25 (1960), S. 178–193. Was fehlt, ist die Auswertung dieser Forschung für Probleme der *Richtigkeit des Entscheidens*. Beispiele hierfür: *Richard M. Cyert/James G. March*, Organizational Structure and Pricing Behavior. The American Economic Review 45 (1955), S. 129–139; *dies.*, Organizational Factors in the Theory of Oligopoly. The Quarterly Journal of Economics 70 (1956), S. 44–64.

69 Vgl. zu diesem Begriff *W. Ross Ashby*, Design for a Brain, London 1952, 2. Druck 1954, S. 80 ff. und passim; *Wolfgang Wieser*, Organismen, Strukturen, Maschinen. Zu einer Lehre vom Organismus, Frankfurt 1959, S. 52 ff.

keiten überzugehen und dort nach »leichteren« brauchbaren Entscheidungen zu suchen; oder umgekehrt, wenn eine Überfülle geeigneter Lösungen sich aufdrängt, das Anspruchsniveau zu erhöhen, um sich auf diese Weise das Entscheiden durch Reduktion der Möglichkeiten zu erleichtern[70]. Die Theorie des brauchbaren Entscheidens eröffnet mithin einen Zugang zu Problemen der Anpassung und des Lernens, wie jedes umweltoffene System sie lösen muß, während die Theorie optimalen Entscheidens für Umweltbeziehungen nur Fiktionen und vereinfachende Annahmen bereithält, also im Grunde nicht auf die Ebene der Systemsteuerung übertragen werden kann.

Die Änderung des Anspruchsniveaus ist aber nicht der einzige Anpassungsmechanismus, den die Theorie des brauchbaren Entscheidens berücksichtigen kann. Gleich wichtig ist ein zweiter Vorgang, den wir – und das führt wieder in die Soziologie – als *Anpassung durch latente Funktionen* bezeichnen können[71]. Er steckt in dem, was die Theorie als unschädliche Entscheidungserleichterungen darstellt.

70 Zu diesem Vorgang der Änderung des Anspruchsniveaus gibt es eine umfangreiche experimentelle Forschung, die über die oben Anm. 56 und Anm. 62 zitierte Literatur zugänglich ist. Psychologisch ist die Eignung des Anspruchsniveaus als Stufenfunktion, also das umweltabhängige Fluktuieren mit stabilen Intervallen, dadurch zu erklären, daß es sich um eine *Erwartung* handelt, die in gewissem Umfange kontrafaktisch (normativ) stabilisiert ist, also nicht bei jeder Enttäuschung aufgegeben wird (wie das bei »absoluten« Erwartungen der Fall wäre), trotzdem sich aber bei laufend wiederholten Enttäuschungen auf die Tatsachen einstellt. In Organisationen wird dasselbe Prinzip durch »Formalisierung« von Verhaltenserwartungen verwirklicht, die dann »amtlich« gelten solange, bis sie durch eine *höhere* Instanz abgeändert werden.

71 Siehe grundsätzlich *Howard S. Becker/Blanche Geer*, Latent Culture. A Note on the Theory of Latent Social Roles. Administrative Science Quarterly 5 (1960), S. 304–313, und als viel zitierte Einzeluntersuchung: *Alvin W. Gouldner*, Cosmopolitans and Locals. Toward an Analysis of Latent Social Roles. Administrative Science Quarterly 2 (1957–58), S. 281–306, 444–480. Auf eine weitere exemplarische Einzelfallstudie (*Burton R. Clark*, The Open Door College. A Case Study, New York-Toronto-London 1960) kommen wir weiter unten zurück; vgl. S. 219/20 und S. 247/8.

Wenn und soweit es mehrere brauchbare Lösungen gibt, kann man ohne Schaden diejenigen auswählen, die dem Status quo am nächsten kommen, also am ungefährlichsten sind; die von mächtigen Personen oder Gruppen bevorzugt werden; über die auf Grund von laufend vorhandenen Informationen ohne weitere Ermittlungen entschieden werden kann; die von anderen auch mit Erfolg praktiziert worden sind; die am meisten Aussicht auf Konsens haben; die bestimmten wichtigen, aber nicht verbalisierbaren oder nicht begründbaren Interessen entgegenkommen[72]. Mit dieser Einsicht wird dem Umstand Rechnung getragen, daß nicht alle Bestandsbedingungen zu offiziellen Entscheidungskriterien formalisiert werden können, daß gewisse Erfordernisse vielmehr latent bleiben und stillschweigend, wenn nicht unbewußt, erfüllt werden müssen, weil sie mit der Selbstdarstellung des Systems und den amtlich anerkannten Verhaltenserwartungen nicht in Einklang zu bringen sind[73].

Vieles spricht demnach für die Auffassung – und sie ist besonders in der amerikanischen »theory of the firm« im Vordringen begriffen – daß Bestandsformel und Zweckformel irgendwie kombiniert werden müssen. Die »Erhaltung des Systembestandes« vermag zwar kein definitives Entscheidungskriterium abzugeben. Dazu läßt sie zu viele Möglichkeiten offen und wird häufig auch das Anspruchsniveau des Entscheidenden nicht ausschöpfen. Andererseits gibt es keine für das ganze System repräsentative, optimierungsfähige Zweckformel. So bietet sich der Ausweg

72 Einige dieser Gesichtspunkte finden sich bei *Cyert/Feigenbaum/March*, aaO, S. 83; vgl. auch *Charles E. Lindblom*, The Science of »Muddling Through«. Public Administration Review 19 (1959), S. 79–88; *Margolis*, aaO, S. 191; *Luhmann*, aaO, 1960, S. 108 ff.

73 Vgl. *Luhmann*, aaO, 1964 a, passim, besonders S. 370 f. In der Logistik erscheint derselbe Gedanke als Unvermeidlichkeit formal unentscheidbarer Sätze, in der Kybernetik als Schranke der Selbstreflexion. Dazu siehe auch *Gotthard Günther*, Das Bewußtsein der Maschinen. Eine Metaphysik der Kybernetik, 2. Aufl. Krefeld-Baden-Baden 1963.

an, das Bestandsprinzip als limitierende Grundbedingung der Brauchbarkeit allen Entscheidens im System zu verwenden und in Form von Nebenbedingungen in die Einzelmodelle des zweckmäßigen bzw. suboptimalen Entscheidens einzuzeichnen. Optimieren wäre daraufhin als eine besondere Entscheidungstechnik erkennbar, die man nur in engen Grenzen und nur auf der Basis eines komplex abgesicherten Systembestandes und nur nach Programmierung engerer Entscheidungsbedingungen anwenden kann, und deren Wertrichtung – ob man die Zufriedenheit der Arbeiter, den Profit des Eigentümers, den Sachbedarf des Leistungsabnehmers oder was sonst optimiert – eine Verfügung über den nicht bestandsnotwendigen Mehrwert impliziert. Eine solche mehrstufige Konzeption des Verhältnisses von Bestandsprinzip und Zweckprinzip dürfte die bisher reifste Form der Darstellung des Verhältnisses dieser beiden problematischen Grundprinzipien sein. Auch die soziologische Theorie, die doch sehr viel stärker als die Wirtschaftswissenschaften mit der Bestandsformel gearbeitet hat[74], ist, wie wir noch sehen werden[75], darüber nicht hinausgekommen.

Dieser Hintergrund der neueren betriebswirtschaftlichen Theorieentwicklung und die Reichweite ihres Potentials an Beziehungen mußten in aller Kürze abgeleuchtet werden, damit die Wandlung der Einstellung zum Zweckproblem – und sie ist das entscheidend Neue – erkennbar wird. Das klassische Optimalprinzip ist eine Annex des unkritischen Zweckdenkens geblieben. Die Begriffe der Brauchbarkeitsbedingungen und des Anspruchsniveaus und die hinter ihnen stehende Systemtheorie ermöglichen dagegen

74 Obwohl ein solches Gefälle vorliegt, wäre es jedoch verkehrt, mit *Kerr/Fisher*, aaO, S. 281 f., den Unterschied von Wirtschaftswissenschaften und Soziologie als Gegensatz von Rationalorientierung und Bestandsorientierung zu kennzeichnen. Ähnliche Verzeichnungen bei *Sheldon S. Wolin*, Politics and Vision. Continuity and Innovation in Western Political Thought, Boston-Toronto 1960, S. 402 ff.

75 Vgl. den 4. Abschnitt dieses Kapitels.

den Aufbau einer Organisationswissenschaft, die begrifflich zunächst vom Zweck/Mittel-Schema und vom Wertbegriff unabhängig ist. Der Zweckbegriff wird auf diese Weise aus dem grundbegrifflichen Bezugsrahmen der wissenschaftlichen Analyse eliminiert. Er wird als nicht weiter definierbarer *Grundbegriff* entthront, um *Gegenstand* der Forschung werden zu können. Er bezeichnet nun eine Variable, die durch eine spezifische Funktion definiert ist. Daß menschliche Zwecke faktisch veränderlich sind, hat man natürlich immer gewußt. Für die empirische Wissenschaft vom menschlichen Handeln ist dies eine Selbstverständlichkeit, die auch dann gilt, wenn sie keine besondere Aufmerksamkeit findet. Neu ist dagegen, daß auch die normativen und die rationalen Wissenschaften, die das Handeln auf seine Richtigkeit hin prüfen, sich von Zwecksetzungen unabhängig zu machen beginnen. Auch sie müssen lernen, den Zweckbegriff wie alle anderen Entscheidungsprämissen als Variable zum Thema zu machen, weil auch Zweckänderungen normiert und rationalisiert werden müssen[76].

Die Entthronung des Zweckbegriffs darf keinesfalls so verstanden werden, daß er als Begriff entbehrt werden könne, daß es die durch ihn bezeichnete Vorstellungsform gar nicht gebe oder daß sie wissenschaftlich uninteressant sei[77]. Im

76 Die Bedeutung dieses Neuarrangements der Begriffe läßt sich ahnen, wenn man bedenkt, daß die abendländische Tradition bis auf Kierkegaard sich rationale Wahl nur als Wahl von Mitteln für einen Zweck (im Sinne der aristotelischen Prohairesis) vorstellen konnte; daß sie, mit anderen Worten, *den Bereich der Handlungsrationalität nur durch Generalisierung – und also Verundeutlichung – der Zwecke ausweiten konnte.* Ja, ob Kierkegaard und seine Nachfolger sich eine andersartige Wahl, nämlich die existentielle Selbst-Wahl, als Wahl wirklich vorstellen konnten, muß offenbleiben. Jedenfalls steht der Existentialismus darin im Banne der Tradition, daß er gar nicht den Versuch macht, diese Grund-Wahl als Reduktion der Unendlichkeit von Möglichkeiten zu rationalisieren.

77 Solche Versuche, das Zweck/Mittel-Schema wegen seiner Problematik ganz aus der Organisationswissenschaft auszubooten, gibt es zwar, aber sie sind, abgesehen von der mathematisch-statistischen Entscheidungstheorie (dazu Kap. 1, Anm. 38), vereinzelt geblieben.

Gegenteil: Es handelt sich nur um eine Statusänderung des Begriffs, vielleicht um einen Verzicht auf absolute Herrschaft zugunsten einer wirklichen Machtposition in Kommunikation mit anderen Begriffen[78].

Mindestens in drei Hinsichten gewinnt der Zweckbegriff als Unterbegriff einer Theorie des brauchbaren Entscheidens neue, fruchtbare Wirkungsmöglichkeiten: Man kann (1) die Frage stellen, welchen Sinn es hat, Brauchbarkeitsbedingungen als Zwecke zu formulieren. Was ändert sich damit im Verhältnis zu anderen Systemvariablen? Was wird damit gewonnen? Man kann (2) untersuchen, wie Zwecke faktisch gesetzt und geändert werden. Zwecke sind in dieser Theorie nicht nur als Prämissen, sondern auch als Produkt von Entscheidungsprozessen darstellbar[79] (und beides nicht ohne Bezug aufeinander). Im Hinblick darauf erhellt, welche Bedeutung die strukturelle Differenzierung von Systemen der Entscheidungsfertigung besitzt, durch die sichergestellt wird, daß der Zweck nicht in demselben Entscheidungsgang erzeugt wird, den er strukturieren soll, sondern vorher, oder allgemeiner, von einem Vormann in der Entscheidungskette oder von einer höheren Instanz; daß also Zwecke Entscheidungsprozesse strukturieren können, obwohl sie ihrerseits durch Entscheidungsprozesse geschaffen werden und geändert werden können. Und (3) kann der Zweck als Programmform im Vergleich mit anderen

Als Beispiel siehe *Thompson/Tuden*, aaO, S. 195–216, ferner eine frühe Äußerung von *Herbert A. Simon* in einer Rezension: The American Journal of Sociology 50 (1945), S. 559 f. (Den Hinweis verdanke ich *Storing*, aaO, S. 73 f., wo sich auch eine kritische Erörterung dieser Frage findet.) Zur Kritik entsprechender Allergien gegen den Zweckbegriff im Positivismus des 19. Jahrhunderts vgl. *Sigwart*, aaO, 1889, S. 24–67.

78 Auch *Amitai Etzioni*, Two Approaches to Organizational Analysis. A Critique and a Suggestion. Administrative Science Quarterly 5 (1960), S. 257–278 (261 Anm. 16) unterscheidet in diesem Sinne zwischen »Zweckbegriff« und »Zweckmodell« als Organisationstheorie.

79 In diesem Sinne auch *Leibenstein*, aaO, S. 154.

Möglichkeiten der Programmierung untersucht werden[80]: Wann, warum, unter welchen Umweltbedingungen ist es für ein System rational, diese Programmform zu bevorzugen, und wann andere? Diese Hinweise sind als Fragen formuliert, weil so gut wie keine Forschung vorliegt, die solche Perspektiven anwendet. Für die Beurteilung der neueren Theorieentwicklung und für die Zwecke dieses Kapitels ist aber schon viel mit der Feststellung gewonnen, daß die wirtschaftswissenschaftliche Entscheidungstheorie einen Standpunkt erreicht hat, von dem aus diese Fragen vorgetragen werden können.

3. Theorien der Beitragsmotivation

Der Rechtsstaat will die Zweckfunktion ihrer Gefährlichkeit wegen gleichsam von außen einschränken. Die Betriebswirtschaftslehre hat die inhärente Problematik des Zweckdenkens vor Augen und strebt auf Grund dieser Erkenntnis zu komplexeren Modellen rationalen Entscheidens. Eine kritische Einstellung zur einfachen Zweckorientierung ist beiden Ansätzen gemeinsam, man kann sagen: ihr tragender Impuls. Eine dritte Richtung der Gedankenentwicklung, das Entstehen besonderer Motivationstheorien, beleuchtet – wiederum einseitig – einen anderen Aspekt des Zweckproblems und mag daher dazu beitragen, unsere Untersuchung zu einem komplexen, möglichst umfassenden Verständnis des Themas fortzuführen.

Auch hier erscheint die geschichtliche Problementfaltung als ein Vorgang der Differenzierung und der funktionalen Spezifikation, der die Zweckrationalität erfaßt und, zunächst unbemerkt, ihren Sinn ändert. Die Motivationsprobleme werden aus dem Zweckdenken herausoperiert, werden in ihrer Problematik und ihren besonderen Lösungs-

80 Diese Fragestellung hatten wir im vorigen Abschnitt, bei der Erörterung des Gegensatzes von Zweckprogrammen und konditionalen Programmen, bereits vorausgesetzt.

techniken verselbständigt. *Wie* man andere motiviert, kann man heute lernen ohne Rücksicht darauf, *wozu* man motiviert.

Ursprünglich hatte man im Zweckbegriff das Handelnsmotiv mitgedacht. Der Zweck in diesem weiten Sinne sollte nicht nur eine Auswahl von Mitteln anleiten; er zog, so dachte man, als Ursache eigener Art das Handeln gleichsam an. Wahlfunktion und Motivfunktion waren verschmolzen, was voraussetzt, daß beide Funktionen auf die gleiche Weise und nur zusammen rationalisiert werden können. Diese Voraussetzung wurde nicht expliziert, denn das hätte ihre Fragwürdigkeit an den Tag gebracht. Sie war mit der teleologischen Handlungsauslegung gegeben. So stark und selbstverständlich war die Gleichsetzung von Zweck und Motiv, daß selbst die großen Streitfragen der Schulphilosophie sie nicht zu sprengen vermochten. Deren Ausgangspunkt war vielmehr, daß der Mensch stets um seiner Zwecke willen handele. Die Frage nach seinen Motiven konnte daher nur auf diesem Boden und nur in der Form gestellt werden, daß umstritten blieb, ob er böse Zwecke kraft eigenen Willens setzen könne, oder ob im Zweck das Gute inhärent sei, so daß er allenfalls irrig sein Handeln an vermeintlich guten Zwecken ausrichten und das Böse »praeter intentionem« herbeiführen könne. Die Unentscheidbarkeit dieser scholastischen Kontroverse läßt einen Fehler in ihrem Fundament ahnen.

Unter dem Einfluß der neuzeitlich-empirischen Wissenschaften besteht heute einmal die Tendenz, die ethische Dimension als Sozialdimensionen zu säkularisieren und, wo möglich, auf Konsensprobleme zu reduzieren. Damit wird die Frage aktuell, für welche Themen man sich um Konsens bemühen solle. Zum anderen – und im Zusammenhang damit – werden die faktischen Motivationsvorgänge in ihrer wirklichen Komplexität und ihrer Systembedingtheit aufgedeckt, und dabei erhellt, daß der Zweckbegriff eine viel zu einfache Formel für wirkliche Motivationsstrukturen ist[81]. Im Durchleuchten dieser Strukturen wird zugleich das Gelände ermittelt, in dem Konsens hergestellt werden kann, mitsamt seinen Hindernissen, seinen Bewegungsschwierigkeiten und seinen Chancen für manipulative Strategien. Nimmt man noch hinzu, daß der Zweckbegriff auch in seiner Rationalfunktion (und nicht nur als Konsensthema) problematisch und kompliziert geworden ist, dann ergibt sich ein höchst unübersichtliches Bild. Die heutige Organisationswissenschaft ist denn auch, obwohl sie seit den 20er Jahren Motivationsprobleme mit größter Intensität nach einfallsreichen Leithypothesen erforscht, von klaren, abschließenden Vorstellungen weit entfernt. Manches deutet darauf hin, daß sie die Komplexität der Möglichkeiten reduzieren und ihr Forschungsfeld besser strukturieren könnte, wenn sie zwischen der Rationalisierung des Handelns nach Maßgabe von Systemzwecken und der Motivbeschaffung grundsätzlich unterschiede.

Die klassische Organisationslehre war im Grunde noch von der Einheit von Zweck und Motiv ausgegangen, obwohl

81 Zur grundsätzlichen Trennung von Motiv und Zweck vgl. *Arnold Gehlen*, Probleme einer soziologischen Handlungslehre. In: *Carl Brinkmann* (Hrsg.), Soziologie und Leben. Die soziologische Dimension der Fachwissenschaften, Tübingen 1952, S. 28–62; *ders.*: Urmensch und Spätkultur. Philosophische Ergebnisse und Aussagen, Bonn 1956, S. 35 ff. und passim. Gehlen geht von der Ursprünglichkeit der Zweckmotivation aus und sieht die Abtrennung des Motivs vom Zweck als sekundären Vorgang, der Handlungen und Institutionen unabhängig von ihrem Zweck zu stabilisieren vermag. Der Zweck wird dann nur noch um seiner latenten Funktionen willen fortgeführt. Als Anwendung dieses Gedankens auf ein Thema der Organisationssoziologie vgl. *Johann Jürgen Rohde*, Soziologie des Krankenhauses. Zur Einführung in die Soziologie der Medizin, Stuttgart 1962, S. 172 ff. Die Ausgangsthese, daß Motive zunächst Zweckform haben, scheint jedoch mehr durch die philosophische Tradition als durch empirische Forschung diktiert zu sein. Zuweilen bricht dieser Gedanke einer Trennung von Motiv und Zweck in seltsamer Verkleidung hervor, so z. B. bei *Stedry*, aaO, in der Form einer Budget-Theorie und als These, daß die Funktion des Budgets als »Kontrolle«, die Anspruchsniveaus und Leistungen (also Motivation) beeinflussen, zu trennen sei von der Funktion als zweckrationale Planung.

sie selbstverständlich sah, daß der Organisationszweck und seine Mittel (Teilzwecke) nicht von selbst und auch nicht im Wege moralischer Postulierung zu Handlungszwecken der Individuen wurden, sondern daß sie gegen teures Geld dazu gemacht werden mußten. In die Motivationsstruktur des Einzelnen muß eingegriffen werden mit einem Akt künstlicher Folgenverkoppelung (Bezahlung), durch den für den Einzelnen ein Handeln zugunsten der Organisationszwecke attraktiv gemacht werden kann. Die Mängel solcher Fremdmotivation, vor allem ihre Unzuverlässigkeit, sollten durch laufende Aufsicht über das Handeln kompensiert werden. Auch insofern setzt die klassische Organisationslehre die hierarchische Struktur an die Seite der Zweck/Mittel-Ordnung.

Gegen diese einleuchtend einfachen Vorstellungen hat man seit den 20er Jahren rebelliert – zuweilen mit stürmischer Entrüstung, an verschiedenen Stellen, oft nur an Symptomen oder Folgeproblemen ansetzend, und zumeist ohne Übersicht über die grundbegrifflichen Probleme, die damit angeschnitten waren, so daß die Rebellion permanent geworden ist, ohne daß sie einer Ersatztheorie, geschweige denn einer anderen Praxis hätte in den Sattel helfen können. Auch heute noch gilt es als Ziel einer sich human verstehenden Organisationsbewegung, den arbeitenden Mitgliedern die Organisationsziele nahezubringen und sie ihnen mit kollegialem Druck in die Seele zu prägen, damit sie dort automatisch ein Höchstleistungsverhalten auslösen.

Die zahlreichen Methoden der nichtfinanziellen Anreize, der Entspezialisierung (job enlargement) und der Delegation von Verantwortung, der Gruppenpflege, des verständnisvollen, »psychiatrischen« Führungsstils und des Teilnehmenlassens haben zu einem breiteren Zugriff auf die Motivlage des arbeitenden Menschen geführt[82]. In ihnen hat

82 Im einzelnen kann man natürlich zahlreiche Unterschiede, ja Divergenzen feststellen, vor allem in der reichhaltigen amerikanischen Literatur. So führt die sogenannte »human relations« Bewegung weit

sich eine vielseitige Motivationstechnik entfaltet, die zu zunehmend realistischeren Sachverhalteinschätzungen vordringt. Insofern ist ein bleibender Gewinn erreicht. Die Problemsicht dieser Motivationstheorien ist jedoch unvollständig geblieben, weil sie als Bezugsobjekt ihrer Bemühungen um »gute« Motivation noch weithin die formal gesetzten Organisationszwecke akzeptieren, so wie die klassische Organisationslehre sie darstellt. So kommt die »human relations« Bewegung in Gefahr, einer utopischen Harmonie von Organisationszweck und Individualmotiv nachzujagen; und fast alle Techniken, die sie empfiehlt, setzen heimlich voraus, daß diese Harmonie in Form eines guten, vertrauensvollen Organisationsklimas und durch gut angepaßte Einstellungen im wesentlichen schon erreicht ist[83] – andernfalls versagen sie.

In verschiedenen neueren Forschungssätzen wird jedoch auch bereits diese Prämisse durchbrochen und das Konsensthema selbst problematisiert. Es lohnt sich, diese Bemühungen kurz zusammenzustellen, gerade weil sie noch nicht die Bekanntheit und die massive Stoßkraft der »human relations« Bewegung erlangt haben.

Einmal ist bei den Experimenten der »human relations« Bewegung und bei sonstigen Untersuchungen die unbe-

über das hinaus, was in ersten kritischen Wellen unter dem Stichwort der »morale« im Sinne einer pflichtbewußten, eifrigen Arbeitsbereitschaft gepredigt wurde. Und auch die »human relations« Bewegung zerfällt in eine mehr sozialpsychologische, gruppendynamische (von Kurt Lewin inspirierte) und eine unmittelbar an die berühmten Hawthorne Experimente der Harvard Business School anknüpfende interaktionistische Forschungsrichtung. Als für die Einzelrichtungen typische Publikationen vgl. etwa *Morris S. Viteles,* Motivation and Morale in Industry, New York 1953, oder den Überblick bei *Irvin L. Child,* Morale. A Bibliographical Review. Psychological Bulletin 38 (1951). S. 393–420; *Rensis Likert,* New Patterns of Management, New York-Toronto-London 1961; *William F. Whyte,* Men at Work, Homewood/Ill. 1961.

83 Siehe z. B. *Harold Wilensky,* Human Relations in the Workplace. Appraisal of Some Recent Research. In: *Conrad Arensberg* u. a. (Hrsg.), Research in Industrial Human Relations, New York 1957, S. 25–54 (29 f.); *Stogdill,* aaO, S. 222; *Likert,* aaO, S. 30 f., 115 f.

queme, aber zukunftsreiche Erkenntnis abgefallen, daß indifferente Einstellung der Arbeitenden und hoher Produktionsausstoß zusammengehen können[84]. Im Anschluß daran beginnt das Interesse an Indifferenz als einer möglicherweise sinnvollen Anpassungsstrategie des arbeitenden Menschen zu wachsen[85]. Die »human relations« Bewegung hatte von der formalen Organisation gefordert, daß sie sich den Motivationstechniken der Entspezialisierung, der Gruppenbildung, der Teilnahme an Entscheidungen usw. anpassen solle. Möglicherweise wird es aber einfacher sein, die Organisation auf Indifferenz der Arbeitenden einzustellen und trotzdem dadurch, daß man den Arbeitsplatz durch die Sachzwänge des Arbeitsflusses organisiert, gute Ergebnisse zu erzielen. Vermutlich wird man je nach Aufgaben, Umständen und vor allem je nach der hierarchischen Höhenlage des Arbeitsplatzes[86] beide Techniken nebeneinander verwenden müssen. Es handelt sich nicht um unverträgliche Dogmen.

Eine andere Gedankenlinie beginnt mit der sehr abstrakt formulierbaren These, daß Konsens in Sozialsystemen eine Variable sei. Daß nicht jeder allem zustimmt, hat man natürlich längst gewußt. Ziemlich neu ist indes die Einsicht,

84 Siehe *Robert Dubin,* Industrial Worker's World. A Study of the »Central Life Interest« of Industrial Workers. Social Problems 3 (1956), S. 313–342. Neu gedruckt in: *Arnold M. Rose* (Hrsg.), Human Behavior and Social Processes, Boston 1962, S. 247–266.

85 Als recht verschiedene Annäherungen an dieses Thema vgl. etwa *Elliot Jaques,* The Changing Culture of a Factory, London 1951, S. 302 ff. über »adaptive segregation«; *Chris Argyris,* Personality and Organization. The Conflict between System and the Individual, New York 1957, S. 89 ff.; *ders.,* Understanding Organizational Behavior, Homewood/Ill. 1960, S. 63 ff. mit einer im wesentlichen ablehnenden Stellungnahme; *Robert V. Presthus,* The Organizational Society, New York 1962, S. 205 ff.; *Joseph Bensman/Bernard Rosenberg,* The Meaning of Work in Bureaucratic Society. In: *Maurice R. Stein/Arthur J. Vidich/David Manning White* (Hrsg.), Identity and Anxiety, Glencoe/Ill. 1960, S. 181–197 (187 f.); *Crozier,* aaO, insb. S. 47 ff., 262 ff.

86 Dieser Hinweis bei *Etzioni,* aaO, 1961, S. 25. Ähnlich *Harold J. Leavitt,* Management According to Task. Organizational Differentiation. Management International 1962, Heft 1, S. 13–22.

daß umfassender Konsens gar nicht erforderlich, weil nicht bestandswichtig ist, und daß man den von System zu System verschiedenen, »erforderlichen Konsens« als Variable untersuchen müsse[87]. Soziale Systeme können unter Umständen mit einem Minimum an Konsens auskommen, besonders, wenn sie die konsenspflichtigen Verhaltenserwartungen genau spezifizieren können. Die Limitierung der Konsensthemen wird so zur wichtigsten Technik der Konsensherstellung. Und während früher die Ansicht vorherrschte, daß eine Einigung über abstrakte Symbole, Formeln oder Fernziele leichter zu erzielen sei[88], taucht jetzt die bemerkenswert pragmatische These auf, daß man sich besser über konkrete folgenkomplexe Aktionsprogramme einigen könne, mit denen jeder seine eigenen Werte zu realisieren versuche. Man brauche sich nicht über die Zwecke zu verständigen, sofern nur über die Mittel eine Übereinstimmung zu erreichen sei[89]. Auch wird Konsens als Gegenstand kooperativer Idealdarstellung von wirklichem Konsens zu unterscheiden sein. Die meisten Organi-

87 Zu diesem Thema vgl. etwa *Erving Goffman*, The Presentation of Self in Everyday Life, Edinburgh 1958, S. 3 f., 107 f. u. ö.; *Gross/Mason/McEachern*, aaO, z. B. S. 31, 43, 74; *Etzioni*, aaO, 1961, S. 128 ff.; *Irving Louis Horowitz*, Consensus, Conflict and Cooperation. A Sociological Inventory. Social Forces 41 (1962), S. 177 bis 188; *Gösta Carlsson*, Reflections on Functionalism. Acta Sociologica 5 (1962), S. 201–224, dt. Übers. in: *Ernst Topitsch* (Hrsg.), Logik der Sozialwissenschaften, Köln 1965, S. 236–261.

88 Vgl. z. B. das Kapitel über »operative ideals« bei *A. D. Lindsay*, The Modern Democratic State, I., London-New York-Toronto 1943, S. 27 ff.; *Murray Edelman*, The Symbolic Uses of Politics, Urbana/Ill. 1964, S. 152 ff.; ferner *Hugh Dalziel Duncan*, Language and Literature in Society, Chicago 1953, S. 95, 138; oder aus der Organisationswissenschaft z. B. *R. M. Cyert/W. R. Dill/James G. March*, The Role of Expectations in Business Decision Making. Administrative Science Quarterly 3 (1958), S. 307–340 (327); *Mayntz*, aaO, 1963, S. 67; *Gross*, aaO, 1964, S. 497.

89 So z. B. *Carlsson*, aaO; *Braybrooke/Lindblom*, aaO, S. 133 ff.; *William J. Gore*, Administrative Decision-Making. A Heuristic Model, New York-London-Sydney 1964, S. 73, 89 ff. und öfter; *Wildavsky*, aaO, insb. S. 136 ff. Vgl. auch bereits *Charles L. Stevenson*, Ethics and Language, New Haven 1944, insb. S. 174 ff.

sationen, aber auch nichtorganisierte Gruppen, müssen nach außen mehr Einmütigkeit zeigen, als wirklich besteht, weil sonst ihre Selbstdarstellung, ihr Ansehen, ihre Glaubwürdigkeit litten[90]. Im internen Verkehr kommt es, wenn man von den allgemein konsenspflichtigen Mitgliedschaftsbedingungen absieht, zumeist nur zu »selektiven Akkordierungen«[91]. Auch in diesem Punkte waren die Auffassungen der klassischen Organisationslehre viel zu undifferenziert; anscheinend hatte sie sich durch die Selbstdarstellung der Organisationssysteme täuschen lassen und deshalb dem Konsens zuviel Bedeutung beigemessen.

Abgesehen davon hängt die klassische Forderung vollständigen Konsenses natürlich auch mit der Interpretation der Rationalität als Optimierung von Zweck/Mittel-Beziehungen zusammen. Optimal ist nur eine Höchstleistung, die von vorbehaltloser Zustimmung getragen ist, nur die volle Identifikation mit der geforderten Leistung. Unter diesen Voraussetzungen mußte die mangelhafte Motivation, soweit sie nicht mit wirtschaftlich vertretbaren Organisationsmitteln gesteigert werden konnte, als ökonomisches Datum behandelt werden, wie Grenzen der Technik oder schlechte Warenqualität. Deshalb werden zwar Motivationsmittel unter dem Gesichtspunkt minimal zu haltender Kosten eingeplant, aber nach dem Motivwert des Optimierens schlechthin wird nicht gefragt[92]. Erst die Abschwächung dieser Leitvorstellung im Rahmen von Modellen brauchbarer Problemlösung, auf die wir im vorigen Abschnitt gestoßen waren, macht es möglich, sich *sinnvolle* Grenzen der Konsensbildung vorzustellen und ihren Ver-

90 Siehe grundsätzlich *Goffman,* aaO, 1958, S. 53; speziell für Bürokratien z. B. *Fritz Morstein Marx,* The Higher Civil Service as an Action Group in Western Political Development. In: *Joseph La Palombara* (Hrsg.), Bureaucracy and Political Development, Princeton/N. J. 1963, S. 62–95 (89 f.) oder *Luhmann,* aaO, 1964 a, S. 114 f., 248 f. mit weiteren Angaben.

91 So *Fritz Morstein Marx,* Das Dilemma des Verwaltungsmannes, Berlin 1965, S. 197 ff. Vgl. auch *Gore,* aaO, S. 89 ff. und passim.

92 Als Ausnahme siehe *Churchman,* aaO, S. 316.

lauf im Einzelfall zu ermitteln. Auf diesem Boden der Brauchbarkeitsmodelle sind denn auch neuere Versuche gewachsen, die Beteiligung Einzelner an Sozialsystemen als eine *Koalition* zu untersuchen, die unter bestimmten Bedingungen in der Perspektive individuell verschiedener Teilnehmerstrategien als rational erscheint und solange aufrechterhalten wird, wie dies der Fall ist bzw. Teilnehmer ersetzt werden können, für die die Koalition unvorteilhaft wird[93]. Organisationszwecke erscheinen in diesem Licht als Kompromißformeln der Koalition, die im Wechsel der Umstände, insbesondere bei Änderung der Machtbeziehungen oder der Präferenzstrukturen der Teilnehmer geändert werden können.

Das Bezeichnende an dieser Konzeption ist, daß sie den

93 Vgl. als wichtigste Quellen: *Marschak,* aaO, 1954, S. 187; *Richard M. Cyert/James G. March,* A Behavioral Theory of Organizational Objectives. In: *Mason Haire* (Hrsg.), Modern Organization Theory, New York-London 1959, S. 76–90; ähnlich dies., aaO, 1963, S. 26 ff. und *James G. March,* The Business Firm as a Political Coalition. The Journal of Politics 24 (1962), S. 662–678. Als nächster Verwandter ist die Theorie eines Gleichgewichts von Anreizen und Beiträgen zu nennen, die Simon auf von *Barnard,* aaO, gelegten Fundamenten ausgearbeitet hat. Vgl. z. B. *Simon,* aaO, 1955 a, S. 71 ff.; *ders.,* Comments on the Theory of Organizations. American Political Science Review 46 (1952), S. 1130–1139. Neu gedruckt in: *Albert H. Rubenstein/Chadwick J. Haberstroh* (Hrsg.), Some Theories of Organizations, Homewood/Ill. 1960, S. 157–167 (164 f.); *Simon,* aaO, 1957, S. 183 ff. und *March/Simon,* aaO, S. 84 ff. Als kritische Darstellung vgl. namentlich *Sherman Krupp,* Pattern in Organizational Analysis. A Critical Examination, Philadelphia-New York 1961, S. 105 ff. Ähnliche Gleichgewichtsvorstellungen sind verschiedentlich von der »human relations« Bewegung entwickelt worden. Vgl. für den Bereich der Harvard Business School z. B. *Fritz J. Roethlisberger/William J. Dickson,* Management and the Worker, Cambridge/Mass. 1939, S. 551 ff. oder *Abraham Zaleznik/C. Roland Christensen/Fritz J. Roethlisberger,* The Motivation, Productivity and Satisfaction of Workers. A Prediction Study, Boston 1958. Der Zusammenhang mit älteren Studien über den Unterschied von Zweier- und Dreiergruppen im Stile von Simmel ist ebenso nachweisbar wie Kontakte mit der Spieltheorie. Hierzu vgl. z. B. *William A. Gamson,* A Theory of Coalition Formation. American Sociological Review 26 (1961), S. 373–382; *Thibaut/Kelley,* aaO, S. 205 ff.; *Gäfgen,* aaO, S. 176 ff.

Unterschied von motivierenden und rationalisierenden Zweckfunktionen, deren Trennung wir in der Einleitung dieses Abschnittes gefordert hatten, erkennt und mit der systemtheoretischen Differenz von Außen und Innen gleichsetzt. Die Systemzwecke dienen hier gleichsam, und das ist ein Gedanke, den wir später auswerten werden, zur Umschaltung von externen auf interne Problemstellungen und Rationalisierungsmethoden[94]. Was extern koalitionsstrategisch, also letztlich tauschförmig, rationalisiert wird, erhält durch den Zweckgedanken eine Form, die intern auf ganz andere Weise, nämlich im Zweck/Mittel-Schema, rationalisiert werden kann. Das bedeutet zugleich, daß intern im täglichen Zweckhandeln Motivationsprobleme vernachlässigt werden können, solange, bis die Koalitionsvereinbarung in Frage gezogen wird.

Die Mängel der Koalitionstheorie liegen unter anderem darin, daß sie die Bedeutung gewisser Variablen zu schwach belichtet – zum Beispiel die Unterscheidung von Mitgliedern und Nichtmitgliedern des Systems[95] oder die Trägheit des Systembestandes, die Spielraum für allerhand Variationen bietet, ohne daß die Koalitionsfrage dabei gestellt würde. Zu deren Rationalisierung sind zusätzliche interne Maßstäbe erforderlich, welche die Koalitionstheorie nicht erklären kann[96]. Wir können diese Probleme hier nicht

94 Die wirtschaftswissenschaftliche Koalitionstheorie bleibt allerdings an den engen Rationalitätsbegriff der Wirtschaftswissenschaften gebunden. Sie sieht die internen Beziehungen in Koalitionen nicht als rational an, weil Koalitionen nicht auf einzigrichtige, sondern nur für alle Beteiligten akzeptierbare, »faire« Lösungen abzielen. Dazu vgl. *Gäfgen*, aaO, S. 182 f.

95 Auch Nichtmitglieder, Lieferanten, Kunden usw. gelten als Koalitionsteilnehmer und dadurch wird die Grenze zwischen System und Umwelt außerhalb der Koalition problematisch.

96 Überhaupt ist das Bestandskriterium kein zureichendes Verteilungsprinzip; im Gegensatz zum Prinzip der Gewinnmaximierung, das nicht nur als Rationalisierungsprinzip, sondern zugleich als Verteilungsregel – aller Überschuß an den Eigentümer – eindeutig war.
Es ist deshalb kein Zufall, daß *Cyert/March*, aaO, 1963, in der Perspektive der Koalitionstheorie auf die Frage nach der Funktion des Schlendrians (organizational slack) stoßen. Von dort aus versucht

im einzelnen verfolgen[97]. Vom Zweckproblem her gesehen taucht die Frage auf, ob die Zwecksetzung bzw. Zweckänderung wirklich das einzige oder auch nur das dominierende Thema solcher Koalitionsvereinbarungen ist, oder ob es auch andere Mechanismen des Interessenausgleichs, andere Arten der Transmission von externer zu interner Rationalität gibt.

Mit dieser Blickstellung haben Clark und Wilson einen für uns besonders interessanten Versuch unternommen[98]. Sie gehen von der Koalitionstheorie bzw. ihren Vorläufern aus, stoßen aber zu einer daraus nicht mehr ableitbaren Organisationstypologie vor, die als Kriterium die Frage verwendet, auf welche Weise Individuen zu Beiträgen für Organisationssysteme motiviert werden können. Diese Fragestellung erhellt, daß es sehr wohl Sozialsysteme gibt, die ihren Zweck als werbendes Motiv verwenden, die um dieses Zweckes willen von ihren Mitgliedern unterstützt werden; daß daneben aber auch andere Systemtypen denkbar sind, die ihre Basis, sei es in materiellen Mitgliedschaftsvorteilen (insb. Geldzahlungen), sei es in sozial-emotionalen Befriedigungen (z. B. der Befriedigung von Geselligkeits-

Williamson, aaO, mit einem Modell typischer Überschußverwendungsmotive des Unternehmers weiterzukommen. Siehe auch dort S. 36 f. die kritische Bemerkung zur Koalitionstheorie, daß sie für den Normalfall, in dem die Bestandsfrage nicht gestellt werde, ergänzungsbedürftig sei. Vgl. auch *Albert Lauterbach,* Perceptions of Management. Case Materials from Western and Northern Europe. Administrative Science Quarterly 2 (1957), S. 97–109; *Katona,* aaO, 1953, S. 231 ff.

97 In der kritischen Literatur wird vor allem ein Einwand herausgestellt, daß die Koalitionstheorie dazu tendiere, tautologisch zu werden, also nicht verifizierbar sei, da der individuelle Nutzen gar nicht unabhängig von den schon strukturierten Koalitionschancen feststellbar sei. Siehe z. B. *Krupp,* aaO, S. 105 ff.; *George B. Strother,* Problems in the Development of a Social Science of Organization. In: *Harold G. Leavitt* (Hrsg.), The Social Science of Organization. Four Perspectives, Englewood Cliffs/N. J. 1963, S. 3–37 (20 f.); *Scott,* aaO, S. 496 f.

98 Siehe *Peter B. Clark/James Q. Wilson,* Incentive Systems. A Theory of Organizations. Administrative Science Quarterly 6 (1961), S. 129–166.

oder von Statusbedürfnissen) besitzen, und daß diese letzteren Typen heute vermutlich überwiegen.
Diese Unterscheidung ermöglicht einen Vergleich, und im Vergleich tritt die Problematik reiner Zweckmotivation an den Tag: Sie immobilisiert den Systemzweck durch Bindung an die persönlichen Motivationsstrukturen der Systemmitglieder[99]. In Systemen, die ihren Zweck als Mitgliedschaftsvorteil einsetzen, kann dieser Zweck nicht geändert werden, ohne daß ein mehr oder weniger großer Teil der Mitglieder, die sich mit einem solchen Zweck identifizieren, diesem Zweck nachwandern und gegebenenfalls die Organisation verlassen wie Wissenschaftler, denen anderenorts bessere Forschungsmöglichkeiten geboten werden[100]. Zweckloyalität ist eben nicht ohne weiteres Organisationsloyalität. Zweckmotivation, wie sie heute namentlich im Vereinswesen vorkommt, besagt, daß das System mit seinem Zweck nicht frei manövrieren kann, sondern den Mitgliederinteressen folgen muß. Es kann sein, daß es zur Erhaltung oder Erweiterung des Mitgliederbestandes genötigt ist, seine Zwecke umzuformulieren, zu aktualisieren oder ins Unbestimmte zu erweitern; stets aber ist eine solche Zweckänderung ein heikles Thema, weil sie Austritts- oder gar Sezessionsgefahren heraufbeschwört[101].

99 Vgl. hierzu und zum Folgenden auch *Luhmann,* aaO, 1964 a, S. 100 ff.

100 Diesen Nachteil starker Zweckmotivation stellt auch ein Autor heraus, der sonst mit der »human relations« Bewegung verbunden ist. *Daniel Katz,* Human Interrelationships and Organizational Behavior. In: *Sidney Mailick/Edward H. Van Ness* (Hrsg.). Concepts and Issues in Administrative Behavior, Englewood Cliffs/N. J. 1962, S. 166–186 (175 f.) und *ders.,* The Motivational Basis of Organizational Behavior. Behavioral Science 9 (1964), S. 131–146 (143 f.).

101 Diese Probleme sind in mehreren soziologischen Untersuchungen freiwilliger Vereinigungen erkannt und ausgearbeitet worden. Vgl. außer *Clark/Wilson,* aaO, namentlich *Grace Coyle,* Social Process in Organized Groups, New York 1930, S. 36 ff.; *Sheldon L. Messinger,* Organizational Transformation. A Case Study of a Declining Social Movement. American Sociological Review 20 (1955), S. 3–10; *Joseph R. Gusfield,* Social Structure and Moral Reform. A Study of the Woman's Christian Temperance Union. The American Jour-

Auch ist zu beachten, daß die Zweck/Mittel-Struktur in solchen Systemen nicht sehr weit auseinandergezogen, aufgesplittert und verfeinert werden kann, weil sie sonst ihren Motivationswert verliert[102]. Unter diesen Umständen wird die Erhaltung des Mitgliederbestandes zum zentralen strategischen Gesichtspunkt der Systemleitung. Mit dieser Belastung kann sie das System nur dann erfolgreich steuern, wenn die Mitglieder selbst alle wichtigen Erhaltungsbedingungen erfüllen und die übrige Umwelt des Systems keine allzu schwierigen und vor allem keine veränderlichen Anpassungsprobleme stellt.

Beruht die Mitgliedschaft dagegen auf Geld oder auf Geselligkeitsbedürfnissen, gegebenenfalls unterstützt durch eine stark verallgemeinerte professionelle Ethik oder eine Dienstideologie[103], so kann der Systemzweck auf dieser

nal of Sociology 61 (1955), S. 221–232; *ders.*, Symbolic Crusade. Status and Politics and the American Temperance Movement, Urbana/Ill. 1963; *David L. Sills,* The Volunteers, Glencoe/Ill. 1957; *Mayer N. Zald/Patricia Denton,* From Evangelism to General Service. The Transformation of the YMCA. Administrative Science Quarterly 8 (1963), S. 214–234; *Abraham Holtzmann,* The Townsend Movement. A Political Study, New York 1963. Ferner findet man natürlich in Gewerkschafts- und Parteistudien viel Material zu dieser Frage. Als allgemeine Erörterungen siehe etwa *Peter M. Blau,* Bureaucracy in Modern Society, New York 1956, S. 93 ff.; *Mayntz,* aaO, 1963, S. 71 ff.; *Etzioni,* aaO, 1964, S. 13 ff.

102 In größeren durchrationalisierten Organisationen, in Betrieben ebenso wie in Armeen, würde dagegen ein heilloses Durcheinander entstehen, wenn sich alle Mitglieder unmittelbar durch den Gesamtzweck inspirieren ließen. Ernüchternde Bemerkungen in dieser Richtung findet man bei *Wilbert E. Moore/Arnold S. Feldman,* Spheres of Commitment. In: *Dies.* (Hrsg.), Labor Commitment and Social Change in Developing Areas, New York 1960, S. 1–77 (31 f.).

103 Über Berufsidealismus als funktionales Äquivalent zur Zweckorientierung für Fälle, in denen eine Zweckerfüllung schlecht nachweisbar oder als Rechtfertigungsbasis zu riskant ist, vgl. *Peter Nokes,* Purpose and Efficiency in Humane Social Institutions. Human Relations 13 (1960), S. 141–155. Auch zweckfreier Idealismus kann natürlich als Motivationsgrundlage bedenklich werden, wenn die Systemmitglieder sich in ihren Eintritts- und Austrittsentscheidungen nach ihren Idealen richten, statt ihre Ideale nach ihren Mitgliedschaften; denn auch dadurch kann es zu einem für das System unerfreulichen Fluktuieren der Mitglieder kommen. Ausgeprägte Dienstideale wer-

Grundlage flüssig variiert werden, ohne daß das System in Gefahr kommt, bei allzu scharfen Wendungen Mitglieder abzuschleudern, deren Motive konstant bleiben. Die Elastizität des Systems wird dadurch erreicht, daß die Motivation der Mitglieder auf einen chronischen Mangel, insbesondere auf Geldbedarf, gestützt wird, der so generalisiert ist, daß seine Befriedigung mit einer Vielzahl unterschiedlicher Systemzustände vereinbar ist. Deren Änderung hat dann keine Rückwirkung auf die Motivationsstruktur des Systems. Ein System, das seine Mitglieder zweckindifferent motivieren kann, gewinnt dadurch intern eine hohe Differenzierungsfähigkeit, da bei der Arbeitsteilung auf die Motivationskraft der Aufgaben wenig Rücksicht genommen werden muß, und extern eine hohe Anpassungsfähigkeit, die es ihm ermöglicht, etwaigen Änderungen in der Nichtmitgliederumwelt, dem Markt, der Politik, den kulturellen Interessen oder der technischen Entwicklung zügig zu folgen, sich rasch und ohne Substanzverluste umzustellen. Insgesamt scheint somit die Trennung von Motiv und Zweck eine Grundbedingung zu sein für die Bildung von hochkomplexen Systemen mit beträchtlicher interner Variabilität.

Die alte, diffuse Koppelung der Rationalfunktion und der Motivationsfunktion im Zweck bezeugt mithin, im System wie in der Umwelt, relativ einfache Zustände. Sie zieht der Differenzierungsfähigkeit (und damit der Komplexität) des Systems enge Grenzen und setzt dabei eine relativ unbewegliche, undifferenzierte Umwelt voraus. In der modernen Sozialordnung findet man Systeme, die mit zweckbezogener Motivation arbeiten, deshalb nur noch in Randge-

den daher typisch in Systemen entwickelt, die keine Konkurrenten haben, z. B. in Staatsverwaltungen oder im Schulwesen. Andere Systeme versuchen es zuweilen mit einem lokal gefärbten Idealismus. Als eigentümliche Lösung dieses Problems verdienen im übrigen die Mutterhäuser der Krankenschwestern Interesse, die den Idealismus ihrer Mitglieder pflegen und zugleich die Krankenhäuser gegen seine Folgen abschirmen.

bieten – eben im Vereinswesen. Typisch und vorherrschend sind Systeme, die ihre Mitglieder ohne Rücksicht auf den Organisationszweck motivieren, die, mit anderen Worten, ihren Systemzweck auf Funktionen in bezug auf bestimmte Nichtmitgliederumwelten spezifizieren. Das ist zwar teurer, als wenn man auf vorhandenes schon motiviertes Zweckstreben zurückgreifen kann, und vermutlich weniger leistungsintensiv. Auch verliert das System dadurch seine Autarkie und wird von Nichtmitgliedern abhängig. Dafür gewinnt es aber eine unentbehrliche taktische Elastizität und Entscheidungsfähigkeit, die benutzt werden kann, um jene Mängel reich zu kompensieren. Die allgemeine Entwicklung zu stärker differenzierten Gesellschaftsordnungen scheint diesen Systemtyp zu begünstigen. Wenn ein solches System, obwohl es über keine motivkräftigen Zwecke verfügt, trotzdem versucht, auch seinen eigenen Mitgliedern die herrliche Vierfruchtmarmelade nahezubringen, die es produziert, dann ist das nicht nur eine vergebliche Bemühung, sondern zugleich ein Anzeichen dafür, daß die Systemleitung Löhne sparen will; bestenfalls, daß sie ihre Wertbilder den Anforderungen einer differenzierten Sozialordnung noch nicht angepaßt hat. Die Sozialwissenschaften sollten solche Einstellungen nicht länger ermutigen.

Aus dem wirren Knäuel des Angebots an Motivationstheorien haben wir nur einen Faden herausgezogen, der für unser Thema jedoch besonders wichtig und zukunftsträchtig erscheint: den Gedanken der Trennung von Motivationsstruktur und Rationalstruktur. Der Systemzweck wird von Motivationsaufgaben entlastet, damit er auf andere Funktionen spezialisiert werden kann. Diese These vermag im übrigen zur Klärung mancher aktueller Streitpunkte beizutragen: Sie macht die Verbreitung und den strategischen Sinn der Indifferenz als Nichtmitgliedereinstellung sowie die Entwicklung neuartiger, formaler und informaler Motivationstechniken verständlich, mit denen die Motivfunktion des Zweckes ersetzt werden muß.

Im Unterschied zur Koalitionstheorie setzen wir die Trennung von Motiv und Systemzweck nicht gleich mit der vom Außen- und Innenbereich eines Systems, sondern mit der Unterscheidung von verschiedenen Systemumwelten. Auch die Mitglieder sind als zu motivierende Persönlichkeiten nämlich Teil der Umwelt des Sozialsystems. Die Beziehungen des Systems zu seinen Mitgliedern müssen in anderem Sinne geordnet werden als die Beziehungen zu den Nichtmitgliedern. Beide Systemgrenzen müssen durch jeweils auf sie abgestimmte Einrichtungen invariant gehalten werden, und dazu muß das System in der Lage sein, an jeder Grenze auf Veränderungen der Umwelt problemspezifisch zu reagieren, ohne daß die Anforderungen der einen Grenze die taktischen Möglichkeiten an der anderen allzu drastisch einengen. Diese Grenztrennung ist denn auch, systemtheoretisch gesehen, der eigentliche Grund für die Trennung von Motiv und Zweck. Die Verwendung eines einheitlichen Systemzwecks als Leitkonzeption für die Behandlung beider Grenzen ist nur noch in wenigen Fällen sinnvoll, weil dies die Probleme beider Grenzen unnötig verschmilzt, statt sie gegeneinander zu isolieren. Sie ist für relativ autarke Systeme geeignet, die von ihren Mitgliedern allein leben können. In differenzierten Sozialordnungen hat indes ein anderer Systemtyp größere Chancen, der in einem abstrakten Sinne Autonomie sucht, nämlich die Fähigkeit, seine Grenzen zu verschiedenen Umwelten invariant zu halten durch Ausnutzung des Umstandes, daß die einzelnen Umwelten verschiedene Probleme, verschiedene Änderungsrhythmen, verschiedene Anforderungen und verschiedene Einflußchancen aufweisen.

4. Die Bestandsformel

Mit der Trennung von Motiv und Zweck ist ein weiterer Vorstellungskreis eng verknüpft: die funktionale Theorie des »Überlebens« oder der Erhaltung des »Bestandes« von

Sozialsystemen. Durch jene Unterscheidung von motivierenden und rationalisierenden oder expressiven und instrumentalen Aspekten von Systemstrukturen vielfältig angeregt, aber auch andere Gedankenströmungen besonders aus der soziologischen Theorie, der Sozialanthropologie und der Biologie aufnehmend, hat man sich namentlich in den Vereinigten Staaten auf die Suche nach einer Gruppentheorie oder gar einer allgemeinen Theorie des Sozialsystems gemacht, die um den Gedanken der Erhaltung des Systembestandes geordnet ist. Auch hier würde eine einigermaßen adäquate Darstellung dieser Theorieversuche den Rahmen unserer Abhandlung sprengen; doch müssen wir kurz darauf eingehen, daß der Bestandsfunktionalismus zu einer besonders radikalen, wenn auch nicht immer besonders klaren Kritik der Alleinherrschaft des Zweckprinzips geführt hat. Das Aufkommen dieser neuen Theorie und das kräftige Fortleben der traditionellen Orientierung am Zweckgedanken haben zunächst ein unausgeglichenes Nebeneinander, Ineinander oder Über- und Untereinander von Bestandsformel und Zweckformel hervorgebracht, das wir uns in einigen Beispielen vor Augen führen wollen[104].

Einen ihrer Ausgangspunkte hatte diese Theorieentwicklung in den berühmten Hawthorne Experimenten der Harvard Business School, die der »Entdeckung« eines relativ selbständigen, gefühlsgesteuerten Gruppenwesens in formal zweckstrukturierten Organisationen weltweite Beachtung

104 Für den Bereich der Organisationssoziologie vgl. als allgemeine Darstellung dieser ungelösten Diskrepanz von Bestandsformel und Zweckformel *Alwin W. Gouldner,* Organizational Analysis. In: *Robert K. Merton/Leonard Broom/Leonard S. Cottrell, Jr.* (Hrsg.), Sociology Today, New York 1959, S. 400–428; *Etzioni,* aaO, 1960, und *ders.,* aaO, 1964, S. 16 ff.; *Litterer,* aaO, S. 147 ff. Als weitere typische Belege für ein theoretisch nicht bewältigtes »sowohl – als auch« siehe etwa *Argyris,* aaO, 1957, S. 27 f. und *ders.,* aaO, 1962, S. 57–98 (63); *Rubenstein/Haberstroh,* aaO, S. 324, vgl. auch S. 152; *Thompson,* aaO, 1961, S. 179; *Knut Bleicher,* Grundsätze der Organisation. In: *Schnaufer/Agthe,* aaO, S. 149–164 (150); *Renate Mayntz,* Die Organisationssoziologie und ihre Beziehungen zur Organisationslehre. In: *Schnaufer/Agthe,* aaO, S. 29–54 (46 f.).

verschafften[105]. Die theoretische Deutung dieses Befundes war jedoch von Anfang an unsicher und umstritten. Eine heute überwundene[106] Tendenz hatte versucht, »formale« und »informale« Organisationen wie zwei verschiedene Systeme gegeneinanderzusetzen und im wesentlichen mit dem Interessengegensatz von Betriebsleitung und Arbeiterschaft zu identifizieren. Diese Sicht hat sich jedoch als allzu grob, als falsche Konkretisierung erwiesen. Die Unterscheidung von »formal« und »informal« erfaßt wichtige Aspekte von Verhaltenserwartungen, aber nicht konkrete Handlungssysteme oder Systembildungsmotive.

Als eine andere Deutungsmöglichkeit bot es sich an, die sozio-emotionale Grundlage des sozialen Systems für die eigentliche Bestandsgrundlage zu halten, auf der die festgelegten Zwecke und mit ihnen die Rationalstruktur des Systems wie feste Schollen auf einer zähflüssigen Unterlage schwimmen, durch sie zugleich getragen und bewegt. Diese Deutung, die selten explizit ausgearbeitet wird, aber doch zahlreiche Forschungen und Darstellungen beeinflußt[107], mußte zu einer höchst einseitigen Fassung des

105 Siehe den ausführlichen Bericht von *Roethlisberger/Dickson,* aaO. Von dort her stammt die in der Industriesoziologie häufig verwendete Vorstellung zweier Funktionen: Zweckerfüllung und Zufriedenheit, die nebeneinander erfüllt werden müssen. Vgl. insb. S. 552; ferner z. B. *Helmut Schelsky,* Aufgaben und Grenzen der Betriebssoziologie In: *Hermann Böhrs/Helmut Schelsky,* Die Aufgaben der Betriebssoziologie und der Arbeitswissenschaften, Stuttgart-Düsseldorf 1954, S. 14; *Ralf Dahrendorf,* Sozialstruktur des Betriebs – Betriebssoziologie, Wiesbaden 1959, S. 85. Siehe auch den engen Zusammenhang dieser Auffassung mit den oben S. 83 f. behandelten Doppelführungs- und Rollendifferenzierungstheorien für Kleingruppen.

106 Als späte Kritik vgl. etwa *Irle,* aaO.

107 Am deutlichsten kommt sie in der amerikanischen Forschung vielleicht darin zum Ausdruck, daß die Argumentation und Beweisführung sehr leicht von der Feststellung sozio-emotionaler Befriedigung (satisfaction) zur Annahme der Bestandserhaltung (maintenance) übergleitet, daß jene als empirischer Index für diese benutzt wird. Eine theoretische Ausarbeitung hat namentlich *W. R. Bion* in verschiedenen Aufsätzen zusammengefaßt in: Experience in Groups and Other Papers, London-New York 1961, vorgelegt mit der Unterscheidung von zwei Problemebenen in jeder Gruppe: der »basic

Bestandsproblems sozialer Systeme kommen, da sie die Befriedigung sozio-emotionaler Bedürfnisse der Systemmitglieder ganz in den Mittelpunkt rückt und die Zweckorientierung gleichsam als Fremdkörper, als Anforderung der Umwelt an das System, behandelt[108]. Das wird verständlich, wenn man bedenkt, daß diese Konzeption aus experimentellen – also isolierenden – Forschungen an Kleingruppen erwachsen ist.

Diesen in der sogenannten »human relations« Bewegung erarbeiteten, in erster Linie sozialpsychologischen Vorstellungen steht in der Soziologie die »institutionelle« Organisationstheorie Philip Selznicks nahe[109]. Für sie ist bezeichnend, daß der Gegensatz von Zweckmodell und Bestandsmodell aus dem Bereich konkurrierender Theorien in die Zeitdimension übertragen und dadurch scheinbar aufgelöst wird. Die klassische, zweckrationale Organisationskonzeption ist für Selznick ein Gründungsplan[110]. In dem Maße,

group« und der »work group« – eine Version, die weniger vom Gedanken einer »informalen Organisation« als von psychoanalytischen Erwägungen getragen wird und die die Forschungen des Tavistock Institute, London, nachhaltig beeinflußt hat.

108 Als Kuriosität sei festgehalten, daß das Verhältnis von Innenbereich und Umwelt sich hier gegenüber den Annahmen der Koalitionstheorie (vgl. oben S. 136 ff.) umkehrt. Die Koalitionstheorie sieht die sozio-emotionalen Bedürfnisse als Umwelt des nach innen zweckrational strukturierten Systems. Die hier behandelte Gruppentheorie sieht dagegen das emotionale Spannungsgefüge als Zentrum des Gruppenlebens und die Umwelt als »task environment«, der die Gruppe sich durch Zweckerfüllung anpaßt; vgl. z. B. *Thibaut/Kelley*, aaO, S. 274 ff. Daß so entgegengesetzte Positionen möglich sind, läßt vermuten, daß beide Seiten unrecht haben und daß, wie schon oben bemerkt, die Innen/Außen-Differenz der Systembildung nicht mit dem Gegensatz von rationalen und sozio-emotionalen Aspekten gleichgesetzt werden darf.

109 Vgl. insb. An Approach to a Theory of Bureaucracy. American Sociological Review 8 (1943), S. 47–54; Foundations of the Theory of Organization. American Sociological Review 13 (1948), S. 25–35; TVA and the Grass Roots, Berkeley-Los Angeles 1949; Leadership in Administration. A Sociological Interpretation, Evanston/Ill. – White Plains/N. Y. 1957.

110 Als Kritik dieser These vgl. *John Manihal/Charles Perrow*, The Reluctant Organization and the Aggressive Environment. Administrative Science Quarterly 10 (1965), S. 238–251.

als dieser Plan verwirklicht werde, reichere er sich mit zusätzlichem Sinn an. Nebenfolgen und Reaktionen auf Nebenfolgen würden eingearbeitet. Ein Netz informaler Beziehungen entstehe. Gefühle würden fixiert. Die Organisation bekomme einen einzigartigen und in diesem Sinne institutionellen »Charakter«, der nun die Basis hergebe, von der aus die Organisationsleitung Zwecke als variabel behandeln und unter Bestandserhaltungsgesichtspunkten modifizieren oder gar auswechseln könne. Demnach gewinnt eine Organisation im Laufe ihrer Geschichte gleichsam durch Bindung an ihre Handlungsgewohnheiten eine Freiheit gegenüber ihren abstrakten Zwecken.

In dieser Distanz zum Zweck kann ein Gewinn an Autonomie gegenüber der Umwelt liegen, der sich aber schwer in Handlungsfreiheit ausmünzen läßt, da das System zugleich intern unbeweglich wird. Eben deshalb liegt der Schlüssel für Selznick – und das ist repräsentativ für eine in den 50er Jahren in den Vereinigten Staaten von der Sozialpsychologie bis zur Public Administration verbreitete Einstellung – nicht in der Zweckfunktion, sondern in Führungsproblemen.

Eine weitere, sehr viel abstraktere soziologische Interpretation ist vor allem mit dem Namen von Talcott Parsons verbunden, der sie im Anschluß an Arbeiten von Robert F. Bales[111] generalisiert und seiner Systemtheorie zugrundegelegt hat[112]. Sie beruht auf der Annahme, daß es sich bei dem in der empirischen Forschung festgestellten Gegensatz von sozio-emotionaler (expressiver bzw. konsumatorischer) und zweckrationaler (instrumentaler) Orientierung um zwei selbständige nicht aufeinander zurückführbare Dimensionen handelt, die zusammen mit der Innen/Außen-

111 Vor allem *Bales,* aaO, 1950.

112 Siehe als ersten Formulierungsversuch: *Talcott Parsons/Robert F. Bales/Edward A. Shils,* Working Papers in the Theory of Action, Glencoe/Ill. 1953, und als eine spätere ausgereifte Darstellung: *Talcott Parsons,* General Theory in Sociology. In: *Merton/Broom/Cottrell, Jr.* aaO, S. 3–38.

Differenz ein Grundschema der Systemfunktionen bilden, denen jedes Aktionssystem Genüge tun muß[113]. Konfrontiert man beide Dichotomien, so ergeben sich vier Kombinationsmöglichkeiten, die Parsons als Systemprobleme deutet, welche gelöst werden müssen, wenn ein System Bestand haben soll, nämlich als Erhaltung der grundlegenden Orientierungsmuster, Integration, Zweckerfüllung und Anpassung. Die Zweckfunktion scheint damit dem Bestandsgedanken untergeordnet, auf eine Spezialfunktion in einem komplexen Systemerhaltungsprozeß eingeschränkt zu sein[114]. Doch diese Annahme täuscht; denn Parsons setzt den Zweckbegriff bereits in seinem Handlungsbegriff und außerdem auch in der Rubrik »instrumental« voraus, ohne das Verhältnis dieser verschiedenen Verwendungen des Zweckprinzips voll durchsichtig zu machen. Eine Klarstellung des Verhältnisses von Zweckformel und Bestandsformel wird nicht erreicht. Am ehesten wird man diesem anspruchsvollsten sozialwissenschaftlichen Theorieversuch der Gegenwart gerecht werden, wenn man die Konfrontierung der beiden Dichotomien als Konfrontierung des Bestandsprinzips (interpretiert als Innen/Außen-Differenz) und des Zweckprinzips (interpretiert als Möglichkeit einer Befriedigungsvertagung) auslegt, obwohl Parsons den Bestandsgedanken daneben auch als Systemkriterium schlechthin, den Zweckgedanken daneben auch als Teilfunktion im System verwendet. Zumindest würde diese Auslegung sichtbar ma-

113 Im einzelnen erklärt Parsons die Differenz von expressiver (oder konsumatorischer) und instrumentaler Orientierung als Differenz des Zeithorizontes der Handlung: Im ersten Falle wird aktuelle, sofortige Bedürfnisbefriedigung gesucht, im zweiten die Erfüllung dagegen aufgeschoben. Siehe z. B. *Talcott Parsons*, The Point of View of the Author. In: *Max Black* (Hrsg.), The Social Theories of Talcott Parsons, Englewood Cliffs/N. J. 1961, S. 311–363 (324).

114 Das kommt besonders deutlich heraus bei *Talcott Parsons*, An Approach to Psychological Theory in Terms of the Theory of Action. In: *Sigmund Koch* (Hrsg.), Psychology. A Study of a Science, Bd. III, New York-Toronto-London 1959, S. 612–711 (632), wo die »tendency to seek goals« auf den Gleichgewichtsbegriff, also eine Systemkategorie, zurückgeführt wird.

chen, wie in Parsons' Konzeption sehr verschiedenartige Auffassungen unseres Grundproblems zu einer vermeintlichen Einheit verschmolzen werden.

Ein Blick auf die Theorie der symbolischen Darstellung sozialer Identitäten, wie sie besonders an der Universität von Chicago, inspiriert durch George H. Mead und Kenneth Burke, gepflegt wird, mag unseren Überblick über die Kontrastierung von Zweckformel und Bestandsformel abrunden. Obwohl diese Schule in unserem Problemzusammenhang kaum je erwähnt wird, und obwohl sie in vielen Beziehungen, darunter nicht zuletzt durch ihren literarischen Stil, eine Welt für sich darstellt, hat auch sie vermutlich ohne bewußte Anlehnung an die soeben erörterte Diskussion einen Gegensatz von Zweckprinzip und Bestandsprinzip aufgespürt. Beim Aufdecken der symbolischen Implikationen des menschlichen Verhaltens und der taktischen Schwierigkeiten bei der Manipulation eines beabsichtigten »Eindrucks« ist sie auf die Tatsache gestoßen, daß auch die Verfolgung eines Zweckes unvermeidlich etwas über den aussagt, der den Zweck verfolgt, seine Identität also mitbestimmt. Spontanes, intensives Zweckstreben ohne Rücksicht auf den Eindruck, den dies macht, ist nur unter besonderen, angebbaren Voraussetzungen sozial möglich – vor allem, wenn fundierte Selbstsicherheit und Konsens der Umwelt den Handelnden von Darstellungsrücksichten entlasten[115]. Sind diese Voraussetzungen nicht oder nicht mit ausreichender Gewißheit erfüllt, muß das Zweck-

115 Siehe dazu *Tom Burns,* Friends, Enemies, and the Polite Fiction. American Sociological Review 18 (1953), S. 654–662 (661); *Niklas Luhmann,* Spontane Ordnungsbildung. In: *Fritz Morstein Marx* (Hrsg.), Verwaltung. Eine einführende Darstellung, Berlin 1965, S. 163–183 (169 ff.), und zu den Gefährdungen, die aus unbedachtsamer Spontaneität erwachsen, vor allem *Erving Goffman,* Alienation From Interaction. Human Relations 10 (1957), S. 47–59. Bezeichnenderweise ist auch dieses Problem nur faßbar, wenn man klassische Begriffe – hier den als willensfreies Handeln, also ursachelose Kausalität, definierten Begriff der Spontaneität – in systemstrategische Begriffe umformt.

handeln im zwischenmenschlichen Kontakt nicht nur zweckmäßig durchgeführt, sondern auch mit aller Sorgfalt und in Rücksicht auf die jeweiligen Zuschauer »dargestellt« werden, und diese Darstellung zieht Kräfte, ja Wirkungschancen, vom unbekümmerten Zweckhandeln ab[116]. Wer seine Zwecke – und durch sie sich selbst – in idealer Reinheit präsentieren will, und ferner, wer auch den nicht über den Zweck laufenden Ausdruckswert seines Handelns beachten und pflegen will, kann nicht jedes Mittel zur Zweckerreichung verwenden. Besonders wenn er in seiner Selbstdarstellung sich schon engagiert, sich schon mit bestimmten Interesen und Werten anderen bekanntgemacht hat, ist er in seiner Handlungsfreiheit weitgehend eingeschränkt. Er muß die Mittelwahl mit seiner Selbstdarstellung und ihrer Geschichte ausbalancieren, um seine Persönlichkeit bzw. das Sozialsystem, das er in seinem Handeln präsentiert, als Identität zu erhalten. Von einer wesentlichen Verschiebung abgesehen – daß hier nämlich nicht die Erhaltung eines empirischen Handlungssystems, sondern die Erhaltung einer stets durch neue Informationen gefährdeten symbolischen Präsentation das Bezugsobjekt der Forschung ist – haben wir denselben ungeklärten Gegensatz von Bestandsformel und Zweckformel vor uns[117].

Der eigentümliche Reiz dieser verschiedenen, in weitestem Sinne soziologischen Theorien beruht nicht zuletzt darauf, daß sie das gewohnte Zweckdenken durch eine neue Formel hintergehen, daß sie eine ihm inkongruente Perspek-

116 Zu diesem »dilemma of expression versus action« *Goffman,* aaO, 1958, S. 20 ff. u. ö. Vgl. auch *Albert Cohen,* The Sociology of the Deviant Act. Anomie Theory and Beyond. American Sociological Review 30 (1965), S. 5–14 (12 f.); *Blau,* aaO, 1964, S. 75; und speziell für die Organisationssoziologie *Charles Perrow,* Organizational Prestige. Some Functions and Dysfunctions. The American Journal of Sociology 66 (1961), S. 335–341; *Clark/Wilson,* aaO, S. 144; *Luhmann,* aaO, 1964 a, S. 108 ff.

117 Vgl. hierzu auch *George J. McCall/J. L. Simmons,* Identities and Interactions, New York-London 1966, S. 146 ff. mit Ausführungen über die »negotiation of identities« als notwendigen Untergrund allen spezifischen Zweckstrebens.

tive annehmen – ähnlich wie die großen Sophisten des 19. Jahrhunderts, Marx, Darwin, Nietzsche, Freud, es taten, wenn sie das Zwecksetzen durch bestimmte Faktoren außerhalb des Erlebnishorizontes des Handelnden zu erklären suchten. Wie diese Art Ideologiekritik ihre Spannungen und Fruchtbarkeit, aber auch ihr Ungenügen, aus der Unverträglichkeit der Wahrheitsansprüche des erklärten und des erklärenden Denkens bezieht – jede Position des Denkens kann auf diese Weise korrumpiert werden[118] –, so ringen auch im Konflikt von Zweckformel und Bestandsformel unverträgliche Grundkonzeptionen miteinander. Es handelt sich um den gleichen Kampf, den Kausaltheorien und Ideologien gegeneinander führen; die Veränderung der Fronten und Problemstellungen ist durch den Fortschritt der Sozialwissenschaften von Faktortheorien zu Systemtheorien bedingt.

Unverträglich sind diese beiden Positionen jedenfalls dann, wenn sie beide den Anspruch erheben, den grundbegrifflichen Bezugsrahmen zu definieren, also letzte, unableitbare Begründungen zu liefern. Und beide behaupten zunächst durch die Radikalität der ihnen eingegebenen Fragestellung diesen Rang. Dabei müssen sie das Gegenprinzip verschlingen, ohne es verdauen zu können.

Das Zweck-Modell nähert sich in dem Maße, als es die jeweilige Zweckvorstellung abstrahiert und je weiter es den

118 Dieser Bruch der Einheit des Wahrheitskosmos ist im übrigen nie geheilt worden. Schon Husserl, Max Weber, Troeltsch, Scheler, Mannheim waren zu der Ansicht gelangt, daß eine kausalwissenschaftlich-genetische Erklärung des Denkens für die Wahrheit des Gedachten nichts besage, und hatten insofern das 19. Jahrhundert hinter sich gelassen. Aber das ist eine für das ontologische Denken unserer philosophischen Tradition unmögliche These; sie verflacht die Problematik der Zerstörung, welche die Denker des 19. Jahrhunderts noch in ihrem vollen Ernst erlebten und deshalb mitvollzogen. Denn Kausalerklärung impliziert notwendigerweise, daß durch andere Kausalkonstellationen andere Ergebnisse des Denkens bewirkt werden würden. Wahres Seiendes aber kann im Denken der ontologischen Metaphysik nur sein und nicht nicht sein. Vgl. hierzu *Luhmann,* aaO, 1962 b.

Zeithorizont der Folgenbetrachtung ausdehnt, dem Bestandsmodell. Unter der Voraussetzung perfekter Konkurrenz oder in unendliche Zeitferne projiziert, fallen Gewinnmaximierung und Bestandserhaltung zusammen[119]. Andererseits kann man, wie es heute wohl überwiegend geschieht, dem Zweck nur eine Teilfunktion für die Erhaltung des Systembestandes zusprechen. Aber fast unvermeidlich teleologisiert man dabei die Bestandsformel, nimmt die Erhaltung des Bestandes als Zweck der Leistungen, die ihn erhalten, und setzt damit das Zweckprinzip wieder über das Bestandsprinzip[120]. So schien es Wilhelm

119 So z. B. *Tom Burns/G. M. Stalker,* The Management of Innovation, London 1961, S. 35. Vgl. auch die Forderung von *Argyris,* aaO, 1962, S. 71: »that an organization should strive to achieve its objectives in such a way that it can maximize the probability that it will continue to achieve its objectives« – eine Formulierung, die in ihrer überlegten Verschrobenheit die Undurchdachtheit des Problems einer Verschmelzung von Zweckmodell und Bestandsmodell besonders evident macht.

120 Ein in weiterem Sinne teleologischer Funktionalismus wird z. B. im Anschluß an *Emile Durkheim* (Les règles de la méthode sociologique, 8. Aufl. Paris 1927 S. 110 ff.; vgl. auch *Albert Pierce,* Durkheim and Functionalism. In: *Kurt H. Wolff* [Hrsg.], Emile Durkheim, 1858–1917. Columbus/Ohio 1960, S. 154–169) in der französischen Soziologie vertreten. Siehe etwa *Georges Gurvitch,* La vocation actuelle de la sociologie, 3. Aufl. Paris 1963, Bd. 1, S. 333 ff., 433; *Henri Janne,* Fonction et finalité en sociologie. Cahiers internationaux de sociologie 16 (1954), S. 50–67; und auch *Talcott Parsons,* Beiträge zur soziologischen Theorie, dt. Übers. Neuwied-Berlin 1964, S. 38. Im angelsächsischen Bereich ist diese Frage stärker umstritten und auch Vertreter eines teleologischen Funktionalismus sind zumeist bemüht, diesen auf komplexe Kausalprozesse zu reduzieren. Siehe vor allem *Ernest Nagel,* Teleological Explanation and Teleological Systems. In: *Sidney Ratner* (Hrsg.), Vision and Action. New Brunswick/N. J. 1953, S. 192–222; *ders.,* Logic Without Metaphysics, Glencoe/Ill. 1956, S. 247 ff.; *ders.,* The Structure of Science, New York 1961, S. 401 ff., 520 ff.; ferner *Siegfried F. Nadel,* The Foundations of Social Anthropology, Glencoe/Ill. 1951, S. 368 ff.; *ders.,* The Theory of Social Structure, Glencoe/Ill. 1957, S. 157 ff.; *Dorothy Emmet,* Function, Purpose and Powers, London 1958; *Harold Fallding,* Functional Analysis in Sociology. American Sociological Review 28 (1963), S. 5–13, und in Deutschland *Renate Mayntz* (Nachweise Anm. 125). Dabei distanziert man sich durchweg von der rein subjektiven Zweckvorstellung und nimmt einen »objektiven Zweck« der untersuchten Systeme als wissenschaftliche Hypothese an.

Wundt »keines näheren Nachweises« zu bedürfen, »daß der Gedanke der Erhaltung notwendig den des Zwecks in sich schließt«[121]. Auch die Betriebswirtschaftslehre trägt keine Bedenken, das Prinzip der Erhaltung des Unternehmensbestandes bzw. der Substanzerhaltung als Zielfunktion oder doch als Erfolgskriterium zu verwenden[122]. Man kann natürlich diesem teleologischen Vorurteil abschwören und sich zu einem wertfreien Funktionalismus bekennen[123]. Aber dann bleibt zunächst die Frage offen, wie man das, was als Bestand erhalten wird, gegen die veränderlichen Systemkomponenten abgrenzt und in welchem Zeithorizont[124]. Hierfür ist ein selektives Kriterium erforderlich, das dem reinen Bestands*begriff* nicht entnommen werden kann. Das traditionelle Selektionsschema aber ist das Zweck/Mittel-Schema. Aus diesen Gründen kommt Re-

121 *Wilhelm Wundt,* Logik, Bd. II, 4. Aufl. Stuttgart 1920, S. 330.
122 Siehe z. B. *Fritz Sonderegger,* Das Prinzip der Erhaltung der Unternehmung als Grundproblem der modernen Betriebswirtschaft, Bern 1950; *Karl Hax,* Die Substanzerhaltung der Betriebe, Köln-Opladen 1957; *Walther Busse von Colbe,* Substanzerhaltung. Handwörterbuch der Betriebswirtschaft, Bd. III, Stuttgart 1960, Sp. 5309–5321 mit Literaturhinweisen; *Dalton E. McFarland,* Management. Principles and Practices, 2. Aufl. New York-London, S. 105 ff.
123 So z. B. *Robert K. Merton,* Social Theory and Social Structure, 2. Aufl. Glencoe/Ill. 1957, S. 37 ff., 54; *Marion J. Levy,* The Structure of Society, Princeton/N. J. 1952, S. 52 ff., 70; *Bernard Barber,* Structural-Functional Analysis. Some Problems and Misunderstandings. American Sociological Review 21 (1956), S. 129–135 (134 f.); *Luhmann,* aaO, 1962 a, S. 617–644; *Robert Brown,* aaO, S. 109 ff.
124 Dieses Bedenken findet man häufig formuliert, z. B. bei *George C. Homans,* Theorie der sozialen Gruppe, dt. Übers. Köln-Opladen 1960, S. 259 ff. und *dems.,* Contemporary Theory in Sociology. In: *Robert E. L. Faris* (Hrsg.), Handbook of Modern Sociology, Chicago 1964, S. 951–977 (963 ff.); *Walter Buckley,* Structural-Functional Analysis in Modern Sociology. In: *Howard Becker/Alvin Boskoff* (Hrsg.), Modern Sociological Theory in Continuity and Change, New York 1957, S. 236–259; *Raymond Firth,* Function. In: *William L. Thomas, Jr.* (Hrsg.), Yearbook of Anthropology 1955, New York 1955, S. 237–258 (240); *Nagel,* aaO, 1961, S. 527 f.; *Harry M. Johnson,* Sociology, New York 1960, S. 70. Schon *Spinoza* hatte im übrigen betont, daß das Bestandsprinzip keine immanente Zeitgrenze angibt, vgl. Ethik III, 8.

nate Mayntz in einer scharfsichtigen Kritik des Bestandsfunktionalismus zu dem Ergebnis, daß die Bestandsformel im Grunde eine Charakterisierung der zu erhaltenen Zustände als Zielzustände impliziert[125]. Damit wird das Bestandsmodell wieder in das Zweckmodell zurückgebogen, ohne daß das Verhältnis von Bestandsbegriff und Zweckbegriff geklärt wäre[126].

Eine ähnliche zweideutige Position findet man in der betriebswirtschaftlichen Literatur: Einerseits wird heute kaum noch ein Zweifel daran laut, daß Unternehmenszwecke im Interesse der Anpassungsfähigkeit und Erhaltung des Unternehmens geändert werden können[127]. Andererseits ist es ebenso selbstverständlich, daß im Wege der Kapitalinvestition in spezifische Projekte laufend Liquidität, und das heißt Anpassungsfähigkeit, geopfert werden muß, wenn

125 Vgl. *Renate Mayntz,* Kritische Bemerkungen zur funktionalistischen Schichtungstheorie. In: *David V. Glass/René König* (Hrsg.), Soziale Schichtung und soziale Mobilität. Sonderheft 5 der Kölner Zeitschrift für Soziologie und Sozialpsychologie, Köln-Opladen 1961, S. 10–28; siehe auch *dies.,* On the Use of the Equilibrium Concept in Social System Analysis. Transactions of the Fifth World Congress of Sociology, Washington D. C. 1962, Bd. IV, S. 133–153.

126 Das gleiche gilt speziell in der Organisationssoziologie, wenn *Etzioni,* aaO, 1960, (vgl. auch aaO, 1961, S. 78 f.; aaO, 1964, S. 19) nach Übergang vom »Goal Model« zum »System Model« in dessen Rahmen das »Survival«-Prinzip wegen der zu einfachen Entweder/Oder-Schematisierung abgelehnt und ein »Effectiveness Model« vorschlägt, das wiederum durch den Zweckbegriff definiert wird (aaO, 1960, S. 272). Denselben Zirkel findet man bei *Basil S. Georgopoulos/Arnold S. Tannenbaum,* A Study of Organizational Effectiveness. American Sociological Review 22 (1957), S. 534–540; siehe auch *Arnold S. Tannenbaum,* Control and Effectiveness in a Voluntary Organization. The American Journal of Sociology 67 (1961), S. 33–46 (34), oder die Definition der Systemerhaltung durch Erhaltung von »generalized resources« (= Mittel!) bei *Ephraim Yuchtman/Stanley E. Seashore,* A System Resource Approach to Organizational Effectiveness. American Sociological Review 32 (1967), S. 891–903. Auch in der Selbstdarstellungstheorie belasten solche Rückfälle in das Zweckmodell die Systemtheorie und geben dem Begriff der Selbstdarstellung eine peinlich instrumentale Note – so bei *Blau,* aaO, 1964, S. 33 in der Richtung auf »rewarding interactions«.

127 Vgl. statt anderer *Krüsselberg,* aaO, S. 112 ff.

überhaupt ein bestimmter Zweck erreicht werden soll[128]. Auch diese Diskrepanz läßt die Frage aufkommen, ob in der Kontroverse Zweckmodell vs. Bestandsmodell überhaupt eine sinnvolle theoretische Entscheidung getroffen werden kann, die das eine Modell zugunsten des anderen ausschlösse.

Keine dieser verschiedenen Auffassungen des Verhältnisses von Zweckformel und Bestandsformel vermag voll zu befriedigen. Vermutlich hängen diese Schwierigkeiten, vor denen die Theoriebildung hier stagniert, mit der Tatsache zusammen, bei der unsere Untersuchungen ansetzten: Der Zweckbegriff ist von der Einzelhandlung her konzipiert und reicht deshalb als Theorie komplexer Handlungssysteme nicht aus.

Zwecke sind und bleiben, soll der Begriff nicht jede empirische Kontur verlieren, vorgestellte wertvolle Wirkungen, deren Verwirklichung problematisch ist. Ihre Problematik bezieht sich also auf eine vorgestellte Wirkungseinheit. Das ist ein ausschnitthaftes Realitätsbild von sehr geringer Komplexität. Die Zweckorientierung muß mithin stets voraussetzen, daß die durch sie nicht erfaßte Komplexität der Welt außerhalb der Reichweite des menschlichen Handelns – zum Beispiel in der Natur oder durch soziale Institutionen – schon geordnet ist. Demgegenüber ist die Bestandsformel eine Problemformel für im einzelnen nicht vorhersehbare System/Umwelt-Beziehungen, ist also auf äußerste Komplexität hin angelegt. Aber sie absorbiert diese Komplexität unzureichend: Sie suggeriert weder bestimmte wissenschaftliche Hypothesen noch gar Entscheidungskriterien[129]. Genau dieser Nachteil ist aber der Vor-

128 Vgl. dazu *Krüsselberg,* aaO, S. 125.

129 Aus diesem Grunde lehnt *Roger N. Shepard,* On Subjectively Optimum Selection Among Multiattribute Alternatives. In: *Shelly II/Bryan,* aaO, S. 257–281 (258) den in der neueren wirtschaftswissenschaftlichen Literatur zuweilen auftauchenden Gedanken ab, Optimalität durch Bestandserhaltung zu definieren. Vgl. auch oben S. 124 f.

teil der Bestandsformel: Sie setzt jedenfalls Komplexität nicht als schon reduziert voraus, sondern hält alles offen. Sie dient daher als umfassende Problemformel für das Verhältnis von System und Umwelt. In ihr kündigt sich ein wachsendes Vertrauen in die Problemverarbeitungskapazität der Wissenschaft an, das auch in anderen Aspekten der funktionalen Methode spürbar wird[130].

Diese Überlegungen entschärfen die geschilderte Kontroverse. Sie beziehen sie auf das Grundproblem der äußersten Komplexität der Welt, in der ein System seinen Bestand nur unter bestimmten, näher zu erfassenden Bedingungen erhalten kann, und relativieren den Gegensatz von Bestandsformel und Zweckformel zu einem mehr graduellen Unterschied im Fassungsvermögen für Komplexität. Darüber hinaus legen sie es nahe, nicht nach einer »richtigen« Entscheidung in der Kontroverse Zweckmodelle vs. Bestandsmodelle zu suchen, sondern Verfahren der Reduktion von Komplexität zu entwickeln, in denen Bestandsmodelle gleichsam den Anfang und die Grundlage bilden, Zweckmodelle dagegen eingesetzt werden, wenn die Probleme schon spezifischere Strukturen gewonnen haben, wenn also Komplexität schon weitgehend absorbiert ist.

Schließlich legt die These, daß der Zweckbegriff auf die geringe Ordnungskapazität der Einzelhandlung, die Bestandsformel dagegen auf Systemprobleme zugeschnitten ist, es nahe, den Bestandsbegriff, der für sich allein als selektives Kriterium offensichtlich versagt hat, durch eine Systemtheorie zu erläutern[131]. Hierfür sind mannigfache Vorarbeiten geleistet worden, aber ihr Zusammenbau zu einer allgemeinen Systemtheorie steht noch aus. Der Be-

130 Zum Beispiel darin, daß sie nicht nur Ähnliches, sondern gerade auch Unähnliches vergleicht; ferner darin, daß sie sich nicht nur für manifeste, sondern gerade auch für latente Funktionen und nicht nur für positive, sondern auch für negative Funktionen (dysfunctions) interessiert – in allem eine erhebliche Ausdehnung des Komplexitätsvermögens alltäglicher menschlicher Orientierung wagend.

131 Vgl. dazu *Luhmann,* aaO, 1964 d.

standsbegriff hält zunächst nur einen Leerplatz für eine solche Theorie offen, füllt ihn aber nicht aus. Wenn man ihn jedoch aus dem Kontext der kausalwissenschaftlichen Forschung, die spezifische Beziehungen zwischen bestimmten Ursachen und bestimmten Wirkungen zu ermitteln sucht, herauslöst und Bestand nicht mehr einfach als bewirkte (oder zu bewirkende) Wirkung versteht, sondern als Komplex von Problemen, die gelöst werden müssen, wenn ein System in einer veränderlichen Umwelt invariant gehalten werden soll, dann ergeben sich fruchtbare Beziehungen zwischen Bestandsformel und Systemtheorie. Bevor wir diesen Gedanken im nächsten Kapitel weiterverfolgen, müssen wir unsere Übersicht über die vom Zweckbegriff abspringenden Theoriebewegungen jedoch durch einen Blick auf die kybernetische Systemtheorie abrunden, zumal gerade sie zu diesem Problem des Verhältnisses von Zwecksetzung und Systemerhaltung wichtige Gedanken beizusteuern vermag.

5. *Kybernetische Regelung*

Zwei Züge sind für den Forschungsbereich bezeichnend, der seit der katalysierenden Schrift von Norbert Wiener[132] sich unter dem Stichwort Kybernetik konstituiert hat: Die Faszination durch das Problem der Konstanz in einer äußerst komplexen, veränderlichen Welt und der Versuch, invariante Zustände von Variablen (also nicht Dinge!) durch Kommunikationsprozesse zu erklären. Daß Invarianz als *Problem* – und nicht etwa als Wesenskern des Seienden – gesehen wird und daß in einer bestimmten wissenschaftlichen Perspektive nach möglichen Lösungen dieses Problems gefragt wird, macht die Kybernetik zu einem entschieden nichtontologischen, funktionalistischen For-

132 *Norbert Wiener,* Cybernetics, or Control and Communication in the Animal and the Machine. Zuerst Paris 1948. Dt. Übers. der 2. Aufl.: Kybernetik, Düsseldorf-Wien 1963.

schungsansatz[133] und bringt sie in eine überraschende Nähe zur funktionalistischen Systemtheorie der Soziologie[134]. Nimmt man hinzu, daß in der neueren soziologischen Theorie Systembegriff und Kommunikationsbegriff den gleichen Abstraktionsgrad und die gleiche Anwendungsbreite über alle Phänomene erreicht haben, so daß der eine Begriff den anderen voraussetzt, dann wird vollends deutlich, in welchem Ausmaß bei stärkerem wissenschaftlichen Kontakt hier ein freudiges Sich-im-Anderen-Wiedererkennen stattfinden könnte.

Bei der Umschreibung der Eigenart des kybernetischen Forschungsinteresses ist mit Bedacht jener Mechanismus unerwähnt geblieben, der sehr oft, vor allem in der »angewandten« Kybernetik, als das Wesen der Sache ausgegeben wird: die *Rückmeldung* von Informationen über erzielte Wirkungen in den Wirkungsvorgang und dessen laufende Steuerung mit Hilfe dieser Informationen (feedback). Dabei handelt es sich nur um einen, allerdings sehr bedeutsamen Mechanismus für den Umgang mit hoher, unbekannter Komplexität. Grundgedanke dieses auch »Servomechanismus« genannten Verfahrens ist es, eine bestimmte beabsichtigte Dauerwirkung trotz verschiedener wechselnder Umwelteinwirkungen konstant zu erzeugen dadurch, daß die vom System eingesetzte Teilursache nach Maßgabe des in der Umwelt erzielten Effekts veränderlich dosiert wird. Das System kompensiert dann durch Selbständerung etwaige Umweltänderungen. Es braucht

133 So auch die einleitenden Bemerkungen bei *W. Ross Ashby*, An Introduction to Cybernetics, London 1956, 4. Druck 1961, S. 1.

134 Besonders deutlich wird dies bei einem Vergleich mit der Konzeption des Funktionalismus, die *Nagel* (Literaturangaben oben Anm. 120) ausgearbeitet hat, weil Nagel seine Theorie, wie die Kybernetik auch, auf das Konstanthalten spezifischer Systemzustände beschränkt, ohne eine Erklärung dafür anzubieten, welche einzelnen Systemzustände konstant zu halten sind und weshalb. Im übrigen besteht auch wissenschaftsgeschichtlich ein enger Zusammenhang dadurch, daß sowohl Wiener wie Parsons sich sehr stark an *Walter B. Cannon*, The Wisdom of the Body, New York 1932, und seinem Begriff der Homeostasis orientiert haben.

diese Umweltänderungen nicht vorauszusehen und vorher einzuplanen. Es erfährt sie nachträglich (aber möglichst sofort) durch Rückmeldung des Ergebnisses der eigenen Wirksamkeit und ändert daraufhin die eigene Leistung entsprechend.

In diesem Verfahren ist nun – und das ist der Ausgangspunkt für die kybernetische Zwecktheorie – ein Sollwert vorausgesetzt, dessen Aktualisierung das System »anstrebt« und der das Maß gibt für die Korrektur der tatsächlich erreichten Wirkung. Als kontrafaktisch stabilisierte Größe hat dieser Sollwert für das System normativen Sinn. In der kybernetischen Literatur wird er daher oft auch als Regelungs*ziel* oder als *Zweck* bezeichnet und dient als Argument für die These, daß der Kybernetik die Rückführung des teleologischen Zweckbegriffs auf eine in bestimmter Weise geordnete Konstellation von einfachen Ursachen gelungen sei[135]. Die reifste und bemerkenswerteste Darstellung dieses Gedankens lautet, daß Kausalkategorie und

135 Vgl. namentlich *Arturo Rosenblueth/Norbert Wiener/Julian Bigelow,* Behavior, Purpose, and Teleology. Philosophy of Science 10 (1943), S. 18–24; *Arturo Rosenblueth/Norbert Wiener,* Purposeful and Nonpurposeful Behavior. Philosophy of Science 17 (1950), S. 318–326. Siehe ferner z. B. *Ashby,* aaO, 1952, S. 53 ff., 120 ff.; *Louis Couffignal,* Kybernetische Grundbegriffe, dt. Übers. Baden-Baden-Paris o. J., S. 64 f. u. ö.; *ders.,* La gestion cybernétique d'une entreprise. Cybernetica 5 (1962), S. 71–87 (ein Beispiel für die völlige Unterordnung der Kybernetik unter die übliche zweckrationale Handlungsauslegung); *Lucien Mehl,* La cybernétique et l'administration. La Revue Administrative 10 (1957), S. 410–419; 11 (1958), S. 539–545, 667–671; 12 (1959), S. 201–207, 531–544; 13 (1960), S. 75–83, 323–327; 14 (1961), S. 311–319, 671–679; *Nagel,* aaO, 1961, S. 410 ff.; *Adolf Angermann,* Kybernetik und betriebliche Führungslehre. Betriebswirtschaftliche Forschung und Praxis 11 (1959), S. 257–267 (262); *Chadwick J. Haberstroh,* Control as an Organizational Process. Management Science 6 (1960), S. 165–171, neu gedruckt in: *Rubenstein/Haberstroh,* aaO, S. 331–336 mit Vorbehalten in bezug auf das Problem der Herkunft der Zwecke; *Beer,* aaO, 1962, S. 56 ff. (aber auch 241 ff.); *Litterer,* aaO, S. 235 ff.; *Henryk Greniewski,* Intention and Performance. A Primer of Cybernetics of Planing. Management Science 11 (1965), A S. 763–782. Demgegenüber vermeiden die terminologischen Vorschläge des Arbeitsausschusses Regelungstechnik im Deutschen Normenausschuß den Zweckbegriff und

Zweckkategorie sich nicht widersprechen, daß es sich überhaupt nicht um ein Gegensatzpaar handelt, welches auf einer Ebene liegt, daß vielmehr die Kausalkategorie den einfachen Prozeß bezeichnet, die Zweckkategorie dagegen eine Systemkategorie ist, die nur angewendet werden kann, wenn ein Komplex einfacher Kausalprozesse in bestimmter Weise geordnet ist, daß also der Zweck nicht unmittelbar aus den einzelnen Ursachen dieser Prozesse als gemeinsame Wirkung abgeleitet werden kann, sondern ein besonderes Arrangement, eben ein System, voraussetzt[136].

Obgleich dieser Gedanke, daß der Zweckbegriff eine höhere Organisationsform voraussetzt als die einfache Kausalrelation – wir würden sagen: den Übergang von der Handlungstheorie zur Systemtheorie voraussetzt – als richtungsweisend festzuhalten ist, bleibt die Frage offen, ob die Kybernetik, soweit sie nur eine Theorie des Servomechanismus sein will, die Ordnungsleistung der Zweckrationalität erschöpfend erfaßt[137]. Ihr wichtigster Beitrag zu diesem Problem liegt in der These, daß Zwecke nicht einfach nur systeminterne Verhaltensstandards sind, sondern ein Problem in der Beziehung von System und Umwelt lösen[138]. Der kybernetische Zweckbegriff erfaßt indes nur ein Teilproblem, nur eine besondere Problemsituation in

nennen den Sollwert der Regelung »Führungsgröße«, den Istwert des Prozesses »Regelgröße« und den Umfang der auf die Rückmeldung zu veranlassenden Korrektur »Stellgröße« (Normblatt Din 19226).

136 So z. B. *Wieser*, aaO, 1959. S. 16; *Anatol Rapoport*, An Essay on Mind. General Systems 7 (1962), S. 85–101 (91 ff.).

137 Vgl. auch *Mayntz*, aaO, 1963, S. 43 ff. mit einer Reihe von Bedenken gegen die Analogie von kybernetischer Maschine bzw. Organismus und zweckgerichteter Organisation; ferner *Haberstroh*, aaO, S. 331 f.; *Langkjaer*, aaO, S. 249 ff.

138 So namentlich, durch die Kybernetik angeregt, *Geoffrey Vickers*, The Undirected Society. Essays on the Human Implications of Industrialization in Canada, Toronto 1959, siehe z. B. S. 47 f., 92 und öfter. Diese Auffassung beginnt im übrigen auch außerhalb der Kybernetik in der Gruppentheorie und in der Organisationssoziologie an Boden zu gewinnen. Zur Gruppentheorie vgl. bereits oben S. 144 ff. Für die Organisationssoziologie siehe namentlich *James D. Thompson/*

den Beziehungen von System und Umwelt, nämlich den Fall, daß eine spezifische Wirkung von Systemprozessen trotz Einwirkung veränderlicher Umweltfaktoren konstant gehalten werden soll. Dabei ist weiter vorausgesetzt, daß auf jede Umweltkonstellation eine und nur eine spezifische Systemleistung paßt (nämlich die, welche zusammen mit den betreffenden Umweltbedingungen die beabsichtigte Wirkung erzeugt). Es gibt danach jeweils nur eine richtige Beziehung zwischen System und Umwelt, so daß eine in den relevanten Aspekten veränderte Umwelt ein verändertes System erfordert[139].

Gegenüber dem traditionellen Zweckbegriff liegt in diesen Voraussetzungen eine erhebliche Einschränkung, und schon daran scheitert der Anspruch der Kybernetik, Teleologie nunmehr »wissenschaftlich« erklären zu können. Die Zweckorientierung hat nämlich durchaus und gerade auch für die Fälle Bedeutung, in denen die Umwelt sich nicht ändert[140]. Der Zweck dient dann dazu, dem System eine

William J. McEwen, Organizational Goals and Environment. Goal-Setting as an Interaction Process. American Soziological Review 23 (1958), S. 23–31, neu gedruckt in: *Dorwin Cartwright/Alvin Zander*, Group Dynamics, 2. Aufl. Evanston /Ill.-London 1960, S. 472–484; *William R. Dill*, Environment as an Influence on Managerial Autonomy. Administrative Science Quarterly 2 (1958), S. 409–443; *Stanley H. Udy*, Technical and Institutional Factors in Production Organization. A Preliminary Model. The American Journal of Sociology 67 (1961), S. 247–254, und besonders *Parsons*, aaO, 1956, S. 63–85, 225–239. Siehe außerdem bereits *Barnard*, aaO, S. 195 ff., die oben (Anm. 109) zitierten Arbeiten von Philip Selznick und als ein Beispiel für ein Aufgreifen dieses Gedankens durch die Betriebswirtschaftslehre *Krüsselberg*, aaO, S. 112 ff.

139 Diese Unterstellung einer sachlich konfliktfreien, einzig richtigen Beziehung zur Umwelt kritisiert *Vickers*, aaO, 1959, S. 10 f. Gibt man sie aber auf, dann entsteht ein neues, für Sozialsysteme typisches Problem. Dann reichen die rückgemeldeten Informationen über die Differenz zwischen Erstrebtem und Erreichtem nicht mehr aus, um sofort das korrigierende Mittel zu wählen; die Entscheidungen werden schwieriger, die Entscheidungszeiten verlängern sich, die feedback-Information wird inaktuell.

140 Darauf haben vor allem *Churchman/Ackoff*, aaO, und im Anschluß an sie *Moore/Lewis*, aaO, S. 152 f. hingewiesen. Dieses Argument ist m. E. treffender als ein anderes, das man häufiger fin-

Mehrheit von Anpassungsmöglichkeiten (Mitteln) gegenüber einer als teilweise konstant vorausgesetzten Umwelt (z. B. einer relativ beständigen Leistungserwartung) aufzuzeigen. Er erfüllt, wie wir oben sahen[141], diese Funktion durch Abstraktion einer spezifischen, anzustrebenden Wirkung unter Wertneutralisierung der übrigen Handlungsfolgen. Im »Zweck« der Feuerwehr liegt nicht nur die Definition eines empirischen Zustandes (kein schadenstiftendes Feuer im Bezirk), die bei Meldung einer »Abweichung« ein bestimmtes wiederherstellendes Handeln auslöst, sondern zugleich eine Abstraktion von der empirischen Wirklichkeit, die es erlaubt, gewisse Folgen des Handelns (Kosten der Apparatur, Verkehrsstörungen, Wasserschäden, Gefährdung von Leib und Leben der Feuerwehrleute) in Kauf zu nehmen und die außerdem gewisse Wahlmöglichkeiten für eine Strategie der Zweckerfüllung in Anpassung an konkrete Situationen eröffnet. Die Zweckorientierung befreit von einem allzu direkten Umweltdruck und vereinfacht die Entscheidungssituation. Sie löst, um es auf eine abstrakte Formulierung zu bringen, nicht nur ein *Zeitproblem,* wie die Kybernetik es annimmt, sondern auch ein *Sachproblem:* Sie verhilft dem System *nicht nur zu konstanten Wirkungen trotz unvorhersehbarer Umweltvariationen,* sondern *reduziert zugleich die sachliche widerspruchsreiche Komplexität der Umwelt* auf eine einfache, entscheidungsfähige und gleichwohl elastische Formel.

Formuliert man das Stabilisierungsproblem im Blick auf die sachliche Komplexität der Systemumwelt und als Aufgabe der Situationsvereinfachung, der Reduktion von Komplexität zu einer überblickbaren, rational beherrschbaren

det (z. B. bei *Floyd H. Allport,* Theories of Perception and the Concept of Structure, New York-London 1955, S. 522 ff.): Die Kybernetik müsse Voraussetzungen über nicht servomechanische Strukturen im System machen, die das Zweckinteresse erklären. Dieser Einwand wendet sich im Grunde nur gegen die ohnehin irrige Identifikation von Kybernetik und Servomechanik.

141 Vgl. S. 33 ff.

Datenkonstellation, dann ergeben sich in grober Sicht zunächst zwei funktional äquivalente Systemstrategien: Entweder sucht das System ohne Voraussicht des Umweltverhaltens konkrete Zustände stabil zu halten, indem es durch wechselnde Eigenleistung Umweltveränderungen, wie sie jeweils unerwartet kommen, kompensiert. Dies ist die Strategie des Servomechanismus oder des kybernetischen Zweckbegriffs, der also insofern, als er Unvorhersehbarkeit der Umweltveränderungen berücksichtigt, indirekt auch der sachlichen Komplexität der Umwelt Rechnung trägt. Oder das System koordiniert seine Bemühungen im Hinblick auf einen abstrakten Zweck, der voraussichtlich von der Umwelt, wie immer sie sich im übrigen ändern mag, konstant anerkannt werden wird und dem System eine Existenzgrundlage bietet. Das System kann dann eine Mehrheit möglicher Mittel nach Maßgabe dieses Zweckes rationalisieren[142]. Beide Strategien sind nicht nur alternativ, sondern auch kombiniert einsetzbar. Das System kann einen Zweck suchen, der *von einer spezifischen Umwelt* bis auf weiteres konstant honoriert wird und ihm dadurch, zum Beispiel im Tauschwege, die Existenzmittel sichert. Und es kann die Erfüllung dieses Zweckes *zugleich* servomechanisch stabilisieren, indem es im Bereich der Mittel zu diesem Zweck auf Veränderungen in *anderen* Umwelten durch Auswechseln funktional äquivalenter Mittel reagiert – so wie zum Beispiel eine Produktionsorganisation bei steigenden Lohnkosten oder wachsender Personalknappheit sich von arbeitsintensiven auf arbeitssparende, aber kapitalintensive Produktionsweisen umstellen kann. Die Zwecksetzung hat dann eine doppelte Funktion: Sie ermöglicht dauerhaften Konsens in einer spezifischen Umwelt und zugleich ein elastisches Austauschen von Mitteln (die erst durch den Zweck als funktional äquivalente Alternativen sichtbar wer-

142 Vgl. dazu die bei *March/Simon*, aaO, S. 160 beiläufig erwähnte Unterscheidung von »coordination by plan« und »coordination by feedback«.

den) als Reaktion auf Veränderungen in anderen Umwelten.

Diese Ordnungsleistung des Zweckes, die wir im folgenden Kapitel als Funktion der Reduktion von Veränderlichkeit *und* Komplexität der Umwelt eingehend behandeln werden, läßt sich nur verständlich machen, wenn man die kybernetische Annahme eines *Nacheinanders* mehrerer Umwelten, die durch unvorhersehbare Veränderungen ineinander übergehen, ausweitet und mit einer *Gleichzeitigkeit* mehrerer Umwelten rechnet, die in unterschiedlichem Sinne konstant bzw. veränderlich sind und dadurch der Zweckstrategie des Systems Ansatzpunkte bieten. Es muß also nicht nur das Zeitproblem durch das Sachproblem der Stabilisierung ergänzt werden, sondern zugleich auch die Annahme einer zeitlichen durch die Annahme einer sachlichen Umweltdifferenzierung. Dafür reicht der kybernetische Zweckbegriff, soweit dies bisher erkennbar ist, nicht aus, und es scheint, daß die Kybernetik in ihrem Bestreben, den Zweckbegriff zu präzisieren, die Funktion der Zweckrationalität für die Reduktion der zeitlichen *und* der sachlichen Umweltproblematik unterschätzt, obwohl sie andererseits einzusehen beginnt, daß ihre Zweckkonzeption allein die Systemstabilisierung nicht hinreichend erklärt.

Nimmt man nämlich die Kybernetik in der vollen Breite ihrer Interessenentfaltung als Theorie kommunikativer Systeme und nicht nur als Theorie der Servomechanismen, dann zeigt sich, daß ihre Vorstellung von der Stabilisierung solcher Systeme mit der soeben skizzierten Zweck-Auffassung nicht erschöpft ist. Vielmehr nimmt der Zweckbegriff, der die Stabilisierung spezifischer Zustände in bezug auf bestimmte mitwirkende Umweltvariable behandelt, nur eine untergeordnete Stellung in der Gesamtkonzeption ein[143],

143 Das ist besonders deutlich zu verfolgen bei *Ashby*, aaO, 1952, der die einfache Theorie der Stabilisierung bestimmter Zustände durch eine komplexere Theorie der »Ultrastabilität«, die auf »Stufenfunktionen« beruht und durch eine noch komplexere Theorie der

Diese Entthronung des Zweckgedankens ist der Preis, der für seine Präzisierung gezahlt wird. Er wird so nur auf einer relativ einfachen Stufe der Überlegungen verwendet und dient nicht mehr zur Charakterisierung der Systemleistung selbst. Stabilität in einer äußerst komplexen Umwelt erfordert, mit anderen Worten, mehr als nur servomechanische Zweckverfolgung.

Wir finden hier mithin eine ähnliche Situation wie in der Gruppentheorie und in der Soziologie. Während aber dort der Zweckbegriff in seinem alten Umfang und seiner universellen Prätention bewahrt wird und Zweckmodelle und Bestandsmodelle deshalb unentschieden konkurrieren, wird in der Kybernetik der Zweckgedanke radikal vereinfacht und dann als elementare Stufe zu einer komplexen Systemtheorie verwendet. Er erhält dadurch einen festen Platz in der Systemtheorie – aber, wie wir sahen, unter Verlust wesentlicher Sinnkomponenten des Zweckbegriffs, die man vielleicht in der Theorie der Maschinen oder Organismen, nicht aber in der Theorie der Handlungssysteme aufgeben darf. Auch die kybernetische Systemtheorie vermag unseren weiteren Überlegungen daher wichtige Anregungen zu bieten. Eine Antwort auf die Frage, welche Funktion ein Systemzweck in Systemen erfüllt, gibt sie nicht.

»Multistabilität«, die auf »Teilfunktionen« beruht, überbaut. Daran anschließend *Wieser,* aaO. Auch bei *Beer,* aaO, 1962 und bei *Rapoport,* aaO, rutscht der Zweckbegriff auf ähnliche Weise in eine elementare, vordergründige Rolle. Anders gerichtete Ausführungen, die den Zweckbegriff der Kybernetik auch für höhergeordnete Funktionen verwenden wollen, finden sich hauptsächlich bei Anwendern des kybernetischen Gedankenguts, so bei *Deutsch,* aaO, 1963, S. 91 ff., aber sie sind so allgemein gefaßt, daß sie für eine kritische Erörterung keine rechten Ansatzpunkte bieten.

4. Kapitel

Die Funktion der Zwecksetzung

In dem Kapitel, das wir hinter uns haben, sollte Mut und Material gesammelt werden zur Vorbereitung eines theoretischen Schrittes von weittragender Bedeutung. Im Nachvollziehen einer Reihe von verschiedenartigen Gedankenentwicklungen haben sich immer wieder die Unentbehrlichkeit des Zweckbegriffes und die Fragwürdigkeit seines theoretischen Status erwiesen[1]. Einerseits ist die Zwecksetzung ihres alten Wahrheitsanspruches entkleidet worden. Sie wird kausal erklärt, auf ihre normative Zulässigkeit geprüft und gilt nicht mehr ohne weiteres als rational, wird also in der wissenschaftlichen Analyse auf Begriffe zurückgeführt, die den Zweckbegriff nicht mehr voraussetzen. Für diese Rückführung gibt es keinen einheitlichen grundbegrifflichen Bezugsrahmen mehr. Die Wissenschaft vom menschlichen Handeln, die Ethik, ist in verschiedene Handlungswissenschaften zerfallen. – Andererseits orientieren diese Wissenschaften sich doch an einem Grundbegriff des Handelns, und das Handeln wird zumeist so ausgelegt, daß der Zweckbegriff als Moment der Handlungsstruktur erscheint. Selbst in dem breiten Fluß der verhaltenswissenschaftlichen (neobehavioristischen) Wissenschaftsorientierung, der in den Vereinigten Staaten die Sozialwissenschaften überflutet, wird vielfach angenommen, daß der Handlungszweck am Verhalten empirisch ablesbar sei, und zwar unabhängig von der subjektiven (und insofern verdächtigen) Zweckvorstellung, über die der Handelnde Auskunft gibt[2]. Aber hat jedes Handeln einen Zweck? Und aus was

1 Dieses Gesamturteil auch bei *Gross,* aaO, 1964, S. 467 f.

2 Vgl. z. B. *Rosenblueth/Wiener,* aaO, S. 223; *Deutsch,* aaO, 1963, S. 191 f. Zur Kritik siehe bereits *Myrdal,* aaO, S. 324; ferner *Lucien Mehl,* aaO, 1960, S. 78; *Biddle,* aaO, insb. S. 161 ff.

besteht das Handeln außerdem? Und was heißt hier »hat« und »besteht«? Liegen der Begriff des Zweckes und der Begriff des Handelns überhaupt auf einer Ebene? Und wenn nicht, handelt es sich bei der Differenz lediglich um den Gegensatz von subjektiv und objektiv? Ist das Handeln Mittel zum Zweck, oder ist der Zweck Teil der Handlungsstruktur? Welcher Begriff definiert den anderen?

Es ist vermutlich unnütz, diese Art Fragen weiter zu verfolgen. Sie beruhen auf einer allzu naiven Vorstellung von wissenschaftlicher Begriffsbildung. Solange man den Zweck deskriptiv als etwas Seiendes auffaßt und im Zweckbegriff das allgemeine Wesen dieses Seienden abzubilden sucht, wird man über das Verhältnis von Zweck und Handlung keine Klarheit gewinnen können, denn weder sind die Tatbestände beider Begriffe identisch, noch lassen sie sich völlig trennen oder einander über- bzw. unterordnen. Am ehesten überzeugte dann doch die antike Deutung des Zweckes als Wesen und damit als Teil der Wirklichkeit des Handelns. Die Deutung des Unterschiedes mit Hilfe des Gegensatzes von subjektiv und objektiv täuscht eine Verständnismöglichkeit vor; beim Zufassen greift man in Nebel. Auch die logische Beziehung beider Begriffe bleibt offen: Weder kann aus einer Aussage über eine Handlung eine Aussage über ihren Zweck gefolgert werden, noch erlaubt umgekehrt die Erkenntnis des Zweckes ein Erkennen der Handlung. So liegt die Versuchung nahe, normative Zweckwissenschaft und empirische Handlungswissenschaft zu trennen, aber eine solche Parzellierung trägt weniger als alles andere zur Problemlösung bei.

Wenn man die Frage nach dem Wesen des Zweckes durch die Frage nach der Funktion der Zwecksetzung ersetzt, kommt man auf philosophisch und wissenschaftstheoretisch ungesicherten, traditionslosen Grund. Es mag sein, daß er trägt; es mag sein, daß er trügt. Zunächst einmal ergeben sich aber für die Ordnung unserer Vorstellungen wesentliche Vorteile, und zugleich scheint aus den Teildiskussionen unseres Problems, die wir an uns vorüberziehen ließen, mehr als ein Zeichen in diese Richtung zu weisen.

Die Frage nach der Funktion macht die Analyse eines Gegenstandes abhängig von einem Bezugsproblem, zu dessen Lösung er beitragen kann. Die Interpretation dieser Beziehung ist in der heutigen soziologischen Methodendiskussion umstritten. Wir können uns auf keine weithin akzeptierte Meinung stützen, sondern müssen zum Grund der Kontroversen durchstoßen. Innerhalb der sog. funktionalistischen Schule wird der funktionale Lösungsbeitrag einer Handlung, Rolle oder Institution durchweg kausal als Bewirken einer Wirkung verstanden. Das ist richtig, läßt aber die entscheidenden Fragen noch offen, nämlich weshalb und in welcher Hinsicht die Feststellung des Bewirkens einer Wirkung interessiert und woher die Problematik, das »zu Bewirkende«, der Wirkung kommt. In jedem Falle ist, wie wir oben sahen[3], die Beziehung einer Ursache auf eine Wirkung eine Abstraktion, also rechtfertigungsbedürftig. Sieht man dies ein, dann kann man die einfache Kausalbeziehung zwischen Ursache und Wirkung nicht länger als wissenschaftlichen Grundbegriff behandeln und zur Definition des Funktionsbegriffes verwenden, sondern muß umgekehrt nach ihrer Funktion im wissenschaftlichen wie auch im praktischen Überlegungskontext fragen. Diese Funktion aber ist, wie ich an anderen Stellen zu zeigen versucht habe[4], die Ermöglichung eines *Vergleichs* bestimmter Ursachen mit anderen, funktional äquivalenten Ursachen, oder bestimmter rechtfertigender Wirkungen mit anderen, als Rechtfertigung funktional äquivalenten Wirkungen.

Vergleich ist eine unentbehrliche Voraussetzung jeder Kausalfeststellung[5]. Wo die Wissenschaft an dem Versuch, in-

3 Vgl. S. 26 f.

4 Siehe *Luhmann*, aaO, 1962 a; aaO, 1962 d; aaO, 1964 d; aaO, 1967 c.

5 Vgl. hierzu eine durch Max Weber inspirierte Bemerkung von *Parsons*, aaO, 1949, S. 742 f.: »Thus can be seen the essential me-

variante Beziehungen zwischen bestimmten Ursachen und bestimmten Wirkungen (Kausalgesetze) festzustellen, scheitert, muß sie daher auf die vorausliegende vergleichende Methode zurückgreifen; ist doch jenes Scheitern nichts anderes als Ausdruck der Tatsache, daß es »andere Möglichkeiten« gibt. Dieser Rückgang verändert nicht nur die Zielrichtungen und Hilfsmittel der Methode, er schafft zugleich eine andere Ausgangsbasis für die Theoriebildung. Die vergleichende Methode setzt als Schema, das ihr Abstraktionsmöglichkeiten, Relevanzgrenzen und Bezugsprobleme vorgibt, eine Systemtheorie voraus. Der Handlungsbegriff allein reicht dafür nicht aus[6]. Der Übergang von einer Kausalgesetze suchenden zu einer funktional vergleichenden Methode führt in der Theorie konsequent zu dem in der Einleitung geforderten Übergang von Handlungstheorien zu Systemtheorien. Er kompensiert gleichsam durch Theoriekomplizierung den Verzicht auf »lineares« Methodendenken und versucht auf diese Weise, sich der Realität besser anzunähern, als dies den kausalgesetzlich denkenden Methoden und Theorien möglich war. Damit wird zugleich die Schwelle überschritten, an der die im

thodological basis for not merely the validity but the indispensability of the comparative method for all the analytical sciences. Experiment is, in fact, nothing but the comparative method where the cases to be compared are produced to order and under controlled conditions. . . Without the comparative method there can be no empirical demonstration of the independent variation of the values of analytical elements.«

6 Nicht selten wird dieser Zusammenhang auch in der Form festgehalten, daß das Interesse an vergleichender Forschung zu Modellkonstruktionen nötige – so besonders in der vergleichenden Verwaltungswissenschaft, in die auf diesem Umwege auch die Systemtheorie einzudringen beginnt. Vgl. *Fred W. Riggs/Edward W. Weidner,* Models and Priorities in the Comparative Study of Public Administration. Papers in Comparative Public Administration. Special Series No. 1, Chicago 1963; *D. S. Pugh* u. a., A Conceptual Scheme for Organizational Analysis. Administrative Science Quarterly 8 (1963), S. 289–315, und die allgemeine Beobachtung von *Dwight Waldo,* Comparative Public Administration. Prologue, Problems, and Promise. Papers in Comparative Public Administration. Special Series No. 2, Chicago 1964, S. 15.

vorigen Kapitel erörterten Versuche der Kritik und Mediatisierung des Zweckdenkens hängen geblieben waren.
Die Frage nach der Funktion der Zwecksetzung ist demnach im Rahmen einer Theorie des Handlungssystems – hier des sozialen Systems – und mit dem Ziel vergleichender Erkenntnis zu beantworten. Die folgenden Überlegungen sind von diesem Grundgedanken getragen. Sie suchen im Bereich der Wissenschaften von zweckorientierten Sozialsystemen jene Veränderungen aufzuzeigen, die nach dem Durchbruch von einer kausalwissenschaftlichen zu einer vergleichenden Methode und von einem handlungsbegrifflichen zu einem systembegrifflichen Bezugsrahmen erkennbar werden. Diese Absicht wollen wir in sechs Schritten durchführen. Sie erfordert zunächst (1) ein Mindestmaß an Klarstellung des systemtheoretischen Ansatzes, von dem wir ausgehen. Sodann (2) werden wir versuchen, das, was wir im ersten Kapitel auf der Ebene der Einzelhandlung über die Kausalauslegung des Handelns und das Zweck/Mittel-Schema ausgemacht haben, in diese Systemtheorie zu übertragen und damit die Frage zu beantworten, welche Funktion es für ein System hat, wenn es sein Handeln als Bewirken einer Wirkung bzw. als Mittel für einen Zweck auslegt. Der nächste Abschnitt (3) dient dazu, gewisse umweltmäßige und systeminterne Voraussetzungen dieser Auslegung (Differenzierung und Generalisierung) zu klären. Der Zweck selbst wird dabei nicht als feststehende ontische Größe, sondern in funktionaler Perspektive als Leistungsbedürfnis, als eine Zweck-»Variable« begriffen, die in verschiedener Art und Weise verwirklicht werden kann, nämlich in bestimmterer oder unbestimmterer Form und mit mehr oder weniger widerspruchsvoller Folgenbewertung. Der Aufhellung der damit verbundenen Probleme müssen zwei weitere Abschnitte (4 und 5) gewidmet werden. Dabei treten gewisse Vorbedingungen, charakteristische Einseitigkeiten und Folgeprobleme an den Tag, die mit der Festlegung eines Sozialsystems auf Zweckprogram-

me verbunden sind. Nur wenn man solche Abhängigkeiten und »dysfunktionalen Konsequenzen« einer spezifischen Problemlösung geklärt hat, kann man diese Lösung fruchtbar mit ihren funktionalen Äquivalenten vergleichen. Diesem Vergleich ist der letzte Abschnitt (6) gewidmet. Er erweitert den Horizont und sucht die Frage zu beantworten, ob es für Zwecksetzung Alternativen gibt und welche anderen Einrichtungen gegebenenfalls die gleiche Funktion erfüllen können.

1. System/Umwelt-Theorie

Die kritische Erörterung von Systemzweck-Theorien in den beiden vorangegangenen Kapiteln hat auf eine zentrale Schwierigkeit aufmerksam gemacht: Systeme werden als Ganzheiten verstanden, die »mehr sind als die Summe ihrer Teile«, aber es ist nicht gelungen, ein überzeugendes Verhältnis dieser Systeminterpretation durch das Ganzes/Teil-Schema zum Zweck/Mittel-Schema herzustellen. Man könnte dies weiterhin versuchen; aber wenn man die bisherigen Bemühungen überblickt, liegt es wohl näher, die Frage nach der Brauchbarkeit der herrschenden Systeminterpretation vorzuziehen, das heißt die Auslegung des Systems als eines Ganzen, das aus Teilen besteht, in Frage zu stellen – in gleichem Sinne, wie wir die Auslegung des Handelns als Bewirken einer Wirkung und als Mittel zum Zweck in Frage ziehen mußten. Denn es ist zu vermuten, daß dieses Vorurteil die Perspektiven und Erkenntnismöglichkeiten der bisherigen Forschung in zu enger Weise festlegt. Zum Beispiel scheint das Festhalten an diesem Schema ein Grund dafür zu sein, daß die auf Anregungen von Ludwig von Bertalanffy[7] zurückgehende »General

7 Vgl. *Ludwig von Bertalanffy,* Zu einer allgemeinen Systemlehre. Biologia Generalis 19 (1949), S. 114–129; *ders.,* An Outline of General System Theory. The British Journal for the Philosophy of Science 1 (1950), S. 134–165; *ders.,* General System Theory. In: General Systems. Yearbook of the Society for the Advancement of General

System Theory« bisher in den Jahrbüchern der Society for General Systems Research ein relativ isoliertes Dasein führt und für die Analyse organisatorischer Tatbestände oder sozialer Systeme kaum fruchtbar gemacht worden ist[8]. Ebenso vermag die aus Anlaß der beginnenden Industrie- und Verwaltungsautomation unter der Bezeichnung »systems engineering« bzw. »systems analysis« geschaffene Betrachtungsweise keine weitertragende theoretische Bedeutung zu gewinnen, solange sie den Zweckbegriff[9] und das Ganzes/Teil-Schema[10] unreflektiert verwendet. Nicht anders ergeht es dem anthropologischen Funktionalismus. Selbst wo er die ältere, harmonisch-integrative Innensicht sozialer Systeme zu überwinden und Umweltbeziehungen mit in den Blick zu nehmen trachtet, hält er noch am Ganzes/Teil-Schema fest, so daß er Umweltbeziehungen nur als Innenbeziehungen eines umfassenden Systems zu erfassen vermag, also nur dadurch, daß er die Systemreferenz wechselt und das, was er zuvor als System behandelt hatte, nun als Teil eines umfassenden Ganzen ansieht[11].

Systems Theory 1 (1956), S. 1–10; *ders.*, General System Theory – A Critical Review. General Systems 7 (1962), S. 1–20.

8 Als einen Anwendungsversuch, der jedoch relativ farblos bleibt, siehe *Kenneth E. Boulding*, General Systems Theory. The Skeleton of Science. Management Science 2 (1956), S. 197–208. Erfolgreicher, aber mit wenig Rücksicht auf den Allgemeingültigkeitsanspruch der Systemtheorie: *Katz/Kahn*, aaO.

9 Siehe z. B. *John L. Kennedy*, Psychology and System Development. In: *Robert M. Gagné* (Hrsg.), Psychological Principles in System Development, New York 1962, S. 13–22 (15); *John L. Finan*, The System Concept as a Principle of Methodological Decision. In: *Gagné*, aaO, S. 517–546 (517, 519); *Maass u. a.*, aaO, S. 2 ff.; *Johnson/Kast/Rosenzweig*, aaO, 1963, S. 91; *Briggs*, aaO, S. 479.

10 Siehe z. B. *Russel L. Ackoff*, Systems, Organizations, and Interdisciplinary Research. In: *Donald P. Eckman* (Hrsg.), Systems Research and Design. Proceedings of The First Systems Symposium at Case Institute of Technology, New York-London 1961, S. 26–41 (27 f.); *Johnson/Kast/Rosenzweig*, aaO, 1963, S. 4; *Briggs*, aaO, S. 479; *Mesarović/Sanders/Sprague*, aaO, S. 493.

11 Sehr typisch *Robert Redfield*, Societies and Cultures as Natural Systems. The Journal of the Royal Anthropological Institute 85

Die Vorstellung eines Ganzen, das aus Teilen besteht, ist nicht etwa ein dem menschlichen Denken zwingend vorgeschriebenes kategorisches Gesetz, sondern ein Versuch, die Frage nach dem Sein des Seienden zu beantworten – oder vielleicht eher, ihr auszuweichen. Die Zerlegung des Seienden nach dem Schema Ganzes und Teil ist ähnlich wie die Zerlegung der Bewegung nach dem Schema von Ursache und Wirkung (oder Mittel und Zweck) auf die Seinsfrage bezogen, gibt aber keine unmittelbare Antwort (wesbalb der Bezug auf diese Frage im dunkeln blieb), sondern vermag nur einen Spielraum für ein rationales Argumentieren zu eröffnen. Mit Hilfe dieses Schemas konnte man entweder das Sein des Ganzen auf das Sein seiner Teile zurückführen – letztlich auf »Atome«, deren Beziehungen das Ganze aufbauen und rationaler Forschung zugänglich sind. Oder man hielt das Ganze, letztlich die Welt, für das eigentlich Seiende und fand in jedem Teil dann Ausdruck und Bestätigung dieses Ganzen (Leibniz)[12].

Dabei drängte sich, obschon nicht zwingend, der Gedanke auf, daß die Teile einander »ähnlich« sein müßten, so daß das Ganze auf der Gleichheit der Teile beruhe, gleichsam dessen Abstraktion sei als Gattungsbegriff der Teile[13]. Das

(1955), S. 19–32. Ähnliches gilt für Parsons. Für die soeben behandelte betriebswirtschaftliche »systems analysis« vgl. z. B. *Richard A. Johnson/Fremont E. Kast/James E. Rosenzweig,* Systems Theory and Management. Management Science 10 (1964), S. 367–384 (371); für die allgemeine Systemtheorie *Alfred Kuhn,* The Study of Society. A Unified Approach. Homewood/Ill. 1963, S. 48 f. und die Kritik von *R. C. Buck,* On the Logic of General Behavior Systems Theory. In: *Herbert Feigl/Michael Scriven* (Hrsg.), The Foundations of Science and the Concepts of Psychology and Psychoanalysis. Minnesota Studies in the Philosophy of Science, Vol. I, Minneapolis 1956, S. 223–238 (234 f.).

12 Zu diesen beiden Möglichkeiten, die Seinsfrage zu beantworten, und zu dem Ungenügen, das sich in ihrer Antithetik offenbart, vgl. *Nicolai Hartmann,* Zur Grundlegung der Ontologie, 3. Aufl. Meisenheim am Glan 1948, S. 66 ff.

13 Aber auch andere Interpretationen sind auf der Grundlage dieses Gleichheitsgedankens möglich. Zum Beispiel hat man bekanntlich im 17. und 18. Jahrhundert versucht, die Existenz der Gesellschaft und ihres Naturrechts auf die Gleichheit der Menschen in ihrer Bedürf-

System prägt dann als Ganzes durch sein Wesen das Wesen der Teile, die dann zwar im Akzidentellen verschieden sein können, im Essentiellen ihrer Teilhaberschaft aber qualitativ gleich sind[14]. Im gedanklichen Nachvollzug der Konstitution des Ganzen oder der Repräsentanz des Teiles glaubte man sich der Wahrheit des Seins nähern, sie gleichsam von der evidenten Ausgangsposition (Atom bzw. Welt) auf anderes übertragen und dieses dadurch begründen zu können.

In jedem Falle führte der Leitfaden des ontologischen Interesses, die Frage nach dem Sein des Seienden, dazu, daß die Versuche des Begreifens auf die *Innenordnung* des Systems beschränkt blieben. Die Auslegung des Systems als ein Ganzes, das aus Teilen besteht, isoliert das System auf sich selbst. Externe Beziehungen eines Systems werden natürlich nicht ignoriert, aber sie können nur so erfaßt werden, daß das System als Teil eines umfassenderen Systems behandelt wird. Die Identität eines Systems wird als interne Rationalität gesehen und nicht bewußt auf externe Beziehungen zurückgeführt. Die Beschränkung auf die Innenordnung wirkt sich schließlich als Beschränkung der Problemsicht aus. Urproblem dieser Systemkonzeption ist das Sein des Seienden, und die abgeleitete Problematik liegt in der Frage, wie sich Teile zu einem Ganzen so zusammenfügen können, daß ein »Mehr« entsteht; oder umgekehrt, wie ein Teil das Ganze repräsentieren kann.

Will man zu dieser Systemauslegung Distanz gewinnen,

tigkeit, ihrer Todesbedrohtheit (Hobbes) oder ihrer Vernunft zu gründen. Auch hier sah man also in der Ähnlichkeit der Teile die Bestandsgarantie des Ganzen.

14 Diese Systemkonzeption harmonisiert mithin mit der Auslegung der Gleichheit als qualitative Ähnlichkeit – im Gegensatz zu der hier vertretenen Auffassung der Gleichheit als funktionaler Äquivalenz, die zu einem anderen Systembegriff führen muß. Zu diesem Unterschied vgl. auch *William Stern,* Person und Sache. System des kritischen Personalismus, Bd. I, 2. Aufl. Leipzig 1923, S. 350 ff.

dann wird man sich nicht damit begnügen dürfen, jenen Kritikern zu folgen, die in der Explikation ihrer Kritik das Schema Ganzes/Teil noch voraussetzen[15]; man muß vielmehr eine Systemkonzeption zu erreichen suchen, die sich in ihrem begrifflichen Ansatz von jenem Schema unabhängig macht und dadurch in der Lage ist, die Frage nach der Funktion der Differenzierung des Systems in Teile zu stellen.

Der Ansatzpunkt und der Leitfaden für die Erweiterung finden sich genau in dem Punkte, in dem die Unzulänglichkeit der klassischen Systemkonzeption erkennbar wird. Die Betrachtung eines Innen hat nur Sinn, wenn es ein Außen gibt. Dieses Außen muß im Systembegriff mitthematisiert werden, weil anders das Innen nicht verständlich gemacht werden kann. Die Schwierigkeiten, in welche die ältere Systemlehre auf der Suche nach dem »Mehr« des Ganzen gegenüber den Teilen geraten ist, hängen hiermit eng zusammen. Dieses Mehr läßt sich nur als Ordnungsleistung des Systems im Verhältnis zu seiner Umwelt verstehen – und nicht allein von innen her als Summierungsüberschuß. Systeme müssen daher zunächst äußerst formal als *Identitäten* begriffen werden, *die sich in einer komplexen und veränderlichen Umwelt durch Stabilisierung einer Innen/Außen-Differenz erhalten.*

Durch Grenzziehung und Konstituierung einer Differenz von Außen und Innen entstehen Bereiche von unterschiedlicher Komplexität. Die Welt ist stets komplexer als jedes

15 Dies gilt z. B. für die sog. Ganzheitspsychologie mit ihrer Kritik des Schlusses vom Teil auf das Ganze; ferner auch für die Systemtheorie von Talcott Parsons, welche die Unterscheidung von »unit« und »system« relativiert auf die Forschungsabsicht des Betrachters – siehe z. B. *Parsons,* aaO, 1949, S. 737 ff.; *Parsons/Bales/Shils,* aaO, S. 106 f., 168, 172 ff.; *Parsons,* aaO, 1961 b, S. 219–239 (223 f.); oder auch für die scharfe Attacke auf die »myths of parts and wholes« von *Stafford Beer,* Below the Twilight Arch. A Mythology of Systems. In: *Eckman* (Hrsg.), aaO, S. 1–25 (13 ff.), die im Grunde nichts weiter ist als eine Kritik zu starrer Spezialisierung. Vgl. ferner *Heinrich Rombach,* Substanz, Struktur, 2. Bde., Freiburg-München 1965/66, Bd. I, S. 15 ff. mit weiteren Hinweisen.

System in der Welt; das heißt, in der Welt sind mehr Ereignisse möglich als im System; sie kann mehr Zustände annehmen als ein System. Im Vergleich zur Welt schließt ein System für sich selbst mehr Möglichkeiten aus, reduziert Komplexität und bildet dadurch eine höhere Ordnung mit weniger Möglichkeiten, an der sich das Erleben und Handeln besser orientieren kann. Die Trennung von Außen und Innen stabilisiert mithin ein Gefälle der Komplexität, um eine begrenzte Auswahl von Möglichkeiten dem Erleben und Handeln näher zu bringen.

Diese Reduktion der äußeren Weltkomplexität auf ein Format, das Erleben und Handeln ermöglicht, wird bei allen menschlichen Systembildungen durch *Sinn* gesteuert, und wegen dieser Eigenart können menschliche Systeme mit anderen adaptiven Systemen nicht gleichgesetzt (wohl aber verglichen) werden. Auch soziale Systeme sind Systeme, die Handlungen durch ihren Sinn (und nicht etwa durch ihre Stoßkraft) miteinander verbinden und gegen eine Umwelt anderer Möglichkeiten abgrenzen. Das Bemerkenswerte an dieser sinnvermittelten Reduktionsweise ist, daß sie Selektion zwar leistet und andere Möglichkeiten ausschaltet, aber diese Möglichkeiten als Möglichkeiten gleichwohl bestehen läßt. Trotz Selektion bleibt die reduzierte Komplexität als Komplexität erhalten, und nur der Zeitlauf schließt gewisse Möglichkeiten definitiv aus. Trotz laufender Sinnverdichtung und Entscheidung bleibt die Welt als Welt mit anderen Möglichkeiten bestehen und von jedem Sinnmoment aus im ganzen zugänglich. Jedes Ding gibt, obwohl es in Grenzen identifiziert wird, mir Möglichkeiten weiterer Erfahrung[16]. An allen sinnhaft identifizierten

16 Am Beispiel der Konstitution des Dinges hat Husserl den Horizontbezug und letztlich den Weltbezug aller Sinnbildung erkannt und damit die Grundlage für die oben skizzierte Auffassung gelegt. Vgl. *Edmund Husserl,* Ideen zu einer reinen Phänomenologie und phänomenologischen Philosophie, Bd. I, Husserliana Bd. III, Den Haag 1950, S. 57 ff. und passim sowie die Hinweise in Anm. 10 (1. Kapitel).

Gegenständen wird durch Verweisung auf andere Möglichkeiten des Erlebens und Handelns der Weltbezug sichtbar. Der Erlebende und Handelnde wird zwar davon entlastet, all diese Möglichkeiten zu aktualisieren, aber sie bleiben als Möglichkeiten erhalten und für andere Situationen aufbewahrt. Sie werden nur vorläufig neutralisiert. So hat auch ein Zweck, wie wir sahen, seinen spezifischen Sinn darin, daß er den Wert anderer Handlungsfolgen neutralisiert, ihn aber damit nicht vernichtet, sondern in der Negation als konstituierendes Moment des Zwecksinnes, auf das ständig verwiesen wird, beibehält.

Ohne diese Gedanken weiter zu vertiefen, können wir sie mit einer wichtigen Leitvorstellung der neueren Systemtheorie kombinieren. Jedem sozialen System, das sich identisch erhalten, in seinem Bestand also nicht allein von der in seiner Umwelt sich »zufällig« ergebenden Kausalkonstellation abhängen will, ist äußerste Komplexität der Welt als Problem durch Vermittlung von Sinn vorgegeben. Um dieses Problem lösen zu können, muß es in seinen Grenzen eine gewisse *Autonomie* entwickeln, die zumindest darin zu bestehen hätte, daß es Kausalfaktoren *selektiv,* das heißt als Informationen, behandeln und mit anderen Möglichkeiten vergleichen kann[17]. Durch Selektionsprozesse, die Ursachen und Wirkungen nach Maßgabe ihres Informationsgehaltes auswählen, ist ein System – immer natürlich nur mehr oder weniger – in der Lage, Umweltkomplexität zu reduzieren, das heißt sich zu erhalten, obwohl es die Umwelt weder ganz überblicken noch ganz beherrschen kann.

17 Wir lassen hier offen, in welchem Umfange diese Fähigkeit der Sinnorientierung eine interne strukturelle Differenzierung des Systems voraussetzt. In der Theorie der Kommunikationssysteme wird Autonomie oft enger, nämlich als Relation zwischen Informationen aus der Umwelt und Informationen aus dem Gedächtnis des Systems definiert. Damit wird die Frage, die wir hier als Problem offen lassen wollen, durch Definition entschieden und der Untersuchung entzogen. Siehe z. B. *J. S. Kidd,* A New Look at System Research and Analysis. Human Factors 4 (1962), S. 209–216 (211); *Deutsch,* aaO, 1963, S. 128 ff., 205 ff.

Systembildung besteht mithin in der Stabilisierung relativ invarianter und auf die Umwelt bezogener Sinnstrukturen, die Komplexität reduzieren oder doch die Reduktion von Komplexität durch konkretes Verhalten erleichtern können. Eine ungewollt treffende Illustration dafür bieten die neueren Entwicklungen der amerikanischen »theory of the firm«[18]. In ihrer älteren, vor allem auf Alfred Marshall zurückgehenden Fassung bemühte diese Theorie sich um eine Darstellung richtigen Unternehmerverhaltens unter der Bedingung eines Marktes mit perfekter Konkurrenz. Dieser Markt sollte dem Unternehmer praktisch die meisten Entscheidungen abnehmen bzw. seine Entscheidungsprämissen so eng definieren, daß rationales Handeln im Sinne des Wirtschaftlichkeitsprinzips für den Unternehmer als Einzelperson möglich zu sein schien. Doch war die Voraussetzung perfekter Konkurrenz natürlich unrealistisch. Die neuere Kritik wies deshalb darauf hin, daß der Unternehmer in Wirklichkeit unter sehr viel komplexeren und ungewisseren Umweltvoraussetzungen entscheiden müsse, daß es deshalb keine für den Gesamtbetrieb optimalen Entscheidungen geben könne und daß infolgedessen Organisation und faktische Motivierung der betriebsinternen Entscheidungsprozesse nicht länger vernachlässigt werden dürften[19]. In die eben skizzierte Systemtheorie übersetzt, heißt dies: Da der Markt nicht so viel Komplexität absorbiert, wie die ältere Theorie unterstellt hatte, müssen systeminterne Entscheidungsprozesse an seiner Stelle diese

18 Einen Entwicklungsüberblick geben z. B. *Andreas G. Papandreou,* Some Basic Problems in the Theory of the Firm. In: *Bernard F. Haley* (Hrsg.), A Survey of Contemporary Economics, Bd. II, Homewood/Ill. 1952, S. 183–219; *Herbert A. Simon,* A Comparison of Organization Theories. Review of Economic Studies 20 (1952–53), neu gedruckt in: *ders.,* aaO, 1957, S. 170–182; *ders.,* aaO, 1959, S. 253–283; *Margolis,* aaO, S. 187–199; *Boulding,* aaO, 1952, S. 35–44; *ders.,* aaO, 1960, und *Sherrill Cleland,* A Short Essay on a Managerial Theory of the Firm, beide in *Boulding/Spivey,* aaO, S. 202–216. Vgl. auch *Howard R. Bowen,* The Business Enterprise as a Subject for Research, New York 1955 mit Bibliographie.

19 Vgl. dazu bereits oben S. 68 ff.

Funktion erfüllen[20]. Das ist aber nur möglich, wenn das System sich seine Entscheidungssituation durch interne Prozesse vereinfacht, aber doch diesen Vereinfachungen nicht zum Opfer fällt, sie als eigene Selektion erkennt und sich damit den Zugang zur sehr viel komplexeren Wirklichkeit offenhält. Externe und interne Reduktionsprozesse sind im Hinblick auf das Problem der Komplexität funktional äquivalent und können daher in gewissen Grenzen füreinander eintreten. Nur deshalb ist es möglich, durch systeminterne Organisationsformen und Entscheidungsprozesse – darunter Zweckprogramme und zweckorientiertes Problementscheiden – Umweltkomplexität abzuarbeiten, das heißt, sich in der realen Welt rational zu verhalten.

2. Zweckfunktion

Auf dieses Grundproblem der Reduktion von Komplexität und Veränderlichkeit beziehen sich letztlich alle Systemprobleme und alle Leistungen, die das System zu seiner Erhaltung benötigt[21]. Auch die Funktion der Zwecksetzung läßt sich in einem ganz allgemeinen Sinne als Funktion der Absorption von Komplexität und Veränderlichkeit denken. Damit ist die Blickwendung gegenüber der traditionellen Auslegung des Zweckes als Wesen des Handelns vollzogen, darüber hinaus aber noch nicht viel er-

20 Es handelt sich also weniger darum, das Ideal eines vollständig informierten, ungeheuer schnell kalkulierenden Unternehmers abzubauen und durch realistischere Annahmen über das Entscheidungsvermögen eines Betriebes zu ersetzen – dies ist die Darstellung, die Simon gibt –, sondern darum, externe Mechanismen der Absorption von Komplexität teilweise durch interne zu ersetzen.

21 Siehe hierzu außer der kybernetischen Grundlagenliteratur auch dasselbe Problem in der ganz andersartigen, nämlich dramatischen Betrachtungsweise von *Kenneth Burke*, A Grammar of Motives, Cleveland-New York 1962. In der Psychologie wählen namentlich *Bruner/Goodnow/Austin*, aaO, diesen Ausgangspunkt und interpretieren ihn ebenfalls funktionalistisch. Zur Übertragung in die Soziologie vgl. *Luhmann*, aaO, 1967 c, und *ders.*, Soziologische Aufklärung. Soziale Welt 18 (1967), S. 97–123.

reicht. Denn wenn dieses Grundproblem auch das Bezugsproblem der Ordnungsleistung von Systemen schlechthin angibt, läßt sich daraus doch nicht das entnehmen, was die Zwecksetzung Besonderes leistet im Unterschied zu anderen Symbolen, Handlungen, Einrichtungen der Systemerhaltung.

Aufs erste wird man rasch erkennen, daß das Komplexitätspotential einer Zweckformel äußerst gering ist und deshalb für Handlungssysteme zumeist nicht ausreichen wird. Ein Zweck ist die vorgestellte Einheit einer geschätzten Wirkung. Selbst wenn man zusammengesetzte Wirkungskomplexe als Zweck setzt, kann man in der Zusammenfassung doch nicht sehr weit gehen, weil das die heuristische Funktion des Zweckes trübt und die Einheitlichkeit der Bewertungsgrundlage auflöst. »Gemeinwohl« ist kein denkbarer Zweck.

Die Kritiker der Einseitigkeit aller Zwecksetzung und die Kritiker des mathematischen Naturrechts der Optimierungstechniken und des allwissenden »economic man« haben bisher das Unrealistische – und insofern Falsche – dieser Entscheidungsmodelle in den Vordergrund gestellt. Die Wirklichkeit sei viel komplexer. Wirklichkeitsnähe wurde gegen den Schematismus ins Feld geführt, der sich zwangsläufig ergibt, wenn man nur Probleme zuläßt, die durch Algorithmen gelöst werden können[22]. Die Kontroverse braucht jedoch in dieser Schärfe nicht weitergeführt werden, wenn man Hauptargument »Wirklichkeitsnähe« und Nebenargument »Komplexität« umtauscht, wenn man also die Absicht auf empirische Wirklichkeitstreue der Verhaltensbeschreibung zurückstellt und dafür dem Problem der Komplexität ersten Rang gibt. Dann läßt sich die Kontroverse zwischen klassischen und neobehavioristischen Ent-

22 Als besonders bezeichnende Beispiele siehe *Braybrooke/Lindblom,* aaO, sowie *Lindblom,* aaO, 1965, S. 137 ff. Auch der oben S. 114 ff. erörterte Vorschlag Simons, Modelle des »optimizing behavior« durch solche des »satisfying behavior« zu ersetzen, bedient sich dieses Arguments.

scheidungstheorien auf Unterschiede des Ausmaßes an Komplexität zurückführen, das in den einzelnen Denkfiguren und Entscheidungsmodellen eingefangen werden kann. Beide Prinzipien der Modellkonstruktion haben dann ihr gutes Recht je nachdem, welche Leistung erwartet wird; sie unterscheiden sich nur graduell. Bevor man Entscheidungsmodelle konstruiert, muß man wissen, wieviel Komplexität durch sie absorbiert werden soll, und das hängt vor allem davon ab, wo im System sie verwendet werden sollen und welche Vorleistungen außerhalb und innerhalb des Systems vorausgesetzt werden können. Danach wird dann auch zu beurteilen sein, ob der Zweck als Denkfigur ausreicht, ob man mit der Annahme einer »Mehrheit von Zwecken« arbeiten muß oder ob die problematischen Situationen derart komplex sind, daß völlig zieloffene, allein auf das Überleben gerichtete, heuristisch-adaptive Techniken des Sichdurchlavierens den Vorzug verdienen.

Mit diesen Überlegungen verliert der Zweckgedanke seinen Rang als System-»Prinzip«, als Symbol der Einheit des Systems. Bei näherem Zusehen lassen sich dann eine Reihe von vorgelagerten Systemstrategien unterscheiden, die in bezug auf das Grundproblem der Absorption von Komplexität und Veränderlichkeit funktional äquivalent sind[23]:

23 Eine interessante Frage, die sich bei der hier gewählten Betrachtungsweise aufdrängt, kann nur gestellt, aber nicht zuverlässig beantwortet werden: ob nämlich auch die Unterscheidung von Komplexität und Veränderlichkeit, also von Sachdimension und Zeitdimension jeder Ordnung, als Systemstrategie begriffen werden kann, die als elementare Umweltstrukturierung der Systemerhaltung dient. Sicher ist, daß in begrenzten Zusammenhängen Sachordnung und Zeitordnung einander substituiert werden können. Die moderne Kommunikationstheorie macht davon vielfältigen Gebrauch. Sicher ist auch, daß das menschliche Erleben ebenso wie die Datenverarbeitung in Organismen und Maschinen jeweils unterschiedliche systeminterne Kombinationen von räumlichen und zeitlichen Mustern voraussetzt, um als Ganzes entstehen zu können. (Siehe z. B. *John von Neumann,* Die Rechenmaschine und das Gehirn, dt. Übers. München 1960, S. 53 f.; *Wieser,* aaO, S. 109 ff., 147 ff.). Ferner kennen wir Problemverschiebungen aus der sachlichen in die zeitliche Dimension und umgekehrt – z. B. die, daß zunehmende sachliche

a) Grundlegend vereinfacht sich das System seine Umweltlage dadurch, daß es die *objektive Situation durch eine subjektive ersetzt,* das heißt sein Handeln nicht unmittelbar durch die Wirklichkeit bestimmen läßt, sondern es nach seiner Vorstellung von der Wirklichkeit ausrichtet[24]. Die unfaßbare Komplexität der Welt wird dadurch in eine Perspektive gefaßt, kann in Ausschnitten Erlebnisthema werden in der Form einer immer schon bestimmten und weiter bestimmbaren Unbestimmtheit[25]. Wir hatten die Systemstrategie der Subjektivierung oben bereits unter dem Gesichtspunkt der Systemautonomie, der informationellen, selektiven Orientierung berührt. Man muß jedoch Systemrelativität und Subjektivität der Selektion unterscheiden. Alle Systeme sind durch selektive Beziehungen mit ihrer

Differenzierung mit zunehmenden Interdependenzen durch Verknappung der Zeit, also durch Steigerung des Tempos, bezahlt werden muß. Das alles sind aber nur Ansatzpunkte für ein Nachdenken über die Frage, welchen Sinn die Unterscheidung von Sachdimension und Zeitdimension für die Systemerhaltung hat. Mit dieser Frage stoßen wir an die Grenzen der funktionalen Analyse (obwohl man sich ihrer zur Verkleinerung des Problems bedienen kann). Die für die funktionale Analyse wesentliche Asymmetrie von Problem und Leistung kann kaum noch gewahrt werden, da das Problem der Systemerhaltung nur auf Grund einer Trennung von Zeitdimension und Sachdimension gedacht werden kann, einer Trennung, die andererseits dieser Erhaltung dienen soll.

24 Vgl. hierzu allgemein *Kenneth E. Boulding,* The Image. Knowledge in Life and Society, Ann Arbor 1956. Ferner aus der Organisations- und Entscheidungstheorie z. B. *Simon,* aaO, 1957, S. 199; *March/Simon,* aaO, S. 151 f.; *C. West Churchman/Herbert B. Eisenberg,* Deliberation and Judgment. In: *Shelly II/Bryan* (Hrsg.), aaO, S. 45–53, sowie andere Beiträge zum gleichen Sammelband; *Geoffrey Vickers,* The Art of Judgment. A Study of Policy Making, London 1965, insb. S. 67 ff. Als eine entsprechende soziologische Theorie vgl. *Peter L. Berger/Hansfried Kellner,* Die Ehe und die Konstruktion der Wirklichkeit. Soziale Welt 16 (1965), S. 220–235. In der Theorie des Organismus entspricht diesem Prinzip der Subjektivierung die neuere kybernetische Instinkt-Lehre – Instinkt in seiner komplexesten Form gesehen als intern motivierte Reduktion einer überkomplexen Umwelt auf spezifisch-relevante Information. Vgl. *Robert L. Marcus,* The Nature of Instinct and the Physical Bases of Libido. General Systems 7 (1962), S. 133–156.

25 Dies ist ein sehr zentraler Gedanke der Husserl'schen Phänomenologie. Siehe z. B. *Husserl,* aaO, 1950 a, S. 100.

Umwelt verknüpft, da sie geringere Komplexität aufweisen, also nie die ganze Welt für sie relevant werden kann. Subjektiv (das heißt weltfundierend) wird diese Auswahl nur durch Sinnbildung, nämlich dadurch, daß sie Sinn auswählt, der zugleich auf die Welt, aus der ausgewählt wird, verweist und diese dadurch als bleibend begründet.

Die Strategie der Subjektivierung vermag – und das ist für alle Grundstrategien typisch – allein das vorausliegende Problem nicht zu lösen; sie trägt nur dadurch zu seiner Lösung bei, daß sie ihm eine veränderte Fassung gibt, die es als leichter lösbar erscheinen läßt, also die Lösungschancen erhöht. Sie bewirkt gleichsam eine Umdefinition des Urproblems, die den Einsatz systeminterner Prozesse ermöglicht, die nun aber ihrerseits Folgeprobleme aufwirft, zum Beispiel das der Bildung wirklichkeitsangepaßter (richtiger oder doch bewährbarer) Vorstellungen, auf welche sich dann sekundäre Systemstrategien beziehen müssen.

b) Eine andere, funktional äquivalente Strategie setzt diese Subjektivierung voraus und bezieht sich auf den Konsens in subjektiv gebildeten Vorstellungen. Die Systemumwelt läßt sich in gewissem Maße dadurch vereinfachen und immobilisieren, daß *bestimmte Formen der Erlebnisverarbeitung* (Wahrnehmungsgewohnheiten, Wirklichkeitsdeutungen, Werte) *institutionalisiert* werden. Eine Vielzahl von Systemen wird an gleiche oder korrespondierende Auffassungen gebunden, so daß dadurch die Unendlichkeit an sich möglicher Verhaltensweisen reduziert und die Komplementarität des Erwartens[26] sichergestellt wird[27]. Sol-

26 Vgl. zu diesem Begriff grundsätzlich *Parsons/Shils,* aaO, S. 14 u. ö.; ferner z. B. *Nadel,* aaO, 1957, S. 50 ff.; *Alvin W. Gouldner,* The Norm of Reciprocity. A Preliminary Statement. American Sociological Review 25 (1960), S. 161–178; *Friedrich H. Tenbruk,* Zur deutschen Rezeption der Rollentheorie. Kölner Zeitschrift für Soziologie und Sozialpsychologie 13 (1961), S. 1–40 (insb. 21 f.).

27 Als eine ausdrückliche Formulierung dieses Gedankens, daß die Institutionalisierung von Werten im Rahmen umfassender Systeme die System/Umwelt-Beziehungen von Unsicherheit entlastet, vgl. *F. E. Emery/E. L. Trist,* The Causal Texture of Organizational Environments. Human Relations 18 (1965), S. 21–32 (28). Manche ein-

che Institutionalisierungen können für das Einzelsystem im Wege der Anpassung an eine vorgegebene Umweltordnung oder im Wege der Selbstverpflichtung auf eine Ordnung, die das System der Umwelt aufoktroyiert, übernommen werden. In jedem Falle wird die eigene Beweglichkeit des Systems dadurch begrenzt, seine Autonomie eingeschränkt.

c) Einen nächsten Gesichtspunkt können wir als *Strategie der Umweltdifferenzierung* bezeichnen. Das System trifft mit Hilfe seiner Umweltvorstellung Unterscheidungen. Es bildet zu jeweils verschiedenen Umweltausschnitten je besondere Grenzen, stabilisiert an diesen Grenzen je besondere Beziehungen und gründet seine Autonomie und seine Fähigkeit zur Indifferenz gegenüber Umweltänderungen gerade auf diese Unterschiedlichkeit[28]. Es kann dann keiner Sonderumwelt ganz zugerechnet werden. So unterscheidet ein Wirtschaftsbetrieb verschiedene »Märkte« (Beschaffungsmarkt und Absatzmarkt, Personalmarkt und Finanzmarkt) und erhält sich dadurch, daß er seinen Einfluß auf den einen Markt benutzt, um seine Position auf dem anderen zu stärken, mit deren Hilfe er wiederum seinen Einfluß auf den ersten Markt stabilisieren kann. Auf diese Weise kann das System sich spezialisieren, es sich also leisten, gegenüber einer Vielzahl von Umweltänderungen indifferent zu sein. Auch gesicherte Indifferenz ist eine Art der Absorption von Komplexität und Veränderlichkeit. Auch hier sieht man jedoch, daß die Grundstrategie selbst noch keine Erfolgsgarantie enthält, sondern nur ein Schema der Umdefinition des Problems, das bessere Lösungsmöglichkeiten in Aussicht stellt.

schlägige Beobachtung findet sich auch bei *Gehlen,* aaO, 1956, obwohl dessen Kategorien der »Institution« und der »Entlastung« mehr impressionistisch gefunden und nicht auf eine Systemtheorie rückbezogen gedacht sind. Auch die wirtschaftswissenschaftliche Literatur zum »Oligopol« ist auf ähnliche Gedanken gekommen, wenn sie von »stillschweigenden Vereinbarungen« der Konkurrenten spricht, wodurch die strategische Komplexität der Situation vereinfacht werde.

28 Hierzu näher *Luhmann,* aaO, 1964 a, S. 132 ff.

d) Nicht nur Umweltdifferenzierung, auch *Innendifferenzierung des Systems* ist eine Grundstrategie in diesem Sinne. Sie kann sich, braucht sich aber nicht auf eine Umweltdifferenzierung zu stützen. Sie kann durch Systemdifferenzierung und Prozeßdifferenzierung erfolgen. Die Bildung von Untersystemen bedeutet, wie Ashby[29] eindrucksvoll gezeigt hat, einen zumeist überlebenskritischen Gewinn an Anpassungsfähigkeit: Störende Umwelteinwirkungen können auf diese Weise in Teilen des Systems lokalisiert und abgekapselt werden; sie übertragen sich nicht ohne weiteres auf andere Teile, also nicht auf das Ganze, weil es infolge einer partiellen Unabhängigkeit der Teile voneinander nur Effektübertragungen gibt, die funktional sinnvoll sind oder die eine gewisse Schwelle der Störungskraft überschreiten, also in einer gegebenen Umwelt selten sind. Ist damit schon ein kritischer Zeitgewinn verbunden, so ermöglicht die interne Differenzierung außerdem eine Anpassungsbeschleunigung (weil nicht jeweils das ganze System geändert werden muß), eine Steigerung der Lernfähigkeit durch Spezifikation und die Dauererhaltung von gelernter Anpassung für mögliche Fälle in Teilsystemen, die sich wechselseitig nicht behindern, und allgemein eine Entlastung der Teilsysteme von übermäßiger Komplexität. In diesem Falle setzt jeder Teilprozeß Selektionsleistungen des vorangegangenen voraus und führt sie fort, so daß der Kommunikationsfluß im Sinne einer kontinuierlichen Selektivitätsverstärkung geordnet ist[30]. Systemmä-

29 Siehe *Ashby*, aaO, 1952, S. 136 ff., 153 ff. Vgl. ferner *Herbert A. Simon*, The Science of Management Decision, New York 1960, S. 40 ff. über Untersystembildung in hierarchisch geordneter Form als »the adaptive form for finite intelligence to assume in the face of complexity« (43) und ausführlicher *ders.*: The Architecture of Complexity. Proceedings of the American Philosophical Society 106 (1962), S. 467–482.

30 Siehe hierzu den Begriff der supplementation (amplification) of selection bei *Ashby*, aaO, 1956, S. 258 f., 271 f.; ferner den ähnlichen Begriff der »solution generators« bei *Newell/Shaw/Simon*, aaO, 1962, S. 77 ff.

ßige und prozeßmäßige Innendifferenzierungen ermöglichen es dem System, weit mehr Umweltkomplexität zu verarbeiten, als dies einem einfachen System möglich wäre. Man kann deshalb, wenn man nur diese Systemstrategie ins Auge faßt, auch sagen, daß die Komplexität des Systems auf die für es relevante Komplexität seiner Umwelt eingestellt sein muß[31]. Das System ist dann in der Lage, externe, das heißt unbeherrschbare, in interne, also beherrschbare Komplexität umzuwandeln und so abzuarbeiten[32].

e) Jeder Selektionsvorgang setzt konstant festgehaltene Relevanzgesichtspunkte voraus, die ihm als Struktur dienen, das Sprechen zum Beispiel eine Sprache. Diese Struktur muß bestimmt und unbestimmt zugleich sein – bestimmt, um als Entscheidungsprämisse die Auswahl der Informationen und der auf sie hin zu veranlassenden Kommunikationen anleiten zu können; unbestimmt, um möglichst viel Umweltkomplexität und -veränderlichkeit ohne Strukturänderung absorbieren zu können. *Im Ausmaß an Unbestimmtheit der Systemstruktur,* das ein System sich leisten kann, ohne sein Selektionspotential zu verlieren, liegt eine weitere Systemstrategie[33].

31 Siehe hierzu *Beer,* aaO, 1962, oder *O. J. Harvey* (Hrsg.), Motivation and Social Interaction. Cognitive Determinants, New York 1963, S. 95 ff., 134 ff.

32 Dieser Gedanke bei *Milton G. Weinert,* Observations on the Growth of Information-Processing Centers. In: *Rubenstein/Haberstroh,* aaO, S. 147–156 (155).

33 Vgl. dazu die Studie von *Burns/Stalker,* aaO, die »mechanistische« (strukturell fest determinierte) Organisationen »organischen« Organisationen mit hoher struktureller Unbestimmtheit entgegengesetzt und festgestellt hat, daß letztere sich bei raschem und unvorhersehbarem Wechsel der Umwelt besser bewähren. Lehrreiche Ausführungen über strukturelle Unbestimmtheit, ihre Funktionen und ihre Konsequenzen, finden sich auch bei *Dalton,* aaO, insb. S. 243 ff.; *Neil J. Smelser,* Theory of Collective Behavior, New York 1963, insb. S. 86 ff.; *Kahn/Wolfe/Quinn/Snoek,* aaO. Als weiteres Beispiel für die Anwendung dieses Gedankens siehe die Interpretation des juristischen Entscheidens als Reduktion der strukturellen Unbestimmtheit eines Systems bei *Niklas Luhmann,* Recht und Automation in der öffentlichen Verwaltung. Eine verwaltungswissenschaftliche Untersuchung, Berlin 1966.

Diese verschiedenen Grundstrategien[34] sind im Verhältnis zueinander funktional äquivalent. Sie können deshalb in gewissen Grenzen gegeneinander ausgewechselt werden, einander ersetzen oder, in Kombination, einander entlasten. Das eine System mag sich stärker auf die Subjektivierung, auf die »innere Konsequenz« seiner Vorstellungen verlassen, ein anderes mehr auf strategische Umweltdifferenzierung, ein drittes ist imstande, eine sehr elastische, unbestimmte Systemstruktur zu jeweils wechselnden brauchbaren Lösungen zu konkretisieren usw. Da aber jede dieser Strategien Sekundärprobleme aufwirft und dysfunktionale Folgen hat, die sich verschärfen in dem Maße, wie das System sich auf eine Grundstrategie allein stützt, werden die Strategien praktisch stets in Kombinationen auftreten[35].

Solche Kombinationen haben indes ihre eigenen Probleme, da die Grundstrategien nur begrenzt kompatibel sind. Zum Beispiel dürfte es schwierig sein, die interne Differenzierung sehr weit zu treiben, wenn man die Systemstruktur im Unbestimmten läßt[36]; und Subjektivierung und Insti-

34 Auf Nachweis der Vollständigkeit des Katalogs dieser Strategien, geschweige denn auf seine systematische Ableitung, kann hier kein Anspruch erhoben werden. Der heutige Entwicklungsstand der Systemtheorie vermag nur die induktiv gewonnene Aufzählung zu tragen.

35 *Gutenberg*, aaO, 1965, S. 300, nennt ein solches Verhältnis, in dem Lösungsbeiträge teilweise, aber nicht ganz, gegeneinander ausgewechselt werden können, periphere oder Randsubstitution im Unterschied zur alternativen Substitution.

36 Auf diese Schwierigkeit bezieht sich eine Tendenz, die sich in Großorganisationen in Widerspruch zum traditionellen Aufgaben- und Aufgabenteilungsdenken beobachten läßt, nämlich *Programmstruktur und Stellenstruktur nach Möglichkeit zu trennen.* Die Stellenordnung wird in ihren kommunikativen Beziehungen und Kompetenzen dann zwar in der notwendigen Detailliertheit organisiert. Dabei wird aber nach Möglichkeit offengelassen, welche Programme jeweils auf diesem Kommunikationsnetz bearbeitet werden. In idealer Weise ist diese Trennung in elektronischen Datenverarbeitungssystemen durchgeführt, die zwar in aller Präzision, gleichwohl aber in hohem Maße aufgabenindifferent konstruiert sind und in Sekundenschnelle umprogrammiert werden können, ohne daß dabei auf die

tutionalisierung setzen einander, wie schon angedeutet, ebenfalls Grenzen. Diese Kombinationsproblematik gibt uns den Schlüssel zum Verständnis der Zweckfunktion. Denn für die Zwecksetzung ist es bezeichnend, daß sie die Durchführung aller fünf Grundstrategien zugleich ermöglicht.

Zwecke sind *subjektive* Vorstellungen künftiger Wirkungen, und zwar subjektiv nicht nur als Erwartung eines faktischen Verlaufs, sondern auch als Wertschätzung, die über den lohnenden Einsatz systemeigener Kräfte bestimmt[37]; Zwecke können als Handlungsgrundlage oder auch als Wirkung *institutionalisiert* sein, also in der Umwelt Anerkennung und Unterstützung auch durch die nicht unmittelbar Betroffenen finden; sie können so spezifiziert werden, daß sie sich in eine *Umweltdifferenzierung einfügen,* also nur einen besonderen Umweltausschnitt betreffen – sei es den, der sie anerkennt und unterstützt, sei es einen anderen, dem sie als Wirkung aufoktroyiert werden; Zwecke eignen sich – und dieser Gedanke steht, wie wir sahen, für die klassische Organisationslehre im Mittelpunkt – als *Prinzip der internen Differenzierung;* und sie sind im *Ausmaß ihrer Bestimmtheit variabel,* können in ihrer Detailliertheit von nicht unmittelbar anwendungsfähigen allgemeinen Glücksvorstellungen bis zu präzise abgesteckten empirischen Wirkungen schwanken. Zwecke dienen der Spezifikation von Konsens zwischen System und Umwelt und reduzieren dadurch die Umweltkomplexität und die Änderungsaussichten, die ein System beachten muß, wenn es sich erhalten will. Damit ist natürlich nicht gesagt, daß durch eine Zwecksetzung die Kombinationsprobleme zwischen den ein-

»Ähnlichkeit« der Programme, die einander folgen, Wert gelegt werden müßte. Auch die Trennung von gesetzgebender Gewalt und Organisationsgewalt im staatlichen Bereich beruht auf diesem Grundgedanken. Daß solche aufgabenindifferente Organisation Grenzen hat, illustrieren die Kombinationsschwierigkeiten, von denen im Text die Rede ist.

37 Die Organisationswissenschaft macht sich diesen Charakter des Zwecks als *systeminterne Umweltinterpretation* selten ausdrücklich bewußt. Ein Beispiel: *Dill,* aaO, 1958, S. 410 f.

zelnen Grundstrategien mit einem Schlage erledigt werden. Sie treten nun als Spannungen in der Zweckstruktur eines Systems in Erscheinung, zum Beispiel als externe und interne Folgeprobleme einer sehr starken Zweckspezifikation; aber sie sind in dieser Form der Lösung durch rationale Weiterbehandlung ein gutes Stück nähergerückt.

Auf eine kürzere Formel gebracht haben Zwecke also eine mehrfach vermittelte Funktion für das Problem der Absorption von Komplexität und Veränderungen in der Systemumwelt. Sie dienen dieser Funktion auf verschiedene Weise und doch einheitlich. Man kann Zwecke daher – wie parallel zu ihnen auch legitime Herrschaftsrollen – als *koordinierende Generalisierungen* bezeichnen[38]. Dadurch, daß sie Erwartung, nicht Ereignis sind und eine abstrahierend ausgewählte Wirkung, nicht eine konkrete Situation anvisieren, schaffen sie jenen Abstand zum konkreten Geschehen, der es ermöglicht, verschiedenartige Bedürfnisse auf einen Nenner zu bringen. Dadurch, daß sie einen künftigen, zeitlich noch entfernten Zustand ins Auge fassen, sehen sie eine Zeitstrecke bis zur Zweckverwirklichung vor, in der unter dem allgemeinen Gesichtspunkt des Zweckstrebens sehr Verschiedenes getan werden

38 Hierzu vgl. den für die Systemtheorie von *Talcott Parsons* wichtigen Begriff des »situationally generalized goal«. Parsons drückt damit den Gedanken aus, daß ein System durch Generalisierung seiner Ziele – das heißt dessen, was es anstrebt, worin sein Handeln Erfüllung findet – sich den Erwartungen seiner Umwelt anpaßt und sich zugleich in die höhere normative Ordnung eines umfassenderen Systems einfüge – so wenn ein Kind lerne anzustreben, der Mutter zu gefallen, ein Schüler Schulerfolge suche, wenn Karriere, Geldgewinn, Machterhaltung zu Systemzielen würden. Zugleich mache die Richtung dieser generalisierenden Integration ein wesentliches Merkmal des umfassenden Systems aus, bestimme mit, welches Untersystem in ihm dominiere. Als Skizzen dieses Gedankens, dessen Bedeutung sich jedoch erst aus dem Gesamtwerk *Parsons'* erschließen läßt, siehe z. B. The Social System, Glencoe/Ill. 1951, S. 236 ff. oder: Social Structure and the Development of Personality. Freud's Contribution to the Integration of Psychology and Sociology. Psychiatry 21 (1958), S. 321–340; neu gedruckt in: *Talcott Parsons*, Social Structure and Personality, New York-London 1964, S. 78–111 (87 ff.).

kann, um konkurrierenden Problem- und Situationsanforderungen zu genügen. Im einzelnen werden wir noch sehen, daß diese Leistung der koordinierenden Generalisierung auf zwei diametral entgegengesetzte Weisen erbracht werden kann: durch abstrakte Spezifikation der Zwecke auf eine bestimmte empirische Wirkung hin unter Indifferenz gegen die übrigen Folgen des Handelns, wobei die generalisierte Einstellung in eben dieser Indifferenz liegt; und durch inhaltliche Generalisierung des Zweckes bis zu einer Allerweltsformel der Glückseligkeit, wobei die Generalisierung darin besteht, daß offen bleibt, welche Mittel den Zweck erfüllen und welche überraschenden Nebenfolgen im Paradies zu erwarten sind. Wie so oft, sind auch hier genau entgegengesetzte Möglichkeiten funktional äquivalent.

Zwecke geben dem Grundproblem der Bestandserhaltung in einer komplexen und veränderlichen Umwelt, das als solches nicht instruktiv, nicht entscheidungsfähig ist, eine systemintern bearbeitbare Fassung. Sie sind gleichsam Ersatzformeln für ein ihnen vorausliegendes Ungewißheitsproblem. Die Zwecksetzung ermöglicht, mit anderen Worten, eine Teilverlagerung der Bestandsproblematik von außen nach innen, also in die Sphäre eigener Disposition.

Das Problem der Erhaltung eines umweltbedrohten Systems ist als solches kein brauchbarer Entscheidungsmaßstab; das hat die oben S. 143 ff. behandelte Diskussion der Bestandsformel deutlich gemacht. Sie ist zu unbestimmt, weder konsensfähig, noch einfach genug, noch als kurzfristiges Erfolgskriterium oder als Anhaltspunkt für Kontrollen geeignet. Die Zwecksetzung gibt diesem Problem eine entscheidbare Fassung, transformiert es in eine brauchbare Arbeitsgrundlage, indem sie zu erstrebende Wirkungen definiert, in bezug auf welche geeignete Mittel in rationalen Entscheidungsverfahren ausgewählt werden können. In der Perspektive des Organisationsanspruchs erscheint die ungefüge, unübersehbare Komplexität der Welt als Interdependenz bewertbarer Wirkungen, so daß das Systemhandeln unter dem Gesichtspunkt der Interdependenz von Mitteln organisierbar und koordinierbar wird. Was in der Umwelt als Vielzahl widerspruchsvoller, fluktuierender Werte und Verhaltensanforderungen erscheint, wird durch Zwecksetzung in ein Knappheitsproblem umgewandelt und so programmierbaren systeminternen Entscheidungsprozessen übergeben. Knappheit ist ein systeminternes Schema der Bearbeitung von Inkonsistenzen unter den Möglichkeiten, die die Umwelt bietet, – und nicht etwa eine Eigenschaft der Natur[39].

Die Orientierung an Zwecken verlagert demnach die Folgeprobleme der Systemerhaltung in einen angstfreien Bereich, der rationaler Kalkulation zugänglich ist, und verdeckt damit andere Aspekte des ursprünglichen Problems. Diese zweckrationale Problemfassung ist zwar kein vollständiges Äquivalent. Zweckerreichung allein vermag den Systembestand nicht auf alle Fälle zu sichern. Das ist der bleibende Erkenntnisgewinn der neueren Kritik des Zweckmodells der Organisation. Gleichwohl eignet sich die Zwecksetzung als Strategie der Unsicherheitsabsorption. Sie ermöglicht es im zweckstrukturierten System, bis auf weiteres so zu handeln, als ob mit der Zweckerfüllung der Systembestand gesichert sei. Wenn diese Voraussetzung nicht zutrifft oder ihre Umweltprämissen sich ändern, werden störende Geräusche auftreten; dann wird das System seine Zwecke umdefinieren müssen oder untergehen[40].

39 Deshalb geht auch die Ansicht fehl, daß mit steigender Komplexität und Leistungsfähigkeit sozialer Systeme Knappheiten abnehmen würden; im Gegenteil nimmt die Orientierung an Knappheiten (von Zeit, Geld, Stimmen usw.) im Laufe des Zivilisationsprozesses zu. Siehe dazu auch *Vickers,* aaO, 1959, S. 104 f., 107.

40 Vgl. dazu die heute in sehr verschiedenen Forschungsbereichen akzeptierte These, daß der Systembestand, die »Gesundheit« der Organisation usw., das Kriterium für eine etwaige Änderung von Organisationszwecken darstellt. Siehe z. B. *Ashby,* aaO, 1952, S. 120 ff.; *Warren G. Bennis,* Towards a »Truly« Scientific Management. The Concept of Organization Health. General Systems 7 (1962), S. 269–282; *Krüsselberg,* aaO, S. 112 ff.

Das System gewinnt auf dem Bildschirm seiner Zwecke für das tägliche Verhalten ein stark vereinfachtes Umweltbild und eine Kooperationsgrundlage, die rasche Verständigung gestattet. Es verdeckt sich dabei sein Bestandsproblem und muß deshalb in der Lage sein, in Krisenfällen die ursprünglichere Problematik zu reaktualisieren und auf sie zurückzugreifen, um gegebenenfalls seine Zwecke zu modifizieren nach Maßgabe ihrer Funktionen für den einen oder anderen Weg der Absorption von Komplexität und Veränderlichkeit. Trotz ihrer Programmfunktion, die konstante Geltung während des Entscheidungsvorgangs erfordert, sind Zwecke also keine systemexternen, allein durch ihren Wertgehalt gültigen Entscheidungsmaßstäbe; sie werden vielmehr durch Entscheidungsprozesse im System selbst geschaffen, als vorläufig akzeptierte Präferenzen konstant gesetzt und gegebenenfalls geändert[41]. Sie müssen deshalb sorgfältig unterschieden werden von den *Erwartungen,* welche die Umwelt an das System richtet.

In diese noch sehr allgemein formulierte Vorstellung der Systemfunktion von Zwecksetzungen lassen sich nunmehr die Erkenntnisse hineinzeichnen, die wir im ersten Kapitel bei Betrachtung der Einzelhandlung über den Sinn der Kausalauslegung des Handelns und des Zweck-Mittel-Schemas gewonnen hatten. Handlungsanalyse und Systemanalyse widersprechen sich nicht, dürfen sich auch nicht

41 Diese Auffassung scheint in der neueren Organisationstheorie vorzudringen – siehe z. B. *Thompson/McEwen,* aaO; *Shmuel N. Eisenstadt,* Bureaucracy and Bureaucratization. Current Sociology 7 (1958), S. 99–164 (113 f.); *Cyert/March,* aaO, 1959 und aaO, 1963, S. 26 ff.; *Leibenstein,* aaO, S. 154; *Clark/Wilson,* aaO, S. 157 f.; *Heinen,* aaO, 1962; *Deutsch,* aaO, 1963, S. 195 ff.; *Simon,* aaO, 1964; *Gore,* aaO, S. 36 ff.; *Braybooke/Lindblom,* aaO, S. 87. Bemerkenswert ist, daß es auch in der neueren Rechtstheorie entsprechende Tendenzen gibt, zum Beispiel bei Autoren, die wie *Josef Esser,* Grundsatz und Norm in der richterlichen Fortbildung des Privatrechts, Tübingen 1956, den richterlichen Entscheidungsprozeß als sich selbst programmierende, normbildende Rechtserzeugung sehen und die Gesetzgebung nur als eine Ausdifferenzierung der Rechtssetzungsfunktion, die stets prekär bleibt und häufig mißlingt.

widersprechen, da ja schließlich Systeme aus Handlungen bestehen. Sie unterscheiden sich nur durch die Komplexität der Betrachtungsweise. Gewisse Probleme, vor allem das Problem der Reduktion von Komplexität, gewinnen dadurch zusätzliche Aspekte, daß man sie von der Handlungsebene auf die Systemebene transponiert; andere Probleme, zum Beispiel das der Umweltdifferenzierung, lassen sich von vornherein nur auf Systemebene formulieren[42]. Unsere relativ einfache Darstellung des funktionalen Sinnes der Kausalauslegung des Handelns und der Reduktion ihrer Unendlichkeit durch Zwecksetzung wird dadurch bestätigt, daß sie sich in den Kontext der Systemtheorie, über die wir jetzt verfügen, einarbeiten läßt; so wie umgekehrt die Systemtheorie Gewinn daraus zieht, daß sie an Hand einer vorbereitenden Analyse der kausal-funktionalen Handlungsauslegung ihre Vorstellungen über die Zweckfunktion präzisieren kann.

Wir hatten gesehen, daß die Auslegung des Handelns als Bewirken einer Wirkung und die Zwecksetzung zwei unterscheidbare Schritte der Schematisierung des Handlungserlebnisses darstellen: der erste eine Enttypisierung und eine Ausweitung des Horizontes der Verlaufsmöglichkeiten ins Unendliche, der zweite eine Reduktion dieser Unendlichkeit auf entscheidbare Alternativen. Der zweite Schritt ist im ersten dadurch angelegt und fundiert, daß die Konstruktion einer Unendlichkeit von anderen Möglichkeiten auf der Trennung von Ursache und Wirkung beruht und diese beiden Kausalfaktoren in eine asymmetrische Beziehung gesetzt sind, so daß der eine für die Analyse des anderen konstant gesetzt werden kann.

Übernimmt man diese Gedanken in die Systemtheorie, dann wird zunächst deutlich, daß es sich bei der Kausalkategorie nicht um die Bezeichnung einer »an sich« wirklichen Umweltgegebenheit handelt, die Entstehen und Ver-

42 Siehe hierzu grundsätzliche Ausführungen bei *Parsons,* aaO, 1949, S. 727 ff. Vgl. ferner *Schutz,* aaO, 1943, insb. S. 80.

gehen der Systeme durch bestimmte Ursachen zu erklären vermöchte; sondern daß die Schematisierung des Wirklichen im Sinne der Kausalkategorie eine Systemstrategie ist, die auf ihre Funktion hin untersucht werden kann[43].

Diese Konzeption wird nur auf den ersten Blick schockieren. Sie ist im Grunde nur eine Konsequenz der Einsicht David Humes, daß Kausalgesetze sich nicht auf Erfahrung gründen lassen.

Eine weitere Konsequenz steht mit neueren Erkenntnissen der Systemtheorie in Einklang: Systeme können nicht kausal aus ihrer Umwelt heraus erklärt werden – das würde schon dem Systembegriff mit seiner Innen/Außen-Differenz widersprechen –, weil sie auch über interne Ursachen verfügen und weil sie die Ursachen, die ihre Systemprobleme lösen, selbst nach informationellen Gesichtspunkten auswählen[44]. Die Vorstellung einer Selektion von Ursachen

43 Das gleiche gilt – wie hier nur angemerkt werden kann, da die Frage nicht zu unserem engeren Thema gehört – für die *Gleichheit*. Auch Gleichheit ist eine systemrelative Umweltschematisierung, die dazu dient, die Komplexität der Umwelt zu reduzieren, ist also eine Systemstrategie. Deshalb enthält auch das Gleichheitsprinzip keine Ordnung, sondern nur ein Schema möglicher Ordnung, das durch Relevanzgesichtspunkte für die Auswahl des Gleichen konkretisiert werden muß so wie die Kausalität durch Zwecksetzungen. Daher gibt es Gleichheiten in einem absoluten Sinne so wenig wie es Ursachen oder Wirkungen oder Kausalgesetze in einem absoluten Sinne gibt. Gleichheitsinterpretation und Kausalitätsinterpretation hängen daher auch denkgeschichtlich eng miteinander zusammen und können nicht ohne Rücksicht aufeinander geändert werden. Als Systemstrategien entlasten sie sich wechselseitig, da das Kausalschema dazu dient, Gleichheiten – nämlich in der Form funktionaler Äquivalenzen – zwischen Ursachen oder zwischen Wirkungen ausfindig zu machen, und umgekehrt vorausgesetzte Gleichheiten, die Wiederholbarkeit von Kausalabläufen garantieren, das heißt einem System Indifferenz gegen Unterschiede erlauben. Diese Bestimmung des Verhältnisses als wechselseitige Entlastung löst das alte Prinzip des »causa aequat effectum« ab. Zur entsprechenden Interpretation des Grundrechts der Gleichheit vor dem Gesetz vgl. *Luhmann*, aaO, 1965 a, S. 162 ff.

44 Diese Einsicht, daß Systeme nicht durch externe Ursachen erklärt werden können, sondern ihren Grund mindestens teilweise in sich selbst haben, findet man in aller Konsequenz im dialektischen Materialismus vertreten. Siehe z. B. *Georg Klaus*, Das Verhältnis

hebt den Begriff der Ursache als Erklärungsprinzip auf. Wohl aber kann der »Gebrauch«, den ein System von der kausalen Auslegung des Wirklichen macht, funktional gedeutet werden (womit natürlich nicht die Tatsache dieses Gebrauchs kausal, sondern nur sein Sinn funktional erklärt ist). Der Systembegriff dient uns mithin als Deutungsgrundlage für die Kausalkategorie, nicht umgekehrt die Kausalkategorie als Erklärungsgrundlage für den Systembestand.

Weiter ist für die Systemtheorie wichtig, daß die Auslegung des systemeigenen Handelns sowie der internen Prozesse, die seiner Vorbereitung dienen, eine Umweltauslegung impliziert. Wird das eigene Handeln als Kausalvorgang begriffen, wird die Umwelt es auch. Das ist eine Konsequenz der Expansivität und Unbegrenzbarkeit, die dem Kausalschema innewohnt. Es dient dazu, andere Möglichkeiten in den Blick zu bringen, kann also nicht auf Wirklichkeitsausschnitte oder gar auf das eigene Handeln begrenzt werden – so wenig wie man umgekehrt bei einer kausalen Umweltauslegung das eigene Handeln ausnehmen könnte. Systemgrenzen sind daher prinzipiell keine Grenzen des Wirkungsbereichs der Kausalität. Kausalprozesse fließen aus der Umwelt in das System und aus dem System in die Umwelt[45]. Systemgrenzen müssen mithin anders, näm-

von Kausalität und Teleologie in kybernetischer Sicht. Deutsche Zeitschrift für Philosophie 8 (1960), S. 1266–1277. In der »westlichen« Systemforschung findet man zumeist nur ablehnende Bemerkungen gegen allzu einfache »lineare« Kausalität im Sinne der älteren stimulus/response-Theorie. Siehe als Beispiele aus ganz verschiedenen Arbeitsbereichen: *Lawrence J. Henderson*, Pareto's General Sociology. A Physiologist's Interpretation, Cambridge/Mass. 1935, S. 17 f.; *John B. Knox*, The Sociology of Industrial Relations, New York 1955, S. 195; *Wieser*, aaO, S. 11 f., 128 ff.; *Argyris*, aaO, 1962, S. 63; *John F. Kennedy*, The System Approach. Organizational Development. Human Factors 4 (1962), S. 25–52 (27); *Beer*, aaO, 1962, z. B. S. 71.

45 Die Kausalverbundenheit des Systems mit seiner Umwelt wird häufig durch den Begriff des »offenen Systems« zum Ausdruck gebracht, der zugleich besagt, daß es in der Wirklichkeit keine in sich selbst vollständig determinierten Systeme geben kann. Siehe dazu *von Bertalanffy*, aaO, 1949; aaO, 1950; aaO, 1956; aaO, 1962. Ferner beruht natürlich die Input/Output-Rationalisierung auf dieser These kausaler Interdependenz.

lich durch Strukturbildung, definiert werden, worauf wir gleich zurückkommen werden.
Seine Universalität, seine Unbegrenzbarkeit und seine Inhaltsleere, die alle Möglichkeit offen läßt, rüsten das Kausalschema aus für seine Funktion, die *Komplexität der Welt abzubilden*. Sachliche Komplexität wird auf diese Weise bestimmt als unendliche Vielzahl von Ursachen, die kreuz und quer zusammenwirken: jede für sich mit einem bestimmten Wirkungspotential, aber schwer zu berechnen in der Vielzahl möglicher Konstellationen des Zusammenwirkens; und Veränderlichkeit zeigt sich dann als laufendes Übergehen dieser Ursachen in Wirkungen, die ihrerseits wieder zu Ursachen werden. Mit dieser Vorstellung der Welt als Kausalgefüge ist bereits eine erste Rationalisierung geleistet, nämlich die Rationalisierung des Problems, der Art, Fragen zu stellen. Und darin liegt ein merklicher Fortschritt gegenüber dem bloßen Erleben von Komplexität und Veränderlichkeit als Unbestimmtheit oder als Bestimmbarkeit durch eine unbekannte oder unberechenbare Potenz, – gegenüber dem Erleben in Ungewißheit und Angst. Dieser erste Fortschritt ist, wie die Funktion magischer Techniken des Umgangs mit dem Unbekannten zeigt, für die Stabilisierung sozialer Systeme hochbedeutsam gewesen. Das langsame Fortschreiten des exakten Wissens über richtige (= wiederholbare) Kausalverhältnisse ist nur auf dieser Grundlage möglich geworden, setzt aber in seinem Fortschreiten ein mehrfaches Umbestimmen des Sinnes der Kausalität voraus – vom griechischen Sinne eines Verdankens des erscheinenden Daseins über die neuzeitlich-naturwissenschaftliche Interpretation als unendlicher mechanischer Prozeß bis zu der hier vorgeschlagenen Deutung der Kausalität als Umweltstrategie von Systemen.
Der Vorschlag, die Kausalfunktion auf das Problem der Weltkomplexität zu beziehen, hat eine Umorientierung des Erkenntnisinteresses, der »Leistungserwartungen« zur Grundlage, die an die Kausalkategorie adressiert sind.

Darüber muß Klarheit bestehen um so mehr, als wir hier von der allgemein üblichen Auffassung abweichen. Diese erwartet von der Feststellung kausaler Beziehungen zwischen bestimmten Ursachen und bestimmten Wirkungen sichere Vorhersagen und unbezweifelbare Erklärungen faktischer Verläufe. Sie postuliert deshalb invariante (oder doch mit angebbarer Wahrscheinlichkeit invariante) Relationen zwischen einzelnen Ursachen und einzelnen Wirkungen. Mit anderen Worten: sie richtet ihr Erkenntnisinteresse auf Kausalgesetze. Dabei muß sie jedoch, um die Bestimmtheit und Eindeutigkeit der Relation zu sichern, voraussetzen, daß alle Komplexität auf beiden Seiten der Kausalbeziehung, also im Ursachenbereich *und* im Wirkungsbereich, *schon reduziert ist.* Sie kann weder die Frage der Ursachen noch die Frage der Wirkungen als prinzipiell offen behandeln. Diese Voraussetzung wird üblicherweise durch die »ceteris paribus«-Klausel ausgedrückt. Damit ist jedoch die Leistungsfähigkeit der Kausalkategorie nicht erschöpft. Sie eignet sich auch dazu, das, was hinter dieser »ceteris paribus«-Klausel steckt, mit abzubilden, und zwar unter dem Gesichtspunkt möglicher Äquivalenzverhältnisse zwischen mehreren Ursachen oder mehreren Wirkungen. Wenn man mit diesem Gedanken entweder die Seite der Ursachen oder die Seite der Wirkungen für »andere Möglichkeiten« prinzipiell öffnet, läßt sich die zu reduzierende Komplexität im Kausalschema selbst einfangen und in einer bestimmten Perspektive darstellen. Die Fixierung einer Wirkung dient dann nicht als Ausgangspunkt für die Feststellung derjenigen Ursache, die diese Wirkung mit Notwendigkeit bewirkt, sondern als Ausgangspunkt für die Ermittlung von Alternativen im Ursachenbereich, also von Beziehungen zwischen Ursachen. Dadurch gewinnt man breitere Forschungsmöglichkeiten, als die traditionelle Konzeption zu Gesicht bekommt, kann freilich nicht mit Bestimmtheit feststellen, welche von den äquivalenten Möglichkeiten Wirklichkeit werden wird, da sie eben in ihrer

Potentialität als äquivalent gesehen werden[46]. Man kann also von einer äquivalenzfunktionalen Analyse keine eindeutige Feststellung von Ursache-Wirkung-Beziehungen erwarten. Das ist aber für Wissenschaften vom menschlichen Handeln weniger tragisch, als man zunächst denken könnte; denn auch eindeutige Vorhersagen sind normalerweise keine allein ausreichende Grundlage menschlichen Handelns.

Die Funktion der Kausalauslegung besteht zunächst im Abbilden von Komplexität, erschöpft sich aber darin nicht. Ihr Sinn ist es darüber hinaus, der Komplexität und Veränderlichkeit der Systemumwelt eine Fassung zu geben, in der sie reduziert werden können auf entscheidbare Strukturen. Diese Reduktion kann durch Zwecksetzung geschehen, das heißt, wie oben dargelegt[47], dadurch, daß spezifische Wirkungen nach Maßgabe von Wertgesichtspunkten als erstrebenswert ausgezeichnet werden unter Neutralisierung anderer Wertaspekte der Folgen des Handelns. Zwecksetzung zeichnet einmal rein kausal einen Bereich von geeigneten Mitteln und von strategischen Hindernissen als systemrelevant aus. Alle anderen Züge der Umwelt versinken demgegenüber in den Hintergrund des Gleichgültigen, das weder stört noch hilft. Zum anderen gestattete der Zweck dem System, Folgen dieser Mittel, die außerhalb des Zweckes liegen, für unerheblich oder allenfalls für in Kauf zu nehmende Kosten zu halten, die das Handeln nicht hindern. Der Zweck heiligt das Mittel; er müßte aufgegeben werden, wenn es kein Mittel gäbe, das er heiligen könnte. Nur wenn mehrere funktional äquivalente Mittel sich anbieten, können weitere Folgen als zusätzliche Kriterien, als Nebenbedingungen, die möglichst auch erfüllt werden sollten, herangezogen werden.

Die Aussonderung geeigneter Mittel und die Folgenneutralisierung sind zweckbezogene Techniken des Systems, um

46 Siehe dazu bereits oben S. 120.
47 Vgl. S. 43 ff.

die notwendige Indifferenz gegenüber seiner Umwelt im Bereich der Ursachen einerseits, der Folgen andererseits zu sichern. Überlegte Indifferenz beruht auf einem Verfahren der Absorption von Komplexität und Veränderlichkeit, das hier in zwei Phasen vollzogen wird, die durch die Zweiteilung des Kausalgeschehens in Ursache und Wirkung getrennt sind: durch Eignungsanalyse der Ursachen und, falls dabei mehrere alternative Ursachen als geeignete Mittel übrig bleiben, durch eine Wertanalyse der Folgen[48]. Durch Zwecksetzung macht sich ein System mithin von zahllosen Aspekten seiner Umwelt frei, setzt Grenzen, gewinnt Autonomie, setzt sich eben dadurch aber auch der Gefahr aus, bestandswichtige Fakten oder Veränderungen in der Umwelt zu verkennen.

48 Faktische Entscheidungsprozesse und Prozeßmodelle rationalen Entscheidens sind oft natürlich sehr viel komplizierter gebaut, bestehen aber immer aus einer Kombination dieser zwei Phasen. Die weitere Komplizierung enthält eine ergänzende Technik der Reduktion von Komplexität und ist unter diesem Gesichtspunkt hier von Interesse. Sie beruht nämlich darauf, daß trotz aller Vereinfachung durch die Zwecksetzung es praktisch oft unmöglich ist, *alle* geeigneten Ursachen vollständig zu ermitteln. Man hilft sich angesichts dieser Schwierigkeit durch ein Hin- und Herspringen zwischen Eignungsanalyse und Wertanalyse. Man prüft zunächst die bekannten oder rasch einfallenden Möglichkeiten des Handelns auf ihre Wertkonsequenzen, die durch den Zweck neutralisiert würden. Wenn diese Prüfung wegen Unerträglichkeit der Neutralisierung nicht befriedigt, schaltet man in die Eignungsanalyse zurück und sucht an Hand des Zweckes neue geeignete Möglichkeiten zu entdecken, die nur Nebenfolgen haben, deren Neutralisierung akzeptierbar ist. Dieses Hin und Her wird solange vollzogen, bis das Anspruchsniveau in bezug auf die Nebenfolgen befriedigt ist oder geändert wird. Als Beispiel für ein Entscheidungsmodell, das mit Rücksicht auf die begrenzte Prüfungskapazität des Menschen eine solche Wiederholungsstruktur aufweist, vgl. *Cyert/Feigenbaum/March*, aaO, S. 81–95. Siehe auch *Cyert/March*, aaO, 1963, S. 83 ff. Ähnlich *Dill*, aaO, 1962, S. 29–48 (34 ff.). Auch bei der Programmierung elektronischer Datenverarbeitungsanlagen sind die Vorteile einer solchen Wiederholungstechnik geläufig. Die übliche Darstellung von Entscheidungsprozessen arbeitet dagegen noch mit der Annahme einer einmaligen und vollständigen Prüfung in allen Stationen; siehe z. B. *Stahlmann*, aaO, S. 80 ff.

Ein Problem bleibt allerdings offen und gewinnt nunmehr eine zentrale Stellung: Wir hatten bei der Untersuchung des zweckrationalen Handelns im ersten Kapitel die zweckorientierte Wertverwirklichung als opportunistisch, ihre Wertneutralisierungen als stets nur vorläufig gekennzeichnet. Wir können nunmehr sehen, daß die Verwendung des Zweckprinzips zur Erfüllung von Systemfunktionen dem Opportunismus Grenzen setzt. Will ein System sich über Zwecke mit seiner Umwelt verständigen, will es seine interne, arbeitsteilende Organisation auf Zwecke stützen, will es zweckmäßiges Verhalten lernen, dann muß es seine Zwecke festhalten, ihnen eine gewisse Permanenz geben können. Es kann mithin seine Wertinteressen nicht rein opportunistisch ausbalancieren. Das verstieße vielleicht gegen Grundsätze der Moral, jedenfalls aber gegen wichtige Erfordernisse der Systembildung. Opportunismus ist ein praktisch kaum erreichbares Ideal, dem nur sehr komplexe Systeme sich annähern können. *Die Notwendigkeit, Zwecke zu generalisieren, widerspricht der Notwendigkeit, in komplexen Wertlagen opportunistisch zu handeln.*

Damit taucht die Vermutung auf, daß die eigentlichen Schwierigkeiten des Zweck/Mittel-Schemas, die Bedenken gegen seinen Opportunismus, gar nicht in der Handlungstheorie auftreten, damit auch nicht als Verstoß gegen einen absoluten, rationalen oder moralischen Verhaltenskodex greifbar sind, der das Handeln direkt normiert; sondern daß sie sich aus den Problemen der Systembildung ergeben. Das würde bedeuten, daß sie weder in einer rationalen noch in einer ethischen Handlungstheorie angemessen erörtert werden können, sondern in die Systemtheorie gehören, die allein über einen hinreichend komplexen grundbegrifflichen Bezugsrahmen verfügt. Nur Systeme können daran interessiert sein, Zwecke über die Einzelwirkung hinaus festzuhalten, einseitige Werturteile und Wertneutralisierungen zu stabilisieren. Eine Forschung, die den Bedingungen und den Grenzen solcher Programmfixierungen und des in ihnen enthaltenen »Unrechts«[49] nachspüren will, wird auf der Ebene des Handelns scheitern bzw. sich in unbegründbare Prämissen flüchten müssen, die das Ergebnis vorwegnehmen. Nur die Systemtheorie bietet für dieses Problem ein hinreichend komplexes Modell. Die Begriffe »Opportunismus« und »Generalisierung« sind systemtheoretische Begriffe.

Die folgenden Erörterungen stehen unter dem Leitgesichtspunkt dieses Dilemmas von Opportunismus vs. Generalisierung und werden Möglichkeiten suchen, es zu entschärfen. Grundvoraussetzung jeder Lösung ist ein der Zweckspezifikation entsprechendes Maß an Umweltdifferenzierung. Daneben gibt es eine Reihe von internen Strategien, durch die ein System die unmittelbaren Auswirkungen jenes Widerspruchs abmildern kann. Das Problem dieses Dilemmas läßt sich umdefinieren und verkleinern, und zwar durch Variation des Bestimmtheitsgrades der Zwecksetzung, durch Akzeptierung widerspruchsvoller Zwecke und dadurch, daß für die Zweckorientierung ganz oder teilweise funktionale Äquivalente substituiert werden. Die damit bezeichneten Themen werden die weiteren Abschnitte dieses Kapitels füllen. Im 5. Kapitel werden wir uns dann näher damit befassen müssen, wie der so nicht bewältigte Rest dieser Problematik die Programmierung des Zweckhandelns belastet.

3. Zweckspezifikation, Umweltdifferenzierung und generalisierte Medien der Problemlösung

Umweltdifferenzierung ist nicht nur faktisch vorgegebener Sachverhalt, sondern kann auch als Systemstrategie ange-

49 Dieser Begriff soll eine wesentliche Konsequenz andeuten: daß, wenn diese Erwägungen zutreffen, auch die Rechtstheorie von einer Spielart der Ethik in eine Strukturtheorie des Gesellschaftssystems umgearbeitet werden muß. Grundsätzliche Überlegungen in dieser Richtung finden sich bei *Santi Romano*, L'ordinamento giuridico. Studi sul concetto, le fonti e i caratteri del diritto, I, Pisa 1918.

sehen und rationalisiert werden. Ein System kann sich eine äußerst komplexe Umwelt dadurch vereinfachen, daß es verschiedene Umweltteile unterscheidet und je verschieden behandelt. Im Urnebel wäre ein solches Verhalten jedoch nicht möglich. Es setzt voraus, daß die Welt schon differenziert ist, daß sie Unterschiede, Diskontinuitäten, Systembildungen aufweist. Nur in bezug auf eine vorhandene Differenzierung der Welt kann das System eine Strategie der Umweltdifferenzierung wählen. Nur wenn die Wirtschaft überhaupt nach Betrieben und Konsuminteressen differenziert und marktmäßig geordnet ist, kann ein Betrieb seine Märkte suchen und aus deren Interessendifferenzen Nutzen ziehen. Erst wenn die soziale Umwelt eine gewisse Schwelle der Differenzierung überschritten hat, können relativ zweckspezifische Handlungssysteme gebildet werden, und umgekehrt ist die Bildung solcher Systeme selbst ein Moment im globalen Prozeß der sozialen Differenzierung. Der Zweck des Systems wird dann als Output, als Leistung an einen besonderen Teil der Umwelt präzisiert. Das hat jedoch nur Sinn und sichert den Bestand des leistenden Systems nur dann, wenn dieser Umweltteil die Leistung schätzt und wenn er selbst oder andere Umweltsysteme sie in so genereller Form vergüten, daß das leistende System dadurch die Möglichkeit erhält, seine Systemprobleme zu lösen und sich am Leben zu erhalten.

Diese Bedingungen gehören zusammen; sie sind aufeinander angewiesen, und daher ist der Aufbau eines solchen Gesellschaftszustandes keine einfache Sache gradliniger Kausalität. Umweltdifferenzierung, Zweckspezifikation und generalisierte Medien der Problemlösung können nur gemeinsam entwickelt und nur in bezug aufeinander stabilisiert werden. Hat eine solche Gesamtordnung sich eingespielt, dann ist für die beteiligten Systeme eine relativ einseitige, rücksichtslose, beharrliche Verfolgung bestimmter Dauerzwecke mit all ihren Vorteilen, besonders solchen der Entkomplizierung und des Lernens, möglich. Die Einseitigkeiten der Zweckrationalität sind dann nicht mehr durch eine gemeinsame Moral, wohl aber institutionell ausbalanciert[50]. Zwar müssen auch zweckspezifisch strukturierte Systeme mehr eigene Probleme lösen als in der Zweckerfüllung selbst zum Ausdruck kommt. Aber ihnen werden jetzt relativ generell einsetzbare Mittel der Problemlösung, zum Beispiel Geld, zugeführt, wenn und solange sie ihren Zweck erfüllen. Sie können es sich daher leisten, ihren Zweck als Ersatzformel für ihr Bestandsproblem zu verwenden und ihn, in Vertauschung der gesellschaftlichen Bewertung, als Mittel zur Selbsterhaltung zu behandeln.

Die Institutionalisierung generalisierter Medien der Problemlösung ermöglicht demnach eine Umkehrung von Zweck/Mittel-Gesichtspunkten in den einzelnen Systemen. Nicht nur kann ein System als Mittel benutzen, was Zweck eines anderen ist; sondern dieses andere kann den eigenen Zweck als Mittel der Selbsterhaltung rationalisieren, also anderen Wertgesichtspunkten unterordnen als das System, dem die Zweckleistung zugeführt wird. Dieses Grundmuster der Zweck-Mittel-Vertauschung – eine viel mißverstandene und oft gerügte Erscheinung in differenzierten Sozialordnungen – ist nichts anderes als *institutionell eingefrorener Opportunismus.* In ihm finden wir ein funktionales Äquivalent für einen unbeschränkten Handlungsopportunismus, der zu den Erfordernissen der Systembildung in Widerspruch gerät. Differenzierte Gesellschaften lösen diese Probleme also dadurch, daß sie es auf die Ebene der Gesamtordnung anheben. Dort müssen sie jene generellen Mechanismen der Problemlösung institutionalisieren,

50 Diese grundlegende Einsicht geht bekanntlich zurück auf *Emile Durkheim,* De la division du travail social, 7. Aufl. Paris 1960 (zuerst 1893). Nach ihm hat sich vor allem Parsons, dem die folgenden Ausführungen mehr verdanken, als im einzelnen belegt werden kann, mit diesem Fragenkreis befaßt. Siehe als Fortführung Durkheim'scher Gedanken namentlich: *Talcott Parsons,* Durkheim's Contribution to the Theory of Integration of Social Systems. In: *Kurt H. Wolff* (Hrsg.), Emile Durkheim 1858–1917, Columbus Ohio 1960, S. 118–153 (insb. 130 ff.).

deren Verfügbarkeit die Einzelsysteme so weit entlastet, daß sie sich auf spezifische Zwecke konzentrieren können, ohne ihren Bestand zu gefährden. Nur so sind Sozialordnungen in der Lage, die Anforderungen an eine gemeinsame Moral oder an konsistent-transitive Wertordnungen des Einzelnen wenn nicht aufzugeben, so doch beträchtlich abzuschwächen, ohne an Integrationskraft einzubüßen. Und das befähigt sie, mehr Komplexität zuzulassen und zu verarbeiten.

Eine solche Ordnung hängt entscheidend davon ab, daß die erwähnten generalisierten Medien der Problemlösung vorhanden sind und sowohl im Verkehr zwischen den Systemen als auch innerhalb der Systeme funktionieren. Ihre Kapazität, zur Lösung beizutragen, muß weitergegeben werden können und sie muß relativ unspezifisch, das heißt unabhängig davon gesichert sein, wer, wann, welche Probleme damit löst. Ein System, das generalisierte Medien der Problemlösung »besitzt«, hat damit *gegenwärtig* schon die Sicherheit, innerhalb der Reichweite dieser Medien *künftige* Probleme noch unbekannter, ja unvorhersehbarer Art bewältigen zu können. Der Besitz solcher Medien ist mithin ein funktionales Äquivalent für Information, für Voraussicht – ein Gewißheitsäquivalent[51]. Er schirmt das System ab gegen eine (begrenzte) Vielzahl künftiger Ereignisse, die, wenn man über diese generalisierten Problemlö-

51 Dieser Gedanke ist namentlich für den Fall des Geldes in der wirtschaftswissenschaftlichen Diskussion des Liquiditätsbegriffs im Anschluß an John M. Keynes ausgearbeitet worden. Vgl. insb. *Andreas Paulsen,* Liquidität und Risiko in der wirtschaftlichen Entwicklung, Frankfurt/M.-Berlin 1950; *Günter Schmölders,* J. M. Keynes Beitrag zur ökonomischen Verhaltensforschung. In: *G. Schmölders/R. Schröder/H. St. Seidenfus,* John Maynard Keynes als »Psychologe«, Berlin 1956, S. 7–24 (8 ff.); *ders.,* The Liquidity Theory of Money. Kyklos 13 (1960), S. 346–360; *Krüsselberg,* aaO, S. 127 ff. Er gilt jedoch mit gleichem Recht für den Fall der Macht und ferner, weniger leicht erkennbar, auch für den Fall der Gefühlsbildung, denn auch die Fixierung eines Gefühls erlaubt eine hohe Indifferenz gegen abgedunkelte Aspekte, ist eine Prophezeiung, die im Positiven oder Negativen ihre eigene Erfüllung bewirkt, und wird dadurch zum Gewißheitsäquivalent.

sungsmedien verfügt, keine unlösbaren Probleme darstellen und deshalb nicht vorhergesehen zu werden brauchen. Im Besitze dieser Medien kann man sich ohne Voraussicht sicher fühlen – und sich deshalb um so einseitiger und um so langfristiger für sehr spezifische Zwecke engagieren.

Wie solche Medien funktionieren und welche Grenzen ihnen gesetzt sind, läßt sich am besten an Beispielen zeigen[52]: Für die Lösung wirtschaftlicher Probleme, solcher also, die eine auf Zeit bezogene Verständigung über den Gebrauch von Gegenständen zur Bedarfsbefriedigung involvieren, ist die Institution des *Geldes* von hervorragender Bedeutung. Sie erfüllt die Funktion eines generalisierten Mediums in besonders charakteristischer Weise. Geld kann weitergegeben werden. Sein Besitz impliziert keine Vorentscheidung darüber, wer, wann, welche Bedürfnisse damit definitiv befriedigt, stellt aber gleichwohl die unspezifizierte Freiheit der Bedürfnisbefriedigung in abstracto sicher.

Diese Freiheit beruht auf einer Generalisierung von Tauschchancen in drei verschiedenen Richtungen: *zeitlich* dient das Geld als *Gewißheitsäquivalent,* indem es künftige Tauschmöglichkeiten gegenwärtig schon sicherstellt; *sachlich* dient es als *Wertmaßstab,* indem es verschiedenartige Tauschchancen vergleichbar macht; *sozial* dient es als *Tauschmittel* gegenüber noch unbestimmten und gegebenenfalls auswechselbaren Partnern. In jeder dieser drei Dimensionen besteht die Freiheit in einer Indifferenz gegenüber den dimensionstypischen Unterschieden, nämlich gegenüber den Zeitpunkten, den sachlichen Verschiedenheiten und den Partnern einer Tauschbeziehung. Die Sicherheit

52 In ihren Grundzügen ist diese Konzeption und sind auch einige der im folgenden behandelten Beispiele Talcott Parsons zu danken. In deutscher Sprache siehe namentlich: *Talcott Parsons,* Die jüngsten Entwicklungen in der strukturell-funktionalen Theorie. Kölner Zeitschrift für Soziologie und Sozialpsychologie 16 (1964), S. 30–49 (37 ff.), wo die deutsche Übersetzung »Steuerungssprachen« gewählt ist; ferner die relativ ausführliche Behandlung in: *ders.*, On the Concept of Influence. Public Opinion Quarterly 27 (1963), S. 37–62 (38 ff.).

dieser generalisierenden Indifferenz beruht darauf, daß die Generalisierungen in den Einzeldimensionen sich wechselseitig ermöglichen und unterstützen. Sie sind nur zusammen institutionalisierbar.

Eine auf diese Weise generalisierte und gesicherte Indifferenz ist ihrerseits Reduktion von Komplexität. Sie ist ein notwendiges Komplement für hochgradige Spezifikation der Systeminteressen, eine unentbehrliche Rückendeckung. Geldwirtschaft ist deshalb unabdingbare Voraussetzung einer nennenswerten Zweckspezifikation sozialer Systeme. Geld ist zugleich das am spezifischsten auf diese Funktion ausgerichtete Medium der Problemlösung, das reinste Beispiel für unser Problem.

Man findet deshalb die weitestgehende Zweckspezifikation typisch in Systemen, die so gut wie alle ihre Probleme durch Geld lösen oder doch aus der bestandsgefährdenden Zone hinausmanövrieren können: in Wirtschaftsbetrieben. In dem Maße, als sich ihre Probleme auf diesen einen Nenner bringen lassen, können sie durch Geldrechnung rationalisiert werden. Das Geldwesen dient ihnen dann nicht nur als Basis der Beschaffung von Tauschmitteln, sondern zugleich als generelle Grundlage der Rationalisierung ihrer Entscheidungen. Andererseits erfordert diese Rationalisierung unter dem Aspekt spezifischer Zwecke stets die *Festlegung* von Geld auf spezifische Mittel und damit Verlust an Liquidität, Verlust an Gewißheit, unvorhergesehene künftige Probleme lösen zu können. Alle Investitionsentscheidungen müssen daher einen Ausgleich von rationaler Nutzenmaximierung auf der einen und Gewißheitsmaximierung auf der anderen Seite, von Gewinnstreben und Sicherheitserfordernissen leisten – ein Ausgleich, der als solcher Gegenstand rationaler Programmierung sein kann[53].

Ein weiteres Beispiel ist *legitime Macht*. Sie besteht als

53 Vgl. hierzu *Horst Albach*, Investition und Liquidität, Wiesbaden 1962.

generalisierter Einfluß[54], andere zu einem im voraus nicht genau festgelegten, aber bestimmbaren Verhalten zu veranlassen, das sie von sich aus nicht wählen würden. Sie beruht auf verschiedenen, einander begrenzt substituierbaren Faktoren und kann deshalb von spezifischen Grundlagen weitgehend unabhängig sein. Unter den elementaren Machtkomponenten einfacher Sozialordnungen ragen hervor physische Überlegenheit (Zwangsmöglichkeit) und dankespflichtige Wohltaten, die der Unterlegene nicht sofort vergelten kann und die ihn daher unbestimmt verpflichten. Beide Grundlagen geben dem Machthaber ein vielfältig verwendbares Potential der Situationsbestimmung, das verstärkt wird und chronischen Charakter erhält, wenn die Unterlegenen sich antizipierend an den möglichen Reaktionen des Machthabers ausrichten. In komplizierteren Sozialordnungen beruht Macht nur noch sehr indirekt auf jenen elementaren Grundlagen, die persönlichen Kontakt voraussetzen, sondern darüber hinaus und vor allem auf plastischeren Faktoren wie Geld, erfolgreich fingierbarem Konsens, sozialem Prestige und eigener Unabhängigkeit, die es ermöglicht, sich aus einer von anderen geschätzten Kooperation zurückzuziehen.

In dem Maße, als ein System über Macht verfügt, kann es spezifische Zwecke verfolgen und dabei offen bleibende Probleme, vor allem solche der Mittelbeschaffung, auf die Umwelt abwälzen. Da jedoch Macht nicht im gleichen Sinne wie Geld bei Zweckerreichung automatisch nachgefüllt wird, dem Machterwerb und der Machterhaltung vielmehr besondere Bemühungen gewidmet werden müssen, sind der Zweckspezifikation von Systemen, die primär auf Macht beruhen, Grenzen gesetzt. Neben dem Streben nach Erreichung ihrer Zwecke müssen sie auch auf Erhaltung und Mehrung ihrer Macht achten.

Ferner wäre der einfache und doch so voraussetzungsvolle

54 Und zwar als ebenfalls in drei Dimensionen generalisierter Einfluß. Hierzu näher *Luhmann*, aaO, 1964 a, S. 123 ff.

Tatbestand des *persönlichen Engagements für und der Freude an spezifischen Zwecken* zu nennen. Ein einheitlicher Terminus fehlt, wenn man nicht auf das alte Lust-Prinzip zurückgreifen will[55]. Daß auch hier ein generalisiertes Medium im Dienste der Leistungsspezifikation stehen kann, liegt nicht ohne weiteres auf der Hand und muß daher besonders betont werden.

Während die zuvor genannten Medien sich primär auf wirtschaftliche bzw. politische Probleme (in welchen Systemen auch immer) bezogen, kommt hier die generalisierbare Persönlichkeitsstruktur in den Blick, die den Menschen motivieren und bewegen kann, um bestimmter, vielleicht sehr eng begrenzter Wirkungen willen erhebliche Verhaltenslasten auf sich zu nehmen, weil ihm das Freude macht. Das Engagement für eine sehr spezielle Sache kann dabei insofern generell sein, als es unabhängig davon bestehen mag, was im einzelnen dafür getan und gelitten werden muß.

Kraftreserven dieser Art sind jedoch durchweg gefühlsmäßig fixiert. Sie bewirken eine generalisierte Anpassungsfähigkeit für das Persönlichkeitssystem, nicht aber ohne weiteres auch für soziale Systeme. Sie sind im Persönlichkeitsaufbau so verankert, daß sie für ein Sozialsystem kaum manipulierbar sind (es sei denn in der Form der Selektion entsprechender Persönlichkeiten). Auch ist die Richtung des thematischen Interesses – das, worüber der Einzelne sich freut – für ein Sozialsystem jedenfalls kurzfristig kaum variierbar. Deshalb ist dieser Faktor in der neueren sozialkritischen und namentlich in der industriepsychologischen Literatur unter dem Gesichtspunkt eines »Mangels« anvisiert worden: als fehlende Arbeitsfreude, fehlende Motivation, fehlende Zufriedenheit. Das ist ebenso abwegig wie unfruchtbar. Die Frage ist, wo die Grenzen dieses Poten-

55 Siehe die entsprechende Interpretation des Freudschen Lust-Mechanismus durch *Talcott Parsons,* Social Structure and Personality, New York-London 1964, S. 116 ff.

tials zu Freude bereitendem Engagement liegen. Daß auch Organisationen ganz wesentlich auf dieses Medium generalisierter Problemlösung zurückgreifen, dürfte ein Blick in die Führungsgruppen großer Systeme, in Wohltätigkeitsvereine, Krankenhäuser, Forschungsorganisationen, lehren.
Schließlich darf nicht übersehen werden, daß zahlreiche kulturelle Errungenschaften, allen voran die Sprache, dann aber auch die allgemein akzeptierten Bedeutungen, Sinnverdichtungen und Realitätsannahmen einer Kultur, alle jene Selbstverständlichkeiten, von denen die Kommunikation im Einzelfall ausgeht, ein generalisiertes Medium dieser Art sind. Das gilt besonders dann, wenn solcher Sinn durch *Wahrheit* gedeckt ist. Von Wahrheit kann man immer dann sprechen, wenn jedermann bestimmten Sinn anerkennen und seinem Erleben und Handeln zugrundelegen muß, will er sich nicht aus der Gemeinschaft der die Welt konstituierenden und mitbestimmenden maßgeblichen Subjekte ausschließen. Auch Wahrheit ist, soweit sie reicht, ein generalisiertes, relativ zeitbeständiges und für jedermann gültiges Medium der Problemlösung.
Wahrheit macht es nämlich möglich, daß auch dort, wo kein Machtgefälle gegeben ist, ein System Informationen für andere verdichtet, damit Komplexität reduziert und als reduzierte weitergibt, daß Erfahrungen gemacht werden können, daß Sicherheit in der Darstellung von Meinungen erreicht werden kann, daß Lehren und Lernen möglich ist, kurz: daß in kognitiv-intellektueller Hinsicht spezialisierte und doch vielfältig verwendbare Problemverarbeitungskapazitäten angesammelt und verwissenschaftlicht werden können. Erst der intellektualisierte wissenschaftliche Kulturhorizont, wie er für die Neuzeit nun schon selbstverständlich geworden ist, gibt dem Menschen die Freiheit, sich sehr spezifischen Themen zu widmen und anderen Dingen nur marginale Aufmerksamkeit zuzuwenden, weil er davon ausgehen kann, daß irgendwo jemand da und erreichbar ist, der über Automobile oder Sonnenfinster-

nisse, Detergentien, Urlaubsgebiete, Elektrizität oder Versicherungsrecht auf der Grundlage von Wahrheit hinreichend Bescheid weiß.

Wir können diese Skizze hier nicht weiter ausführen – weder in den Einzelheiten der verschiedenen Medien noch in ihren vielfältigen wechselseitigen Verflechtungen und Bedingtheiten noch in ihrer gemeinsamen Grundlage: einem stark, aber nicht zu stark überzogenen Vertrauen. Auch auf die so wichtige Möglichkeit einer Potenzierung des Generalisierungseffektes durch Kombination von Medien – etwa in Form der Möglichkeit, sich über Geld zu freuen, auf Macht hin Kredit zu erhalten, durch Wissen Macht auszuüben – kann hier nur hingewiesen werden. Einen ergänzenden Gesichtspunkt wollen wir indes noch aufgreifen, weil er zum Hauptthema zurückführt:

Generalisierte Medien der Problemlösung erlauben im Zusammenwirken mit spezifischen Zwecken eine *Rationalisierung des Systems unter Knappheitsgesichtspunkten.* Geld, Macht, Freude und Wahrheit sind nur begrenzt verfügbar. Ihre Verwendung muß daher systemintern diszipliniert werden, und *diese Disziplin kann in hohem Maße die inhaltliche und unmittelbare Bindung an Umweltwerte ersetzen.* Beim Geld ist die Knappheit als eine künstlich hergestellte ohne weitere Erläuterung evident. Auch Macht ist in ihren einzelnen Quellen knapp: Zwangsausübung erschöpft physische Kraft und Zeit. Dankespflichten nehmen in dem Maße ab, als sie beansprucht werden. Sozialprestige wird zweifelhaft, wenn es zu offensichtlich in den Dienst eigennütziger Zwecke gestellt wird. Knappheiten dieser Art wirken sich so aus, daß sorgfältig überlegt werden muß, ob der Zweck den Einsatz eines so vielfältig verwendbaren Mittels lohnt. Freude und Wahrheit sind in anderem Sinne knapp. Sie sind an besondere Sinngehalte gebunden, daher kaum disponibel, stehen also nicht für eine Vielzahl von Problemen wahlweise zur Verfügung. Daher muß das System hier kalkulieren, ob für bestimmte Zwecke überhaupt

Freude und wahre Information beschafft bzw. entbehrt werden kann. In jedem Falle liegt der Rationalisierung eine Disposition über knappe generalisierte Medien zugrunde.

In der Schwierigkeit einer solchen Disposition über Medien und in ihren Rationalitätskriterien spiegeln sich für das System gleichsam die Kosten seiner Freiheit von äußeren Wertbindungen[56]. Es ist für die Verfolgung spezifischer Zwecke relativ autonom gestellt, muß aber die Abhängigkeit von seiner gesellschaftlichen Umwelt in der eigentümlichen Form laufender Entscheidungen über den Einsatz knapper Medien als Mittel berücksichtigen. Das System bleibt zwar nicht unter dem Gesichtspunkt inhaltlich normierter Loyalitäten, wohl aber unter dem Gesichtspunkt des Mangels an seine Umwelt gebunden. Diese Umstellung hat den wichtigen Vorteil, daß das System seine Umweltabhängigkeit in die eigene Dispositionssphäre hineinziehen, dort als Problem definieren und mit den Erfordernissen des eigenen Fortbestehens rational ausgleichen kann.

4. Bestimmtheitsgrad der Zwecksetzung

Zwecksetzung ist nach dem, was wir bis jetzt von ihrer Funktion wissen, nicht in sich selbst eine Erfolgsgarantie, geschweige denn ein reiner Erkenntnisakt, der eine vorgegeben-selbstverständliche Ordnung aufweist im Sinne der alten Formel: ex se patet, quod optatur. Die richtigen Zwecke liegen nicht auf der Straße. Sie festzustellen, ist

56 Diese Freiheit von äußeren Wertbindungen, die generalisierte Medien vermitteln kann, hat man nicht selten als Argument für die Wertfreiheit der Wissenschaften genommen, die sich mit dem Einsatz dieser Medien befassen. In Max Webers Bürokratiesoziologie spielt dieser Gedanke eine Rolle. Als Versuch, die Werturteilsfreiheit der Wirtschaftswissenschaften auf einen Bereich von »an sich neutralen« Mitteln zu gründen, siehe *Rittig,* aaO, S. 79–102. Die Folgerung von der relativen, wertmäßigen Umweltunabhängigkeit gewisser Handlungssysteme auf die Werturteilsfreiheit der Wissenschaft ist natürlich nicht ohne weiteres schlüssig.

vielmehr ein schwieriges Unterfangen, ein systeminterner Entscheidungsprozeß, der selbst der Rationalisierung bedarf, ohne sich dabei an vorgegebenen Zwecken orientieren zu können.

Der Spielraum dieses Zwecksetzungsprozesses ist einmal durch die Möglichkeit der Wahl sachlich verschiedener Zwecke eröffnet. Theoretisch dehnt er sich mit dem Kausalschema ins Unendliche aus, obwohl es selten vorkommen wird, daß ein System von der Fürsorge für verwaiste Kinder zum Betrieb einer Erdbeerplantage übergeht. Ein radikaler Zweckwechsel wird zumeist mit Liquidation und Neugründung verbunden sein, weil es kaum einen Sinn hätte, sondern nur eine Belastung wäre, die Identität des Systems durchzuhalten. Neben diesem Gedanken der Zweckwahl, der sich zunächst aufdrängt, wenn man sich Zwecke als disponibel vorstellt, hat eine andere Dimension des Entscheidungsspielraums vermutlich die größere praktische Bedeutung, nämlich die Wahl des *Grades an Bestimmtheit der Zweckformulierung*[57].

Wir haben oben[58] schon angedeutet, daß der Zweck die Funktion einer koordinierenden Generalisierung auf zwei diametral entgegengesetzte Weisen erfüllen kann: durch Abstraktion auf eine spezifische Wirkung mit Indifferenz gegen andere Folgen des Handelns oder durch inhaltliche Generalisierung zu einer unbestimmt gelassenen Wunschvorstellung, die gänzlich offen läßt, ob und welche Wege zum Ziel führen. Zwischen diesen beiden Extremfällen, die

57 Beide Dimensionen lassen sich natürlich nicht vollständig voneinander trennen. Je allgemeiner und vieldeutiger ein Zweck gewählt ist, desto mehr sachlich verschiedene Wirkungen vermag er zu dekken. Im Rahmen von vage vorgestellten Allgemeinzwecken sind daher auch erhebliche Schwerpunktverlagerungen möglich, die bei präziserer Zweckkonzeption als Zweckänderung ausgewiesen werden müßten. Je wichtiger es wird, ein System zu erhalten, je mehr investiert ist, je unrationeller eine Entwicklung über Konkurs und Neugründung wird, desto elastischer müssen die Systemzwecke formuliert werden, sei es, daß sie unbestimmt, sei es, daß sie änderungsfähig institutionalisiert werden.

58 Vgl. S. 189 f.

nicht als Dichotomie, sondern als Grenzmarken einer Dimension verstanden werden sollen, liegen die vernünftigen Möglichkeiten. Innerhalb einer sachlichen Zweckrichtung kann die Zweckformulierung in ihrer Allgemeinheit und Vieldeutigkeit variiert werden[59]. Zwecke sind deshalb nicht, wie zum Beispiel die kybernetische Zwecktheorie unterstellt[60], stets eindeutig vorgestellte empirische Wirkungen des Handelns wie etwa ein (zu pflanzender) Obstbaum im Garten, sondern *Variable,* deren Eindeutigkeit und Handlungsnähe innerhalb einer allgemeinen Sinnrichtung geändert werden können und vielleicht von einer konkreten Entscheidung zur anderen geändert werden. Schon die Wiederholbarkeit des Zweckes, die auch die Kybernetik voraussetzt, erfordert ein Mindestmaß an Abstraktion von konkreten Bedingungen. Man kann sich, um bei unserem Beispiel zu bleiben, in seiner Gartenpflege auch durch den Ausblick aus dem Wohnzimmerfenster, durch den erwarteten Ertrag oder durch die Ärgernisse mit den Nachbarn bestimmen lassen und Schönheit, Nutzen oder Frieden bzw. Krieg be-

59 Diese Auffassung, daß die Zweckspezifikation eine Variable sei, für die je nach den Umständen verschiedene Werte sinnvoll sein können, löst die ältere These der Organisationslehre ab, daß Zwecke stets »so eindeutig wie möglich« definiert werden sollen. Als Beispiele für einen überzeugten Vortrag der klassischen These, daß mit der klaren Definition von Zwecken der Erfolg fast schon greifbar sei, siehe *Marshall E. Dimock,* The Executive in Action, New York-London 1945, S. 54. Die neuere Auffassung der Zweckbestimmtheit als Variable findet man zum Beispiel bei *Bowen,* aaO, S. 16; *Victor A. Thompson,* The Regulatory Process in OPA-Rationing, New York 1950, S. 202 ff.; *James D. Thompson/Frederik L. Bates,* Technology, Organization, and Administration. Administrative Science Quarterly 2 (1957), S. 325–343 (327 ff.); *Mayntz,* aaO, 1963, S. 66 ff.; *Scott,* aaO, S. 492 f.; *Gross,* aaO, 1964, S. 494 ff.; *Katz/Kahn,* aaO, S. 266 ff.; *W. Keith Warner/A. Eugene Havens,* Goal Displacement and the Intangibility of Organizational Goals. Administrative Science Quarterly 12 (1968), S. 539–555. Dabei wird nicht nur anerkannt, daß die Präzisierung der Systemzwecke unter Umständen schwierig oder gar unmöglich ist, sondern darüber hinaus auch, daß sie schädlich werden kann, daß also unbestimmte Zwecke ihrerseits bestimmte Vorteile bieten.

60 Vgl. deren Kritik oben Kap. 3, 5.

zwecken. Normalerweise wird dabei der Nahzweck als Mittel zum Fernzweck dargestellt. Das ist jedoch bereits eine bestimmte Interpretation der Zweckvariable, die wir noch untersuchen wollen und die deshalb unserer Untersuchung nicht zugrundeliegen darf. Wir müssen zunächst die Konzeption der Zweckspezifikation als Variable überprüfen und mit Hilfe unserer Einsichten in die komplexe Sinnbeziehung der Zweckfunktion ermitteln, welche taktischen Möglichkeiten und welche Folgeprobleme mit der Ausfüllung dieses Variationsspielraums verbunden sind.

Die Variation des Grades an Zweckspezifikation ist die Art und Weise, in der die verschiedenen Funktionsrichtungen der Zwecksetzung kombiniert werden können. Nur weil das Zweckprinzip in diesem Sinne elastisch ist, kann eine Zwecksetzung als »subjektiv« erlebt werden, kann sie Umweltinstitutionen und Umweltdifferenzierungen angepaßt und zugleich intern hinreichend unbestimmt und doch instruktiv und differenzierbar formuliert werden. Diese verschiedenen Bezugsrichtungen der Zweckfunktion, die sich zum Teil widersprechen und nicht alle zugleich optimal realisiert werden können, sind nur dadurch kombinierbar, daß das Zweckprinzip eine Skala von Möglichkeiten bietet, die es erlaubt, die Zweckvariable auf der Linie von bestimmt zu unbestimmt jeweils in dem Punkte zu fixieren, der in allen Beziehungen relativ günstige Resultate verspricht. Die sich anbietenden Möglichkeiten hängen entscheidend von der Umweltlage des Systems und der Verfügbarkeit generalisierter Medien der Problemlösung ab.

Wenn, wie bei privaten Wirtschaftsunternehmen, eine äußerst differenzierte Umwelt vorausgesetzt werden kann, läßt sich der Systemzweck entsprechend spezifizieren, zum Beispiel auf die Produktion bestimmter Güter in absatzfähiger Qualität. Der Systemzweck muß dann zwar in der Gesamtumwelt »erlaubt« (und insofern institutionalisiert) sein; er braucht aber nicht überall gleichmäßige Schätzung und opferbereite Unterstützung zu finden. Es genügt, wenn das Produkt von einem ausreichenden Abnehmerkreis, einem Spezialmarkt, vergütet wird, so daß das System aus der Vergütung seinen Bedarf befriedigen kann. An Umweltinstitutionen wird dabei nicht viel mehr als die Rechtsordnung und der Geldmechanismus vorausgesetzt. Intern reicht eine solche Zweckformel als Rationalisierungsgrundlage freilich nicht aus, weil sie zu spezifisch ist und dadurch das System zu sehr auf einen engen Umweltausschnitt ausrichten würde. Es genügt nicht, eine bestimmte absatzfähige Ware so gut wie möglich zu produzieren. Die Abhängigkeit von anderen Umwelten, die ihre Unterstützung nicht in beliebiger Menge gegen Geld zur Verfügung stellen, namentlich von Kapitalgebern und arbeitenden Mitgliedern, erfordert zusätzliche Rücksichten auf Kreditwürdigkeit, Liquidität und Arbeitsmotivation. Diese Rücksichten können in die zweckrationale Ausrichtung des Produktionsprozesses nicht recht eingearbeitet werden[61], sondern erfordern zu ihrem Ausgleich umfassendere Systemmodelle[62]. Demgemäß hat die Betriebswirtschaftslehre die reine Zweckrationalität durch Modelle optimierender

61 Für das Problem der Kreditwürdigkeit bzw. Liquidität vgl. dazu *Th. Weller,* Einordnung der Finanzierung in den Rahmen der Betriebswirtschaftslehre. Zeitschrift für Betriebswirtschaft 32 (1962), S. 142–164, und, Lösungsaussichten für Modelle mit simultaner Produktions- und Finanzplanung eröffnend, *Albach,* aaO, 1962. Viel bekannter ist das Problem der Arbeitsmotivation und der menschlichen Rücksichten. Es macht seit den zwanziger Jahren den Kern der sozialwissenschaftlichen Betriebsforschung aus, so daß inzwischen eine nicht mehr zu überblickende Literatur existiert. Hier setzt die betriebswirtschaftliche Literatur »wirtschaftliche« und »soziale« Rücksichten zumeist unverbunden nebeneinander. Vgl. etwa *Konrad Mellerowicz,* Allgemeine Betriebswirtschaftslehre, Bd. I, 10. Aufl. Berlin 1958, S. 32 f., 47 f., 55 ff.; *Lohmann,* aaO, S. 269; *Gutenberg,* aaO, S. 182.

62 Wie weit das Gewinnmaximierungsprinzip als angeblich umfassende Zweckformel des privatwirtschaftlichen Unternehmens trotz aller Anfechtungen diesen Anforderungen genügt, kann hier nicht angemessen untersucht werden. Als einziges Prinzip ist es natürlich viel zu unbestimmt, da es keinerlei Aufschluß über geeignete Mittel gibt. In diesem Sinne ist »Gewinn« ein denkbar ungeeigneter Zweck. Im übrigen hat das Prinzip der Gewinnmaximierung den Nachteil, daß

Rationalität korrigieren müssen – eine Lösung, die wir oben[63] kritisch diskutiert haben im Hinblick auf Bestrebungen, sie durch Modelle brauchbarer Systemrationalität zu verdrängen[64].

Ganz anders ist die Situation des *politischen Systems,* speziell der Staatsbürokratie. Die Verwaltung des Staates im weitesten, alle Gewalten einschließenden Sinne hat es mit der gesamten Gesellschaft zu tun und deshalb mit einer äußerst komplexen, widerspruchsreichen Wertsituation. Sie muß, will sie sich – wie heute selbstverständlich – als demokratisch und sozialstaatlich verstehen, *jede* wertrelevante Folge ihres Handelns berücksichtigen, soweit ihre Entscheidungskapazität reicht. Sie kann sich mithin eine Folgenneutralisierung, also Zweckspezifikation, prinzipiell nicht leisten[65]. Denn es hat keinen Sinn, bezweckte Folgen be-

es nicht nur ein Rationalisierungsprinzip, sondern ineins damit zugleich eine Verteilungsregel für den Überschuß sein will. Es fordert, daß alle Umweltbeziehungen des Systems durch Differentialrechnung auf Grenzwerte gebracht werden sollen, außer der einen Beziehung zum Eigentümer, dem damit aller Gewinn zufließt. Ganz abgesehen von den Rechenproblemen, die damit verbunden sind, entsteht jedoch die Frage, ob diese Verteilungsregel selbst rational ist und ob ihre Verschmelzung mit dem Rationalisierungsprinzip des Systems rational ist. Weitere Bedenken bei *Bendixen,* aaO.

63 Kap. 3, 2.

64 Besonders interessant ist in dieser Frage die Position von *Barnard,* aaO, S. 19 ff., 55 ff., 136 ff., dessen Werk hier wie auch sonst eine Weiche gestellt hat, ohne daß Barnard selbst schon volle Klarheit über die Konsequenzen seiner Begriffe besaß. Barnard unterscheidet effectiveness – die reine Zweckerfüllung – und efficiency als Bewertung der Nebenfolgen, die unabhängig von der Zweckerfüllung entweder befriedigend oder nichtbefriedigend ausfallen können, ohne daß damit, wie sonst üblich, das Anstreben optimaler Lösungen bezeichnet wäre. Eine der vielen Aspekte dieser Unterscheidung besteht darin, daß sie voraussetzt, daß die Zwecke zu speziell definiert sind, um für ein System als Entscheidungsgrundlage auszureichen, so daß in dem durch sie an sich neutralisierten Raum der Nebenfolgen nochmals ein Entscheidungskriterium angesetzt werden muß. Dieses sekundäre Kriterium führt bei Barnard bereits deutlich auf das Systemmodell hin.

65 Siehe dazu namentlich *Dewey,* aaO, 1927, insb. S. 12 f., der darin den tragenden Unterschied des öffentlichen vom privaten Handeln erblickt. Konsequenzen für die öffentliche Verwaltung zieht

sonders zu berücksichtigen, wenn alle anderen Folgen auch berücksichtigt werden müssen und jene nicht a priori Wertvorrang genießen[66]. Desgleichen steht der Souveränitätsanspruch des Staates in direktem Widerspruch zum Zweckprinzip. Die Staatsverwaltung kann zwar zahlreiche Einzelaufgaben erfüllen, aber nicht sich einem spezifischen Zweck widmen und sich daraufhin rationalisieren.

Die Diskussion des »Staatszweckes«[67] hat deshalb über Leerformeln wie »Förderung des Gemeinwohls« oder »Wahrnehmung der öffentlichen Interessen« oder über unzureichende Teilkonzeptionen wie die liberale Formel von der Sicherung der Freiheit im rechtlich geordneten Zusammenleben nicht hinausführen können. Schon diese liberale Formel, geschweige denn noch präzisere Zweckbestimmungen, lassen sich in der Umwelt heute nicht mehr institutionalisieren. Sie sind zu schmal gebaut, um dem politischen System die Unterstützung seiner gesellschaftlichen Umwelt, insbesondere Macht und Legitimität für seine Entscheidungen, zu sichern. Das politische System muß daher, um durch seine Zwecke die notwendige Unterstützung aktivieren zu können, die Staatsziele so breit und vieldeutig formulieren, daß sie zwar konsensfähig sind, aber als interne Rationalisierungs-, Arbeitsteilungs- und Kontrollstruktur versagen. Die Staatszwecke sind, mit anderen Worten, für eine ideologische Funktion reserviert; sie dienen in ihrer globalen Fassung nicht als Entscheidungsprogramm.

hieraus *Edward C. Banfield,* Ends and Means in Planning. International Social Science Journal 11 (1959), S. 361–368; mit Berichtigungen neu gedruckt in: *Sidney Mailick/Edward H. Van Ness* (Hrsg.), Concepts and Issues in Administrative Behavior, Englewood Cliffs, N. J. 1962, S. 70–80.

66 Siehe aber auch die schlaue Abschwächung, die *Simon,* aaO, 1955 a, S. 121 f., vorschlägt: Der Verwalter brauche unbezweckte Folgen außerhalb seines Aufgabenhorizontes nicht bei der Planung, sondern nur dann zu berücksichtigen, wenn sie tatsächlich vorkommen. Ein solches Recht, erst zuzuschlagen und dann zu heilen, wird sich aber kaum rechtfertigen lassen, und auch die Rationalität dieser Lösung unterliegt Zweifeln.

67 Vgl. dazu oben S. 88 ff.

Aus diesem Grunde braucht das politische System sekundäre Entscheidungskriterien – und zwar nicht, wie der Privatbetrieb, wegen Überspezifikation, sondern wegen Unterspezifikation seiner Zwecke. Die notwendigen Entscheidungsrichtlinien können nicht durch rein systeminterne Zweckanalyse gefunden werden. Sie werden außerhalb der Staatsbürokratie, aber noch innerhalb des politischen Systems im weiteren Sinne, nämlich im Vorfeld macht- und meinungsbildender politischer Prozesse, aufgebaut. Dabei dient der Staatszweck Gemeinwohl lediglich als Darstellungsregel und Begründungserleichterung; die eigentlichen Kriterien liegen im Macht- und Konsenswert der jeweiligen Programme. Solche politischen Programme werden dann zur Konkretisierung des Staatszwecks auf verschiedene Weise, vor allem durch Finanzzuweisungen und durch Rechtsetzung, den bürokratischen Entscheidungszentren eingegeben. Die Trennung von Politik und Verwaltung[68], die Zentralisierung des Finanzwesens durch das Budget und der Rechtsstaat sind, unter diesem Aspekt gesehen, Substitutionsvorgänge für die reine Zweckrationalität. Sie kompensieren die Unterfunktion des Zweckprinzips im politischen System.

Eine Kontrollüberlegung vermag diese These zu stützen. In Entwicklungsländern, in denen es gelingt, das relativ gut konturierte Ziel der wirtschaftlichen Entwicklung des Landes als Staatsziel schlechthin zu institutionalisieren, ist ein für uns unerreichbarer Grad an Zweckspezifikation im politischen System gegeben. Allein deshalb schon treten die politischen Prozesse der offenen Konsenssuche, des Artikulierens und Vermittelns von Interessen, die »demokratischen« Verfahren der Meinungsbildung dort zurück. Eine rollenmäßige Trennung von Politik und Verwaltung und ein Rechtsstaat kommen nicht zustande, sondern die politische Partei formuliert in Ausführung jenes Staatszieles

68 Hierzu näher: *Luhmann,* aaO, 1965 a, 148 ff. und *ders.*, Politische Planung. Jahrbuch für Sozialwissenschaft 17 (1966), S. 271–297.

die Entwicklungspräferenzen, nach denen der Verwaltungsapparat seine Pläne entwirft und ausführt, und sucht die Bevölkerung im Sinne dieser Präferenzen zu mobilisieren. Die Problematik liegt auf einer anderen Achse, nämlich darin, daß die zweckrational konzipierte Bürokratie sich aus einer noch traditional orientierten Gesellschaft nur schwer herauslösen kann, so daß sie Gefahr läuft, durch gegenläufig institutionalisierte Erwartungen, z. B. solchen des »Freundesdienstes«, innerlich korrumpiert zu werden. Darin zeigen sich dann die Grenzen der Institutionalisierung des Zweckprinzips, das die offizielle Struktur voraussetzt. Das starke Gefälle dieser Institutionalisierung von der Sowjetunion über die südasiatischen Staaten bis zum tropischen Afrika ist offensichtlich.

Daß ein Unbestimmtlassen der Zweckformel auf stärkere Kooperation zwischen Verwaltung und Publikum verweist, zeigt sich auch in der organisationsrechtlichen Formentypik der Verwaltungseinheiten[69]. Wenn solche Einheiten zweckdiffus strukturiert sind, müssen sie bei der Ausarbeitung ihrer konkreten Aktionsprogramme auf Abstimmung und Kooperation mit ihrem Publikum Wert legen. Sie werden dann als *Körperschaften* organisiert, das heißt so, daß das Publikum der bürokratischen Organisation einen Mitgliedschaftsstatus im System erhält und seine Interessen im Rahmen dieser körperschaftlichen Organisation – zum Beispiel durch Parlamente, Kommunalvertretungen, Vertreterversammlungen der Sozialversicherungsträger – artikulieren und zur Geltung bringen kann. Läßt sich der Zweck spezifizieren und in einem technischen Instrumentarium konkretisieren, dann kommt die Rechtsform der *Anstalt* in Betracht, die ohne wesentliche Mitwirkung der Betroffenen durch *einen* Anstaltsträger laufend gesteuert und dadurch mit den Interessen des breiteren Publikums verbunden wird. Ist auch diese laufende Steuerung entbehrlich, weil ein allgemein anerkannter und dotierter Zweck

69 Vgl. hierzu *Wolff*, aaO, 1962, S. 128 ff.

eindeutig und für Dauer festgelegt werden kann, wählt man zweckmäßigerweise die Rechtsform der *Stiftung*. Diese drei Rechtsformen erschöpfen im deutschen Verwaltungsrecht die möglichen Organisationstypen.

Die darin aufgezeigte Gesetzlichkeit geht aber natürlich über die deutsche öffentliche Verwaltung hinaus. So können zum Beispiel amerikanische Studien belegen, daß die erörterte Problematik sich auf der Ebene von *Einzelbehörden* bzw. Einrichtungen der öffentlichen Hand wiederholt[70]. Wo die politische Kräftigung solcher Dienststellen nicht ausreicht, um spezifischen, »operational« definierten Zwekken die erforderliche Unterstützung der Umwelt zu sichern, weichen diese Stellen auf breitere Zweckformeln, auf allgemeinere Wohlfahrtszwecke aus, die dann in regem Kontakt mit der Umwelt kleingearbeitet werden. Die Zwecke sind dann zu vieldeutig, als daß sie durch rein interne Überlegungen zu Mitteln ausgemünzt werden könnten, sondern dieser Prozeß vollzieht sich durch Hereinnahme von Umweltpersonen (Selznick: Cooptation) oder doch von Umweltauffassungen in das System; er wird also über die Umwelt geleitet[71]. Eine Ideologie des »Dienstes am Publikum«, die die Zweckformel ergänzt, rechtfertigt dieses Verfahren[72]. Das System entzieht sich dadurch aber zu-

70 *Philip Selznick,* TVA and the Grass Roots, Berkeley-Los Angeles 1949, und *Burton R. Clark,* Adult Education in Transition. A Study of Institutional Insecurity. University of California Publications in Sociology and Social Institutions 1, 2 (1956), S. 43–202, sowie *ders.*, Organizational Adaption and Precarious Values. A Case Study. American Sociological Review 21 (1956), S. 327–336.

71 Vgl. hierzu auch die nahestehende Auffassung von *David B. Truman,* The Governmental Process. Political Interests and Public Opinion, New York 1951, 8. Druck, 1962, S. 463 ff., der die Verwaltung jedoch in einer aktiveren Rolle sieht: Durch unbestimmte Zwecksetzungen werde sie genötigt, propagandistisch auf ihre Umwelt einzuwirken.

72 Siehe dazu die von *Clark,* aaO, 1956, beschriebene »service orientation« einer Organisation für Erwachsenenbildung, durch welche die angebotenen Kurse an den Wünschen des Publikums und an der Zahl der sich einschreibenden Teilnehmer ausgerichtet wurden und nicht an programmatischen Lehrzwecken. Das heißt, intern ge-

gleich einer planmäßig-rationalen Steuerung und einer Leistungskontrolle. Die Rationalisierungsfunktion des Zweckes wird seiner adaptiven Funktion geopfert.

Mit dieser Umleitung über Kundenwünsche verwandt, aber anders gerichtet ist ein Ausweg, den das *Schulsystem* (Hochschulen einbegriffen) beschreitet. Auch hier lassen sich bei der Vielfältigkeit der Ausbildungsziele in einer differenzierten Sozialordnung keine handfesten Schulzwecke formulieren, auf die hin Organisation und Unterricht als Mittel geplant und kontrolliert werden könnten[73]. Die deshalb erforderlichen sekundären Standards, die den allgemeinen »Bildungsauftrag« des Schulwesens konkretisieren, werden einem professionell gepflegten Idealismus entnommen, der gewisse organisatorische Forderungen legitimiert und einen Kodex richtigen Verhaltens in der Wahl der Unterrichtsstoffe und der Unterrichtsformen unabhängig vom Erfolg ausprägt[74]. An diesem Idealismus wird dann das Verhalten unmittelbar oder über Programme ausgerichtet, was zum Beispiel bestimmte Formen der Kollegialität und bestimmte Formen der Feststellung der Fehler oder des Versagens einzelner Kollegen einschließt, da die bezweckte Wirkung als Kriterium ausfällt. Auch hier hat das

sehen, daß sich die Verwaltung – und nicht die Pädagogen – in der Programmgestaltung durchgesetzt hat. Vgl. dazu auch den Bericht von *Zald/Denton,* aaO, über eine entsprechende Aufweichung der Zweckkonzeption eines freiwilligen Vereins – hier bedingt durch die Notwendigkeit, Mitglieder zu gewinnen und zu halten, also ebenfalls durch ungesicherte Umweltunterstützung.

73 Dieses Beispiel für Organisationen ohne Zweck wählt auch *Biddle,* aaO, S. 164 ff.

74 Dazu gut: *Nokes,* aaO. Neben dieser professionellen Situationsverdichtung machen sich besonders in den Vereinigten Staaten auch Tendenzen zu einer »Demokratisierung« des Schulwesens bemerkbar, was bedeutet, daß die Lernenden bestimmen, was sie lernen wollen und durch die Bekundung ihres Interesses das Gesicht der Unterrichtsanstalten prägen. Siehe dazu z. B. *David Riesman,* Constraint and Variety in American Education, Lincoln/Nebr. 1956, S. 107 ff.; *Clark,* aaO, 1960; *Martin Trow,* The Democratization of Higher Education in America. Europäisches Archiv für Soziologie 3 (1962), S. 231–262.

Fehlen einer intern wirksamen Zweckstruktur zur Folge, daß eine (in diesem Falle spezifisch »professionelle«) Umwelt Einfluß auf das System gewinnt, daß das Schulsystem schwer zu planen, zu lenken und in seinen Leistungen zu kontrollieren ist und daß die »ökonomische« Planung des Bildungswesens mit prinzipiell unerschöpflichen Anforderungen zu kämpfen hat.

Für *politische Parteien* ist das gleiche Problem der Zweckspezifikation besonders komplex. Sie müssen ihr Zweckprogramm nicht nur für sich selbst, sondern zugleich für den Staatsapparat formulieren, dessen Leitung sie anstreben. Ihre Chancen liegen höchst verschieden je nachdem, ob ein Zweiparteiensystem den Wähler veranlaßt, eine Partei nach ihren bisherigen oder mutmaßlichen Leistungen als Regierungspartei zu wählen, oder ob ein Vielparteiensystem die Konsequenzen der Stimmabgabe so unvorhersehbar macht, daß der Wähler sich nur an ideologischen Gesichtspunkten orientieren kann. Im ersten Fall müssen – eine viel diskutierte Erscheinung – die Parteien breite Zwecke mit vollem Spielraum für Opportunismus, im anderen Falle eine sie deutlich unterscheidende spezielle Wertgruppierung vertreten; im ersten Fall werden sie sich mehr auf die allgemeinen Institutionen der Gesellschaft, im anderen mehr auf die Differenzierung ihrer Umwelt stützen[75].

Zu alledem kommt in Mehrparteiensystemen, daß die proklamierten Zwecke für das interne und das taktische Verhalten der Parteien keine ausreichenden Kriterien abgeben, da eine Partei, als bloße »Partei«, ja nicht die Kompetenz hat, die Verwirklichung ihres Programms in Angriff zu nehmen. Die proklamierten Zwecke können also nicht die einzigen Zwecke der Partei sein, was besonders im Zweiparteiensystem evident ist, wo die Parteien annähernd gleiche Zwecke vertreten. Neben ihren Programmen müssen die Parteien einen systemeigenen Zweck vertreten: den

75 Siehe dazu die Unterscheidung dieser beiden Grundstrategien oben S. 183 f.

des Erwerbs oder der Erhaltung der politischen Macht zur Leitung des Staatsapparats. Diese Doppelorientierung ermöglicht es ihnen, das Problem der richtigen Wahl der Unbestimmtheit bzw. Bestimmtheit ihres Zweckes auf geniale Weise zu lösen, nämlich durch Zweck/Mittel-Vertauschung: Für die systemexternen Funktionen der Anpassung an Umweltinstitutionen oder an herausdifferenzierte Gruppen muß das Parteiprogramm der Zweck und der Machterwerb das Mittel sein. Für die internen Funktionen der Rationalisierung und Wirksamkeitskontrolle des eigenen Verhaltens wird dieses Verhältnis einfach umgekehrt und das Programm als Mittel zum Zwecke des Machterwerbs behandelt. Dieser Zweck ist durch die Institution der politischen Wahlen relativ deutlich spezifiziert, und als Mittel zu ihm gewinnt daher auch das schwammigste Parteiprogramm die Funktion einer berechenbaren Größe, ohne seine integrative, werbende Funktion dadurch zu verlieren. Die Kosten dieser eigenartigen Lösung liegen einerseits in hohen Anforderungen an Darstellungsvorsicht und Ausdrucksdisziplin, zum anderen in einer gewissen Desillusionierung der politischen Sphäre, die aber einer verständnisvollen Würdigung ihrer spezifischen Funktion nur zugute kommen kann.

Um diese Reihe von Beispielen abzuschließen, sei noch der Fall der *freiwilligen Vereinigungen* erwähnt, denen auf der Linie von bestimmten zu unbestimmten Zwecken fast alle Möglichkeiten offen stehen – sofern es ihnen gelingt, einen Zweck zu finden, der beitragswillige Mitglieder anzieht. Die internen Rationalisierungsfunktionen des Zweckes treten wegen der geringen Komplexität des Systems zurück; das Problem liegt fast ausschließlich im prekären Zusammenhang von Zweckspezifikation und Umweltunterstützung – die Mitgliederpersonen hier wie immer zur Umwelt gerechnet[76].

76 Man kann diese Aussage auch anders formulieren, nämlich so, daß für komplexere Systemleistungen die Form der freiwilligen Ver-

Spezifische Gruppen- oder Vereinszwecke – man denke an den Verein der Volkswagensparer oder auch an den breiteren, aber immer noch recht eindeutigen Zweck eines Tierschutzvereins – haben den Vorzug einer Versachlichung in den Beziehungen zwischen Vereinsmitgliedern und Vereinsleitung[77]: Weder brauchen die Mitglieder sich in besonderem Maße um die Politik der Vereinsleitung zu kümmern, da diese durch den Zweck gebunden und an ihm kontrollierbar ist; noch braucht die Vereinsleitung die Mitgliedschaft über die reine Zweckerfüllung hinaus besonders attraktiv zu machen, denn der Zweck selbst zieht eine klare Grenze zwischen denen, die sich opferbereit dafür interessieren, und der indifferenten Umwelt. Zweckspezifische freiwillige Vereinigungen sind ein typisches Phänomen stark differenzierter Sozialordnungen. Andererseits ist eben dadurch die Entwicklungsfähigkeit und das Kräftereservoir des Vereins beschränkt. Die erreichbare Beteiligung wird sozusagen als Umweltdatum hingenommen und die Bemü-

einigung ungeeignet ist, weil diese ihren Zweck für Motivationsfunktionen benötigt und ihm daher eine Fassung geben muß, die keine arbeitsteilige interne Rationalisierung vorsieht. Unter diesem Gesichtspunkt sind wir bereits oben S. 139 f. auf die Problematik der freiwilligen Vereinigungen gestoßen. Hierzu besonders instruktiv: *Ivan Vallier,* Structural Differentiation, Production Imperatives and Communal Norms. The Kibbutz in Crisis. Social Forces 40 (1962), S. 223–242. Die Untersuchung betrifft die Umstellung eines zweckdiffus auf Zusammenleben der Mitglieder abgestellten Systems auf zweckspezifische Leistungsanforderungen in einer neu entstehenden differenzierten Gesellschaftsordnung und zeigt, wie dadurch die Komplexität des Systems wächst und Zwecke ausgebildet werden müssen, die die interne Differenzierung und Rationalisierung tragen können.

77 Ob man darüber hinaus von klar erfaßten Gruppenzwecken allgemein *stärkere* Motivation erwarten kann als von unklaren Zwecken – so die Ergebnisse bei *Bertram H. Raven/Jan Rietsema,* The Effects of Varied Clarity of Group Goal and Group Path upon the Individual and his Relation to his Group. Human Relations 10 (1957), S. 29–45; ähnlich *March/Simon,* aaO, S. 42 – erscheint mir zweifelhaft. Jedenfalls spielen bei der Motivationsstärke zu viele andere Faktoren mit, als daß man sich auf solche Gesetzmäßigkeiten praktisch verlassen könnte. Siehe auch die grundsätzliche Kritik bei *Irle,* aaO, S. 94 ff.

hungen des Vereins können allenfalls dahin gehen, den Verein bekanntzumachen und potentielle Mitglieder, die dem Vereinszweck aufgeschlossen gegenüberstehen, ausfindig zu machen und anzuziehen.

Vereine mit diffuseren Förderungszwecken[78] haben sowohl im Verhältnis zu ihren Mitgliedern als auch im Verhältnis zur sonstigen Umwelt mehr Aktionsspielraum, aber auch mehr Schwierigkeiten[79]. Sie müssen die Präzision der Zweck/Mittel-Struktur, die ihnen fehlt, durch andere Entscheidungsgesichtspunkte ersetzen, müssen das Vereinsklima emotional anheizen, ein »Wir-Gefühl« schaffen und um das allgemeine Ansehen des Vereins in der Umwelt besorgt sein, so daß sich Gesichtspunkte der Bestandserhaltung in der Entscheidungspraxis als praktikablere Kriterien vor die Zweckerreichung drängen. Der Zweck versagt in seiner Funktion, die Bestandsbedingungen des Systems zu definieren[80]. Die Erfolge der Vereinsverwaltung werden an der Mitgliederstatistik abgelesen.

Bei den bisherigen Überlegungen waren wir davon ausgegangen, daß die Bestimmtheit der Zweckformel zugleich Grundlage der Organisation des Handelns ist und daß die Organisierbarkeit abnimmt bzw. auf eine andere Grund-

78 Siehe dazu auch Begriff und Darstellung der »clects« bei *Fred W. Riggs,* Administration in Developing Countries. The Theory of Prismatic Society, Boston 1964, insb. S. 164 ff., mit der These, daß freiwillige Interessengruppen mit relativ breiten, nicht nur wirtschaftlichen Zwecken der Förderung ihrer Mitglieder in besonderer Weise für noch nicht volldifferenzierte Entwicklungsländer charakteristisch sind.

79 Zur Klärung dieser Auswirkung des Gegensatzes von zweckspezifisch und zweckdiffus strukturierten Vereinen hat namentlich die Untersuchung von *Richard L. Simpson/William H. Gulley,* Goals, Environmental Pressures, and Organizational Characteristics. American Sociological Review 27 (1962), S. 344–351 beigetragen. Siehe auch die Feststellung von *Seymour M. Lipset/Martin Trow/James S. Coleman,* Union Democracy, Glencoe/Ill. 1956, S. 407, 415 f., wonach bei Gewerkschaften mit breit formulierten Zwecken die Mitglieder stärkeren Einfluß auf die Gewerkschaftsführung suchen, so daß in solchen Gewerkschaften die »Gewerkschaftsdemokratie« leichter zu erhalten, die Apathie der Mitglieder leichter zu überwinden ist.

80 Dazu oben S. 190 f.

lage gestellt werden muß, wenn die Organisationszwecke nicht deutlich und instruktiv genug fixiert werden können. Das ist im großen und ganzen richtig. Macht man sich diese These bewußt, werden aber zugleich ihre Grenzen sichtbar. Die Organisierbarkeit des Handelns kann auch an den Mitteln scheitern. Trotz sehr präzise formulierter Zwecke kann es nämlich sein, daß gerade diese Zwecke Mittel erfordern, die schwer zu organisieren und in bürokratische Routinen zu übersetzen sind. Diese Konstellation ist in der Fachliteratur der letzten Jahre am Beispiel der »therapeutischen« Orientierung von Gefängnissen, Krankenanstalten, Heimen für Alkoholiker, Fürsorgezöglinge usw. bewußt geworden[81], also am Fall von Organisationen, die sich eine Änderung ihrer Kunden selbst zum Ziel gesetzt haben. Dies Ziel kann sehr speziell definiert sein (zum Beispiel: Abgewöhnung übermäßigen Alkoholgenusses) und trotzdem ein sehr enges, informales, flexibles und persönliches Zusammenarbeiten der Organisationsmitglieder und ihrer Kunden erfordern, den Einsatz von Mitteln also, die kaum regulierbar sind und nicht selten zu der im Prinzip unentbehrlichen Organisationsstruktur in Widerspruch geraten.

Ordnet man dieses Beispiel in den theoretischen Bezugsrahmen ein, den wir im Vorstehenden skizziert haben, dann erhellt, daß es Zwecke gibt, die trotz hoher Präzision nicht genug Umweltkomplexität reduzieren, um das Handeln im System einfach zu gestalten. Sie geben viel Umweltkomplexität in das System hinein in einer Form, die nicht durch Organisation und allgemeine Entscheidungsprogramme, sondern nur durch persönlich engagierendes Handeln absorbiert werden kann. Entsprechend hoch ist die Belastung derjenigen, die handeln müssen. Sie müssen sich gleichsam

81 Siehe zum Beispiel *Maxwell Jones,* The Therapeutic Community, New York 1953; *Earl Rubington,* Organizational Strains and Key Roles. Administrative Science Quarterly 9 (1965), S. 350–369. Weitere Hinweise unten Anm. 90.

selbst einen persönlichen Rollenstil schaffen und geraten dadurch zueinander in Konflikt[82]. Solche Belastungen und Konflikte, und nicht etwa nur Fragen der Zuteilung und des Einsatzes knapper Mittel, sind dann die Sekundärprobleme, durch deren Lösung im täglichen Betrieb das System sich bewährt.

5. *Widersprüchlichkeit der Zwecksetzung*

Nach diesem Überblick über Anwendungsmöglichkeiten der Zweckvariable wird man auf eine einfache Theorie in dem Sinne, daß diffuse Zwecke der Umweltanpassung, spezifische Zwecke der systeminternen Rationalisierung dienen, verzichten müssen, obwohl einige Einsichten in diese Richtung deuten. Aber auch für externe Funktionen kann der Zweck zu unbestimmt sein – so namentlich in stark differenzierten Sozialordnungen –, und für interne Funktionen kann er zu spezifisch sein – so namentlich bei hochkomplexen Systemen. Bedeutsamer ist deshalb ein anderes Ergebnis, das wir festhalten müssen: Die strenge Zweckrationalität, nämlich die durch den Zweck geleitete Entdeckung geeigneter Mittel und die Wertneutralisierung unbezweckter Folgen des Handelns, wird aus dem Entscheidungsvorgang herausgedrängt und büßt ihre Reduktionsfunktion ein in dem Maße, als der Zweck für das System entweder zu spezifisch oder zu allgemein gewählt ist. Er muß dann durch sekundäre Kriterien der Brauchbarkeit des Entscheidens ergänzt werden, mit denen die Unterfunktion des Zweckprinzips in bestimmten Hinsichten ausgeglichen werden kann.

In der Blickstellung der klassischen Theorie zweckrationaler Organisation würde ein solches Ausweichen auf sekundäre Kriterien, die nicht vom Zweck her als Mittel legi-

82 Siehe dazu die Darstellung verschiedener key roles, durch die Berater in einem Heim für Alkoholiker ihre Aufgabe auf verschiedene Art und Weise zu erfüllen suchen, bei *Rubington*, aaO.

timierbar sind, als ein Mangel erscheinen, als Verlust der im Zweck konzentrierten »Einheit« des Systems. Geht man dagegen von der funktionalen Analyse der Zwecksetzung aus, dann wird deutlich, daß sich in diesem »Mangel« nur die widersprüchlichen Anforderungen fortsetzen, die vom System an seinen Zweck gestellt werden; daß diese Anforderungen hier in veränderter Gestalt, sozusagen in kleinerem Format, greifbar werden und vielleicht in dieser Form besser gelöst werden können. Es kann angesichts jener mehrfachen Anforderungen an den Zweck eine durchaus sinnvolle Systemstrategie sein, den Zweck sei es unterzuspezifizieren, sei es überzuspezifizieren, um sodann mit Hilfe von sekundären, der Zweckstruktur nur locker angepaßten Entscheidungsmaßstäben eine genauere Ausbalancierung des Systems im Hinblick auf komplexe System/Umwelt-Probleme zu suchen.

Diese Art, das Grundproblem der Reduktion von Komplexität kleinzuarbeiten, können wir von einer anderen Seite her beleuchten, wenn wir uns von der eindimensionalen Betrachtung der Zweckvariable auf der Linie bestimmt-unbestimmt freimachen und an die Möglichkeit denken, ein System durch *widerspruchsvolle Zwecke* zu strukturieren.

In der Theorie der Einzelhandlung hat es keinen Sinn, von widerspruchsvollen Handlungszwecken zu sprechen, die jeweils ein anderes Handeln erfordern. Man kann sich zwar vor der Handlung mit divergierenden Wünschen oder Anforderungen auseinandersetzen. Ehe es zum Handeln kommen kann, muß dieser Widerspruch aber aufgelöst sein; denn niemand kann zweierlei auf einmal handeln. Um widerspruchsvoll handeln zu können, braucht man mehrere Handlungen, und das heißt: Zeit. In der Handlungstheorie ist Widerspruchsfreiheit daher zwingendes Gebot. Ganz anders stellt sich das Problem für die Systemtheorie. Sie hat keine zwingenden Gründe zu verhindern, daß ein System während seines Bestehens einmal diesen und ein andermal jenen Zweck bevorzugt und dabei inkonsistent verfährt.

Sie kann Widersprüche zulassen – und sie muß es vielleicht sogar.

Die wachsende Bereitschaft, widerspruchsvolle Zwecksetzungen auch wissenschaftlich zu honorieren, kann demnach als ein Anzeichen der Umorientierung von Handlungstheorien auf Systemtheorien gedeutet werden. Daß alle Sozialsysteme, ja alle Aktionssysteme schlechthin, einer Vielzahl von Anforderungen genügen müssen, die sich nicht ohne weiteres miteinander vertragen, ist eine gut gesicherte These der Soziologie[83]. Daß in einzelnen Institutionen häufig widerspruchsvolle Werteinstellungen und Verhaltenserwartungen fixiert sind, haben besonders Kulturanthropologen nachgewiesen[84]. Von der Universalität und der Unvermeidlichkeit des Konfliktphänomens ist man überzeugt, auch wenn die Forschung es zeitweise vernachlässigt[85]. Rollenbelastungen durch widerspruchsvolle Anforderungen gehören zu den wichtigsten Themen der neueren Organisationssoziologie[86]. Solche Widersprüche und

83 Siehe namentlich *Gideon Sjoberg,* Contradictual Functional Requirements and Social Systems. The Journal of Conflict Resolution 4 (1960), S. 198–208.

84 Vgl. z. B. *Albert K. Cohen,* On the Place of »Themes« and Kindred Concepts in Social Theory. American Anthropologist 50 (1948), S. 436–443; *Emilio Willems,* Innere Widersprüche im Gefüge primitiver Kulturen. Kölner Zeitschrift für Soziologie und Sozialpsychologie 8 (1956), S. 206–223; *Florence R. Kluckhohn/Fred L. Strodtbeck,* Variations in Value Orientations, Evanston/Ill.-Elmsford/N. Y. 1961.

85 Siehe statt anderer *Lewis A. Coser,* The Functions of Social Conflict, Glencoe/Ill., 1956; *Robert A. LeVine* (Hrsg.), The Anthropology of Conflict. The Journal of Conflict Resolution 5 (1961), S. 3–108; *Ralf Dahrendorf,* Gesellschaft und Freiheit. Zur soziologischen Analyse der Gegenwart, München 1961, S. 112 ff., 197 ff.

86 Einige Beispiele aus der neueren Literatur: *Simon/Smithburg/Thompson,* aaO, S. 433 ff.; *March/Simon,* aaO, S. 113 ff.; *William J. Goode,* A Theory of Role Strain. American Sociological Review 25 (1960), S. 483–496; *Bernard H. Baum,* Decentralization of Authority in a Bureaucracy, Englewood Cliffs/N. J. 1961, passim, z. B. S. 150 f.; *Litwak,* aaO, S. 314 ff.; *Oscar Grusky,* Managerial Succession and Organizational Effectiveness. The American Journal of Sociology 69 (1963), S. 21–31; *Kahn/Wolfe/Quinn/Snoek,* aaO; *William R. Catton, Jr.,* Unstated Goals as a Source of Stress in an Orga-

Konflikte sind nichts weiter als eine Konsequenz des Versuchs, in einer komplexen und veränderlichen Umwelt invariante Systeme zu bilden. Konfliktshandeln ist demgemäß eine besondere Strategie der Verminderung von Komplexität durch Kampf. Statt extern durch Kampf von entschiedenen Positionen aus können Widersprüche, wenn ein System über eine gewisse Zeitstrecke stabilisiert ist, auch durch interne Einrichtungen absorbiert werden, vor allem dadurch, daß unvereinbare Dinge nacheinander getan werden[87] in einem ausgewogenen Rhythmus von Denken und Handeln, Betrügen und Beten, Sich-Vorbereiten und Auftreten, Belohnen und Bestrafen.
Einen vollen Überblick über die dazu erforderlichen oder geeigneten Systemeinrichtungen der Absorption von Widersprüchen – die Techniken der Geheimhaltung von Informationen und der Trennung von Situationen und Zuschauern, der Problemisolierung und der Wertabstraktion, der unverbindlichen Rhetorik, der Institutionalisierung von Präferenzen, der Delegation unangenehmer Handlungsaufträge usw. – können wir hier nicht gewinnen. Uns interessiert ein Ausschnitt aus dieser Problematik, nämlich das, was von ihr in das Schema der kausalen Handlungs- und Umweltauslegung eingefangen und auf diese Weise verarbeitet werden kann. Ein System kann sein Handeln durch mehrere Zwecke programmieren, die miteinander nicht vereinbar sind. Wie kann diese Art der Verarbeitung und Weitergabe von Widersprüchen genauer verstanden werden, und wo liegen ihre Folgeprobleme?
Zunächst muß klargestellt werden, daß es sich bei den »widerspruchsvollen« Zwecken nicht um direkte logische Widersprüche handelt in dem Sinne, daß eine bestimmte

nization. Pacific Sociological Review 5 (1962), S. 29–35; ferner die weiter unten (Anm. 90) zitierten Untersuchungen zum Gefängniswesen und zu Krankenanstalten.

87 Siehe dazu *Cyert/March*, aaO, 1959, S. 87 f. und aaO, 1963; *Blau*, aaO, 1964, S. 320.

Wirkung erzielt und nicht erzielt werden soll[88]. Sehr selten sind die Fälle, daß ein bestimmter Handlungszweck wie bei der Kopfjagd oder beim Duell zugleich rechtlich verboten, ja strafbar und unter dem Gesichtspunkt des sozialen Prestiges gefordert ist[89]. So unmittelbare Widersprüche sind nicht gemeint. Andererseits geht es auch nicht einfach um das universelle Phänomen der Kosten: daß man sich mit einer bestimmten Handlung andere Möglichkeiten verbaut. Zur Explikation des Problems ist vielmehr der Einblick in die Neutralisierungsfunktion der Zwecke erforderlich, den wir uns im ersten Kapitel verschafft haben. Zwecke können einander speziell in dieser Funktion widersprechen, nämlich dadurch, daß der eine Zweck Handlungsfolgen als erstrebenswert auszeichnet, die durch den anderen Zweck neutralisiert werden. Widersprüche in den Zwecken bedeuten also nichts weiter, als daß die Neutralisierungsfunktion der Zwecksetzung insoweit ausgeschaltet und die »natürliche« Situation, die ja stets wertkomplex ist, wiederhergestellt wird.

88 Auf die damit angeschnittene Problematik einer Logik, die normative Sätze verarbeiten kann und dafür eine doppelte Art der Negation (nämlich des Inhalts einer Aussage und ihres Charakters des Zulassens, Erlaubens einer Handlung) benötigt, sei nur hingewiesen. Vgl. grundsätzlich *Georg H. von Wright*, Deontic Logic. Mind 60 (1951), S. 1–15, und *ders.*, On the Logic of Negation. Societas scientiarum Finnica, Commentationes physico-mathematicae XXII, 4, Helsinki 1959. Wegen dieser doppelten Negationsmöglichkeit ist es nicht einfach zu entscheiden, wann sich Werte oder Zwecke überhaupt logisch widersprechen. So besteht ein wesentlicher Unterschied darin, ob man nur Sätze vom Typ »A ist ein Wert und ein Unwert« oder auch Sätze vom Typ »A ist ein Wert und Non-A ist ein Wert« als widerspruchsvoll ausschließen will. Zum Beispiel würde die Aussage: Es ist gut, wenn mein Haus weiß gestrichen wird, der Aussage: Es ist gut, wenn mein Haus grün gestrichen wird, an sich nicht widersprechen, obwohl beides nicht zugleich *sein* kann. Siehe dazu *Everett W. Hall*, What is Value? An Essay in Philosophical Analysis, London 1952, S. 181 f. Ob ein Widerspruch vorliegt, hängt mithin von dem Logiksystem ab, daß die Soll-Begriffe definiert und entscheidet, ob und inwiefern ihnen Exklusivität innewohnt.

89 Vgl. auch die Unterscheidung unmittelbarer und mittelbarer Kollisionen zwischen zwei Zielen bei *Kaufmann*, aaO, 1936, S. 95 f. Ähnlich *Gäfgen*, aaO, S. 88.

Ein gutes Beispiel dafür liefern Untersuchungen des amerikanischen Gefängniswesens, welche die Widersprüche des älteren Verwahrungszweckes und der neueren therapeutischen Zielsetzungen der Rehabilitation und Besserung aufgedeckt und in ihre strukturellen und verhaltensmäßigen Konsequenzen hinein verfolgt haben[90]. Dieses Beispiel ist deshalb besonders interessant, weil der Widerspruch hier nicht allein durch die Knappheit der Mittel zustandekommt, sondern ein Zweck direkt die Mittel des anderen diskreditiert. Die Folge ist auch hier ein Bedarf an sekundären Entscheidungsmaßstäben, vor allem solchen der Opportunität, die jedoch nur informal stabilisiert und sanktioniert werden können, da die offiziellen Rechtfertigungsgrundlagen durch die formalen Systemzwecke besetzt sind und es deren Darstellung gefährden würde, wollte man den Widerspruch aufdecken. Praktisch kommt es daher in dem Bereich, in dem die Wertansprüche sich überschneiden, zu einem opportunistischen Verhalten, das alarmierende Mißstände zu vermeiden weiß und sich bei der Bedienung des einen Zwecks danach richtet, wie weit der andere befriedigt ist bzw. wie stark er leiden würde – oder auch, wer von seinen Anhängern dadurch auf den Plan gerufen würde.

90 Siehe namentlich *Oscar Grusky,* Organizational Goals and the Behavior of Informal Leaders. The American Journal of Sociology 65 (1959), S. 59–67; *ders.,* Role Conflict in Organization. A Study of Prison Camp Officials. Administrative Science Quarterly 3 (1959), S. 452–472; *Donald R. Cressey,* Contradictory Directives in Complex Organizations. The Case of the Prison. Administrative Science Quarterly 4 (1959), S. 1–19; *ders.* (Hrsg.), The Prison. Studies in Institutional Organization and Change, New York 1961; *Mayer N. Zald,* Power Balance and Staff Conflict in Correctional Institutions. Administrative Science Quarterly 7 (1962), S. 22–49; ähnliche Probleme sind in psychiatrischen Anstalten, ja sogar in allgemeinen Krankenhäusern beobachtet worden. Für Auswirkungen auf deren Organisationsstruktur vgl. z. B. *William R. Rosengren,* Communication, Organization, and Conduct in the »Therapeutic Milieu«. Administrative Science Quarterly 9 (1964), S. 70–90; siehe ferner *Thomas J. Scheff,* Differential Displacement of Treatment Goals in a Mental Hospital. Administrative Science Quarterly 7 (1962), S. 208–217; und *Rubingston,* aaO.

Ein solches Vorgehen entspricht im Grunde dem natürlichen Verhalten in wertkomplexen Situationen[91]. In zweckstrukturierten Systemen bedarf es jedoch als Ausnahmeerscheinung besonderer institutioneller Absicherungen. Der Opportunismus flukturierender Werteverwirklichung ist an sich durch den Neutralisierungseffekt der Zwecksetzung eliminiert, wird jedoch im Bereich des Widerspruchs verschiedener Zwecke wiederhergestellt. Das setzt eine entsprechend lockere Aufsicht bzw. informale Verständigungen mit der vorgesetzten Stelle voraus, ferner auch eine nicht allzu operationale Definition der Zwecke, so daß ein Auslegungsspielraum für Verteidigungsmanöver zur Verfügung steht. Man kann widersprüchliche Zwecksetzung deshalb auch als eine Art informale Delegation von Entscheidungskompetenzen ansehen[92].

Schwieriger wird die Situation, wenn die Zweckwidersprüche sich mit den Grenzlinien der Arbeitsteilung im System decken, so daß jeder Zweck in der Organisation seine Sprecher findet, die ihm hartnäckig exklusive Geltung – und ihrem Arbeitsbereich damit den Vorrang – verschaffen möchten. Das bringt den Widerspruch ins Offene der amtlichen Koordinierungs- und Konfliktsentscheidungsverfahren und bewirkt, daß die Spitze der Organisation damit befaßt werden muß. Der wertkomplexe Entscheidungsstil wird dadurch hierarchisch angehoben. Die opportunistischen Kurskorrekturen werden nicht unten, sondern oben,

91 Vgl. dazu *Braybrooke/Lindblom,* aaO; und *Lindblom,* aaO, 1965, ferner bereits oben S. 49 ff.

92 Unter diesem Gesichtspunkt werden die Aufstellung einer Vielzahl von nicht zugleich erfüllbaren Planzielen im sowjetischen Planungssystem und die Vielzahl widersprüchlicher Entscheidungsdirektiven im frühen spanischen Kolonialreich behandelt von *Andrew G. Frank,* Goal Ambiguity and Conflicting Standards. An Approach to the Study of Organization. Human Organization 17 (1958–59), S. 8–13, bzw. von *John Leddy Phelan,* Authority and Flexibility in the Spanish Imperial Bureaucracy. Administrative Science Quarterly 5 (1960), S. 47–65. Vgl. dazu ferner *Ralph H. Turner,* The Navy Disbursing Officer as a Bureaucrat. American Sociological Review 12 (1947), S. 342–348.

also mit umfassenderer Information, aber auch weithin sichtbar vorgenommen, was seine Vorteile und seine Nachteile hat, je nachdem wie stark die Zwecke, die dem System abverlangt werden, in der Umwelt institutionalisiert sind.

Wenn Widersprüche auf diese Weise in die Organisationsstruktur aufgenommen werden, ist das also nicht ohne weiteres ein Konstruktionsfehler, obwohl natürlich auch ein solcher vorliegen kann[93]. Die Rezeption heterogener Werte als nebeneinander gültige, widerspruchsvolle Systemzwecke kann vielmehr den Sinn haben, das umweltinstitutionelle Fundament des Systems zu verbreitern; sei es, um wertkomplexen Umwelterwartungen Rechnung tragen zu können, sei es, um in einer sehr differenzierten Umwelt verschiedenartige Interessen zugleich befriedigen zu können[94]. Es handelt sich also um eine Strategie, die der

93 So wird man in manchen Fällen diskutieren können, ob bei widerspruchsvoller Zweckausrichtung statt einer nicht besser zwei verschiedene Organisationen geschaffen werden sollten. In der Wirtschaft sind solche Überlegungen wegen des hohen Grades der Zweckspezifikation gang und gäbe. Auch für die Universitäten könnte diese Frage aktuell werden in dem Maße, als ihre beiden Hauptzwecke der Lehre und der Forschung sich zu einem Widerspruch zu entwickeln beginnen, obwohl selbst dann manches dafür sprechen wird, den Widerspruch als Eckstein der akademischen Freiheit beizubehalten, da er die Kontrolle der Leistungen, die Zentralisierung von Entscheidungskompetenzen erschwert und die funktionsnotwendige Dezentralisierung fest verankert.

94 Dazu auch einige Bemerkungen bei *Banfield*, aaO, 1959. Vgl. auch *Renate Mayntz*, Die soziale Organisation des Industriebetriebes, Stuttgart 1958, S. 55, und als charakteristische Einzelfallstudien, z. B. *Clark*, aaO, 1960, S. 167 ff., oder *Joseph Bensman/Israel Gerver*, Crime and Punishment in the Factory. The Function of Deviance in Maintaining the Social System. American Sociological Review 28 (1963), S. 588–593. Für die ältere Organisationslehre galt dagegen Widerspruchsfreiheit der Entscheidungskriterien als nicht weiter begründungsbedürftiges Erfordernis guter Organisation. Siehe statt anderer *Harrington Emerson*, The Twelve Principles of Efficiency, New York 1919, S. 59 ff. Dies hängt vor allem damit zusammen, daß die ältere Auffassung Organisationssysteme rein intern betrachtete. Erst die Einbeziehung der Umweltproblematik in die Organisationstheorie macht es möglich, zu sehen, daß der Einbau von Widersprüchen in die Organisationsstruktur einen guten Sinn haben kann.

zuvor erörterten diffusen Zweckbildung nahe verwandt ist, und so dienen vieldeutige Zweckformeln denn auch häufig zur Tarnung eines Widerspruches in der Zweckausrichtung.

Werden im System widerspruchsvolle Zwecke verfolgt, so bedeutet dies, daß die Neutralisierungsfunktion der Zwecke insoweit nicht erfüllt wird und die entsprechende Verdichtung der Entscheidungssituation auf andere Weise geleistet werden muß[95]. Dazu werden dann vor allem die verschiedenartigen bürokratischen Taktiken der formalen und der informalen Konfliktsführung dienen, die mit ihren unterschiedlichen Vorteilen und Nachteilen in ein ausgewogenes Verhältnis gebracht werden müssen[96]. Das System tauscht gleichsam interne Konflikte gegen externe Konflikte ein – ein typisches Beispiel einer Problemverlagerung von außen nach innen mit entsprechend wachsender Systemautonomie. Darin kann ein erheblicher Vorteil liegen – vor allem dann, wenn die Zwecke selbst, wie es in großen Arbeitsorganisationen typisch der Fall zu sein pflegt, für die Mitgliedermotivation geringe Bedeutung haben, so daß die Mitglieder auch dann arbeitsfähig an ihrem Platz bleiben, wenn sie in internen Auseinandersetzungen den kürzeren ziehen. Dazu gehört auch, daß diese internen Auseinandersetzungen nach Möglichkeit geheimgehalten werden, so daß weder das Ansehen des Systems noch das Ansehen einzelner seiner Mitglieder darunter leidet, wenn der interne Konflikt in einem und nicht im anderen Sinne entschieden wird. Das setzt hohe Disziplin voraus, ein Desengagement in bezug auf die Zwecke und die Bereitschaft, Systementscheidungen wie Tatsachen zu behandeln.

95 Nach *Drucker,* aaO, S. 81, 113 f., durch »Urteilsvermögen«, Ähnlich *Vickers,* aaO, 1965. Es ist jedoch zu hoffen, daß es noch andere Möglichkeiten gibt, deren Rationalität besser einsichtig gemacht werden kann.

96 Zur funktionalen Äquivalenz und zum komplizierten Verhältnis förmlicher Konfliktsentscheidungsverfahren und informaler bürokratischer Fehden und Durchsetzungstaktiken vgl. *Luhmann,* aaO, 1964 a, S. 239 ff., 262 ff.

Diese Voraussetzungen können, wie ein Blick in die modernen Großbürokratien beweist, erfüllt werden und tragen mit dazu bei, das Grundproblem der Reduktion von Komplexität und Veränderlichkeit nach einer langen Reihe von Umdefinitionen zu lösen.

6. Funktionale Äquivalente

Funktionen sind Beziehungen von Leistungen auf Gesichtspunkte, unter denen die Leistung dem Vergleich mit anderen, funktional äquivalenten Leistungsmöglichkeiten ausgesetzt wird[97]. Die funktionale Analyse dient also bei theoretischer Orientierung dem Vergleichen; bei praktischer Orientierung eröffnet sie Möglichkeiten der Substitution, des Austausches gleichwertiger Leistungen. Damit ist keine Feststellung von Seinsqualitäten verbunden, wird nicht behauptet, daß alles in der Welt, vom Kaiser bis zum Jakkenknopf, ersetzbar »ist«; wohl aber, daß alles unter jenen spezifischen Gesichtspunkten im Hinblick auf die Ersetzbarkeit geprüft werden kann und seine Unersetzlichkeit gegebenenfalls begründen muß. Dabei ist funktionale Äquivalenz, ist Auswechselbarkeit jeweils problembezogen, also gesichtspunktrelativ zu verstehen. Andere Gesichtspunkte lassen andere Leistungen als äquivalent erscheinen. Konkretes Seiendes ist immer unvergleichbar, als solches unersetzlich. Die Abstraktionsrichtung der funktionalen Perspektive muß anerkannt, durch Konsens gedeckt, als Systemperspektive institutionalisiert sein, wenn in sozialen Systemen ein Substitutionsvorgang vollzogen werden soll.

Die Frage nach der Funktion von Zwecken löst demnach die Zweckrationalität aus ihrer traditionellen Verankerung im »Wesen« des Handelns und bringt sie in den Bereich desjenigen Seienden, das als »Leistung« grundsätzlich auch anders möglich ist, daher in seiner spezifischen Überlegenheit gegenüber funktional äquivalenten Leistungen begrün-

97 Siehe oben S. 168/9.

det und auf diese Weise stabilisiert werden muß. Die Feststellung der Funktion, daß Zwecke dazu dienen, die Komplexität der Umwelt eines Systems zu reduzieren, hat daher nur vorläufigen Wert. Sie wird zu einer vollständigen Erkenntnis erst dann, wenn und soweit es gelingt, unter diesem Gesichtspunkt andere, funktional äquivalente Reduktionsstrategien mit in den Blick zu ziehen. Wir werden unsere Untersuchung zur Zweckfunktion daher abrunden und zusammenfassen mit dem Versuch, einen Ausblick auf funktionale Äquivalente der Zweckrationalität zu gewinnen.

Die Analyse der Zweckfunktion hat ergeben, daß Zwecke nicht unmittelbar auf das Grundproblem der Komplexität der Umwelt bezogen sind, sondern mittelbar – nämlich dadurch, daß sie eine besonders glückliche Verbindung verschiedener Reduktionsstrategien (Subjektivierung, Institutionalisierung, Umweltdifferenzierung, Innendifferenzierung und Unbestimmtheit der Systemstruktur) ermöglichen. Der Verzicht auf Zwecke würde daher bedeuten, daß man, sofern man nicht auf einzelne dieser Reduktionsstrategien ganz verzichten kann, in all diesen Hinsichten die Zweckorientierung durch funktionale Äquivalente ersetzen muß. Ob diese Ersatzstrategien dann noch, wie durch den Zweckgedanken, auf eine einzige Formel gebracht werden können, ist mehr als fraglich. Ihre Verbindung würde voraussichtlich sehr viel kompliziertere Systemstrukturen erfordern, als sie bisher üblich sind. Die Verbreitung des Zweckprinzips und seine Verwendung als Kriterium guter Organisation schlechthin, scheint hier ihren eigentlichen Grund zu haben. Die Zweckrationalität ist, obwohl auf ein einheitliches Grundproblem der Systemerhaltung bezogen, doch multifunktional wirksam. Und multifunktionale Strukturen haben eine besondere Stabilität dadurch, daß sie nicht durch ein einziges Surrogat, sondern nur durch ein ganzes Bündel von Ersatzleistungen verdrängt werden können.

Bei genauerem Zusehen muß dieses Bild jedoch modifiziert werden. Wie oben dargelegt[98], impliziert die Zweckorientierung eine zweistufige Ordnungsleistung. Man muß zwischen Kausalschema und Zweck/Mittel-Schema unterscheiden und sich die Substitutionsmöglichkeiten entsprechend getrennt überlegen. Die Auslegung des Umweltgeschehens und des Systemhandelns als Ursache von Wirkungen ist als Schema der Darstellung von Komplexität kaum zu ersetzen. Es scheint sich hier um den seltenen Fall eines schwer widerruflichen Entwicklungsfortschritts zu handeln in dem Sinne, daß Systeme, denen eine kausale Einregulierung ihrer Umweltbeziehungen durch die Kausalvorstellung gelingt, in allen wesentlichen Hinsichten überlegen sind[99].

Das Kausalschema eröffnet durch seine Abstraktion einen Spielraum für Substitutionsmöglichkeiten und dies, grob eingeteilt, in zweifachem Sinne:

Die eine Möglichkeit bezieht sich auf die strukturierende Funktion der Zweckprogramme, die in verschiedener Weise erfüllt werden kann. Kausalfaktoren können einerseits als konkrete Ereignisse genommen werden, die nur durch ihre Trennung abstrahiert werden. Sie können andererseits darüber hinaus und infolge dieser Trennung[100] zu Typen wiederholbarer Ereignisse abstrahiert werden und dadurch eine erweiterte programmatische Funktion gewinnen. Man kann demgemäß von Zweck im Sinne eines zu bewirkenden konkreten Zustandes, aber auch im Sinne eines zeitpunkt-

98 Vgl. S. 24 ff. und S. 193 ff.

99 Vgl. hierzu *Talcott Parsons,* Evolutionary Universals in Society. American Sociological Review 29 (1964), S. 339–357. Die Gefährlichkeit dieser Vorstellung liegt auf der Hand. Sie sollte daher stets nur als Hypothese auf Widerruf gebraucht werden.

100 Siehe dazu die Behandlung des Zeitabstandes zwischen Kausalfaktoren als »Strategie zur Auffindung von Regelhaftigkeiten« bei *Peter R. Hofstätter,* Erfahrung und Erwartung. In: Aspekte sozialer Wirklichkeit, Sozialwissenschaftliche Abhandlungen. Hrsg. von der Hochschule für Sozialwissenschaften Wilhelmshaven, Heft 7, Berlin 1958, S. 155–172 (160).

losen abstrakten Entscheidungsprogramms sprechen. In jedem Falle dient der Zweck als vorgegebene Entscheidungsprämisse, die in dem Entscheidungsprozeß, den sie strukturiert, nicht in Frage gestellt wird. Er besitzt diese strukturierende Funktion aber im Falle eines einmaligen Zwekkes nur für einen einzigen Entscheidungsprozeß – und sei er noch so komplizierter, weitläufiger Art –, im Falle wiederholbarer Zwecke dagegen für eine Vielzahl gleichförmiger Entscheidungsvorgänge[101].

Die Abstraktionsrichtung von einmaligen zu wiederholbaren Zwecken macht es unter bestimmten Umweltvoraussetzungen möglich, generelle Entscheidungsprogramme mit detailliert ausgearbeiteten Zweck/Mittel-Relationen für eine Vielzahl von Entscheidungsprozessen zu entwerfen und dadurch die konkrete Entscheidungstätigkeit zu entlasten. Der Zweck wird dann mit einem Umkreis von Kausal- und Wertbeziehungen zum Dauerzweck des Systems, und möglichst viele seiner Mittel werden generell, wenngleich änderbar, vorgeschrieben. Das Entscheiden wird durch Komplizierung der Systemstruktur vereinfacht; Komplexität, mit anderen Worten, aus dem Entscheidungsprozeß in die Systemstruktur verlagert und schon durch die Systemstruktur absorbiert.

Dieses Substitutionsgesetz ist allgemein bekannt und wird viel gepriesen[102]. Weniger allgemein ist bewußt, daß es auch in umgekehrter Richtung funktioniert (was im Grunde mit dem Begriff der Substitution bzw. der funktionalen

101 Diese Unterscheidung darf nicht verwechselt werden mit der von bestimmten und unbestimmten Zwecken, die wir im dritten Abschnitt dieses Kapitels behandelt haben. Einmalige Zwecke können hochgradig unbestimmt sein. Das findet man bei politischen Zwecken wie »Wiedervereinigung«, »Entwicklung«, »Weltrevolution« häufig. Wiederholbare Zwecke können dagegen eindeutig bestimmt sein, wenn es etwa um die laufende Herstellung von Kühlschränken eines bestimmten Typs geht.

102 Siehe z. B. *Gutenberg*, aaO, 1965, S. 235 ff.; *Alvin W. Gouldner*, Patterns of Industrial Bureaucracy, Glencoe/Ill. 1954, S. 162 ff.; *Gehlen* aaO, 1956, S. 47 ff.; *Thibaut/Kelley*, aaO, S. 130 ff.

Äquivalenz schon konzipiert ist). Wo die Umweltlage des Systems es schwierig macht, wiederholbare Zweckprogramme im Detail vorzuschreiben, kann ein System die Umweltkomplexität und -veränderlichkeit auch ad hoc abarbeiten. Es muß dann seine Programmstruktur und seine Kommunikationsformen, ja sein ganzes »Betriebsklima« auf problematische Einzelentscheidungen einstellen. Es braucht eine andere Basis für konkrete Entscheidungsprozesse der Situationsinterpretation und Informationsverdichtung, der Bereinigung von Unstimmigkeiten und Wertwidersprüchen, der Beilegung von Konflikten und der Unsicherheitsabsorption. Es wird sich typisch mehr in Konsensgrundlagen als in festgelegten Sachorientierungen absichern[103]. Es muß die Kommunikation mit der Umwelt intensivieren und die Formulierung neuartiger Verhaltenserwartungen erleichtern.

Eine ganze Reihe von Rollenkomponenten, Institutionen und Organisationsleistungen, an die man zunächst nicht denkt, wenn man die offizielle Systemstruktur der Zwecke und Mittel auszuarbeiten hat, und an die die klassische Organisationslehre auch nicht gedacht hatte, werden unter diesem Gesichtspunkt als funktionale Äquivalente für

103 Hierzu findet sich suggestives Material in der bemerkenswerten Untersuchung von *Burns/Stalker*, aaO. Siehe auch *Rosengren*, aaO, mit ähnlichen Ergebnissen. Auch dann löst sich das System aber nicht etwa in eine lose verbundene Folge von Einzelfallentscheidungen auf. Es bleibt System und leistet als solches – wenn auch durch eine andersartige Struktur – seinen Beitrag zur Reduktion von Komplexität. Allerdings ist die Tendenz von Burns und Stalker nicht ungefährlich, vertikale Kommunikation mit formaler und horizontale mit informaler – und insofern (!) anpassungsfähiger – Kommunikation zu identifizieren. Vermutlich ist gerade umgekehrt die hierarchische Kommunikation eher geeignet, Schwierigkeiten der Zweckfixierung zu kompensieren und ein System auf rasch wechselnde Umweltlagen und auf eine im voraus nicht überschaubare Komplexität einzustellen, als die horizontale Kommunikation, sei sie durch gefühlsmäßig institutionalisierte Verhaltenserwartungen oder durch formale Konditionalprogramme geformt. Siehe dazu auch *Friedrich Weltz*, Vorgesetzte zwischen Management und Arbeitern, Stuttgart 1964.

Zweckprogramme auf Systemebene erkennbar. Im ganzen hat dieser Substitutionsprozeß die Richtung, die Grundlagen der Systemstabilität weniger in der Sachdimension als in der Sozialdimension des menschlichen Erlebens zu suchen, die konkreten Entscheidungsprozesse weniger durch Vorgabe sachlicher Entscheidungsprämissen als durch Institutionalisierung einer Verständigungsbereitschaft zu stützen. Eine solche dauerhaft gefestigte Konsensgrundlage kann das System allenfalls in Beziehungen unter seinen Mitgliedern finden, weil nur diese Beziehungen dafür dicht genug sind. Man kann deshalb auch sagen, daß Sachzwekke typisch die Grenze des Systems zur Nichtmitgliederumwelt programmieren, und daß ein System, je komplexer und unvorhersehbarer seine Beziehung zu den Nichtmitgliedern wird, desto stärker darauf angewiesen ist, Sicherheit und Stabilität an einer anderen Systemgrenze, nämlich in der Beziehung zu seinen Mitgliedern, zu suchen.

Wir haben für diesen Substitutionsprozeß, für die Möglichkeit, wiederholbare Systemzwecke in ihrer Programmfunktion teilweise zu ersetzen, mithin eine vierfache Formulierung gefunden: Äquivalenz einer Vielzahl von einmaligen Handlungszwecken und eines wiederholbaren Systemzweckes; Äquivalenz von Systemstrukturkomplexität und Komplexität des Entscheidungsvorganges; Äquivalenz von Sachdimension und Sozialdimension; und Äquivalenz der Anlehnung an die Nichtmitgliedergrenze bzw. an die Mitgliedergrenze. All diese Äquivalenzverhältnisse ermöglichen keine vollständige Ablösung des einen durch das andere. Sie zeigen nur strategische Möglichkeiten der Problemverlagerung im System an, damit zugleich aber auch Grenzen und Folgeprobleme solcher Schwerpunktverschiebungen, deren nähere Ausarbeitung wir uns in diesem Zusammenhang versagen müssen.

Die zweite, ganz anders geartete Reihe von Äquivalenzverhältnissen ist darauf zurückzuführen, daß im Kausalschema zwei verschiedene Möglichkeiten der Reduktion von

Komplexität angelegt sind. Deren Unterschied ist bedingt durch die asymmetrische, Ursachen und Wirkungen trennende Struktur der Kausalität. Die Reduktion kann, wie im ersten Kapitel schon angedeutet, entweder durch Fixierung bestimmter Wirkungen erfolgen unter Abstraktion von anderen Folgen des Handelns. Das ist die Zwecktechnik. Oder sie wird durch Festlegung bestimmter Ursachen eingeleitet, die immer, wenn sie auftreten, das Handeln auslösen sollen ohne Rücksicht auf die konkrete Konstellation, in der sie jeweils mit anderen Ursachen oder möglichen Ursachen zusammentreffen. Das ist die konditionale Technik. Man wird deshalb – darauf waren wir bereits bei der Behandlung des Rechtsstaatsgedankens gestoßen[104] – Zweckprogrammierung und konditionale Programmierung unterscheiden und in diesem Unterschied zugleich ein vollständiges Schema der Reduktionsmöglichkeiten erblicken müssen, die durch die Kausalauslegung der Umwelt und des Systemhandelns eröffnet werden.

Beide Möglichkeiten der Programmierung sind durch die Komplexität des Kausalschemas bedingt: Wirkungen können deshalb, weil jedes Handeln *mehrere* Wirkungen hat, nur über eine Ordnung von Präferenzen durch Werte oder Zwecke programmiert werden, die andere Wirkungen neutralisieren. Ursachen können deshalb, weil für jeden Kausalablauf *mehrere* Ursachen zusammentreffen müssen, nur konditional programmiert werden, dadurch nämlich, daß bestimmte Ursachen unter Indifferenz gegen andere selektiv als Handlungsauslöser ausgezeichnet werden[105]. Beide Programmformen sind funktional und strukturell analog gebaut: Sie ersetzen jeweils auf der Seite der Ursachen

104 Vgl. oben S. 101 ff.

105 Siehe hierzu bereits *Sigwart*, aaO, 1889, S. 24–67 (59) mit der These, daß wegen der notwendigen Mehrheit von Ursachen Kausalgesetze stets nur hypothetisch (also konditional) formuliert werden könnten. Auch die berühmte Begleitformel aller Kausalgesetze »ceteris paribus« ist im Grunde nichts anderes als eine Pauschalkonditionalisierung.

bzw. der Wirkungen eine bestimmbare Vielzahl von Kausalfaktoren voraus, und sie dienen dazu, diese Vielzahl zu reduzieren.

Durch konditionale Programmierung können – analog zur Zweckprogrammierung, aber auf andere Weise und mit anderen strukturellen Konsequenzen – jene fünf Grundstrategien der Subjektivierung, der Institutionalisierung, der Umweltdifferenzierung, der Innendifferenzierung und des Unbestimmtlassens der Systemstruktur zusammengefaßt und simultan verwirklicht werden. Dadurch erweist sich die konditionale Programmierung als funktionales Äquivalent zur Zweckprogrammierung.

Zunächst und vor allem ist auch die Auszeichnung bestimmter Umweltbedingungen als auslösende Ursachen des Handelns *subjektiv* und keineswegs lediglich eine Charakterisierung dessen, was der Umwelt an sich innewohnt. Darüber darf die determinierte Wenn/Dann-Struktur der konditionalen Programmierung nicht hinwegtäuschen. Die Fixierung der Auslösebedingungen ist eine selektive Leistung, die eine Schematisierung möglicher Handlungsanlässe voraussetzt und diejenigen auswählt, nach denen das System sich richten wird. Der Träger dieser Leistung, das Subjekt, ist in dieser schematisierenden und selektiven Funktion nicht ohne weiteres auswechselbar, weil seine innere Organisation und sein jeweiliger Informationsbestand (Gedächtnis) an der Leistung beteiligt sind. In diesem, und nur in diesem Sinne wollen wir die Fixierung der Ursachen des Handelns als subjektiv bzw. die Ursachen selbst als Motive bezeichnen[106].

106 Es soll also keineswegs ausgeschlossen werden, daß es eine mehr oder weniger objektive Erkenntnis der Umwelt gibt in dem Sinne, daß für bestimmte Umweltmerkmale eine sehr hohe Wahrscheinlichkeit besteht, daß sie von anderen Systemen in gleicher Weise aufgenommen und in gleicher Weise verarbeitet werden. Das ist eine Folge der Tatsache, daß menschliche Organismen einander ähnlich sind und kulturell mehr oder weniger übereinstimmend »programmiert« werden. Aber das auf das System bezogene Kausalpotential der Umwelt rechnet jedenfalls für den nicht an Instinkte gebundenen Menschen

Wo Subjektivität eine Funktion der Reduktion von Umweltkomplexität übernimmt, muß sie durch *Institutionalisierungen* kompensiert und ergänzt werden. Auch Handlungsanlässe (und nicht nur Zwecke) müssen in einer Sozialordnung in gewissem Umfange institutionalisiert sein. Sie gehören mit zu den sozialen Rollen. Ein Ehemann soll Fragen seiner Frau beantworten, ein Krankenhaus soll Notfälle aufnehmen. Es kann nicht dem einzelnen System, weder dem Menschen noch dem Sozialsystem, ins freie Belieben gestellt werden, auf was sie reagieren, selbst wenn ihnen in gewissem Umfange freigestellt wird, wie sie reagieren[107]. Handlungssysteme werden zwar nicht sozial determiniert, aber sie müssen sozial motivierbar bleiben, sich also an Institutionen anpassen – um der Sozialordnung willen, aber ebenso auch um ihrer selbst willen, weil anders die Welt ihrer Handlungsmöglichkeiten viel zu komplex wäre.

Drittens geht die Technik konditionaler Programmierung typisch mit einer *Umweltdifferenzierung* Hand in Hand. Die Umwelt muß zunächst durch eine zeitlich-sachlich-soziale Grobstruktur gegliedert werden, damit das System überhaupt Umweltausschnitte mit hoher Potentialität für Handlungsanlässe unterscheiden und seine Aufmerksamkeit und seine Gewohnheiten dort einhängen kann; denn das Aufmerksamkeits- und Erlebnisverarbeitungspotential eines Systems ist zu gering, als daß es jedes und alles gleichzeitig als Handlungsanlaß würdigen könnte. Umweltdifferenzierung zieht Trennlinien, unterbricht Zusammenhän-

nicht zu diesen typisch objektivierten Merkmalen, obwohl es auch hier relativ generalisierte Auslöser (z. B. Schreckanlässe oder kulturelle Routinen) gibt.

107 Freiheit und Bindung in bezug auf Ursachen und Wirkungen müssen natürlich aufeinander abgestimmt werden, weil völlige Freiheit in der Wahl der Ursachen bzw. der Wirkungen des Handelns eine Bindung in der jeweils anderen Richtung illusorisch machen würde. Stände dem Ehemann völlig frei, was er antwortet, dem Krankenhaus völlig frei, was es mit dem eingelieferten Kranken tut, hätte es keinen Sinn, den Handlungsanlaß zu institutionalisieren.

ge, schafft Diskontinuitäten und Unabhängigkeiten in der Umwelt und ermöglicht erst dadurch die Erwartung übersehbar-begrenzter Wirkungsreihen. Hinge alles mit allem zusammen, wäre ein absolutes Chaos gegeben, und weder Anlässe noch Wirkungen des Handelns könnten sinnvoll geplant werden.

Nur wenn die Umwelt nach Bereichen für Handlungsanlässe differenziert ist, kann eine daran anknüpfende *interne Differenzierung* entwickelt werden, die Teile des Systems auf den Verkehr mit besonderen Umweltausschnitten spezialisiert und gegeneinander abdichtet, so daß das System rascher geeignete anlaßspezifische Reaktionen finden, lernen und umlernen kann, ohne jeweils in all seinen Teilen involviert zu sein und alles mit allem abstimmen zu müssen[108]. Umgekehrt gesehen hat die schematische Umweltdifferenzierung nur Sinn für den Abbau von Komplexität, wenn das System intern komplex genug ist und über ein entsprechend differenziertes Reaktionspotential verfügt. Nur im Zusammenwirken beider Formen der Differenzierung ist ein System in der Lage, unkontrollierbare externe Komplexität zum Teil in kontrollierbare interne Komplexität umzusetzen und dadurch zu reduzieren.

Schließlich ist in der konditionalen Programmierung auch die erforderliche *Unbestimmtheit der Programmstruktur* zu erreichen, und zwar durch scharfe Abstraktion oder durch ein unklares Verschwimmenlassen der »Tatbestände«, die ein Handeln auslösen sollen. Je unsicherer die Umwelterwartungen aufgebaut sind, je rascher und unvorhersehbarer sich die Umweltkonstellationen ändern und in ihren systemrelevanten Aspekten verschieben, desto schwieriger wird es, die Reaktionsbereitschaften des Systems im Detail vorzuformulieren und der Umwelt fest in Aussicht zu stel-

108 Siehe hierzu den Begriff des multistabilen Systems von *Ashby*, aaO, 1952, insb. S. 136 ff., 153 ff. – wichtig vor allem durch die Ausarbeitung des Gesichtspunktes der Reaktionsbeschleunigung durch interne Differenzierung.

len, desto offener und unbestimmter müssen die Ursachen bezeichnet werden, die einen Systemprozeß in Gang setzen. Die Entscheidungsprämissen werden dadurch entkräftet und die Entscheidungen mehr und mehr in die Zukunft hinausgeschoben, die den wahren Stand der Dinge nach und nach enthüllen wird. Das erfordert eine institutionalisierte Technik der Entscheidungsabstimmung, der Wahrung der Konsistenz oder doch des Anscheins der Konsistenz einer Mehrzahl von Entscheidungen bei »gleichen« Tatbeständen, wofür die juristische Technik der Normformulierung und Entscheidungsbegründung das ausgefeilteste Beispiel bietet. Die juristische Argumentations- und Darstellungstechnik hat ihren Problembezug genau hier. Sie dient nicht der streng logischen Folgerung, sondern verhilft dazu, aus einer notwendig unbestimmten konditionalen Programmstruktur je bestimmte Fallentscheidungen zu gewinnen, ohne die Zukunft dadurch zu verbauen[109].

Wenn wir, um den Überblick wiederzugewinnen, diesen Gedankengang zusammenfassen, dann zeigt sich, daß eine Reduktion von Komplexität der Umwelt nicht nur durch bezweckte Wirkungen, sondern ebenso auch durch auslösende, bedingende Ursachen des Handelns gesteuert werden kann. Sowohl Wirkungen als auch Ursachen können als Kristallisationspunkte für die Spezifikation von Konsens zwischen System und Umwelt dienen (und natürlich Wirkungen nie ganz ohne Rücksicht auf Ursachen, wie auch Ursachen nie ganz ohne Rücksicht auf Wirkungen). Der

109 Ein Hauptproblem ist dabei, die Präzedenzwirkung der Fallentscheidungen zu erkennen und auf jedenfalls unschädliche Bahnen zu begrenzen, ohne die Zukunftsoffenheit der Norm zu beeinträchtigen. Das gelingt der richterlichen Entscheidung natürlich stets nur mehr oder minder gut. Dem früheren Reichsgericht war es zum Beispiel im ganzen besser gelungen als den heutigen obersten Bundesgerichten, die einem wachsenden Bedürfnis nach Rechtssicherheit durch Leitsätze und Grundsatzentscheidungen entgegenzukommen suchen und dabei nicht genügend bedenken, daß sie nicht wie ein Gesetzgeber über institutionalisierte Formen der Selbstkorrektur verfügen und sich daher auch nicht für die Zukunft allzusehr festlegen dürfen.

Unterschied von Zweckprogrammierung und konditionaler Programmierung bleibt wesentlich. Es ist keineswegs gleichgültig, ob ein System sich primär über bevorzugte Wirkungen oder über bevorzugte Ursachen auf seine Umwelt einstellt. Aber für die Lösung des Grundproblems der Systemerhaltung in einer komplexen, veränderlichen Umwelt bieten beide Möglichkeiten funktional äquivalente Wege. Sie leisten Vergleichbares, unterscheiden sich in ihren Vorbedingungen und Konsequenzen und können sich daher wechselseitig ergänzen und entlasten.

Diese Einsicht bietet eine Erklärung für den Befund der beiden vorangegangenen Abschnitte, daß in Organisationen, die mangelhaft zweckstrukturiert sind – sei es, daß sie keine Zwecke kennen oder daß sie nur sehr unbestimmte oder widerspruchsvolle Zwecke bilden können –, sekundäre Entscheidungskriterien aufgebaut werden, die typisch mit stärkerem Einfluß der Umwelt auf das System verbunden sind. In die gleiche Richtung weist die Entwicklung des politischen Systems vom Polizeistaat zum Rechtsstaat. Die behauptete Relation von Zweckprogrammierung und konditionaler Programmierung ist, wohlgemerkt, nur eine solche funktionaler Äquivalenz, kein Kausalgesetz. Sie besagt nicht, daß *alle* Systeme, die Komplexität nicht über Zwecke wegarbeiten können, dies über Handelnsanlässe tun *müssen*[110]; wohl aber, daß dies eine Möglichkeit ist, die na-

110 Siehe dazu die bereits zitierte Untersuchung eines »open door college« von *Clark* 1960. Das College konnte weder eindeutige Zwecke noch selektive Kriterien für die Zulassung von Studenten (also konditionale Programme für eine seiner wichtigsten Umweltbeziehungen) ausbilden. Es war aber eben deshalb nicht in der Lage, nennenswerte eigene Autonomie zu entwickeln, war in besonderer Weise externen und internen Problemen ausgesetzt und fand nicht wegen seines Leistungsniveaus, sondern wohl nur deshalb die nötige Umweltunterstützung, weil es gerade mit dieser eigentümlichen Problematik eine bestimmte Funktion, das vorsichtige Auskühlen von Versagern, erfüllte, eine Funktion, die latent bleiben mußte und nicht zum offiziellen Programm gemacht werden konnte. Es gibt also, wie dies Beispiel zeigt, noch weitere Äquivalente der Zweckrationalität – hier die Umweltanpassung über latente Funktionen.

heliegt, wenn die Eigenart des Systems oder seine Umweltlage eine ausreichende Zweckspezifikation nicht zuläßt. Das System kann dann, statt bestimmte Wirkungen zu versprechen oder zu vertauschen, eine an Bedingungen gebundene Reaktionsbereitschaft in Aussicht stellen und der Umwelt so einen zwar durch das System programmierten, aber von außen auslösbaren Einfluß auf das System einräumen. Dies geschieht dadurch, daß das System Auslöser-Tatbestände für bestimmte Programme festlegt und es dem, der über die entsprechenden Signale verfügt, in die Hand gibt, eine bestimmte Systemleistung zu erwirken, ohne daß man sich über Mittel und Zwecke zu einigen brauchte.

Für die allgemeine Theorie der Systemrationalität besagt dies, daß Rationalität weder vom Zweckbegriff noch von der konditionierenden Norm, der Wenn/Dann-Regel, her erfaßt werden kann; daß sie daher auch weder mit den klassischen Methoden der Maximierung von Zweck/Mittel-Relationen noch mit den logischen oder interpretativen Methoden normendogmatischer Wissenschaften angemessen behandelt werden kann. Keine dieser Blickrichtungen kann das Äquivalenzverhältnis vor Augen bringen, das *zwischen ihren Programmformen* besteht. Dafür ist eine umgreifende und elastischere Theorie erforderlich, die eine Blickwendung von primär wirkungsfixierten zu ursachenfixierten Betrachtungsweisen und zurück vollziehen kann und deren Relation zu rationalisieren vermag. Diese Möglichkeit bietet ein Systemmodell, das unter der (schwer übersetzbaren und daher so akzeptierten) Bezeichnung Input/Output-Modell bekanntgeworden ist[111].

111 Die ursprüngliche Verwendung dieses Begriffes in der makroökonomischen Theorie, die auf Leontief zurückgeht, lassen wir als Besonderheit hier außer Sicht. Seine heutige Breitenwirkung, die zugleich die Anwendungsbreite der Systemtheorie dokumentiert, läßt sich mit einer Vielzahl von Belegen aus ganz verschiedenen Wissenschaften nachweisen. Siehe z. B. *Karl W. Deutsch,* On Communication Models in the Social Sciences. Public Opinion Quarterly 16 (1952), S. 356–380; *Knox,* aaO, S. 144 ff.; *David Easton,* An Approach to the Analysis of Political Systems. World Politics 9

Das Input/Output-Modell kann – im großen und ganzen zutreffend – als systemtheoretisches Äquivalent für die traditionellen Zweck/Mittel-Begriffe angesehen werden, doch muß diese Aussage sorgfältig präzisiert werden. Die Systemtheorie bootet das Zweck/Mittel-Schema nicht völlig aus; sie nimmt ihm nur seinen grundbegrifflichen Rang und setzt an diese Stelle einen Systembegriff, der das Input/Output-Modell impliziert. Sie verwendet das Zweck/Mittel-Schema nicht mehr als grundbegrifflichen Bezugsrahmen aller Analysen, sondern nur noch als eine bestimmte Interpretation von Input/Output-Beziehungen, deren besondere Funktion zu klären ist. Die Fixierung des Output als Zweck und des Input als Mittel ist eine bestimmte Art der Einstellung des Systems auf seine Umwelt. Sie besagt, daß das System die Problematik seiner Umweltbeziehungen primär durch Spezifikation der Wirkungen des eigenen Handelns löst.

Als Ganzes und ohne Rücksicht auf diese besondere Auslegung beschrieben, hat das Input/Output-Modell die zunächst sehr einfache Form der Vorstellung eines Kommunikationsflusses, der durch Schwellen markiert ist, die der Innen/Außen-Differenz von Systemen entsprechen. Der Kommunikationsfluß bringt an einer oder mehreren Stellen Informationen von außen in das System, dort werden

(1957), S. 383–400; *ders.*, A Framework for Political Analysis, Englewood Cliffs/N. J. 1965; *ders.* A Systems Analysis of Political Life, New York-London-Sydney 1965; *Argyris*, aaO, 1960, S. 248 ff.; *Riggs*, aaO, 1957, S. 23–110 (insb. S. 95 ff.); *John T. Dorsey*, A Communication Model for Administration. Administrative Science Quarterly 2 (1957), S. 307–324; *Russel L. Ackoff*, Towards a Behavioral Theory of Communication. Management Science 4 (1958), S. 218–234; *Stogdill*, aaO, S. 13 f., 196 ff., 278 ff.; *Gabriel A. Almond*, Introduction. A Functional Approach to Comparative Politics. In: *Gabriel A. Almond/James S. Coleman* (Hrsg.), The Politics of the Developing Areas, Princeton/N. J. 1960, S. 3–64; *Talcott Parsons/Neil J. Smelser*, Economy and Society, Glencoe/Ill., 1956; *Parsons*, aaO, 1960 a, S. 59 ff.; *Optner*, aaO, S. 3 ff.; *P. G. Herbst*, A Theory of Simple Behavior Systems: Human Relations 14 (1961), S. 71–94, 193 bis 293; *Lee O. Thayer*, Administrative Communication, Homewood/Ill. 1961; *Kennedy*, aaO, 1962, S. 25–52, *Rice*, aaO, S. 16 ff., 198 ff.

sie verarbeitet, kombiniert und umgestaltet, gefiltert und verdichtet, und verlassen dann an anderen Stellen als Kommunikationen oder Entscheidungen das System. Das klingt zunächst ebenso plausibel wie uninteressant. Die Vorteile, die mit dieser Vorstellung verbunden sind, werden erst sichtbar, wenn man sie von der nur beschreibenden Ebene abhebt und stärker als bisher üblich theoretisch durchleuchtet. Das kann mit Hilfe der hier gewonnenen Einsichten über die Funktion des Kausalschemas als Systemstrategie geschehen.

Das Input/Output-Modell beruht auf der Annahme, daß ein System seine Umweltbeziehungen nach dem Kausalschema differenziert, also unter dem Gesichtspunkt des Unterschiedes von Ursachen und Wirkungen voneinander trennt, sie getrennt, aber mit Beziehung aufeinander, stabilisiert und seine Systemgrenzen entsprechend spezialisiert. Das Kausalschema ist, in dieser Anwendung, kein Schema der Determination, sondern ein Schema der Freiheit. Es setzt voraus, daß ein System hinreichend stabilisiert ist und daß es in gewissem Umfang die Möglichkeit hat, Ursachen als Anlässe und Wirkungen als Zwecke seines Handelns zu wählen. Diese doppelte Wahlmöglichkeit kann, wie wir im ersten Kapitel gesehen haben[112], nur in der Weise genutzt werden, daß Ursachen und Wirkungen, also Input und Output, *wechselseitig füreinander als Gesichtspunkte der Selektion fungieren.* Das System sucht seine Informationen im Hinblick auf das, was es für eine bestimmte Kommunikation braucht, oder wählt seine Kommunikationen im Hinblick auf das, was es als Informationen besitzt oder erhalten kann. Im Wechsel dieser Perspektiven kann es sich von unbestimmten zu bestimmten Situationen durchmanövrieren, Komplexität absorbieren. Es kann sich auf diese Weise von dem Dominieren bestimmter Grenzen, also bestimmter Umwelten, befreien, indem es einmal der einen Grenze, dann wieder der anderen

112 Vgl. oben S. 29 f.

Grenze die Bestimmung der Problemstellung, die Fixierung des Auswahlgesichtspunktes überläßt und sich die Freiheit nimmt, diese Orientierung zu wechseln[113].

Diese Grundvorstellung wechselseitiger Selektivität hat kaum Sinn und Anwendungsmöglichkeiten, wenn Input und Output sich auf dieselben Umweltpartner beziehen, die Umwelt des Systems also undifferenziert ist. Das System bleibt dann durch partikulare Beziehungen an diese Umwelt gebunden, ist im Grunde ein Teil von ihr. Es benötigt kein Abstraktionsvermögen, keine komplizierten »Programme« und erringt keine Autonomie, wenn es darauf beschränkt bleibt, die Mittel ausschließlich von dem zu fordern, der seine Leistungen abnimmt; denn die Bemessung der Mittel und der Leistungen wird dann in Kenntnis des Leistungsvorganges von dieser einen Umwelt diktiert. Erst unter der Grundbedingung der Umweltdifferenzierung kann ein System Sinn darin finden, Input und Output anders als rein zeitlich, nämlich im Sinne verschiedener Systemgrenzen, zu differenzieren und seine Organisation und Programmstruktur auf diese Differenz einzurichten.

Eine differenzierte Umwelt eröffnet dem System die Möglichkeit, zeitliche und sachliche Umweltgrenzen durch einander zu stabilisieren, indem es Ursachen und Wirkungen des eigenen Handelns zeitlich auseinanderzieht, sie in dieser Trennung auf verschiedene Sachumwelten bezieht und

113 Mit einem analog gebauten Gedanken führt *Arnold Gehlen*, Der Mensch. Seine Natur und seine Stellung in der Welt, 6. Aufl. Bonn 1958, S. 350 f., die relative Unabhängigkeit des menschlichen Handlungsvermögens von spezifischen Antrieben, also spezifischen Kausalrichtungen, auf die Chance des »Führungswechsels« der menschlichen Funktionen zurück, daß sowohl die Hand das Auge als auch das Auge die Hand führen und diese Führung im Handlungsvollzug gewechselt werden kann. In der Betriebswirtschaftslehre tauchen ähnliche Einsichten in Form des »Engpaß«-Gedankens auf: Demjenigen Planungsbereich, und das heißt derjenigen Systemgrenze, sei Vorrang zu gewähren, die den jeweiligen Engpaß für die Ausnutzung bestehender Produktionskapazitäten enthalte. Vgl. *Gutenberg*, aaO, 1965, S. 162 ff.

je für sich stabilisiert. Das kann zum Beispiel in Form von getrennten Tauschbeziehungen geschehen. Der Wirtschaftsbetrieb verschafft sich auf dem Warenmarkt die nötigen Sachmittel, auf dem Arbeitsmarkt Personal, auf dem Finanzmarkt Geldmittel zur Überbrückung der Zeitdifferenz zwischen Input und Output und bezahlt all dies mit Hilfe des Erlöses, den er auf dem Absatzmarkt für seine Produkte erzielen kann[114]. Die Staatsbürokratie ist – in strukturell ganz unähnlicher, aber funktional analoger Form – ein System, das von der Politik legitime Macht bezieht, um sie nach eigenen Entscheidungsprogrammen in verbindliche

114 Die betriebswirtschaftliche Bedeutung der Input/Output-Beziehung als Produktionsfunktion kommt dieser Vorstellung recht nahe; denn sie impliziert eine Kausalbeziehung, deren Problemoffenheit nach zwei Richtungen und eine Austauschbarkeit der Kausalfaktoren in Abhängigkeit von dieser Grundbeziehung; sie stützt darauf ihr Rationalisierungsmodell. Dessen Interpretation als zu optimierende Zweck/Mittel-Relation ist freilich nur für zweckspezifische, durch eine spezielle Outputgrenze dominierte Organisationen geeignet. Es handelt sich dabei nicht um die einzige Möglichkeit der Rationalisierung einer Input/Output-Funktion, sondern um ein im spezifischen Sinne verengtes Entscheidungsmodell, das nur unter bestimmten Umweltvoraussetzungen die Systemprobleme löst, also rational ist. Doch zeigt die Möglichkeit, die fruchtbare betriebswirtschaftliche Theorie in die umfassendere Systemtheorie der Input/Output-Rationalisierung einzuordnen, die Tragfähigkeit beider Denkansätze. In der Betriebswirtschaftslehre steht denn auch, abgesehen von der Biologie, die am eingehendsten ausgearbeitete System/Umwelt-Theorie zur Verfügung. Der systematische Aufbau der klassischen Darstellungen der Betriebswirtschaftslehre wird an einer Unterscheidung von Betriebsfunktionen (Beschaffung, Produktion, Absatz, Finanzierung) ausgerichtet, deren Trennung die verschiedenen Umwelten des Betriebssystems widerspiegelt. Siehe zum Beispiel die Skizze bei *Lohmann,* aaO, S. 23. Dabei dient die Produktion als rein interne (allerdings durch die technologische Umwelt des Betriebs limitierte) Funktion als Schnittpunkt aller Rationalisierungsbemühungen. Das wird besonders deutlich in der Darstellung von *Gutenberg*, aaO, 1965, S. 146 ff., 286 ff. Allerdings behält die Betriebswirtschaftslehre bis heute das Streben nach »optimalen« Ergebnissen bei, und das bedeutet, daß sie, da sich stets nur spezifische Relationen maximieren bzw. minimieren lassen, durch die Art ihrer Entscheidungsmodelle den verschiedenen Umweltgrenzen des Betriebs ungleiches Gewicht beimißt. Das gilt nicht nur für die Differentialrechnung, sondern auch für die lineare Programmierung.

Entscheidungen auszumünzen, und das durch seine Stabilität die Politik dazu nötigt, ihre Macht durch Besetzung von Schlüsselstellungen in der Bürokratie und in der Form einer verfassungsmäßigen, in sich konsistenten Rechtsetzung abzugeben – eine Kooperation, die wiederum gewährleistet, daß das Publikum die Entscheidungen als legitim gewaltlos akzeptiert[115]. In beiden Fällen setzt die Input/Output-Trennung und die Umweltdifferenzierung generalisierte Medien der Kommunikation (Geld bzw. politische Macht) voraus.

Diese Andeutungen können hier nicht ins Detail ausgearbeitet und auch nicht näher begründet werden, denn das würde in spezielle Organisationstheorien hineinführen. Sie dienen uns nur zur Erläuterung der Grundvorstellung des Input/Output-Modells. Sie verdeutlichen unter anderem, daß und weshalb Zwecksetzungen nur unter ganz bestimmten Umweltvoraussetzungen ausreichen, um ein System in der Beziehung zu seiner Umwelt zu stabilisieren und deren Komplexität und Veränderlichkeit auf für das System entscheidbare Problemgrößen zu reduzieren. Unter anderen Bedingungen kann dafür konditionale Programmierung einspringen, die am Input orientiert ist und Ursachen als Entscheidungsprämissen fixiert.

Es hängt danach von der besonderen Umweltlage des Systems ab, ob es sinnvoll ist und gelingen kann, die durch Komplexität bedingte Unsicherheit allein an der Output-Grenze und allein durch eine Zweckformel zu reduzieren. Steht und fällt die Existenz des Systems wie beim Wirtschaftsbetrieb im Rahmen einer geldgesteuerten Marktwirtschaft nahezu ausschließlich mit dem erfolgreichen Absatz seiner Produkte, dann mögen Zweckprogramme dominieren. Das Bestandsproblem ist dann dafür schon durch die Umweltlage ausreichend vorspezifiziert. In anderen Fällen kann man mit der Zweckspezifikation nicht so weit gehen, muß eine weiche, vieldeutige Zweckformel oder mehrere widerspruchsvolle Zielbeschreibungen verwenden, um den

115 Dazu näher *Luhmann*, aaO, 1965 a, S. 136 ff.

Interessen einer Mehrheit von Output-Grenzen zu genügen. Dann muß das System die Mängel seines die Bestandsbedingungen formulierenden Programms durch interne Einrichtungen der Entscheidungsfindung, Konfliktslösung und Verständigung im Einzelfall kompensieren, sozusagen die Absorption von Komplexität aus der Struktur in den Prozeß verlagern. Und schließlich kann die Komplexität und Veränderlichkeit der Umwelt so stark die Input-Grenze bedrängen, daß es nicht genügt, das Systemverhalten an dieser Grenze durch Mittelbedarfsprogramme im Hinblick auf einen Output-Zweck zu planen, sondern Konditionalprogramme notwendig sind, welche die Einwirkungen der Umwelt auf das System an dieser Grenze abfangen und in interne Entscheidungsrichtlinien verwandeln, ohne daß in einem hinreichend deutlichen Sinne gesagt werden könnte – geschweige denn dem Entscheidenden als Instruktion gegenwärtig sein müßte –, welchem »Zweck« dieses konditional programmierte Verhalten dient[116].

Gegenüber dem traditionellen Denken in Zweck/Mittel-Begriffen, ebenso aber auch gegenüber dem Normbegriff der exegetischen Wissenschaften, ist mit diesen Überlegungen eine stark veränderte Grundposition bezogen. Wir haben jetzt genug Vorstellungsmaterial beisammen, um diese Veränderung abheben und darstellen zu können. Sie läßt sich im Programmbegriff lokalisieren, genauer gesagt in der Überordnung des Programmbegriffes über den Normbegriff und den Zweckbegriff.

Normen und Zwecke können ihrer Grundbegrifflichkeit entkleidet und dadurch mediatisiert werden, daß man sie als bestimmte Typen von Entscheidungsprogrammen interpretiert, das heißt sie werden nicht mehr ausschließlich auf die Vorstellung richtigen Handelns bezogen, sondern auf die Vorstellung eines Kommunikationsflusses, welcher der

116 Als Beispiel für ein Organisationsmodell, daß solch einen Wechsel des Schwerpunktes der Unsicherheit berücksichtigt (allerdings von ganz anderen Bezugsbegriffen ausgeht), vgl. *Thompson*, aaO, 1964.

Veränderung des Informationsgehaltes von Nachrichten dient und durch Systemgrenzen geordnet ist. Der Programmbegriff bietet sich zur Bezeichnung der steuernden Struktur dieses Informationsverarbeitungsprozesses deshalb an, weil er nicht, wie die klassischen Begriffe Wert, Zweck und Norm, zeitindifferent ist, sondern gerade die Ordnung einer Zeitfolge von Nachrichten meint[117]. Das ermöglicht es, Zeit als Ordnungsfaktor einzusetzen. Man kann so unter Umständen sachliche in zeitliche Komplexität auflösen, wie dies vor allem bei der Programmierung elektronischer Datenverarbeitungsanlagen nötig ist, da diese zwar sehr schnell sind, aber sachlich nur sehr einfache Entscheidungsschritte vollziehen können. Man kann, mit anderen Worten, neue Möglichkeiten der Darstellung eines komplexen Sachverhaltes (und damit der Reduktion von Komplexität) zu gewinnen suchen, die von der strikten Trennung von Zeit- und Sachdimension im natürlichen Welterleben und damit auch von den Grenzen der menschlichen Anschauungskraft unabhängig sind. Zeitordnung und Sachordnung werden in der Programmierung als funktional äquivalent und durcheinander ausdrückbar behandelt.

Wohin diese Entwicklung führt, ist heute noch nicht abzusehen. Selbst die beginnende Automatisierung der Informationsverarbeitungsprozesse in Verwaltungsorganisationen zeigt zwar bereits deutlich, daß sehr viel subtilere, detailliertere, komplexere Organisationsleistungen möglich werden und sich zu rentieren beginnen, als mit den hausbackenen Mitteln einfacher Handlungsnormierung und Zweck/Mittel-Anordnung erreichbar waren. Schon die Anfänge der Automation greifen revolutionierend in das herkömmliche Organisationsgefüge ein. Doch ist die Organisationswissenschaft über ein Registrieren dieser »Folgen der Automation« bisher nicht wesentlich hinausgekommen. Wir haben keine Vorstellung davon, in welchem Maße sich das in Systemen erfaßbare Potential für Komplexität dadurch

117 Siehe statt anderer *Simon*, aaO, 1960, S. 6.

ändern wird. Reduktion von Komplexität auf entscheidungsfähige Problemgrößen war aber bisher das kritische Organisationsproblem, ja das Systemproblem schlechthin. Was geschehen kann, wenn dieses Definieren und Umdefinieren und Aufsplittern und Kleinarbeiten der Probleme auf neuartige Methoden umgestellt, als Gesamtprozeß konstruiert und konsequent rationalisiert, ja nach Möglichkeit auf Maschinen übertragen wird, ist selbst mit ungemilderter Spekulation nicht erfaßbar. Ein Durchdenken der Grundbegriffe der Organisationswissenschaft und vor allem ein Umdenken von Zweckrationalität auf Systemrationalität könnte jedoch dazu beitragen, ein künftiges Verständnis vorzubereiten.

5. Kapitel

Zweckprogrammierung

Vom Begriff des Konditionalprogramms kann man sich rasch und leicht eine ziemlich eindeutige Vorstellung verschaffen. Vom Maschinenprogramm her ist dieser Begriff als Begriff geklärt, wenn auch nicht in all seinen systemtheoretischen Voraussetzungen. Anders steht es mit dem Begriff des Zweckprogramms[1]. Steckt das Zweck/Mittel-Schema schon durch die Ablagerungen seiner langen Geschichte in seltsamem Kontrast zu seinem Anspruch auf Rationalität voll innerer Widersprüche und Unklarheiten, so hat es doch zunächst den Anschein des Vertrauten und Bekannten. Wer von Zwecken oder von Mitteln spricht, kann – zu Recht oder zu Unrecht – voraussetzen, daß andere verstehen, was er meint. Hat es unter diesen Umständen Sinn und verspricht es Gewinn, den Begriff des »Programms« dem Computer-Fach zu entnehmen und ihn auf die Zweckrationalität zu übertragen? Werden damit nicht heterogene Elemente vermischt und zusätzliche Unklarheiten geschaffen?

Die Wortverbindung Zweckprogramm soll die Einordnung der Zweck/Mittel-Analyse in die Systemtheorie zum Aus-

1 Das Wort »Zweckprogramm« wird überdies kaum gebraucht. Einen Anwendungsfall, in dem es jedoch nur einen bestimmten Typ von linearer Programmierung mit nur annäherungsweise erreichbaren Zwecken bezeichnet, findet man bei *A. Charnes/William W. Cooper,* Management Models and Industrial Applications of Linear Programming, New York 1961, Bd. 1, S. 215 ff. und bei *Yuji Ijiri,* Management Goals and Accounting for Control, Amsterdam 1965, S. 34 ff. Der betriebswirtschaftliche Begriff des »Produktionsprogramms« hebt ebenfalls das Zweckmoment deutlich ab. Er bezeichnet die Festlegung von Zwecken – nämlich Erzeugnisarten und -mengen pro Zeiteinheit – im Unterschied zur Planung der Bereitstellung von Produktionsfaktoren und des Produktionsprozesses. Vgl. *Gutenberg,* aaO, 1965, S. 148, 150 ff. Im übrigen findet man die einschlägige Literatur, vermischt mit vielerlei anderen Dingen, zumeist unter dem abgenutzten Begriff der »Planung«.

druck bringen. Sie geht von der Vorstellung aus, daß Zwekke und Mittel programmatische Festlegungen von Entscheidungsprämissen sind, über die im System entschieden wird und die dann, wenn und solange sie gelten, Entscheidungsprozesse strukturieren. Wie das geschehen kann, und welche Probleme dabei auftreten, ist das Thema dieses Kapitels.

Eine Einordnung des Zweck/Mittel-Schemas in die Systemtheorie ist nur möglich, wenn es mit dem Input/Output-Modell verschmolzen wird. Auch das ist im Begriff des Programms mitausgedrückt[2]. Das Input/Output-Modell behandelt – auf einer höheren Ebene der Komplexität, nämlich nicht für Handlungen, sondern für Systeme – dasselbe Thema wie das Zweck/Mittel-Schema: Die Bewertung der kausalen Bestimmung des Unbestimmten. Beide Ordnungsvorstellungen können sich daher wechselseitig interpretieren. Wir können das, was wir an Erkenntnissen über die Funktion der Zwecksetzung erarbeitet haben, zur Klärung einer bestimmten Anwendung des Input/Output-Modells verwenden; und wir können umgekehrt das Zweck/Mittel-Denken durch Verbindung mit dem Input/Output-Modell präzisieren und in eine theoretische Konzeption der Systemrationalisierung einordnen.

Die Verschmelzung beider Modelle vollzieht sich nicht allein im Bereich theoretischer Begriffsbildung, sondern durch Entscheidungen, deren Möglichkeiten die Theorie vorausdenkt. Absatzprognosen sind nicht von selbst Unternehmensziele; sie müssen erst dazu gemacht werden. Das geschieht dadurch, daß ein erwarteter Output des Systems als Zweck und der dazu notwendige Input des Systems als Mittel programmiert wird.

Demnach bezieht der Begriff des Zweckprogrammes sich

2 Als ein Beispiel für diese Vorstellungskombination aus dem Bereich der sozialistischen Planungstechnik siehe *Greniewski*, aaO. Dazu auch *Georg Klaus*, Kybernetik und Gesellschaft, Berlin 1964, S. 208 ff.

auf einen durch Systemgrenzen skandierten Fluß von Informationen, der unter Reduktion von Komplexität nach bestimmten Gesichtspunkten der Selektion (eben dem Programm) verändert wird. Dieses Vorstellungsmodell ist nicht nur auf rein verbale Entscheidungsprozesse anwendbar, deren Endzweck (Output) in der Herstellung einer Entscheidung besteht. Es gilt mit gleichem Recht für Prozesse der Informationsverarbeitung, die ein parallellaufendes Handeln steuern und in dessen Output ihren Zweck haben. Sie ist, mit anderen Worten, auf Organisationen jeder Art, auf Verwaltungen ebenso wie auf Dienstleistungs- oder Produktionsbetriebe, anwendbar.
Diesen Grundgedanken werden wir in acht Phasen verfolgen. Er bestimmt (1) die Möglichkeit, die Funktion der Zweckorientierung in Strukturen zu übersetzen, die funktionieren, und macht die Grenzen einer solchen Kongruenz von Funktion und Struktur sichtbar. Das allgemeine Dilemma des Verhältnisses von Funktion und Struktur gewinnt in unserem Zusammenhang konkretere Form in Gestalt der Probleme, die mit der Relativität und Unabgestimmtheit der Zweck/Mittel-Charakterisierungen verbunden sind und im anschließenden Abschnitt (2) behandelt werden. Daraus ergibt sich (3–5) in Grundzügen die Art und Weise, in der komplexe Strukturen zweckorientierter Arbeit aufgebaut und an generellen Entscheidungsprämissen (Programmen) ausgerichtet werden können. Im nächsten Abschnitt (6) wird die Aufgabe der Zweckprogrammierung unter dem Gesichtspunkt der Umwandlung unlösbarer (permanenter) Systemprobleme in lösbare Entscheidungsprobleme beleuchtet. Jede Programmierung dieser Art erfordert, da sie starr ist, (7) Kontrolleinrichtungen – beobachtende Stellen, welche die Freiheit behalten, die programmierten Problemlösungen weiterhin als problematisch zu erleben, die Relation der Programmstruktur zur Umwelt zu überwachen und die Zweckprogramme gegebenenfalls zu modifizieren, um sie mit einer besser erkannten oder einer sich ändern-

den Umwelt in Einklang zu bringen. In all diesen Beziehungen muß ein Entscheiden über Prämissen anderer Entscheidungen geleistet werden. Das setzt, wie abschließend (8) dargestellt werden soll, Organisation voraus.

1. Das Dilemma von Funktion und Struktur

Zweckprogramme sind ihrem Inhalt nach zunächst und vor allem formulierte Probleme. Hierin liegt ihr wesentlicher Unterschied zu den Konditionalprogrammen, die – wenigstens in ihrer Idealgestalt – zugleich das Kalkül mitenthalten, welches das Problem löst, im Grunde also Mechanismen für die Lösung schon gelöster Probleme darstellen. Zweckprogramme beschränken sich demgegenüber darauf, die heuristische Funktion einer Problemstellung zu programmieren. Probleme verleihen den Entscheidungsüberlegungen, die sich mit ihrer Lösung befassen, Zusammenhang und Struktur. Sie sind, vom Entscheidungsvorgang her gesehen, ein Komplex begrenzender und disziplinierender Bedingungen: Nur das zählt, was in der einen oder anderen Weise zur Lösung des Problems, hier also zur Erreichung des Zwecks, beizutragen vermag. Ein Architekt mag sich vornehmen, ein Haus zu entwerfen, das bestimmte Wünsche befriedigen soll, eine Hausfrau sich überlegen, was sie als Mittagessen auf den Tisch bringt. Solche Probleme können mehr oder weniger deutlich definiert sein – was zugleich heißt, daß ihre Lösung nur mehr oder weniger überzeugend das Problem löst. In dem Maße, als die Problemstellung unausgearbeitet oder vieldeutig ist, kann sie während des Entscheidungsganges präzisiert werden, und auch eindeutige Komponenten des Problems können während des Entscheidungsganges modifiziert und den vorgezogenen oder erreichbaren Lösungen angepaßt werden[3].

3 Vgl. hierzu *Walter Reitman*, Heuristic Decision Procedures, Open Constraints, and the Structure of Ill-Defined Problems. In: *Shelly II/Bryan*, aaO, S. 282–315.

Diese Überlegungen gelten zunächst unprogrammierten Problemen, und sie lassen erkennen, daß es gewisse Vorteile bieten mag, Probleme in unprogrammiertem Zustand zu belassen, um sie leichter und elastischer handhaben zu können – besonders wenn nicht von vornherein feststeht, ob sie in ihrer Anfangsform überhaupt gelöst werden können. Programmierung des Problems heißt demgegenüber eine besondere Behandlungsweise des Problems, nämlich seine Festlegung als invariante Entscheidungsprämisse, die der Problemlöser selbst nicht ändern kann. Natürlich ist durch diese Formgebung allein das Problem noch nicht exakt definiert, geschweige denn sicher lösbar. Aber soweit sie festliegen, werden die Problemkomponenten durch Programmierung verbindlich. Auf ihre strukturierende Wirkung kann man dann in kooperativen Entscheidungszusammenhängen vertrauen. Das ist Voraussetzung jeder Organisation des Entscheidungsprozesses und damit Voraussetzung desjenigen Potentials für Problemkomplexität, das sich nur durch Organisation gewinnen läßt. Mit der Komplexität des Entscheidungsprozesses wächst der Bedarf an Programmierung der Probleme und damit wächst die Gefahr, daß die Starrheit der Struktur die Funktion der Problemlösung belastet.

Organisation, ja Systembilung überhaupt, kann in ihrem Kern als stets prekäre Übersetzung von Funktionen in Strukturen begriffen werden. Innerhalb von Systemen sind Funktionen Beziehungen von Leistungen auf diejenigen Systemprobleme, die gelöst werden müssen, damit ein System bestehen kann. Da diese Probleme Dauerprobleme sind, muß in dauerhafter Weise für sie gesorgt werden. Das kann auf rationale Weise vor allem dadurch geschehen, daß das System seine Struktur auf seine Probleme ausrichtet, indem es seine Probleme programmiert, die erforderlichen Verhaltensweisen normiert und sie zu funktionsspezifisch gebildeten Untersystemen zusammenfaßt.

Aus Gründen, die mit der Unausgeglichenheit und Widersprüchlichkeit der Bestandserfordernisse eines Systems zusammenhängen, ist eine solche Angleichung von Strukturen an Funktionen nicht ohne Schwierigkeiten und nie vollständig möglich. Die Kongruenz von Struktur und Funktion definiert das Ideal des rationalen Systems, das jedoch nie ganz erreicht werden kann. Je ursprünglicher die Probleme sind, auf die sich die Funktionen beziehen, desto schwieriger ist eine Kongruenz von Funktion und Struktur zu erreichen. Der Prozeß der Rationalisierung, der systeminternen Aneignung, Transformation und Verschiebung von Problemen zielt darauf ab, ein günstigeres Verhältnis von Funktion und Struktur herzustellen. Aber je abgeleiteter, sekundärer, kleinförmiger das Problem dadurch wird, desto leichter wird es zwar, problementsprechende Strukturen zu entwerfen; doch desto weniger vermögen diese dann für sich allein den Bestand des Systems zu gewährleisten.

In dieses allgemeine Dilemma von Funktion und Struktur, dessen Erörterung wir hier nicht vertiefen können[4], zeichnen sich die Konturen des Problems der Zweckprogrammierung ein. Von da her bestimmen sich die Möglichkeiten und Grenzen der Zweckrationalisierung sozialer Systeme. Nachdem uns »Zweckrationalität« nicht mehr eo ipso als rational erscheinen kann, finden wir im Dilemma von Funktion und Struktur einen theoretischen Bezugsrahmen, in welchem sich die Rationalität der Zweckrationalität kritisch beurteilen läßt.

Um diesen Gedanken auf ein sicheres Gleis zu bringen, müssen wir kurz rekapitulieren: Wir hatten das Zweck/Mittel-Schema zunächst als ein Prinzip grundsätzlich opportunistischer Wertverwirklichung beschrieben. Die Neutralisierung nichtbezweckter Wertaspekte sollte nicht Negation, nicht Abwertung anderer Werte bedeuten, sondern nur mo-

4 In anderem Zusammenhang habe ich zu zeigen versucht, daß sich auch die Institution der Grundrechte durch Bezug auf dieses Dilemma erklären läßt – siehe *Luhmann*, aaO, 1965 a, S. 194 ff.

mentane Zurückstellung. Darauf beruht die Elastizität des Zweckstrebens, seine Funktion als pragmatisches Orientierungsprinzip in einer äußerst komplexen Welt, sein Vorzug vor allen Rationalisierungstheorien, die mit konsistenten und transitiven Wertrelationen arbeiten, insofern prinzipiell unelastisch sind und Komplexität, jedenfalls im Bereich der Werte, als schon abgearbeitet voraussetzen müssen.

Bei der Transposition dieses Gedankens von der Handlungsebene auf die Systemebene hatten sich jedoch Schwierigkeiten ergeben, und es hatte sich herausgestellt, daß das Problem der Zweckrationalität nicht in der Handlungstheorie, sondern in der Systemtheorie zu suchen ist. Die Systemfunktionen der Zweckorientierung können, weil sie sich auf ein bestehendes System beziehen, nicht durch ungehinderten Opportunismus erfüllt werden. Ein System muß sich über seine Zwecke mit der Umwelt einigen, es muß sie als Grundlage innerer Organisation und als Grundlage eigenen Lernens verwenden, und all das setzt voraus, daß die Zwecke nicht von Situation zu Situation gewechselt, sondern relativ unabhängig von den Wechselfällen der Umwelt festgehalten werden. Das kann andererseits nicht auf Grund einer allgemein akzeptierten, konsistenten Wertordnung geschehen, denn dazu ist die Welt zu komplex. So muß jedes System, das sich an Zwecken orientiert, den Zweckopportunismus überwinden und ihn doch beibehalten können[5].

5 Ein verwandtes Problem entsteht in Großsystemen, besonders Gesellschaften, die ein primär zweckrationales Erfolgstreben des einzelnen institutionalisieren, es also fordern, ohne in der Lage zu sein, es durch gemeinsame Zwecke zu koordinieren. Solche Gesellschaften erzeugen, wie Mertons klassische Analyse gezeigt hat, durch ihre Struktur Anomie, wenn es ihnen nicht gelingt, ein ausreichendes Regelsystem zu institutionalisieren, das das Handeln über Zulassungsbedingungen unter zusätzliche Wertgesichtspunkte bringt, die sozial als Begründung akzeptiert werden, oder legitimen und effektiven Zugang zu den notwendigen Mitteln verschaffen. Siehe *Robert K. Merton*, Social Structure and Anomie. In: *Merton*, aaO, 1957, S. 131–194. Auch diese Analyse führt auf das Postulat hin, daß reine Zweckordnungen unbalanciert und korrekturbedürftig sind.

Eine Grundlage und eine allgemeine Form der Lösung dieses Problems ist die *Stabilisierung von Systemgrenzen.* Durch Fixierung von Grenzen zeichnet das System einen Ausschnitt aus der unendlichen Welt als »eigenes«, internes Geschehen aus und entwickelt für diesen nun überblickbaren Bereich besondere Kriterien der Selektion. Damit wird zugleich in der Umwelt der Bereich relevanter Ursachen und Folgen des eigenen Handelns erheblich verkleinert. Bei weitem nicht jede Ursache oder jede Folge der Kausalprozesse, die das System mit der Umwelt verknüpfen, ist für das System von Interesse. Vielmehr bedient sich das System der besonderen Optik seiner Input/Output-Struktur, die das Naheliegende und Bestandswichtige, das Kritische und das Beeinflußbare vergrößert und andere Beziehungen in den Hintergrund des fast Irrelevanten projiziert. Ursachen werden in ihrer Qualität als Input (bzw. potentieller Input), Wirkungen als Output (bzw. potentieller Output) beachtet, und die Wertinteressen des Systems können unter dem Gesichtspunkt der Erhaltung dieser Grenzen spezifiziert werden. Das Problem der Unendlichkeit aktueller und potentieller Kausalbeziehungen und der unübersehbaren, besonders für die Zukunft unvorhersehbaren Wertinteressen stellt sich mithin nicht in dieser abstrakten Schärfe – *und deshalb ist ein radikaler Opportunismus nicht die einzig sinnvolle Verhaltensweise.* Die Grenzziehung, die Stabilisierung einer Innen/Außen-Differenz erlaubt es, Unendlichkeitsprobleme in Bestandserhaltungsprobleme zu transformieren, und das ist ein erster Schritt zu ihrer Lösung.

In dem so verkleinerten Rahmen kann das System auf verschiedene Weise eine egozentrische und nur insofern noch opportunistische Orientierung stabilisieren und Grundlagen für dauerhaftes, lernbares, relativ erfolgsicheres Verhalten finden. Das ist freilich nur möglich, wenn die Umwelt des Systems gewissen Voraussetzungen genügt und wenn das System selbst den zwar verkleinerten, deswegen aber nicht unproblematischen Anforderungen der Selbsterhaltung genügen kann. Will das System, und das ist der hier untersuchte Fall, seinen Bestand primär über spezifische Output-Leistungen sichern, dann muß es eine sehr stark differenzierte Umwelt voraussetzen, die in ihren einzelnen Bereichen an sehr speziellen Leistungen interessiert ist und dafür in generalisierter Form Medien der Problemlösung zur Verfügung stellt, mit denen die Einseitigkeit des Zwecks systemintern ausbalanciert werden kann. Intern wird das Problem durch Variation von Art und Ausmaß der Zweckorientierung abgemildert. Schließlich wird das, was von ihm noch übrig ist, in die Zweckprogrammierung hineingegeben, das heißt, der Widerspruch von opportunistischer und generalisierter Zweckorientierung belastet mit seinen Auswirkungen und Folgeproblemen die Zweckprogrammierung; und unter diesem Gesichtspunkt interessiert er uns hier.

Belastet mit diesem Widerspruch, kann die Funktion der Zweckorientierung, Umweltkomplexität zu reduzieren und eine rationale Ersatzformel für das zu schwierige Bestandsproblem an die Hand zu geben, nicht einfach durch verbindliche Benennung eines Zweckes erfüllt werden. Wir sahen am Anfang dieses Abschnittes bereits, daß Zweckprogramme programmierte Probleme sind, nicht aber ohne weiteres auch vorgeschriebene Lösungstechniken, und wir begreifen nun deutlicher, weshalb das so ist. Systemprobleme sind durch ihren Zusammenhang mit dem Bestandsproblem schlecht definierte Probleme, und schlecht definierte Probleme können zwar als Probleme, nicht aber als vorgeschriebener Gang von Lösungsschritten programmiert werden. Zwar ist die Festlegung des oder der Systemzwecke ein unentbehrlicher, aber nur ein erster Schritt der Zweckprogrammierung. Mit anderen Worten: Ein System kann nicht durch eine einzige Entscheidung funktionsgerecht strukturiert werden. Die Zweckorientierung des Handelns bleibt Gegenstand laufender Bemühung, die zwar durch Organisation parzelliert und entlastet, durch Strukturbildung vereinfacht, aber nicht erübrigt werden kann. Zweckprogramme können das Entscheiden erleichtern, aber nicht ersparen.

Das Dilemma von Funktion und Struktur bedeutet demnach, daß nicht alle Komplexität durch Strukturbildung absorbiert werden kann, daß diese Leistung vielmehr auf Struktur und Prozeß, in unserem Falle auf Zweckprogramm und Entscheidungstätigkeit, verteilt werden muß. Struktur und Prozeß müssen im Sinne von »doppelter Selektivität« zusammenwirken[6]. Sinn und Grenzen dessen, was mit Zweckprogrammierung erreicht werden kann, können deshalb nur durch Klärung der funktionalen Interdependenz von Programmentscheidung und programmierter Entscheidung ermittelt werden – eine Auffassung, die mit den Einsichten der neueren Organisationstheorie über den Entscheidungsbezug aller Organisationsprobleme abgestimmt ist[7].

2. Die Relativität der Zweck/Mittel-Charakterisierungen

Bevor wir uns dem Programmaufbau im einzelnen zuwenden, muß die systemtheoretische Konzeption des Aufbaus einer Ordnung von Zwecken und Mitteln erläutert werden an Hand eines Problems, das der handlungstheoretischen Betrachtungsweise erhebliche Schwierigkeiten bereitet hat und voller Mißverständnisse steckt, ja das ganze Zweck/Mittel-Schema zu diskreditieren droht: der Relativität der Charakterisierung eines Kausalfaktors als Zweck bzw. als Mittel. Sie besagt, daß es vom Betrachtungsstandpunkt abhänge, ob etwas als Zweck oder als Mittel behandelt werde. Aus dieser Vertauschbarkeit von Zweck und Mittel sind zuweilen Einwendungen gegen die Brauchbarkeit des Zweck/Mittel-Schemas als theoretisches Modell abgeleitet

6 Dazu näher *Luhmann,* aaO, 1967 c, S. 623 ff.

7 Vgl. *Albach,* aaO, 1959, und *ders.*, aaO, 1961, mit weiteren Hinweisen auf die amerikanische Literatur.

worden[8]. Wir müssen uns indes vor einer voreiligen Ablehnung hüten und untersuchen, ob sich nicht gerade dieser eigentümlichen Relativität besondere Erkenntnisse abgewinnen lassen, die in der bisher üblichen handlungstheoretischen Begriffssprache nicht zum Ausdruck gebracht werden konnten.

Die Relativität von Zweck und Mittel ist dem neuzeitlichen Denken durchaus vertraut und braucht nicht weiter belegt zu werden. Sie wird zum Beispiel als Subjektivität und Begründungsbedürftigkeit der Zwecksetzungen erlebt, ist im Wertbegriff impliziert, wird aber auch ausdrücklich formuliert mit der Feststellung, daß viele (wenn nicht alle) Mittel in anderer Perspektive auch als Zwecke und viele (wenn nicht alle) Zwecke in anderer Perspektive auch als Mittel gesehen werden können[9]. Dennoch haftet für das allgemeine Bewußtsein solchen Verschiebungen etwas Suspektes, fast Anrüchiges an – als ob es gegen die Wahrheit oder doch gegen die guten Sitten verstoße, »bloße Mittel« als »Selbstzweck« zu schätzen oder gar »höhere Zwekke« als Mittel für Nebenabsichten zu mißbrauchen. Die Konsequenzen aus der grundsätzlich gesicherten, ja unumgänglichen Einsicht in die Relativität der Zweck/Mittel-Charakterisierung werden kaum gezogen – man muß wohl sagen, gefühlsmäßig mißbilligt. Die Gründe dafür mögen einmal im Nachwirken der ontologischen Tradition des Denkens liegen. Man fühlt sich nach wie vor angewiesen auf letzte, unwandelbare Grundlagen des Denkens und Handelns im Sein. Es fehlt aber auch an einer Alternative gleichen Ranges, an einer klaren Theorie des Zweck/Mittel-Schemas, welche dessen *Relativität* als *Disponibilität* zu deuten und die jeweilige Verfügung über die Einordnung von Kausalfaktoren als Zwecke bzw. als Mittel zu begründen vermöchte.

8 So z. B. von *Bensman/Gerver*, aaO, S. 595 f.
9 Als Beispiel aus der Organisationswissenschaft vgl. etwa *Hanns Linhardt*, Grundlagen der Betriebsorganisation, Essen 1954, S. 109 ff.

Weniger geläufig als die verbreitete Klage über den Relativismus der Zweck/Mittel-Charakterisierungen ist der Umstand, der diese mangelnde Objektivität erst bedenklich werden läßt: *die Unabgestimmtheit der Bewertungen in Zweck/Mittel-Ketten.* Sie folgt unvermeidlich aus der Vielzahl von Ursachen und Wirkungen, die jeweils zusammenkommen und auseinanderlaufen müssen, um einen Schritt des Kausalgeschehens voranzubringen. Die Skizze soll das illustrieren. Wenn B der Zweck und A das Mittel ist, werden die Nebenfolgen von A, nämlich A_{1-4} sowie alle (in der Skizze nicht eingetragenen) Nebenfolgen der anderen Ursachen von B, nämlich von B_{a-d}, neutralisiert durch das Werturteil: B ist die negativen Aspekte all dieser Nebenfolgen wert. Ist dagegen A »Selbstzweck«, dann werden alle Folgen von A, nämlich A_{1-4} und B, zusammengefaßt und geschlossen (das heißt durch vereinfachendes Wertsetzen) den Nebenfolgen sämtlicher Ursachen von A vorgezogen. Und das ist ein andersartiges Werturteil als jenes, das in der Zwecksetzung B impliziert ist. Der Grund für dieses Auseinanderfallen ist die Unmöglichkeit, in einer Bewertung B zugleich sämtliche Vorursachen von A und B_{a-d} sowie die Nebenfolgen dieser Vorursachen, deren Vorvorursachen, deren Nebenfolgen usw. zu berücksichtigen.

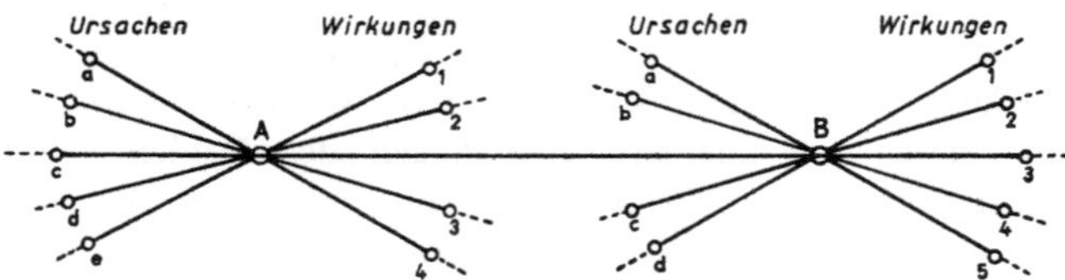

Diese Unabgestimmtheit der Werturteile bedeutet, daß Zweck/Mittel-Ketten zwar Ursachen und Wirkungen selektiv kausal zusammenfügen, aber *keine integrierte Bewertung leisten.* Man kann das als Versagen bedauern. Andererseits liegt eben darin ein eminent praktischer Vorteil: Kausalreihen sehr komplexer Art können zusammengestellt und programmiert werden, *ohne daß ein vollständiger Wertkonsens, der das Gesamtgeschehen deckte, hergestellt werden muß*[10]. Nur dadurch ist es überhaupt möglich, menschliche Kooperation an einigermaßen komplexen Entscheidungsprozessen zu organisieren. In dieser Einsicht liegt die vielleicht wichtigste Differenz der hier entwickelten Vorstellungen zur klassischen Organisationslehre.

Aber sie läßt – mehr als die klassische Organisationslehre – Probleme offen und zeigt erst die eigentlichen Schwierigkeiten einer Organisation der Kooperation nach Maßgabe von Zweck/Mittel-Ketten auf. Mit Hilfe der Systemtheorie und der funktionalen Methode dürfte man jedoch in der Lage sein, die Furcht vor der Relativierung der Zweck/Mittel-Orientierung ins Haltlose und Beliebige zu überwinden und den Gewinn an Freiheit, an Rationalität und an Fassungsvermögen für Komplexität positiv zu würdigen, den die Disponibilität der Zweck/Mittel-Charakterisierungen vermittelt.

Einen ersten Anhaltspunkt für diese Wendung gibt schon der Programmbegriff. Von Zweckprogrammen könnte man nicht sprechen, wenn im voraus feststünde, welche Kausalfaktoren ihrem eigenen Wesen nach Zwecke und welche Mittel seien. Der Begriff des Zweckprogramms setzt voraus, daß diese Frage *entscheidbar* ist, und daß Entscheidungen darüber durch Entscheidungen geändert werden können, daß Ursachen als Mittel und Wirkungen als Zwekke ausgewählt, aber auch Mittel zu Zwecken und Zwecke zu Mitteln gemacht werden können. Das Programm stabilisiert als eine Entscheidung, die in einem System erarbei-

10 Ähnliche Gedanken sind vor allem in Form der These aufgetaucht, daß sich über Mittel leichter Konsens erzielen lasse als über Zwecke. Genauso berechtigt ist aber die umgekehrte und geläufigere These, daß man sich über Zwecke leichter einigen könne als über Mittel. Vgl. zu dieser Kontroverse auch oben S. 134/5 mit Literaturhinweisen. Dieser Widerspruch zeigt, daß die Thesen falsch formuliert sind. In Wahrheit liegt die Entlastung darin, daß es zum Zustandekommen einer Kooperation in vielen Fällen ausreicht, sich über Zwecke *oder* über Mittel zu einigen.

tet wird, den Zweck und nicht der Zweck das Programm. Die Relativität der Zweck/Mittel-Charakterisierungen erfordert eine Theorie der selbstgemachten (positiven) Geltung, die auf eine Systemtheorie zurückzuführen ist, so wie umgekehrt diese die Disponibilität der Zweck/Mittel-Charakterisierungen als Bedingung der Freiheit zu rationaler Programmformulierung voraussetzen muß.

Doch diese Erwägung bleibt im Formalen einer Umdisposition von Begriffen stehen. Sie beginnt erst zu überzeugen, wenn man sich genauer überlegt, wie Systeme strukturiert sein müssen, um in einer äußerst komplexen Welt Bestand zu haben, das heißt Komplexität reduzieren zu können. Die Reduktion von Komplexität – und das ist der entscheidende Punkt – erfolgt nicht durch Zwecksetzung allein und auch nicht durch Planung langer und verzweigter Ketten von Ursachen und Wirkungen, sondern primär durch Bildung von Untersystemen, die, obwohl selbst intern komplex organisiert, von gewissen Entscheidungsstandpunkten aus als Einheiten behandelt werden können[11]. Die Einteilung eines Systems in Untersysteme (strukturelle Differenzierung) vereinfacht das Handeln im System an jeder Stelle und auf jeder Ebene der Betrachtung. Sie macht es möglich, zu unterstellen, daß die Untersysteme durch – wie auch immer im einzelnen geartete – interne Prozesse eine Teilleistung bestimmter Art als ihren Output garantieren können, wenn ihnen ein entsprechender Input zur Verfügung gestellt wird. Wenn nun das Gesamtsystem selbst über eine spezifische Output-Erwartung mit seiner Umwelt verbunden ist, sich also zweckspezifisch steuert, dann liegt es nahe, daß dieses Dominieren der Output-Grenze sich im Systeminnern wiederholt. Auch die Unter-

11 Dieser Gedanke läßt sich natürlich zurückverfolgen in alte Theorien der Systemdifferenzierung mit Hilfe des Denkschemas vom Ganzen und seinen Teilen. Eine funktionale Formulierung in bezug auf das Problem des Entstehens und Überlebens von Systemen in einer sehr komplexen Welt findet sich erst in der neuesten Literatur. Vgl. dazu oben S. 185 f.

systeme, zumindest diejenigen, die zum Zustandekommen der Zweckleistung in der Hauptsache beitragen, werden dann primär durch Unterzwecke gesteuert. Sie behalten aber gleichwohl den Charakter von selbst komplexen Systemen, weil andernfalls alle Komplexität zentral reduziert werden müßte[12]. Und ihr Systemcharakter bedeutet im Effekt, daß ihre Strukturen und Verhaltensweisen sich nie ganz auf eine spezifische Funktion reduzieren lassen.

Vom Standpunkt der Planung des Gesamtsystems aus gesehen kommt die Reduktion von Komplexität dadurch zustande, daß das System bzw. seine Leitung die Untersysteme als Leistungseinheiten behandeln kann, deren Innenabläufe sie nicht vollständig zu kennen bzw. mitzuplanen braucht. Die Zentrale kann sich dann einmal mit dem einen, einmal mit dem anderen Untersystem genauer befassen, je nachdem, wo besondere Probleme auftreten, und dabei voraussetzen, daß die Leistung der anderen inzwischen konstant bleibt. Dieselbe Erleichterung, dasselbe Recht zu Pauschalurteilen und zu Indifferenz im übrigen, besteht im Verhältnis der Untersysteme zueinander. Bei Systemen, die Entscheidungen anfertigen, kann zum Beispiel die Informationsverarbeitung jeder mitwirkenden Stelle von anderen ohne weitere Nachprüfung als richtig unterstellt werden, wenn nicht Fehler auf der Hand liegen. Die fremde Leistung kann als fertiges Produkt abgenommen werden. Desgleichen profitiert die eigene Leistung des Untersystems von dieser Erleichterung. Vom Standpunkt des Untersystems aus erscheinen alle übrigen Teile des Systems als Umwelt, und zwar als eine Umwelt, die einen höheren Grad von Ordnung aufweist als die Außenumwelt des Gesamtsystems. Durch ihre Zugehörigkeit zum System ist den Untersystemen also eine Umwelt von ver-

12 Das zeigt sich z. B. an den Schwierigkeiten, Entscheidungen, die wegen hoher Komplexität *dezentral* getroffen werden müssen, unter Optimalitätsbedingung zu *koordinieren*. Dazu vgl. *Hax*, aaO, 1965.

minderter Unsicherheit und Komplexität garantiert, und das befähigt sie, durch Erfüllung ihrer Unterzwecke die noch vorhandene Komplexität um einiges weiter zu verringern. Die Untersysteme können nämlich wie das System selbst bis auf weiteres davon ausgehen, daß ihr eigener Bestand gesichert ist, wenn sie ihren jeweiligen Unterzweck erfüllen. Das System garantiert ihnen dafür eine Umwelt, die durch den gemeinsamen Prozeß der Problemverkleinerung und Unsicherheitsabsorption berechenbarer wird.

Untersysteme benötigen in ihrer immer noch komplexen, systeminternen Umwelt als Kompaß eine Konzeption ihrer eigenen Identität. Sie können diese natürlich nicht im allgemeinen Systemzweck finden, sondern – wenn überhaupt in einem Zweck – nur in ihrem Unterzweck, den sie deshalb festhalten, idealisieren und gegen Zurücksetzungen auf Grund bestimmter Auslegungen des Gesamtzwecks verteidigen müssen[13]. Sie sehen alle Fernzwecke wie Umweltfaktoren durch die Brille ihres besonderen Unterzwecks. Wollte man versuchen, diese Eigenidentität der Untersysteme im Namen des Gesamtzwecks zu zerschlagen und sie auf »bloße Mittel« (was immer das heißen soll) zu reduzieren, würde man, sofern es gelingt, einen Mechanismus der Reduktion von Komplexität zerstören, dem an anderer Stelle auch der Gesamtzweck dient.

Jede Planung in komplexen Systemen muß sich demnach an einer *Mehrheit von Systemreferenzen orientieren.* Die Relativität der Zweck/Mittel-Charakterisierungen und die Unabgestimmtheit der zugrundeliegenden Bewertungen sind, systemtheoretisch gesehen, nichts weiter als ein Ausdruck dieser Tatsache[14]. Sie ist daher selbst als Strategie

13 Vgl. hierzu auch einsichtige Bemerkungen von *Barnard,* aaO, S. 137 f., in dem Sinne, daß für die Konstitution und das Zusammenhalten von Untereinheiten einer Organisation deren Unterzwecke sehr viel wichtiger sind als das gemeinsame Akzeptieren eines Gesamtzwecks. Ähnlich *Eric Rhenman,* Organizational Goals. Acta Sociologica 10 (1967), S. 275–287.

14 Diese Einsicht verdanke ich einem Gespräch mit Talcott Parsons.

der Reduktion von Komplexität zu begreifen. Sie bedeutet, daß jedes System sich in einer differenzierten Ordnung eigene Zwecke und damit einen jeweils anders geschnittenen Bereich neutralisierter Folgen leisten kann. Für das eine System ist Zweck, was für das andere Mittel ist. Für das eine steht im Zentrum der Aufmerksamkeit, was für das andere kaum noch wahrnehmbare Randerscheinung ist. Und diese Differenz der Perspektiven ermöglicht eine arbeitsteilige Reduktion von Komplexität.

Eine ausreichende Koordination – ausreichend insofern, als sie spezialisierten Untersystemen eine normale Lebenschance gewährt – kann nun auf sehr verschiedene Weise zustandekommen. Sie braucht nicht über eine Hierarchie oder über einen gemeinsamen Zweck zu laufen. Sie setzt nicht einmal ausdrückliche Koordinationsentscheidungen voraus[15]. Wenn die Untersysteme aber in einem selbst zweckspezifisch strukturierten Gesamtsystem zusammenarbeiten sollen – und das ist der hier behandelte Fall –, muß für eine bestimmte Ordnung des Zusammenwirkens gesorgt werden. Es muß dann ein Zweck/Mittel-Gefüge höherer Ordnung entworfen werden, das in den Output des Gesamtsystems mündet und mit den Einzelzwecken der Untersysteme als Mitteln rechnet. Diese Ordnung wird durch Zweckprogrammierung erstellt und verbindlich gemacht.

Von diesem allgemein verbindlichen Zweckprogramm her gesehen erscheint nun die Zweckkonzeption der Untersysteme als Verzerrung der »eigentlich« richtigen Bewertung. Eigentlich ist danach nur der zentrale Systemzweck Zweck und alles andere Mittel. Diese Bewertung kann von Untersystemen auf zwei Arten umgebaut werden. Die eine – wir wollen sie *Zweck/Mittel-Verschiebung* nennen – besteht darin, daß das Untersystem das ihm zur Besorgung zugewiesene Mittel als eigenen Zweck auffaßt. Die Qualifikation als »Zweck« wird dann vom Systemzweck auf ein Mittel verlagert. Dieses wird wie ein Selbstzweck behandelt.

15 Vgl. dazu namentlich *Lindblom*, aaO, 1965.

Die andere, radikalere Umbewertung setzt eine Zweck/Mittel-Verschiebung voraus, geht aber darüber hinaus, indem sie zugleich mit der Konstituierung ihres Unterzwecks den Endzweck, dem das Gesamtsystem dient, zum Mittel für den Unterzweck degradiert. Man denke etwa an den oben[16] erörterten Fall, daß eine Partei sich um Programme bemüht, um Wahlen zu gewinnen, statt Wahlgewinne um des Programms willen zu erstreben, oder daß eine Verwaltungsstelle innerhalb ihres Zuständigkeitsbereichs öffentliche Bedürfnisse entdeckt und anheizt, um Haushaltsmittel beantragen zu können, statt diese um der Bedürfnisse willen zu beantragen. Wir wollen diesen Fall *Zweck/Mittel-Umkehrung* nennen. Wie an den Beispielen leicht zu sehen, läßt er den Unterschied von Zweck und Mittel ins fast Beliebige verschwimmen, und doch ist es praktisch für Selektivität und Folgenneutralisierung von großer Bedeutung, welche Folgengruppe als leitender Zweck des Handelns angesehen wird. Bei der Zweck/Mittel-Verschiebung wird also ein Mittel als Zweck behandelt, bei der Zweck/Mittel-Umkehrung darüber hinaus auch ein Zweck als Mittel. Diese Formulierung macht zugleich deutlich, daß die Möglichkeiten damit erschöpft sind. Es gibt, wenn man von den Normalfällen des Austausches von Mitteln gegen andere Mittel oder von Zwecken gegen andere Zwecke absieht, nur diese beiden Arten der Ausnutzung des Relativitätsprinzips.

Solch eine systeminterne Umgruppierung der Wertgesichtspunkte mag verwerflich erscheinen, wenn man davon ausgeht, daß es eine an sich richtige oder zumindest für das System als Ganzes richtige, voll konsensfähige Zweck/Mittel-Ordnung gibt. Und diese Vorstellung klingt, bedeutend abgeschwächt, noch nach, wenn die neuere Bürokratieforschung Zweck/Mittel-Verschiebungen als eine wohl unvermeidliche, aber bedauerliche, dysfunktionale Folge der Arbeitsteilung ansieht: als Konflikte erzeugende

16 S. 222 f.

Selbstbezogenheit und Horizontverengung des in abgeteilten Kompetenzbezirken arbeitenden Bürokraten[17].

Begreift man Organisationen dagegen als strukturell differenzierte Handlungssysteme, die durch Gliederung in Untersysteme ihr Potential zum Überleben in einer äußerst komplexen Welt erhöhen, dann wird ersichtlich, daß die Innendifferenzierung sich auch auf die Zweckperspektiven erstrecken muß, wenn möglichst viel Komplexität absorbiert werden soll. Denn die Fixierung von Präferenzen ist eines der wichtigsten Mittel der Situations- und Entscheidungsvereinfachung.

Ein System kann mehr Komplexität aufnehmen und verarbeiten, wenn es intern zwar verbundene, aber gegeneinander verschobene Zweck- und Neutralisierungsperspektiven zuläßt. Systeme reduzieren, wie wir oben[18] sahen, Komplexität dadurch, daß sie die für sie relevante Umweltproblematik subjektiv definieren, als Entscheidungsgrundlage in sich hineinziehen und kleinarbeiten. Bei zweckspezifischer Umweltanpassung ersetzen sie zunächst ihre Bestandsproblematik durch eine Zweckformel. Dabei kann es jedoch in aller Regel nicht bleiben. Der Substitutionsprozeß muß in das Systeminnere hinein fortgesetzt werden dadurch, daß der Zweck als Gesichtspunkt der Entdeckung und Auswahl von Mitteln verwendet wird, die-

17 Vgl. als klassische Formulierung *Robert Michels,* Zur Soziologie des Parteiwesens in der modernen Demokratie. Neudruck der 2. Aufl. Stuttgart o. J. (1957), S. 348; ferner z. B. *Robert K. Merton,* Bureaucratic Structure and Personality. Social Forces 18 (1940), S. 561–568, neu gedruckt in *ders.,* aaO, 1957, S. 195–206; *Philip Selznick,* An Approach to a Theory of Bureaucracy. American Sociological Review 8 (1943), S. 47–54; *Charles H. Page,* Bureaucracy's Other Face. Social Forces 25 (1946), S. 88–94 (92 f.); *Blau,* aaO, 1956, S. 93 ff.; *Roy G. Francis/Robert C. Stone,* Service and Procedure in Bureaucracy, Minneapolis 1956; *Sills,* aaO, S. 64 ff.; *Peter Heintz,* Einführung in die soziologische Theorie, Stuttgart 1962, S. 172 ff.; *Rohde,* aaO, S. 179 ff.; *Mayntz,* aaO, 1963, S. 78 f.; *Etzioni,* aaO, 1964, S. 5, 10 ff.; *Warner/Havens,* aaO. Siehe ferner die ganz allgemeine Darstellung bei *R. M. Mac-Iver,* Social Causation, Boston 1942, S. 320 f.

18 Vgl. S. 182 f.

se Mittel nun ihrerseits in Unterzwecke transformiert werden usw. Die Zweck/Mittel-Verschiebung ist also nur eine Fortsetzung und Ausarbeitung der Grundentscheidung, das Bestandsproblem durch einen Systemzweck zu definieren. An die Stelle dieses Systemzwecks treten dann im Laufe der weiteren Detaillierung die Mittel als Zwecksurrogate in einem mehrstufigen Substitutionsprozeß, der zugleich die Handlungsorientierung mit wachsender Deutlichkeit festlegt, mehr und mehr Entscheidungsprämissen programmiert und den Umkreis der Wahlmöglichkeiten enger und enger zieht. Dieser Substitutionsprozeß erfordert, daß den Surrogatformeln jeweils Zweckcharakter verliehen wird. Denn Zwecke (und nicht Mittel) sind das Regulativ für die Außenbeziehungen der Systeme, also auch für die systeminternen Außenbeziehungen der Untersysteme. Und nur Zwecke (nicht Mittel) können in den Untersystemen heuristische Entscheidungsbeiträge inspirieren und Nebenfolgen des Handelns neutralisieren. Die Verschiedenheit von Zweck/Mittel-Perspektiven im System definiert mithin die Grenzen zwischen den Untersystemen. Sie befähigt die Untersysteme, auch im Verkehr untereinander »innen« und »außen« zu trennen, eigene Untersystemstandpunkte zu formieren, eigene Input/Output-Balancen auszuprobieren, Untersystemgrenzen konstant zu halten, Probleme kleineren Formats zu entscheiden und in bezug auf die je besondere Fassung ihres Bestandsproblems in der systeminternen Umwelt ihre Arbeitsprozesse und Verhaltensstrategien zu rationalisieren.

Was ist mit dieser Konzeption gewonnen gegenüber der Idealdarstellung der Organisation nach Zwecken und Mitteln durch die klassische Organisationslehre und gegenüber der unwilligen Hinnahme der Zweck/Mittel-Verschiebung durch die politologische bzw. soziologische Bürokratieforschung[19]?

19 Nebenbei bemerkt: Der erreichte Abstand von jenen Wissenschaftspositionen läßt deutlich werden, wie sehr selbst die soziolo-

Gewonnen ist zunächst eine nüchterne, unbefangenere Würdigung der Wirklichkeit und der Gründe ihres Soseins, und damit zugleich eine realistischere Basis für ihre normative Programmierung. In der Zweck/Mittel-Vertauschung steckt mehr Vernunft, als die vorherrschende Auffassung, die bewußt oder unbewußt von richtigen Zwecken ausgeht und damit das Bezugsproblem dieses Verhaltens verfehlt, sichtbar zu machen vermag. Die Verzweckung von Mitteln und die Instrumentalisierung von Zwecken sind nicht ein bedauerlicher, aber wohl unvermeidlicher Abfall vom rationalen Ideal umfassender Orientierung. Sie sind Prozesse der Rationalisierung. Systemrationalität bemißt sich nicht danach, wie weit jemand jenem unerreichbaren Ideal nahekommt, indem er wenigstens versucht, sich ziemlich umfassend zu orientieren. Das Ideal selbst ist zu weit entfernt, um für kleine Schritte der Annäherung ausreichende Orientierung zu bieten. Die Rationalisierung dieser Schritte erfordert, daß das System der unmöglichen Ideallösung (die im Grunde nur eine tautologische Fassung des Problems selber ist) im wesentlichen funktional äquivalente Teilprobleme zu substituieren vermag. Denn nur so kann man sinnvoll an einer zunehmenden Rationalisierung arbeiten und damit System/Umwelt-Verhältnisse von zunehmender Komplexität in den Griff bekommen. Diese Umorientierung hängt, wie leicht zu sehen, mit der Einführung der Systemumwelt als Problemreferenz zusammen, welche die reine Innenbetrachtung der ontologischen Systemtheorie ablöst.

Eine solche Umgründung der Betrachtungsweise ändert die Beurteilung zahlreicher Aspekte der Zweck/Mittel-Vertauschung und mancher mit ihr verbundener Seitenphänome-

gische Organisationsforschung noch von den Idealbegriffen der klassischen Organisationslehre abhängig ist. Das hat zum Teil seinen Grund natürlich darin, daß deren Organisationsbild sich in den Erwartungen der formalen Organisation und in ihren Denkvoraussetzungen niedergeschlagen hat und dadurch soziale Wirklichkeit geworden ist.

ne. Sie macht vieles, was bisher als Unzulänglichkeit oder als dysfunktionale Nebenfolge galt, in seiner spezifischen Funktion für den Prozeß der Problemverkleinerung verständlich[20]. Zwei dieser Aspekte wollen wir besonders herausstellen: die relativ lockere, unteroptimale Struktur der Verbindung einzelner Entscheidungsbeiträge und das Problem des Konfliktes zwischen Untersystemen, die je eigene Zwecke verfolgen.

Die klassische Konzeption setzte, wo sie nicht gar der naiven Auffassung huldigte, daß die richtigen Mittel rein logisch aus dem Zweck gefolgert werden könnten, voraus, daß jedes Teilstück der Zweck/Mittel-Kette für sich optimiert werden könne. Zum Beispiel wird bei der Produktionsplanung das Produktionsprogramm[21] aufgestellt unter der Voraussetzung, daß der Produktionsprozeß optimal organisiert und so zu einer einzig-richtigen, feststehenden Form geronnen sei; der Produktionsprozeß wird dagegen unter der Voraussetzung organisiert, daß ein optimales Produktionsprogramm feststeht. Modelle simultaner Programm- und Prozeßplanung (in unserer Sprache: simultaner Zweck- und Unterzweckplanung) existieren praktisch nicht[22]. Jede Teilentscheidung muß danach davon ausgehen können, daß alle übrigen Teilentscheidungen zu optimalen Lösungen geführt haben bzw. führen werden[23]. Wir kön-

20 Erstaunlich und ein Symptom für das Festsitzen dieser älteren Auffassung ist, daß selbst Simon, der mehr als andere zum Verständnis des Komplexitätsproblems und der Entlastungsbedürftigkeit des Entscheidens beigetragen hat, gleichwohl vor den Konsequenzen erschrickt und es als Wunsch und Ziel formuliert, die Identifikationszonen der Organisationsteilnehmer auszuweiten. – Siehe *Simon*, aaO, 1955 a, S. 140.

21 Zum Begriff vgl. oben S. 257 Anm. 1.

22 Vgl. dazu kritisch *Gutenberg*, aaO, 1965, S. 198 f., 433 f.

23 Diese Annahme ist im übrigen identisch mit der Ausklammerung aller Organisationsprobleme aus der Entscheidungstheorie (zu dieser These der Betriebswirtschaftslehre vgl. auch oben S. 64 ff.), obwohl es gelegentlich auch vorkommt, daß eine Verbindung von Organisations- und Entscheidungstheorie schon gefordert, aber das Postulat der Harmonie der Teiloptima noch nicht aufgegeben wird – so bei *Gäfgen*, aaO, S. 196 ff., 218 einerseits und S. 212 ff. andererseits.

nen diese Auffassung auch als postulierte Harmonie des Zweck/Mittel-Schemas bezeichnen, denn sie erwartet von der Zweck/Mittel-Orientierung eine widerspruchsfreie Entscheidungsgruppierung in dem Sinne, daß bei der Wahl von Mitteln für den Unterzweck keine Nebenfolgen zutage treten, welche die Richtigkeit (oder gar die Optimalität) der Vorentscheidung, nämlich der Auswahl des Unterzwecks als Mittel für einen Fernzweck, in Frage stellen könnten.

Dieses Postulat ist jedoch unrichtig, weil unrealisierbar. Es ist im übrigen auch unvereinbar mit einer Arbeitsteilung im Entscheidungsgang. Eine Entscheidung, die optimale Ergebnisse späterer Entscheidungen erreichen will, müßte diese im voraus vollständig durchdenken, bevor sie den weiteren Verlauf des Entscheidens durch Setzung von Entscheidungsprämissen beeinflußt. Und umgekehrt kann der später Entscheidende nicht sicher wissen, ob seine Resultate wirklich optimal sind, wenn er nicht die Alternativen mitprüft und mitvergleicht, die von anderen Stellen schon ausgesiebt sind. Eine Arbeitsteilung im Entscheidungsgang hat aber nur Sinn, wenn die Untersysteme einander schon ausgewählte, schon verdichtete Informationen zustellen können, wobei unvermeidlich irgendwelche logisch denkbaren Kombinationen verlorengehen[24].

Man kann den Entscheidungsprozeß – hier den Problemverkleinerungsprozeß – demnach nicht so aufteilen, daß die Teiloptima sich von selbst zu einem Gesamtoptimum zusammenfügen. Dem steht die komplexe Struktur des

24 Zwei Einschränkungen schwächen dieses Argument ab: Es gilt nur, soweit die Vorgänge im System interdependent sind; aber das ist gerade das Merkmal komplexer Systeme, die uns primär interessieren. Zum anderen ist praktisch noch weitgehend offen, wie weit die herkömmliche Arbeitsteilung im Entscheidungsprozeß durch zentrale automatische Datenverarbeitung ersetzt werden kann. Für diesen Fall gelten unsere Argumente nicht. Er würde aber vermutlich zugleich bedeuten, daß die Zweckprogrammierung durch konditionale Programmierung verdrängt wird.

Zweck/Mittel-Schemas entgegen[25]. Vielmehr muß ein Gesamtproblem geschaffen werden, das für eine gewisse strukturelle Elastizität sorgt in dem Sinne, daß die vorangehenden Entscheidungen (seien es die einer fließbandmäßigen Entscheidungssequenz, seien es programmierende Entscheidungen) nicht davon abhängen, sondern indifferent dagegen sind, wie an nachfolgenden Entscheidungsstellen entschieden wird[26] – was natürlich nicht ausschließt, daß eine Rückmeldung besonderer Probleme, Störungen, Kostenüberschreitungen usw., die in späteren Stadien des Entscheidungsprozesses ausnahmsweise anfallen, im Wege konditionaler Programmierung vorgesehen werden kann.

Solche Indifferenzen sind notwendige Entscheidungsvereinfachungen. Sie dienen der relativen Isolierung und elastischen Koppelung einer Mehrzahl von Entscheidungsbereichen und sind in dieser Funktion ein wesentliches Element des Prozesses der Problemverkleinerung.

Da die Teilergebnisse einer arbeitsteiligen Organisation durch eine Zweck/Mittel-Orientierung zwar kausal zusammengefügt, aber wertmäßig nicht ohne weiteres zu einer einzig-richtigen Lösung integriert werden, kann es zu Konflikten kommen. Sie entstehen dadurch, daß jeder Zweck eine Mehrheit von Mitteln anfordert, die, wenn in Unterzwecke transformiert, unterschiedliche Untermittel aufbieten, die mit ihren Nebenfolgen verschiedenartige Werte berühren oder um knappe Mittel konkurrieren. Daher entstehen Divergenzen gerade dann, wenn die Entscheidenden

25 Dieser Gedanke läßt sich mit *Simon,* aaO, 1964, S. 17 f., auch umgekehrt formulieren: Lose verknüpfte, nicht optimierende Organisationsmodelle berücksichtigen in ihren Entscheidungen mehr »constraints«, d. h. sie können mehr Komplexität absorbieren.

26 Derartige Indifferenzen sind der herrschenden Theorie durchaus nicht unbekannt. Man stößt auf sie bei Erörterung der hierarchischen Organisation, der Generalisierung bzw. Spezifizierung von Kommunikationen auf dem vertikalen Berichts- bzw. Befehlsweg, bei der Behandlung von Delegations- und Leitungsproblemen, bei der Erörterung der Funktion von Lagern. All das ist jedoch »Organisationslehre« und mit der ein Optimum suchenden Entscheidungstheorie schlechterdings nicht in Einklang zu bringen.

in Teilbereichen nach dem Zweck/Mittel-Schema rational handeln wollen, und sie festigen sich zu divergierenden Arbeitseinstellungen, wenn die Arbeitsteilung dem Zweck/ Mittel-Schema folgt.

Während die klassische Organisationslehre solche Konflikte zwischen Untersystemen zwar beobachtet hatte, sie aber auf unzulängliches Verständnis oder auf fehlgehende Motivation der Beteiligten zurückführt – also kognitiv oder emotional, aber nicht strukturell erklärte –, ist heute weithin anerkannt[27], daß die spezifizierende Zweck/Mittel-Vertauschung Widersprüche in der Wertstruktur enthüllen und dadurch Konflikte erzeugen kann. Diese Konflikte dürften jedoch – ebensowenig wie die Zweck/Mittel-Vertauschung selbst – lediglich als dysfunktionale Konsequenzen einer an Zwecken und Mitteln orientierten Organisationsstruktur in Kauf genommen werden. Unbestreitbar treten, im Kräfteverschleiß zum Beispiel oder in der Gefahr einer unnötigen Generalisierung von Freund/Feind-Einstellungen, dysfunktionale Aspekte zutage. Dessen ungeachtet hat das Konfliktshandeln selbst durchaus positive Funktionen. Darauf sind wir bei der Behandlung von Widersprüchen im Zwecksystem[28] bereits eingegangen und können uns hier daher mit einigen Andeutungen begnügen.

Systeminterne Konflikte sind im Grunde ein Symptom dafür, daß der Systemzweck die externen Bestandsprobleme unzureichend abgefangen hat. Diese brechen im Innern des Systems in veränderter, kaum wiedererkennbarer Form als Streit um die Auswahl der besten Mittel wieder ans Licht. Doch in dieser Problemveränderung kann ein Gewinn an Rationalität liegen. Das Konfliktverhalten, das auf diese Weise ausgelöst wird, ist selbst eine Art Reduktion von Komplexität, eine Art Problemverkleinerung, also ein funktionales Äquivalent zur Zweck/Mittel-Verschiebung, und dadurch kann es die programmierten Wege der Problem-

27 Vgl. die Nachweise oben S. 68 Anm. 19.
28 Vgl. oben S. 227 ff.

verkleinerung als Komplementäreinrichtung ergänzen. Es führt, wenn die »rationale« Diskussion stockt, weil ihre Überzeugungsmittel versagen, zu einer Umdefinition der Situation, verändert die Problemstellung und damit die Szene und läßt neue Mittel anrücken. Man löst das Problem dann nicht mehr durch gemeinsame Erkenntnisse (wenngleich viele Konfliktentscheidungen als »gemeinsame Erkenntnis« dargestellt werden), sondern durch Herbeiführung einer Entscheidung. Hierfür stehen in formal organisierten Systemen zwei Hauptgruppen von Strategien zur Verfügung: die Auslösung einer förmlichen Konfliktentscheidung des gemeinsamen Vorgesetzten auf dem Dienstweg mitsamt ihren (formalen und informalen!) Vorbereitungstaktiken, sowie die informale Lösung des Konflikts durch verdeckt operierende, den Konflikt nicht zugestehende Taktiken wie zum Beispiel verkürzte Unterrichtung oder, umgekehrt, laufende Berieselung mit ausgewählten Informationen, Tauschangebote oder personalpolitische Maßnahmen, »selektive Akkordierung«, Überrumpelungen, umweghafte Beeinflussung durch Ratgeber, intervenierende Statusträger oder einflußreiche Umweltpartner, die sich »für den Fall interessieren«. Auch diese Manöver streben auf eine formal gültige Entscheidung zu, denn nur so kann ein Gewinn legitimiert und gesichert werden, aber ihr Ziel wird – im Unterschied zu den auf dem Dienstweg erarbeiteten Entscheidungen – nicht als Entscheidung über den Konflikt dargestellt.

Daß innerorganisatorische Konflikte nicht in Faustkämpfe ausarten, garantiert schon die Formalität der Organisation, deren Gerüst von Verhaltenserwartungen Ausuferungen wirksam unterbindet[29].

Das formale Schema der Arbeitsteilung ist von Bedeutung für die Frage, mit welcher Themenstellung Konflikte zu erwarten sind und in welcher Höhenlage der Hierarchie der nächste gemeinsame Vorgesetzte zu finden ist, der im

29 Vgl. dazu näher *Luhmann,* aaO, 1964 a, S. 239 ff.

Streitfalle entscheiden kann. Darüber hinaus ist es eine Sache der Entscheidungsprogrammierung, dafür zu sorgen, daß Konflikte nicht zu Lösungen führen, die gewisse Mindeststandards unterschreiten oder gar den Bestand des Systems gefährden. Die Sphäre formaler und informaler Konflikte muß auf einen Bereich noch offener, aber jedenfalls brauchbarer Alternativen beschränkt werden. Auch dies kann dadurch geschehen, daß die Bedingungen reguliert werden, unter denen Mittel wie Zwecke behandelt werden dürfen – etwa in der Form, daß einer nachgeordneten Dienststelle ihr Unterzweck zusammen mit scharf definierten Rechtskompetenzen, mit einem begrenzten Budget und mit Anhörungs- bzw. Mitzeichnungsgeboten, Meldepflichten usw. vorgezeichnet wird.

Wir sehen auch hier und können unseren Gedankengang nunmehr dahin zusammenfassen, daß die Zweckprogrammierung sich wegen der Relativität der Zweck/Mittel-Charakterisierungen und der Unabgestimmtheit der zugrunde liegenden Werturteile nicht in der einfachen Benennung eines Zwecks, der für das Handeln verbindlich sein soll, erschöpfen kann. Zweck/Mittel-Ketten leisten nicht von selbst das, was sie zu versprechen schienen, nämlich Koordination. In diesem Bedenken finden wir einen enger gefaßten Ausdruck für die Probleme, die wir im vorigen Abschnitt herausgearbeitet hatten: für das Dilemma von Funktion und Struktur und für das Divergieren opportunistischer und generalisierender Tendenzen der Zwecksetzung. Die Verkleinerung des Systemzwecks durch Zerlegung in Unterzwecke für Untersysteme hält sich nicht spurgetreu auf der Bahn, die der Systemzweck vorzeichnet, sondern sie bringt die nur notdürftig durch eine scheinbar harmonische Zweckformel übertünchte Komplexität der Bestandsanforderungen wieder zum Vorschein – in veränderter, verkleinerter Fassung zwar, aber doch als Probleme, die sich nicht in einem Zuge ohne Rückstände auflösen lassen.

In das Zweckprogramm müssen deshalb Nebenbestimmungen mit hineingenommen werden, welche die Zweck/Mittel-Vertauschung kontrollieren und entschärfen. Unter diesem Blickwinkel kann man Zweckprogramme als *Transformationsregeln für den Prozeß der Problemverkleinerung, oder genauer: für den Prozeß der Zweck/Mittel-Vertauschung*, bezeichnen. Sie formulieren und formalisieren die Bedingungen, unter denen es einem Untersystem gestattet werden kann, Mittel wie eigene Zwecke zu behandeln und dabei eine Indifferenz gegen Folgen zu entwickeln, die im Gesamtsystem doch belangvoll sein können. Sie gewährleisten damit zugleich ein Mindestmaß an operativem Konsens. In den folgenden Abschnitten werden wir versuchen, etwas deutlicher zu sehen, wie solche Transformationsregeln aussehen können und mit welchen spezifischen Schwierigkeiten sie zu kämpfen haben.

3. Programmaufbau: Mehrstufigkeit

Ein Entscheidungsprogramm besteht aus verbindlich vorentschiedenen Entscheidungsprämissen, die den Spielraum des Entscheidens begrenzen und es insoweit mit schon reduzierter Komplexität umgeben, also von Verantwortung entlasten. Zweckprogramme fixieren in ihrer einfachsten Form einen Zweck, das heißt eine zu bewirkende Wirkung, die als Leitfaden für die Ermittlung geeigneter Mittel und für die Rechtfertigung der gewählten Mittel den Entscheidungsprozeß zwar nicht determiniert, aber doch in Grenzen faßt.

Zwecke sind stets bewertete Wirkungen des Handelns. Ihre Abstraktion läßt zumeist eine Vielzahl von Mitteln als geeignet und zulässig erscheinen. Der Umfang des Bereichs zulässiger Mittel hängt in erster Linie von der Formulierung des Zwecks ab. Man kann, wie wir schon sahen, einen Zweck relativ vage oder ziemlich präzise angeben. Man kann auch eine Mehrzahl von Wirkungen in einer Zweckformel zusammenfassen und sie dadurch dem Neutralisierungseffekt entziehen[30] – zum Beispiel einem Betrieb aufgeben, Schuhe zu produzieren, die sich nach Art und Menge verkaufen lassen, oder sogar mit einem bestimmten Mindestgewinn verkaufen lassen. Außerdem kann die Zweckformel auch durch Negativbestimmungen angereichert werden, nämlich durch Angabe von Wirkungen, die nicht eintreten dürfen. Die Belastung einer Zweckformel mit weiteren gewünschten oder ausgeschlossenen Wirkungen ist eine Möglichkeit, das Anspruchsniveau der Zwecksetzung und damit den Umfang der Klasse zulässiger Mittel zu variieren. Wer seinen Zweck leicht zu erfüllen vermag, wird es sich leisten können, zusätzliche Wirkungen mit ihren Wertaspekten in die Zweckformel aufzunehmen. Ist der Zweck schwierig oder gar nicht zu erreichen, muß man umgekehrt verfahren und die Zweckformel von auch erwünschten Nebenwirkungen entlasten, also ihren Abstraktionsgrad erhöhen, bis mögliche Mittel sichtbar werden oder eine Grenze erreicht ist, jenseits derer der Zweck das Handeln nicht mehr zu rechtfertigen vermag. Mit anderen Worten: Die *Komplizierung* des Zwecks belastet die *technische* Prüfung der Mittel: Man kann angesichts von schwierig zu bewirkenden oder unsicheren Kausalbeziehungen kaum auf Alternativen zurückgreifen. Dies wird möglich in dem Maße, als die Zweckformel vereinfacht wird.

Die erörterte Variationsmöglichkeit betrifft die Zweckformel selbst. Sollen mehrere erwünschte Wirkungen zusammen eintreten, so können sie zu einer zwar an sich komplexen, aber homogenen Zweckformel verschmolzen werden. Für den, der nach Maßgabe des Zweckprogramms handeln soll, haben sie gleichen Rang. Er braucht sich nicht den Kopf darüber zu zerbrechen, ob die Herstellung von Schuhen oder der Absatz hergestellter Schuhe oder die Erzielung eines bestimmten Mindestgewinnes sein Zweck ist.

30 So auch *Simon/Smithburg/Thompson,* aaO, S. 494.

Er braucht diese einzelnen Wirkungen daher auch nicht durch Zweck/Mittel-Analyse auseinanderzuziehen, sich etwa überlegen, daß die Produktion nur Mittel für den Absatz und dieser nur Mittel der Gewinnerzielung ist. Er würde damit unnütz denken und den Entlastungseffekt des Programms sabotieren. Nur wenn der Zweck selbst durch eine neue Programmentscheidung variiert werden soll, muß diese Einheit analytisch zerlegt werden. Und dann muß, wer über den Zweck disponieren kann, überlegen, welche Elemente der Zweckformel er modifizieren will: ob er zum Beispiel die Gewinnerwartung ändern will oder den Gegenstand der Produktion.

Die Berücksichtigung komplexer Wertinteressen in der Zweckformel kann, braucht aber nicht zu voller Verschmelzung in diesem Sinne zu führen. Vielmehr können zusätzliche Wertgesichtspunkte auch in die Form von Nebenbestimmungen gekleidet werden, die nicht unbedingt, sondern nur bedingt zu beachten sind. Das Zweckprogramm kann im Sinne einer Vorrangordnung zu erstrebender Wirkungen abgestuft sein. Dann wird nur ein Teil der herbeizuführenden Resultate als Zweck formuliert. Diese gelten dann unbedingt und definieren den Bereich zulässiger Mittel. Für den Fall, daß mehrere Mittel in Betracht kommen, wird dem Entscheidenden eine zweite Gruppe wertvoller Wirkungen (und evtl. dahintergestaffelt eine dritte usw.) vorgeschrieben, die er als Kriterium für die Wahl unter den mehreren geeigneten Mitteln benutzen soll. Sein Programm wird dann etwa lauten: Produktion absetzbarer Schuhe mit einem Mindestgewinn von 3,– DM pro Stück (Zweck), und zwar unter Bevorzugung derjenigen Produktart und Produktionsweise, die den höchsten Gewinn abwerfen.

Wir wollen diese Art Programme mit zusätzlichen Selektionsregeln *mehrstufige Programme* nennen. Sie sind unter etwas anderem Blickwinkel namentlich im Zusammenhang der linearen Programmierung erörtert worden. Bei der Aufstellung linearer Entscheidungsprogramme muß, weil nicht alles zugleich maximiert oder minimiert werden kann, unter den Anforderungen an die Entscheidung diskriminiert werden: Die zu maximierende oder zu minimierende Funktion wird üblicherweise als Zweck oder Zielfunktion (goal, objective function) angesehen, die unbedingt zu beachtenden Handlungsbeschränkungen werden dagegen als Nebenbedingungen (constraints) bezeichnet[31]. Der Wert dieser Unterscheidung wird jedoch neuerdings in Frage gestellt mit der Begründung, daß auch manche Nebenbedingungen variiert und einem Anspruchsniveau angepaßt werden können, und daß auf diese Weise der Handlungsspielraum so eingeschränkt werden könne, daß es nahezu belanglos werde, in welche Richtung dann das Optimierungskriterium die Endauswahl treffe[32].

Diese Erwägung zeigt, daß der durch die Erfordernisse mathematischer Problemlösung vorgezeichnete Begriff der »Nebenbedingungen« im Grunde heterogene Elemente umschließt – teils echte Bedingungen (Ursachen) und teils Wirkungen, teils umweltmäßige, zum Beispiel technologische Handlungsbeschränkungen, die auch für den Programmierer zwingend sind, teils solche, die er selbst durch Fixierung eines Anspruchsniveaus zwingend macht. Auch in den Nebenbedingungen stecken daher Zweckkomponenten[33]. Das ist auch daran zu erkennen, daß die Nebenbedingungen das Handeln auch dann zu rechtfertigen vermögen, wenn sie nur eine einzige Handlungsmöglichkeit zulassen, so daß die

31 Siehe z. B. *Churchman/Ackoff/Arnoff*, aaO, S. 258; *Charnes/Cooper*, aaO, 1961, S. 3 ff.; *Peter Vokuhl*, Die Anwendung der linearen Planungsrechnung in Industriebetrieben. Berlin 1965, S. 31 f., 35 f.; *Ijiri*, aaO, S. 50; *H. C. Joksch*, Constraints, Objectives, Efficient Solutions and Suboptimization in Mathematical Programming. Zeitschrift für die gesamte Staatswissenschaft 122 (1966), S. 5–13.

32 Vgl. dazu oben S. 115.

33 So auch *Bidlingmaier*, aaO, S. 83 f., der in bezug auf Maximierungsfunktion und Nebenbedingungen von einer »Zielkombination« des Unternehmens spricht. Nicht richtig ist es allerdings, beide Komponenten als gleichrangig anzusehen und das Auswechseln von Zielen und Nebenbedingungen dem Forscher anheimzustellen (so S. 145 Anm. 105).

Optimierungsfunktion gar nicht zum Zuge kommt. Diese hat demnach nur sekundäre Bedeutung. Vermutlich wird es deshalb richtiger sein, die eigentlichen Systemzwecke als fixierte Anspruchsniveaus in die Nebenbedingungen unterzubringen und die Optimierungsfunktion nur als Zusatzkriterium für die Endauswahl zwischen mehreren geeigneten Alternativen zu behandeln[34].

Die besondere Problematik solcher mehrstufigen Programme besteht darin, daß sie, sollen sie vollständig sein, *Stoppregeln für die Suche nach Alternativen* voraussetzen. Denn die zusätzliche Selektionsregel soll immer angewandt werden, wenn mehrere Mittel in Betracht kommen. Das läßt aber praktisch offen, wann sie in Betracht kommt: Wie weit, wie lange, unter Aufwendung welcher Kosten soll der Entscheidende sich um die Entdeckung von Alternativen bemühen? Wird Initiative erwartet oder nur das Aufgreifen offensichtlicher Umstände oder ausdrücklicher Anregungen? Solche Stoppregeln werden oft sehr schwierig zu programmieren sein[35]. Diese Schwierigkeit macht mehrstufige Programme problematisch. Natürlich besteht auch

34 Umgekehrt schränkt *Dorfman*, aaO, 1960, S. 609, den Begriff der Nebenbedingungen ein auf Handlungsbeschränkungen, die auch für den Programmierer zwingend sind und deren Übererfüllung keinen Sinn hätte. Das läßt das Problem offen, wie alles andere, was demnach Zweck ist, zu einer einzigen Optimierungsfunktion verschmolzen werden kann. Der Vorteil, mehrere Richtungen sinnvoller Übererfüllung bzw. Untererfüllung (wenn die Kosten zu hoch werden) zuzulassen, geht bei der Bildung dieser einen Optimierungsfunktion wieder verloren. Es dürfte deshalb ebenso richtig sein, die eigentlichen Zwecke, von einem Optimierungskriterium abgesehen, als Nebenbedingungen zu fixieren und darauf zu verzichten, sie ohne Änderung des Programms zu variieren.

35 Siehe aber auch *Gäfgen*, aaO, S. 207 ff. zu neueren Bemühungen, mit Hilfe der mathematischen Wahrscheinlichkeitsrechnung diejenigen Punkte zu ermitteln, an denen die Suche nach weiteren Informationen am besten abgebrochen wird. Das Interesse an diesen Fragen ist geweckt worden durch die Kritik des klassischen, allwissenden »economic man« und durch die Einsicht, daß auch Informationsbeschaffung Zeit und Geld kostet, also Probleme aufwirft, die beim Entwurf von Modellen für optimales Entscheiden nicht vernachlässigt werden dürfen.

die Möglichkeit, über Stoppregeln im Programm bewußt keine Entscheidung zu treffen, sondern diese Frage vertrauensvoll auf den Entscheidenden zu delegieren. Damit wird dann aber auch, wenn nicht formell, so doch praktisch, die Anwendung der sekundären Vorzugsregeln delegiert. In jedem Falle sollte der Zusammenhang dieser Fragen gesehen und bewußter Entscheidung zugeführt werden.

Auf Grund unserer theoretischen Vorüberlegungen können wir, und kann der Entscheidende, diese Grenze der Zweckprogrammierung als Sekundärproblem verstehen, als entfernten, abgeleiteten Ausdruck der Notwendigkeit, Umweltkomplexität aufzulösen und zu verarbeiten und in den Dilemmas von Funktion und Struktur und von Opportunismus und Generalisierung einen gangbaren Ausweg zu suchen. Mehrstufige Programme führen nie zu Optimallösungen, da sie angesichts der Umweltkomplexität von vornherein darauf verzichten, alles mit allem zu vergleichen, um mit Sicherheit die überhaupt beste Lösung zu finden. Sie schließen eine erste Stufe der Überlegung, die Suche nach geeigneten Mitteln für einen bestimmten Zweck, mit Hilfe von Stoppregeln ab ohne Rücksicht auf die Werte, die bei der Auswahl eines der geeigneten Mittel herangezogen werden. Mehrstufige Programme sehen also vor, daß die Entscheidung schrittweise ausgearbeitet wird, wobei der erste Schritt getan werden muß, bevor der zweite beginnt und dieser nicht beginnen kann, bevor der erste nicht getan ist. Die einzelnen Stationen des Entscheidungsganges sind so aufeinander abgestimmt, daß eine ziemlich große Chance für das Herausfinden gut brauchbarer Problemlösungen besteht. Dabei können nicht immer alle notwendigen Entscheidungsprämissen in das Zweckprogramm aufgenommen werden. Die Stoppregeln vertragen häufig den Generalisierungsgrad des Programmes nicht. Sie müssen dann situationsnah und situationsrelativ vom Entscheidenden selbst herausgefunden werden auf Grund der konkreten Informationen, die die Situation selbst gibt. Darin liegt eine

Vertagung einzelner Entscheidungselemente – und solches Herausschieben von Problemen ist ebenfalls nichts weiter als eine Technik der Reduktion von Komplexität.

Die Wertbasis eines Zweckprogramms kann, so haben wir gesehen, erweitert und sein Opportunismus abgeschwächt werden durch unbedingte oder bedingte Berücksichtigung weiterer Wirkungen außerhalb des Kernzwecks. Die Erörterung dieser Möglichkeit schließen wir hiermit ab und gehen zu einer anderen Art von Nebenbestimmung des Zweckprogramms über, die wir (im engeren Sinne) *Nebenbedingung* nennen wollen. Nebenbedingungen sind nicht Wirkungen, sondern Ursachen, die aus besonderen Gründen durch das Programm mit dem Zweck so verknüpft werden, daß diejenigen Ursachen als Mittel zugelassen bzw. bevorzugt werden, welche jene Bedingungen erfüllen. Durch Nebenbedingungen wird das Zweckprogramm also konditionalisiert, wird aber gleichwohl nicht zu einem reinen Konditionalprogramm, weil die Bedingungen das Handeln nicht auslösen und mehr oder weniger festlegen sollen, sondern nur die Wahl unter mehreren geeigneten Mitteln einschränken sollen. (Um dies zum Ausdruck zu bringen, sprechen wir von *Neben*bedingungen.)

Sinn und Funktion solcher Nebenbedingungen ergeben sich ebenfalls aus der Notwendigkeit, den allzu rücksichtslosen Opportunismus des reinen Zweckhandelns abzuschwächen. Zwecke lassen nicht selten zu viele Mittel zu – mehr als erforderlich und mehr als erwünscht. Dieser Mittelbereich kann nicht nur, wie soeben erörtert, durch zusätzliche Anforderungen an Wirkungen, sondern auch durch zusätzliche Anforderungen an Ursachen eingeschränkt werden. Dem dienen die Nebenbedingungen. Sie haben den Sinn, über das bei reiner Kausalbetrachtung Erforderliche hinaus *zusätzliche Ursachen künstlich zu stipulieren.* Man kann ein Rendezvous zum Beispiel programmieren durch die Abrede: bei schönem Wetter zu einem Spaziergang (wohin, bleibt zu entscheiden) und bei schlechtem Wetter ins Kino (in welches, bleibt zu entscheiden). Damit wird das Wetter, das an sich keine Ursache für die Zwecke des Rendezvous ist, künstlich-fiktiv zu einer solchen gemacht. Es ist mitwirkende Ursache nicht kraft Natur, sondern kraft Programms. Die natürliche Kausalität kann auf diese Weise korrigiert und zurechtgeschnitten werden im Interesse derjenigen Werte, die durch die Folgen jener Bedingung (bzw. ihres Fehlens) mutmaßlich berührt werden.

Diese Programmierung über Nebenbedingungen statt über Nebenwirkungen hat gewichtige Vorteile, aber auch ihre Kehrseite. Die Vorteile gründen sich im wesentlichen darauf, daß Bedingungen als stipulierte Ursachen *vor* dem Entscheiden erfüllt sein müssen, während Wirkungen in der Zukunft liegen und daher nur mehr oder weniger unsicher erwartet werden können. Bedingungen sind daher leichter feststellbar, denn sie stehen schon fest und liegen dem direkten Zugriff offen. Soweit das Entscheiden über Bedingungen programmiert werden kann, ist es von der Zukunftsunsicherheit entlastet und kann daher auch schärfer in die Verantwortlichkeit genommen werden. Konsens über Bedingungen ist eine verläßlichere Kooperationsgrundlage als Konsens über anzustrebende Wirkungen.

Andererseits haben Bedingungen doch nur einen indizierenden Sinn. Sie dienen als Zeichen für etwas anderes, nämlich für Wertaspekte der Wirkungen, die sie mitverursachen bzw. mitverhindern sollen. Um der Wirkungen willen, nicht um ihrer selbst willen, sollen die Bedingungen beachtet werden. Die Verwendung von Bedingungen anstelle von Wirkungen in Zweckprogrammen ist also nur ein Notbehelf, eine Entscheidungsvereinfachung, eine Substitution kleinerer, handgreiflicherer Probleme für weniger handgreifliche, ein Schritt im allgemeinen Prozeß der Komplexitätsreduktion. Auch dieser Schritt muß natürlich verantwortet werden. Die Verantwortung dafür, daß die Bedingungen tatsächlich die gewünschten Wirkungen herbeiführen bzw. unerwünschte unterbinden, übernimmt der

Programmhersteller, der die Bedingungen in das Programm hineinzeichnet. Auch hier ist also mit der konkreten Programmausgestaltung eine Entscheidung der Frage verknüpft, welche Unsicherheiten an welcher Stelle absorbiert werden. Für eine brauchbare Entscheidung dieser Frage werden einerseits die Generalisierbarkeit der Erkenntnisse, die zur Problemlösung befähigen, andererseits aber auch die jeweilige Verteilung von Informationen und Fähigkeiten in der Organisation von Bedeutung sein.

4. Programmaufbau: Mehrgliedrigkeit

Den unbedingten oder bedingten, direkten oder indirekten Einbau von Wertrücksichten in ein Zweckprogramm haben wir bisher unter der Voraussetzung behandelt, daß nur eine einfache Zweck/Mittel-Beziehung zu programmieren ist: daß ein Zweck aufgegeben ist und daß seine Mittel zu finden und auf eine brauchbare Lösung zu reduzieren sind. Diese Voraussetzung lassen wir jetzt fallen. Die Wirklichkeit ist selten so einfach, und wenn sie so einfach ist, wird eine Zweckprogrammierung, d. h. eine Trennung von Programmentscheidung und programmierter Entscheidung, zumeist unnötig sein. Nur sehr einfache Aufgaben könnten so programmiert werden, daß der Entscheidende, wenn ihm das rechte Mittel in den Sinn kommt, sofort handlungsbereit ist. Bei komplexeren Sachverhalten wird die Wahl eines Mittels zunächst nichts anderes bedeuten als die Festlegung auf einen Gesichtspunkt, unter dem weitergeforscht werden muß. Dies Mittel löst dann nur die Suche nach Untermitteln aus, welche für seine Bewirkung in Betracht kommen. Das ausgewählte Mittel muß also seinerseits in einen Zweck (Unterzweck) transformiert werden, dessen Untermittel vielleicht ebenfalls usw., bis man zu unmittelbar handlungsreifen Mittelentscheidungen kommt.

Eine solche Bildung von Zweck/Mittel-Ketten ist ein bewährtes Mittel der Problemverkleinerung[36] – im Grunde nichts anderes als eine mehrfache Wiederholung des analytischen Prozesses, den wir im ersten Kapitel erörtert haben, der gedanklichen Zerlegung eines einheitlich-kontinuierlichen Geschehens in zwei Stationen: Ursache und Wirkung, Mittel und Zweck. Diese beiden Faktoren kann der Mensch gut zugleich im Auge behalten – auch dann, wenn sie ihm nicht als feste Größen, sondern als Variable vorgegeben sind, die er auf Kombinationsmöglichkeiten hin zu analysieren hat. Damit sind die Grenzen der menschlichen Kapazität, komplexe Sachverhalte zu erfassen und bewußter Entscheidung zuzuführen, aber auch erreicht[37]. Mehrgliedrige Variationszusammenhänge kann er nicht mehr in all ihren möglichen Konstellationen zugleich überblicken. Er muß sie zerlegen – entweder in ein *Nacheinander* eigener Denkschritte, wobei er sich durch eigene Zwischenentscheidungen, die in der Folge nicht mehr in Frage gezogen werden, feste Anhaltspunkte schafft; oder durch Verteilung im Rahmen eines sozialen *Kooperationssystems,* in dem mehrere Teilnehmer simultan oder nacheinander zusammenwirken, jeder einen Teilbetrag anfertigend und dabei die Beiträge der anderen als Daten voraussetzend.

Für die letztgenannten Fälle, für die soziale Kooperation an der Verwirklichung von Zwecken als Systemoutput, gewinnt die Zweckprogrammierung ihre eigentliche Bedeutung. Denn bei rein privatem, einzelgängerischem Entscheiden mag es unbedenklich sein, Problemstellungen und bereits erreichte Teilergebnisse im Lichte späterer Einfälle zu modifizieren[38]; beim sozial-kooperativen Entscheiden ist dagegen ein solches Umstoßen der gemeinsamen Problemdefinitionen schwieriger zu bewerkstelligen. Es kann nicht

36 Siehe etwa die Darstellungen bei *Linhardt,* aaO, S. 109 ff.; *Simon,* aaO, 1955 a, S. 45 u. ö., oder bei *Litterer,* aaO, S. 139 ff.

37 Vgl. dazu bereits oben S. 30 ff.

38 Vgl. hierzu den Bericht und die Analyse des Entscheidungsprozesses bei der Komposition einer Fuge von *Reitman,* aaO, insb. S. 307.

von dem Einzelnen allein vollzogen werden, dem der glänzende Einfall gekommen ist. Sozial-kooperatives Entscheiden erfordert daher, sobald eine gewisse Schwelle der Komplexität überschritten wird, bis zu der noch alle sich über alles sofort verständigen können, daß Probleme nicht nur als Probleme, sondern in der verfestigten Form eines Entscheidungsprogramms den Entscheidungsprozeß strukturieren.

Wenn ein Zweckprogramm nicht nur einen Zweck als Problem und einige zusätzliche Entscheidungsregeln enthält, sondern Zweck/Mittel-Ketten festlegt, wollen wir (im Unterschied zur soeben behandelten »Mehrstufigkeit« eines Programms) von *mehrgliedrigen Zweckprogrammen* sprechen. Jedes einzelne Glied des Programms kann dabei durchaus mehrstufiges Entscheiden vorsehen, doch das Zusammenspiel dieser beiden Strukturmerkmale ist derart komplex, daß wir ihm hier im einzelnen nicht nachgehen können.

Mehrgliedrige Zweckprogramme weisen vor allem einen wichtigen Vorteil auf, den man nur auf dem Boden der Systemtheorie begreifen und darstellen kann. Sie beschleunigen die Anpassung komplexer Systeme an Änderungen ihrer Umwelt. Einzelne ihrer Glieder können nämlich isoliert gesehen und geändert werden, ohne daß das Gesamtprogramm jeweils von Grund auf neu durchdacht und ausbalanciert werden müßte. Man kann an spezifischer Stelle ein Mittel für einen Unterzweck durch ein anderes, funktional äquivalentes Mittel ersetzen. Dessen funktionale Äquivalenz garantiert dann, daß mit Ausnahme der Untermittel dieses Mittels im Gesamtprogramm sonst nichts geändert zu werden braucht; die Änderung gewährleistet durch ihre Form als Substitution die Kontinuität des Ganzen. So schwerfällig Zweckprogramme sein mögen, wenn man sie ausarbeiten muß, so elastisch sind sie dadurch, daß ihre Teilstücke unabhängig voneinander variabel sind. Außerdem bewirkt das hohe Maß an Spezifikation in den Einzelheiten, daß Störungen, Fehler oder

Auswirkungen von Umweltänderungen sich im System leicht lokalisieren und erkennen lassen. Auch das ermöglicht ein rasches Reagieren. Die Erhöhung der Pflegesätze in Heimen der Jugendfürsorge, die durch Preissteigerungen notwendig wird, kann rasch und treffsicher angeordnet werden. Mögen die Verhandlungen mit dem Finanzminister sich auch eine Weile hinziehen, so braucht doch jedenfalls in diesem Zusammenhang die Frage nach Sinn und Zweck der Heimerziehung Jugendlicher nicht neu durchdacht und entschieden werden. Und umgekehrt können Planungen des Erziehungsstils oder Umdispositionen in bezug auf die Art der Jugendlichen oder die rechtlichen Voraussetzungen ihrer Einweisung sich auf eine vorhandene Heimkapazität stützen, ohne daß deren wirtschaftlicher Unterbau mitproblematisiert werden müßte. In begrenztem Umfange können sowohl Zwecke gegen die Variationen ihrer Mittel als auch Mittel gegen die Variation ihrer Zwecke immunisiert werden.

Durch Einbau solcher Indifferenzen in Zweckprogramme werden Anpassungszeiten in einer Weise verkürzt, daß wirklich kritische Situationen seltener werden. Und zugleich wird ein hohes Maß an Verfeinerung der Umweltanpassung erreicht, da nicht jede spezielle Art der Anpassung jede andere involviert. Auch diese Verfeinerung trägt dazu bei, Krisen, die aufs Ganze gehen, zu vermeiden. Tragender Grund für diese innere Elastizität, die man selbst in hochkomplexen Zweck/Mittel-Strukturen findet, ist deren funktionale Konzeption, die auf ein begrenztes Reservoir unschädlicher Austauschmöglichkeiten hinausläuft. Dieser Vorteil ist aber nur dadurch erreichbar, daß die Kette insgesamt nicht aus »bloßen Mitteln« besteht, sondern vielmehr diese Mittel als Unterzwecke, also als heuristische Prinzipien für die Entdeckung und Rechtfertigung neuer Mittel aufgefaßt und behandelt werden. Der Vorteil der Elastizität ist mithin bedingt und wird bezahlt durch jenen Mangel an Koordination, den wir unter dem Gesichtspunkt der

Relativität der Zweck/Mittel-Charakterisierungen bzw. der Zweck/Mittel-Verschiebung kennengelernt haben. Diese Erwägung lehrt erneut, daß jener Relativismus eigentlich kein Mangel ist, der zu beklagen wäre, sondern im Gegenteil ein wichtiges Steuerungsprinzip komplexer Systeme.

Ein weiterer Aspekt solcher Zweck/Mittel-Ketten besteht darin, daß sie im Unterschied zur einfachen Zweckhandlung eine arbeitsteilige Differenzierung von Planung und Ausführung ermöglichen[39].

Mehrgliedrige Programme zeichnen sich dadurch aus, daß im Programm selbst Zweck/Mittel-Entscheidungen getroffen werden müssen. Sie werden aus dem Entscheidungsprozeß herausgezogen und abstrakt vorentschieden. Dies geschieht in der Weise, daß der Programmplaner sich an die Stelle des Entscheidenden setzt, den als Output des Systems in Aussicht genommenen Endzweck problematisiert und Mittel dafür sucht. Im Programm werden dann die Mittel zu Unterzwecken gemacht, sehr oft auch deren Mittel noch ermittelt und in Unterzwecke transformiert usw., bis Unterzwecke erreicht sind, die so gut strukturiert sind, daß sie dem Handelnden mit einem tragbaren Problemgepäck unmittelbar als Zweck überantwortet werden können. Dabei werden zugleich die Bedingungen festgelegt und als Entscheidungsprämissen verbindlich gemacht, unter denen es verantwortet werden kann, einem Untersystem Mittel als Zwecke zu übertragen.

Das Problem dieser Programmierung kennen wir aus dem zweiten Abschnitt: die Regelung der Bedingungen, unter denen eine solche Zweck/Mittel-Transformation ohne Schädigung wesentlicher Systeminteressen gestattet werden kann. Die Ansatzmöglichkeiten für solche Transformationsregeln haben wir soeben erörtert: die Fixierung der Unterzwecke in ihren kausalen Komponenten und die Beifügung von Nebenbestimmungen, seien es zusätzliche Se-

39 Auf eine weitere Differenzierung, nämlich die von Planung und Kontrolle, kommen wir im letzten Abschnitt dieses Kapitels zurück.

lektionsregeln für den Fall, daß sich mehrere Handlungsmöglichkeiten ergeben, seien es Bedingungen, die das Handeln auslösen bzw. blockieren sollen. Durch solche Programmierung wird der Opportunismus reinen Zweckstrebens abgemildert, der Zweck wird generalisierbar gemacht und in Systemzusammenhänge integriert.
Nebenbestimmungen können arbeitsplatzspezifisch ausgestattet sein – man denke an die Regelung der Unterschriftsbefugnisse bestimmter Stellen. Sie können für ganze Zweck/Mittel-Ketten gelten, können, wie zum Beispiel Kompetenzordnungen oder Arbeitszeitregelungen, sich auf ganze Arbeitssysteme erstrecken oder schließlich sogar, wie die Masse der allgemeinen Rechtsvorschriften, universelle Verbindlichkeit für jedermann in entsprechender Situation beanspruchen. Zweckprogramme bestehen mithin aus sehr verschiedenartigen Entscheidungsprämissen, die sich zudem im Ausmaß ihrer Generalisierung unterscheiden. Sie sind teils formuliert, teils selbstverständlich, teils durch das Zweckprogramm selbst verbindlich gemacht, so daß sie nur in seinem Rahmen gelten, teils anderswo festgesetzt und im Programm vorausgesetzt. Diese Prämissen dienen zugleich als Problemdefinition und als Plan für das Vorgehen bei der Problemlösung. Sie strukturieren das Feld der Entscheidungsmöglichkeiten, aber sie enthalten nicht die Entscheidung selbst, die immer noch in einem zu bestimmenden Zeitpunkt getroffen werden muß, auch wenn es bei sehr detailliert ausgearbeiteten Programmen so aussehen mag, als ob »gar nichts mehr zu entscheiden ist«.
Mehrgliedrige Programmierung ist demnach sehr viel komplexer, als es auf den ersten Blick erscheinen mag. Einfache graphische Skizzen von Zweck/Mittel-Ketten täuschen darüber oft hinweg. Diese Skizzen haben außerdem den Nachteil, daß sie ein »objektives« Schema vortäuschen, das für alle Teilnehmer dasselbe ist. Diese Objektivität ist jedoch, wie wir gesehen haben, in der Zweck/Mittel-Kette nicht ohne weiteres gegeben. Sie kann nur durch das Pro-

gramm selbst und nur partiell verwirklicht werden. Trotz Zweckprogrammierung bleiben System und Untersysteme strukturell geschieden, Zweck und Unterzwecke verschiedene Werturteile. Daher muß man sich vor einer naheliegenden Verwechselung hüten: Die im Programm festgelegte Kette von Zwecken und Mitteln darf nicht mit der Kette der Entscheidungssituationen des programmierten Prozesses identifiziert werden. Und umgekehrt ist das Programm keineswegs ein gedankliches Abbild des programmierten Prozesses. Das Programm ist vielmehr selbst ein Komplex von Entscheidungen – Entscheidungen in einer anderen Situation, mit anderer Problemkomplexität und anderen Erleichterungen als die programmierten Entscheidungen sie aufweisen[40]. Das Programm abstrahiert vom Zeitablauf, in dem das programmierte Entscheiden stattfindet, wenn es auch die Zeit als Planungsschema verwendet. Die Zeit der Herstellung der Programmentscheidung muß daher von der Zeit unterschieden werden, die das programmierte Handeln verbraucht. Der Übergang wird durch das zeitlos-festgestellte Programm vermittelt. Und diese Differenzierung der Zeit wiederholt sich in der Verschiedenheit der Problemsicht, wobei das programmierende Entscheiden sowohl die eigene als auch die Problematik des programmierten Entscheidens berücksichtigen muß, insofern also doppeltkomplex ist. Nur durch die Verschiedenartigkeit der Entscheidungssituationen von programmierendem und programmiertem Handeln ergibt sich ein wechselseitiger Entlastungseffekt; nur so kommen Vorteile der Arbeitsteilung zustande und nur dadurch kann ein System sein Fassungsvermögen für Komplexität steigern.

Am besten läßt sich dieser bedeutsame Unterschied von

40 Vgl. dazu auch *Simon,* aaO, 1964, S. 17 f. Siehe ferner die besonders zugespitzte Kontrastierung von programmierendem und programmiertem Handeln bei *dems.,* Recent Advances in Organization Theory. In: Research Frontiers in Politics and Government, Washington 1955, S. 23–44. Simon hat bei seinen Ausführungen allerdings Konditionalprogramme, nicht Zweckprogramme, vor Augen.

Programm und Entscheidungsprozeß am Beispiel der Fließbandproduktion veranschaulichen. Deren Programmierung geht vom komplexen Produkt aus, behandelt es in vollem Umfang als problematisch (als zu bewirkende Wirkung) und zerlegt es gedanklich in Teile und Teile von Teilen, deren Herstellung Mittel zum Zweck ist. Dann werden die nötigen Mittel gesucht, als Unterzwecke mit mehr oder weniger offenem Verhaltensspielraum in das Programm eingesetzt und zeitlich kombiniert. Die Programmplanung ordnet *ihre* Situation also durch die Gesamtkomplexität des Endproduktes und entlastet sich von den Detailentscheidungen seiner Herstellung, indem sie stets bei Unterzwecken aufhört, also niemals Mittel festlegt, die nicht als Zweck aufgefaßt werden können (denn das hieße selbst handeln). Die Programmplanung sieht den Gesamtprozeß der Herstellung als zunehmend komplexer werdendes Produkt, als Zusammenwachsen dessen, was sie in entgegengesetzter Blickrichtung analysiert hatte.

Ganz anders ist die Perspektive des im programmierten Prozeß Entscheidenden und Handelnden. Für ihn hat seine Teilaufgabe eine ziemlich gleichmäßige Komplexität, gleichgültig, ob er am Anfang oder am Ende des Fließbandes steht. Nie ist das Produkt in voller Komplexität sein Zweck, – wenn er die ersten Bauelemente herankarrt ebensowenig wie wenn er dem fertigen Produkt den letzten Schliff gibt, es verpackt oder es am Lager abliefert. Diese letzte Handreichung des Entscheidungs- oder Fertigungsprozesses ist daher keineswegs die Koordination der dem Zweck am nächsten stehenden Untermittel, so wie es im Zweckprogramm aussieht, wenn man es als Zweck/Mittel-Kette darstellt.

Diese Überlegungen erklären auch, weshalb die modernen Netzplantechniken wie PERT (Program Evaluation and Review Technique), CPM (Critical Path Method) und andere, die der Terminplanung und -kontrolle komplexer Projekte dienen[41], die Zweck/Mittel-Sprache nicht verwenden. Sie be-

41 Siehe als lehrbuchmäßige Darstellungen z. B. *Johnson u. a.*, aaO,

vorzugen eine rein zeitlich-kausale Terminologie, indem sie zum Beispiel von Ereignissen (events) sprechen, die durch Prozesse (Tätigkeiten, activities) verknüpft sind[42]. Obwohl es sich eindeutig um Zweckprogramme handelt und ein Zweck/Mittel-Denken sowohl bei der Ausarbeitung des Netzplanes als auch bei der Erfüllung der einzelnen Arbeitsaufträge vorausgesetzt wird, bevorzugt man zur Transformation von einer Entscheidungsebene in die andere, also zur Kommunikation der Entscheidungsprämissen, eine objektive Sprache, die jeder Teilnehmer nach Maßgabe seiner Zweckorientierung versteht.

Die Trennung der beiden Sichtweisen des programmierenden und des programmierten Entscheidens ist Voraussetzung für eine ausreichende Trennung horizontaler und vertikaler Entscheidungsbeziehungen. Die Verkennung dieses Unterschiedes hat mehr als alles andere dazu beigetragen, dem Hierarchiegedanken in der klassischen Organisationslehre jene beherrschende Stellung zu geben und die Erforschung der horizontalen Beziehungen zu blockieren[43]. Wenn der Programmaufbau als Entscheidungsprozeß mißdeutet wird, entsteht ganz konsequent die Vorstellung, die in Verwaltungsorganisationen heute noch spukt, daß der

1963, S. 247 ff., oder *Gutenberg*, aaO, 1965, S. 225 ff., und einen eingehenden Überblick bei *Peter Mertens*, Netzwerktechnik als Instrument der Planung. Zeitschrift für Betriebswirtschaft 34 (1964), S. 382–407, und bei *Karl Weber*, Planung mit der »Critical Path Method« (CPM), und *ders.*, Planung mit der »Program Evaluation and Review Technique« (PERT). Industrielle Organisation 32 (1963), S. 1–14 bzw. 35–50 mit ausführlichen Literaturhinweisen.

42 In der Fachsprache hat sich auch die der graphischen Darstellung abgelesene neutralere Terminologie »Knoten« und »Kanten« eingebürgert. Die einzelnen Netzplantechniken unterscheiden sich in der Art der Interpretation und der mathematischen Verwendung solcher Netzwerke. Siehe dazu auch *Robert Gerwin*, Die moderne Großprojektplanung. Frankfurter Allgemeine Zeitung vom 8. Juni 1965, S. 11.

43 Zu diesem vieldiskutierten Thema vgl. bereits oben S. 66 f., 81 ff. In der neueren Literatur wird zum Teil bereits bewußt darauf verzichtet, horizontalen und vertikalen Beziehungen eine einheitliche Konstruktion durch ein umfassendes Zweck/Mittel-Netz zu geben. Siehe z. B. *Mesarovic/Sanders/Sprague*, aaO, insb. S. 497.

eigentlich wichtige Arbeitsprozeß, der das System mit der Umwelt verbindet, von oben nach unten bzw. von unten nach oben verläuft, indem die Untergebenen auf Weisung des Vorgesetzten Mittel für dessen Zweck, dieser die Mittel für den Zweck seines Vorgesetzten beschafft usw., bis die Organisationsspitze erreicht ist, die das Gesamtprodukt verantwortet, an die Umwelt abliefert und im Grunde allein berechtigt ist, mit der Umwelt zu verkehren. Auch Vorstellungen wie die, daß derjenige, der einen formellen Bescheid oder auf Kassenanweisungen den Vermerk »sachlich richtig und festgestellt« unterzeichnet, damit nicht nur die formelle Verantwortlichkeit, sondern auch die Verantwortung für den Gesamtprozeß der vorangegangenen Informationsverdichtungen übernehme[44], haben hier ihren Ursprung.

Um die Vorteile wirklich auszunutzen, die sich aus Stilverschiedenheit und Trennbarkeit vertikaler und horizontaler, programmierender und programmierter Entscheidungsbeziehungen gewinnen lassen, ist es nötig, jene Verschmelzung von Programmaufbau und Entscheidungsfluß wenigstens gedanklich und prinzipiell aufzuheben. Dadurch erhält man die Freiheit, unabhängig von dem Programmschema, aber mit Rücksicht auf die programmierten Probleme zu entscheiden, ob und wann der Kommunikationsfluß, in dem die Entscheidungen ausgearbeitet werden, horizontal oder vertikal geleitet werden soll. Erst so ist es möglich, den Unterschied von horizontalen und vertikalen und, was nicht genau dasselbe ist, von programmierenden und programmierten Beziehungen bewußt als organisatorisches Mittel der Reduktion von Komplexität einzusetzen. Hinter dieser Trennung steht letztlich die Einsicht, daß Input/Output-Rationalisierung und die Unterscheidung mehrerer hierar-

44 Es ist bezeichnend genug, daß diese Auffassung überall dort Schiffbruch zu erleiden beginnt, wo im Zuge der beginnenden Verwaltungsautomation prozeßförmig durchorganisierte Entscheidungssequenzen auch in der Verwaltung Einzug halten. Siehe dazu näher *Luhmann*, aaO, 1966, S. 114 f.

chischer Ebenen der Generalisierung verschiedenartige Mittel der Reduktion von Komplexität sind, die je ihrem eigenen Sinn gemäß eingesetzt und dann aufeinander bezogen werden müssen. Sie ergibt dann ein Bild zugleich kooperativer und von Interferenzen möglichst entlastete Zusammenarbeit in horizontalen und vertikalen Beziehungen.

Fassen wir nunmehr die beiden Abschnitte zum Thema Programmaufbau, die infolge der Vielschichtigkeit ihrer Problematik unübersichtlich zu werden drohen, zusammen. Ihre Ergebnisse lassen sich auf einige wenige Aussagen reduzieren: Zweckprogramme setzen Systemzwecke fest und regulieren deren Transformation in Unterzwecke. Sie verbinden und integrieren die beteiligten Untersysteme dadurch, daß sie deren jeweilige Outputs in vorgestellter Kausalität aufeinander beziehen und die Werturteile, die in den verschiedenen Untersystemzwecken impliziert sind, koordinieren. Dies geschieht nicht durch Aufstellung einer gemeinsamen transitiven Wertordnung, sondern durch überlegte Fixierung bestimmter Entscheidungsprämissen, die teils generell, teils für das Gesamtprogramm, teils nur für einzelne Stationen des Entscheidungsprozesses gelten. Dadurch werden die an sich denkbaren Problemlösungen Zulassungsbeschränkungen unterworfen. Diese Einzwängungen nehmen zu in dem Maße, als das Programm vom Zweck aus in Richtung auf die Mittel, auf deren Mittel usw., durchgearbeitet wird. Damit werden zugleich entlastete, gut definierte und isoliert variierbare Entscheidungssituationen erarbeitet. Die Anknüpfungspunkte solcher Prämissen finden sich auf Grund der allgemeinen Kausalauslegung des Handelns teils im Bereich der Wirkungen, teils im Bereich der Ursachen des Handelns, wobei die Vielzahl der Kausalfaktoren auf beiden Seiten durch das Programm teils neutralisiert, teils mit einer spezifisch-funktionalen Relevanz ausgestattet wird, die den Prozeß der Selektion brauchbarer (kaum aber optimaler) Entscheidungen steuert. Alle Komponenten des Programms sind durch Entscheidungen in Kraft gesetzt und daher variabel. Für den, der nach Maßgabe des Programms entscheiden soll, sind sie jedoch bis auf Widerruf verbindlich, weil er nur so durch das Programm von übermäßiger Komplexität entlastet werden kann.

5. Programmaufbau: Zeitliche Ordnung

Beiläufig haben wir bereits an verschiedenen Stellen der vorangegangenen Untersuchungen dem Umstand Rechnung getragen, daß die Differenz von Zweck und Mittel nicht nur ein sachlicher (kausaler und wertungsmäßiger) Unterschied ist, sondern zugleich auch eine Zeitdifferenz[45]. Auch in der Fachliteratur wird diese Tatsache vielfach hervorgehoben[46]. Sie hat Anlaß zu recht verschiedenartigen Interpretationen gegeben, ohne daß es bisher gelungen wäre, das Verhältnis von Sachdimension und Zeitdimension in vollem Umfange zu klären. Eine solche Klärung wäre vermutlich durch phänomenologische Analysen des Prozesses der Konstitution von Sinn zu erreichen, in die wir uns hier nicht vertiefen können. Einige grundsätzliche Bemerkungen sind jedoch nicht zu umgehen, wenn wir ein Urteil darüber gewinnen wollen, welchen Sinn es haben kann, den Zweck des Handelns in die Zukunft hinauszuschieben, ihn also in eine Zeitdistanz zur Gegenwart zu bringen und so auf unmittelbare Wunscherfüllung zu verzichten.

Der Vorteil einer solchen Vertagung beruht darauf, daß Sachdimension und Zeitdimension des Erlebens unterschieden und gegeneinander relativ invariant gesetzt werden

45 Vgl. insb. oben S. 51 f.

46 Siehe als Beispiele für den gedanklichen und fachlichen Streuungsbereich solcher Äußerungen *Dewey*, aaO, 1922, besonders das Kapitel »Present and Future«; *Parsons*, aaO, 1949, S. 45, 732 f., 762 f., und *ders.*, aaO, 1951, S. 91 f.; *Paulsen*, aaO, insb. S. 38 ff.; *Simon*, aaO, 1955 a, S. 46 f.; *Thornton B. Roby*, Subtask Phasing in Small Groups. In: *Joan H. Criswell/Herbert Solomon/Patrick Suppes* (Hrsg.), Mathematical Methods in Small Group Processes, Stanford/Cal. 1962, S. 263–281; *Greniewski*, aaO, S. 770 ff.

können. Wenn die Zeit weiterläuft, ändert das nicht notwendig im gleichen Rhythmus alle Gegenstände, so wie auch ein Konstantbleiben oder ein Wandel einzelner Gegenstände nicht notwendig die Zeit stoppt oder beschleunigt. Die sachlichen Qualitäten meines Erlebens liegen infolge dieser Invarianz und meiner eigenen Beweglichkeit zeitpunktmäßig nicht fest. Ich kann meinen Wagen, meinen Federhalter, meine Uhr in diesem oder einem anderen Zeitpunkt sehen und benutzen und in einer Reihenfolge, über die ich unter zeitunabhängigen Gesichtspunkten der »Zweckmäßigkeit« entscheiden kann. Die Dinge sind zeitpunktunabhängig und von der Zeitbewegung unabhängig (nicht aber schlechthin zeitlos) konstituiert[47]. Die Begrenztheit meines Erlebnispotentials und die räumliche Entfaltung der Sachwelt schreiben mir lediglich ein Nacheinander überhaupt vor – ich kann nicht alles zugleich erleben – und erlegen mir einen mehr oder weniger großen Zeitverbrauch beim Übergang von einem zum anderen Erlebnisthema auf.

In einer solchen, Sachdimension und Zeitschema differenzierenden Ordnung wird es möglich, Erlebnisse und Wunscherfüllungen hinauszuschieben und das Erlebens- und Handelnspotential der Zwischenzeit auszunutzen, um den in Aussicht genommenen Zustand herbeizuführen oder sich darauf vorzubereiten. In der Zwischenzeit kann man dann Dinge nacheinander tun, die man nicht zugleich tun könnte. Die Vertagung der Befriedigung ermöglicht die Auflösung einiger (natürlich nicht aller) widerspruchsvoller Handelnsanforderungen in ein Nacheinander. Der so erreichbare, nach vielen Richtungen hin diskutierte Rationali-

47 Zu den *sozialen* Voraussetzungen dieser Konstitution, insbesondere der Existenz eines »gleichzeitig« lebenden Alter ego, vgl. grundlegend *Edmund Husserl*, aaO, 1950 b, S. 145 ff., und *ders.*, Die Krisis der europäischen Wissenschaften und die transzendentale Phänomenologie. Husserliana Bd. VI, Den Haag 1954, S. 185 ff., 415 ff.; *Schütz*, aaO, insb. S. 186 ff. und eine Reihe von Aufsätzen desselben Autors in: *Schutz* aaO, 1962/66.

tätsgewinn[48] kann in der hier benutzten Begriffssprache als Steigerung des Potentials für Komplexität beschrieben werden.

Schon in die Perspektive der Einzelhandlung kann mehr Komplexität aufgenommen werden, wenn die Handlung sich an entfernteren Zielen orientiert. Dieser Gewinn durch lange Handlungsketten steht normalerweise im Mittelpunkt der Rationalitätsdiskussion[49]. Aber erst in der Systemperspektive läßt sich eigentlich klären, wie er zustandekommt und wie er genutzt werden kann. Gegenüber der einfachen Handlungsperspektive bringt die Systemperspektive vor allem zwei zusätzliche Gesichtspunkte ins Treffen.

Einmal ermöglicht die Analyse von System/Umwelt-Beziehungen eine kritische Stellungnahme in der Frage, wieviel Zeit ein System überhaupt *hat;* das heißt ob es sich ein Abwarten bis zum Eintreffen entfernter Wirkungen überhaupt leisten kann oder seine Beziehungen zur Umwelt zeitlich so gespannt sind, daß das System stets mit kurzgesetzten Zielen rasch reagieren muß, weil die Umwelt zu stark fluktuiert oder weil das System so stark am Rande des Abgrunds lebt, daß es keinerlei Rückschläge verkraften kann. Nicht immer ist danach langfristiges Planen rational. Es muß mit der zeitlichen Interdependenz zwischen System und Umwelt abgestimmt sein und kann, wenn es ohne Rücksicht auf umweltdiktierte Dringlichkeit erfolgt, zur Ka-

48 Die soziologische Forschung hat sich bisher vor allem für eine Korrelierung von Weite des Zeithorizontes und sozialer Klasse bzw. Status in Organisationen interessiert. Vgl. z. B. *Murray A. Straus,* Deferred Gratification, Social Class, and the Achievement Syndrome. American Sociological Review 27 (1962), S. 326–335; *Louis Schneider/ Sverre Lysgaard,* The Deferred Gratification Pattern. A Preliminary Study. American Sociological Review 18 (1953), S. 142–149; *Elliot Jaques,* Measurement of Responsibility, London 1956. Siehe ferner *Norbert Elias,* Problems of Involvement and Detachment. The British Journal of Sociology 7 (1956), S. 226–252.

49 Vgl. hierzu kritisch *Dieter Claessens,* Rationalität revidiert. Kölner Zeitschrift für Soziologie und Sozialpsychologie 17 (1965), S. 465–476. Neu gedruckt in *ders.,* Angst, Furcht und gesellschaftlicher Druck, und andere Aufsätze, Dortmund 1966, S. 116–124.

tastrophe führen. Das »Haben« von Zeit im Sinne einer zeitlich begrenzten Freiheit zur Wahl des Zeitpunktes für die Verwirklichung eigener Zwecke ist eine wesentliche Voraussetzung für ein rationales »Sparen« von Zeit im Sinne einer zeitgünstigen Anordnung von Mitteln. Die Vorstellung des »Habens« von knapper Zeit und des Verfügenkönnens über Zeit ist eine systeminterne vereinfachte Deutung der Umweltlage des Systems, in der die Wahrscheinlichkeit störender Umweltereignisse und die Verfügbarkeit eigener Ressourcen pauschal berücksichtigt werden. Die Weltzeit selbst mit ihrer Zwangsläufigkeit ist natürlich nicht etwas, was man haben oder nicht haben kann. Das systeminterne Rechnen mit knapper Zeit setzt eine bestimmte Auslegung dieser Weltzeit als objektive Zeit voraus und außerdem, daß die Ansprüche der Umwelt an bestimmte Zeiteinheiten nicht unvorhersehbar-zufällig das System überraschen, sondern nach erwartbaren Zeitinteressen anderer Systeme erfolgen. Zugleich macht die fortschreitende soziale Differenzierung ein solches Rechnen mit systemrelativ verknappter Zeit als einem verfügbaren Gut notwendig[50].

Zum anderen erlaubt die Systemperspektive, die Zeitprobleme beim Hintereinander- und Nebeneinanderordnen von Mitteln nach der Innen/Außen-Differenz zu unterscheiden und in Rücksicht auf diesen Unterschied zu planen. Es gibt Einsatzzeitpunkte oder Einsatzfolgen für Mittel, die aus *externen* Gründen für das System festliegen: Der Zug fährt nur um 17.36 Uhr; die Teilvorgänge eines chemischen Produktionsprozesses brauchen je ihre Zeit und lassen sich nur in bestimmter Reihenfolge abwickeln. Andere Einsatzzeitpunkte bzw. -folgen sind für das System dagegen disponibel, so vor allem solche, die sich aus *internen* Interdependenzen der verschiedenen Systemprozesse ergeben und

50 Siehe dazu auch den Begriff des local time systems bei *Pitirim A. Sorokin/Robert K. Merton,* Social Time. A Methodological and Functional Analysis. The American Journal of Sociology 42 (1937), S. 615–629.

gleichsam »Verabredungen« im System darstellen[51]. Es gibt für das System mithin zeitlich plastische Umwelten, die ein hohes Maß an Zeitdisposition erlauben und andererseits Umwelten mit einer Eigendynamik, der sich das System anpassen muß, wenn überhaupt sinnvolle Kausalprozesse zwischen System und Umwelt zustandekommen sollen[52]. Zeitplastische Umwelten geben dem System mehr Möglichkeiten, seine internen Probleme durch ein zeitliches Arrangement zu lösen, als dynamische Umwelten, die das System mit fremdbestimmten Zeitpunkten eindecken und ihm einen Zeitplan und damit ein Tempo vorschreiben, das nicht sein eigenes ist.

Die Art der Verzahnung fremder und eigener Zeitbestimmungen hängt vor allem von dem gewählten Zweck ab und ist mit ihm variierbar. Außerdem ergeben sich bei willkürlich fremdbestimmten Zeitplänen Variationsmöglichkeiten durch Einsatz von Geld oder Macht. Ein System, das über diese generalisierten Medien der Problemlösung verfügt, kann sie benutzen, um die Herrschaft über die Zeitdisposition, sei es zu bezahlen, sei es zu erzwingen[53]. Man kann deshalb auch sagen, daß in dynamischen Umwelten ein System relativ mehr Macht bzw. Geld braucht

51 Dabei ist allerdings zu beachten, daß mit zunehmenden Interdependenzen im System und mit zunehmenden Anforderungen an das Handlungstempo auch die Disposition über solche internen Zeitbindungen schwieriger und mit Kosten belastet wird. Das folgt daraus, daß das System seine »interne Zeit« zur Lösung von Sachproblemen der Koordination interdependenten Handelns benutzt und diesen Zeiteinsatz nicht wieder rückgängig machen kann, ohne jene Probleme erneut offenzulegen. Jede Zeitfestlegung *einer* Handlung im System, ob freiwillig oder unfreiwillig, überträgt sich als Bindung an diesen Zeitpunkt auf andere Handlungen, die mit jener zu koordinieren sind und hat dadurch einen Lawineneffekt, der bei rationaler Zeitplanung im voraus durchkalkuliert werden muß.

52 Vgl. zu dieser Unterscheidung auch *Roby*, aaO, S. 266. Manche Hinweise zur begrenzten Flexibilität der Zeitverwendung finden sich auch bei *Wilbert E. Moore*, Man, Time, and Society, New York-London 1963, insb. S. 91 f.

53 Viele Klagen über die Langsamkeit der Bürokratien gehen hauptsächlich darauf zurück, daß Bürokratien, um intern rational

(und verbraucht), um rational planen zu können; oder unter anderem Blickwinkel gesehen, daß die »natürliche« Herrschaft über die Zeitbestimmung einen Machtvorteil bedeutet, den man sich abtauschen oder abkämpfen lassen kann.

Alles in allem gibt es also mehrere Arten der Zeitbelastung von Zweckprogrammen: invariante Fremdbestimmung; eintauschbare oder erzwingbare Selbstbestimmung; Selbstbestimmung, die dem System von der Umwelt zwar zugestanden ist, die aber durch anderweitige Verwendung der Zeit im System mit »internen Kosten« belastet ist, und freie Selbstbestimmung. In diesen Unterschieden spiegeln sich verschiedene Abstufungen der Umweltabhängigkeit bzw. Autonomie des Systems in seiner Zeitplanung wider. Dazu kommt, daß Abhängigkeiten sich auf Zwecke wie auf Mittel, auf Zeitpunkte wie auf Reihenfolgen in der Zeit beziehen können. Berücksichtigt man ferner, daß in Sozialsystemen vielfach die Wahl besteht, ob Prozesse, die als Mittel für entferntere Zwecke dienen, parallel oder nacheinander ablaufen, dann wird verständlich, wie kompliziert die Probleme und möglichen Konstellationen sind, denen sich die moderne Planung der Zeitstruktur von Zweckprogrammen gegenübersieht.

arbeiten zu können, nach einem selbstbestimmten Zeitplan arbeiten, der für die Abstimmung und Abwicklung interner Prozesse ausreichend Zeit vorsieht und dem kürzeren Zeithorizont ihrer einfacher organisierten Umweltpartner nicht Rechnung trägt. Vgl. dazu etwa *Alvin W. Gouldner,* Red Tape as a Social Problem. In: *Robert K. Merton/Ailsa P. Grey/Barbara Hockey/Hanan C. Selvin* (Hrsg.), Reader in Bureaucracy, Glencoe/Ill. 1952, S. 410 bis 418 (415 f.); *Luiçio Mendieta y Núñez,* Sociologia de la Burocracia, Mexico 1961, S. 127 f.; *Robert Dubin,* Business Behavior *Behaviorally* Viewed. In: *Argyris u. a.,* aaO, 1962, S. 11–55 (30 ff.).
Ein anderes Beispiel: Mit der Gewährung eines hohen Status ist zumeist das Recht verbunden, über den Zeitpunkt der Kontakte mit Untergeordneten zu disponieren. Der eigene Zeitplan des Statusträgers genießt Priorität, und das erlaubt ihm eine rationellere Gestaltung seines Tagesablaufs, der vermutlich wichtiger und stärker mit Terminen belastet ist als bei Personen niedrigeren Ranges.

Erste Erfahrungen darüber liegen mit der Netzplantechnik vor[54]. Sie gibt ein Beispiel für die Rationalisierung jener unmittelbar oder mittelbar *externen* Zeitbindungen des Handelns durch eine *interne* Kalkulation. Diese interne Rechnung kann wegen der Verflechtungen von Sachdimension und Zeitschema nicht als eine reine Zeitrechnung aufgezogen werden[55] in dem Sinne, daß die Zeit als Nenner des Vergleichs der einzelnen Handlungen diente und die bei gleichem Ergebnis schnellste jeweils die beste wäre. Denn Zeit ist im System *nicht gleichmäßig knapp*. Vielmehr gibt es bei Parallellauf und Koordiniation verschiedener Prozesse im Rahmen eines Zweckprogramms stets Engpässe, an denen sich Investitionen auswirken, welche die Prozesse beschleunigen oder der Umwelt andere Zeitdispositionen abkaufen, und andererseits zeitlich elastische Wege, für die es in gewissen Grenzen gleichgültig ist, wieviel Zeit sie brauchen, so daß hier umgekehrt an Sachmitteln, Aufmerksamkeit und Eifer gespart werden kann.
Ein Überblick über die Verteilung von Zeitknappheiten und Zeitelastizitäten im System kann nur an zentraler Stelle gewonnen werden. Das macht es notwendig, dem einzelnen Handelnden, wenn man die Zeitplanung rationalisieren will, die Verfügung über Zeitpunkte und Reihenfolge seines Handelns insoweit zu entziehen und diese Fragen zentral, das heißt im Entscheidungsprogramm, mitzuregeln. Dieses Programm wird als Zweckprogramm dann nicht nur Kausalbeziehungen und Wertrelationen allgemein fixieren, sondern muß das Handeln zugleich terminieren. Dadurch wächst das Komplexitätspotential des Systems, aber auch

54 Siehe die Literaturhinweise oben Anm. 41. Zum Charakter dieser Technik als bloßer Terminplanung, die von vorgegebenen Zweck/Mittel-Beziehungen ausgeht, besonders deutlich *Knut Bleicher*, Organisation der Unternehmensplanung. In: *Klaus Agthe/Erich Schnaufer* (Hrsg.), Unternehmensplanung, Baden-Baden 1963, S. 121–161 (157 ff.).

55 Als einen Versuch, von der Zeit als Grundvariable der Systemrationalisierung auszugehen, vgl. *Chapple/Sayles*, aaO, S. 55 ff., 118 ff.

seine eigene Komplexität. Zu der sachlichen Komplexität kommt die ganz andersartige Komplexität in der Zeit dazu[55a]. Es werden Handlungen möglich, die nur unter der Voraussetzung sinnvoll sind, daß zur gleichen Zeit oder zu bestimmten anderen Zeiten im System anderes geschieht. Andererseits hat eine solche Terminplanung eine Reihe von dysfunktionalen Folgen, die man nur dadurch abmildern kann, daß man sie sich bewußtmacht und sie bei der Planung der Programme einkalkuliert.

Zum Beispiel wächst die *Störungsanfälligkeit,* und das System wird gerade durch die Autonomie der eigenen Zeitplanung in neuer Weise umweltabhängig. Eine Störung, eine Terminverschiebung, potenziert ihren Effekt infolge der zahlreichen Terminabhängigkeiten. Das belastet die Vorgesetzten mit der Verantwortung für improvisierte Ausnahmeregelungen und zahlreiche Teilprozesse mit kostspieligen Wartezeiten. Eine andere Folge programmierter Zeitplanung liegt in der *Verzerrung der Präferenzen,* die durch die Vordringlichkeit des Befristeten ausgelöst wird. Wenn immer diejenige Handlung bevorzugt vorgenommen werden muß, deren Termin bevorsteht, verliert im Gedränge der Termine die sachliche Wertordnung des Systems an Bedeutung[56]. Wie von selbst gewinnen dann die zeitlich bereits abgestimmten, kooperativen Handlungen die Vorhand vor individuellem, initiierendem Verhalten, die ohnehin bereits bedenkliche Tendenz der Bürokratie zur Erstickung individueller Initiative verstärkend. Außerdem steigen mit zunehmendem Termindruck die Anforderungen

55 a Siehe die Unterscheidung von complexity in form und complexity in time bei *J. W. S. Pringle,* On the Parallel between Learning and Evolution. Behaviour 3 (1951), S. 174–215.

56 Vgl. dazu die Schilderung des Arbeitsalltags eines höheren britischen Beamten bei *Harold E. Dale,* The Higher Civil Service of Great Britain, o. O. (London) 1941, S. 21 ff.; ferner *John M. Gaus/ Leon O. Wolcott,* Public Administration and the US Department of Agriculture, Chicago 1940, S. 68 f.; *Niklas Luhmann,* Die Knappheit der Zeit und die Vordringlichkeit des Befristeten. Die Verwaltung 1 (1968), S. 3–30.

an Bestimmtheit und Genauigkeit der Kommunikationen[57]. Das System muß eine eigene Sprache ausbilden. Suchprozesse müssen abgekürzt werden und die im System vorhandenen Informationen erhalten dadurch den Vorzug vor Informationen, die erst aus der Umwelt beschafft werden müssen. Neuartige Mitteilungen werden auch insofern zur unwillkommenen Ausnahme. Im ganzen wird es aus all diesen Gründen zunehmend sinnvoll, für den internen Verkehr im System die Zweckorientierung aufzugeben und zu konditionaler Programmierung überzugehen.

Das alles sind unbeabsichtigte Folgen der Terminplanung, die nicht durch die eine oder die andere Art von Zeitplan ausgelöst werden und sich daher bei einem Vergleich von verschiedenen Plänen auf Mindestwerte reduzieren ließen. Sie ergeben sich daraus, daß Zwecke und Mittel überhaupt zeitfest programmiert werden und müssen daher als Kosten des Übergangs zu einem andersartigen Typ von Organisations- und Entscheidungsplanung gesehen werden, die sich nur durch Vervollkommnung dieses Planungstyps, also durch komplexere Programmierung, abschwächen lassen. Außerdem müssen sie natürlich mitveranschlagt werden, wenn es um die Entscheidung der Grundfrage geht, ob ein System die Vorteile einer terminmäßigen Planung von Zweck/Mittel-Beziehungen aufgreifen oder lieber mit zeitoffenen Zweckprogrammen arbeiten soll.

6. Probleme und Problemlösungen

Zwecke sind Probleme, die eine mehr oder weniger bestimmte Fassung als zu erstrebende Wirkung erhalten haben. Zweck/Mittel-Ketten dienen der Präzisierung und Verkleinerung solcher Probleme. In bezug auf diese Trans-

57 Eine Korrelation von Häufigkeit der Kommunikationen und Bestimmtheit der sie steuernden Programme vermutet *Jürgen Pietzsch,* Die Information in der industriellen Unternehmung. Grundzüge einer Organisationstheorie für elektronische Datenverarbeitung, Köln-Opladen 1964, S. 50 f.

formationsproblematik hatten wir Funktion und Struktur der Zweckprogramme erörtert. Dabei hatte sich herausgestellt, daß diese Programme ein relativ generelles und daher selbst noch relativ problemreiches Steuerungsmittel sind. Sie können das Entscheiden nicht ersetzen. Sie werden in anderen Situationen, auf einer Ebene höherer Komplexität, ausgearbeitet. Sie absorbieren diese Komplexität nur zum Teil und geben sie dann an das programmierte Entscheiden weiter. Und das ist nicht etwa als ein Mangel des Programms zu verstehen, sondern als eine Technik arbeitsteiliger Problembearbeitung. Nur so können sehr komplexe Probleme überhaupt entscheidungsreif gemacht werden.

Wir wollen nunmehr diesen Prozeß arbeitsteiliger Problemverkleinerung näher erläutern durch die Unterscheidung von permanenten und lösbaren Problemen. Die Problemverkleinerung, die durch Zweckprogrammierung gesteuert wird, hat den Sinn, in zwei oder mehr Stufen permanente Probleme in lösbare Probleme umzuarbeiten. Die permanente Problematik des Systembestandes wird dadurch zwar nicht aufgehoben; ihr wird aber doch durch laufende Lösung stellvertretender Probleme weitgehend Rechnung getragen.

Es ist üblich, diejenigen Wissenschaften, die sich um Organisationen menschlichen Handelns bemühen, in deskriptive (empirische, erklärende) und präskriptive (normative, rationale) Disziplinen einzuteilen[58].

Die empirischen Disziplinen, zum Beispiel die Soziologie, arbeiten, sofern sie sich der Systemtheorie bedienen, mit der Vorstellung permanenter Probleme, die einem System aufgegeben sind, wenn und solange es sich in einer komplexen Welt zu erhalten sucht[59]. Bestandserhaltung ist und bleibt ungewiß und problematisch. Auch wenn ein System

58 Vgl. dazu und zur Notwendigkeit einer Synthese *Luhmann*, aaO, 1966 b. Wir kommen zum Schluß auf dieses Thema zurück.

59 Dazu einige weitere Bemerkungen im Zusammenhang von *Luhmann*, aaO, 1964 d, S. 1–25 (14).

dieses Problem von Augenblick zu Augenblick zu bewältigen vermag, wird es die Problematik damit nicht los. Sie ist in der Spannung von Sein und Zeit verwurzelt, und nur der Lauf der Zeit kann Systemprobleme definitiv beseitigen, indem er sie durch Überweisung in die Vergangenheit jeder Behandlung entzieht.

Demgegenüber drängen die präskriptiven Disziplinen anscheinend dahin, Entscheidungstheorien zu werden, die Kalkülmodelle für die Lösung von Problemen ausarbeiten. Ihre Sprache kennt überhaupt keine echten Probleme, wenngleich in zunehmendem Maße von »problem solving« die Rede ist; denn sie gibt die Lösungsmöglichkeiten von Problemen an und kann deshalb nicht zugleich ein Problem als problematisch (= ungelöst) voraussetzen, ohne sich selbst zu widersprechen.[60] Sie abstrahieren deshalb auch von der Zeit insofern, als sie außer acht lassen, daß die Zeit alle Probleme definitiv löst.

Man kann Systemtheorien und Entscheidungstheorien mit ihren unterschiedlichen Problembegriffen nebeneinander entwickeln und nebeneinander stehen lassen, so wie es derzeit mit deskriptiven und präskriptiven Forschungsansätzen geschieht. Dann braucht man sich an der Unvereinbarkeit ihrer Problembegriffe nicht zu stoßen. Für die Wissenschaft von Systemen, die Entscheidungen zu treffen haben, ist dieser Ausweg jedoch höchst unbefriedigend. Er würde ihren Gegenstand in zwei unvereinbare Aspekte spalten. Deshalb muß die Organisationswissenschaft sich um die Transformation unlösbarer in lösbare Probleme, d. h. um den Einbau rationaler Entscheidungsmodelle in die Bestandsproblematik faktischer Sozialsysteme besonders kümmern. Die Begriffe Reduktion von Komplexität und Problemverkleinerung sollten hierfür einen Vorstellungsrahmen vermitteln, der nun der Ausfüllung bedarf.

Bei näherem Zusehen lassen sich zwei Arten der Umwand-

60 Vgl. hierzu *E. A. Singer, Jr.*, Experience and Reflection, Philadelphia 1959.

lung von unlösbaren in lösbare Probleme unterscheiden. Im Einklang mit einem in den Vereinigten Staaten sich einbürgernden, wenn auch schwerfälligen Sprachgebrauch wollen wir die erste als *Operationalisierung*, die zweite als *Kalkülisierung* (oder Algorithmisierung) von Zweck/Mittel-Modellen bezeichnen. Im ersten Falle handelt es sich trotz des neuen Namens um eine alte, vertraute Sache, im zweiten um einen ganz neuen Gedanken, der in älteren Vorstellungen von der logischen Natur der Zweck/Mittel-Beziehung nur ganz entfernte Vorläufer hat und in seiner Bedeutung kaum abzuschätzen ist.

Operationalisierung heißt nichts weiter als empirische Definition, genauer: Definition durch Angabe des Verhaltens, das die Wahrnehmung des Gegenstandes vermittelt. Zwecke sind, wie schon wiederholt gesagt, als problematisch und erwünscht vorgestellte Wirkungen des Handelns. Wirkungen sind Ereignisse in der Erfahrungswelt. Gleichwohl sind Zwecke nicht ohne weiteres operational definiert; denn die gemeinten Wirkungen können – und müssen, wenn sie eine permanente Problematik zum Ausdruck bringen sollen – zunächst so unbestimmt charakterisiert werden, daß nicht genau angegeben werden kann, durch welche Handlungen festzustellen ist, ob der Zweck erfüllt ist oder nicht. Die operationale Definition von Zwecken ist Gegenstand einer besonderen Bemühung[61]. Wenn in einem öffentlichen Haushalt Geldmittel »zur Einrichtung und Erhaltung von Naturschutzgebieten« bereitgestellt werden, so sind damit ein Problem, ein Zweck und Rudimente eines Plans vorgezeichnet. Aber es fehlt eine operationale Definition des Zweckprogramms. Diese wird in Form einer Ver-

61 Vgl. zur Anwendung des Begriffs der Operationalität auf Zwecke zum Beispiel *Herbert A. Simon*, Birth of an Organization. The Economic Cooperation Administration. Public Administration Review 13 (1953), S. 227–236; *McKean*, aaO, S. 25 ff.; *March/Simon*, aaO, S. 63 f., 155 ff.; *Mehl*, aaO, 1960, S. 75–83 (78 f.); *Albach*, aaO, 1961, S. 357 f; *Perrow*, aaO, 1961 a. Weitere Literaturhinweise zur allgemeinen Auffassung der Zweckbestimmtheit als Variable siehe S. 213 Anm. 59.

waltungsentscheidung nachgeliefert, die zum Beispiel anordnen mag, daß aus der im Haushalt bereitgestellten Summe von 5 000,– DM im Jahre 1966 für das Naturschutzgebiet »Hinterbrunner Moor« 333 Hinweisschilder zum Preis von 15,– DM angeschafft und aufgestellt werden sollen. Am Ende des Jahres 1966 ist dann eindeutig feststellbar, ob dieser operational definierte Zweck erreicht worden ist oder nicht. Über die Frage, ob damit ein Naturschutzgebiet eingerichtet oder erhalten worden ist, kann man dagegen verschiedener Meinung sein und bleiben. Und entsprechend unklar bleibt, ob und in welchem Sinne die Aufstellung der Schilder die Erhaltung des Naturschutzgebietes »bewirkt« und dieses Problem damit aus der Welt schafft.

Operationalisierung ist nur dadurch möglich, daß der Zeithorizont der Planung geschlossen und auf einen Zeitpunkt oder Zeitraum festgelegt wird, in dem die Wirkung eintreten soll. Ohne Zeitbestimmung fehlt den Zwecken, mögen sie sonst so präzis wie nur denkbar umschrieben sein, die Operationalität. Ferner wird durch Fixierung auf wahrnehmbare Tatsachen auch der Sachhorizont, die Unendlichkeit der Verweisung auf andere Möglichkeiten, geschlossen. Die angegebenen Fakten und nichts anderes gelten als Kriterium. Zusammengenommen ergeben diese beiden Sinnverdichtungen ein Höchstmaß an intersubjektiver Gewißheit der Erfolgskontrolle. Die Feststellung der Zweckerreichung wird jeden Vernünftigen überzeugen. Auch sozial gesehen sind also keine Alternativen mehr da. Man kann die Operationalität in ihrem funktionalen Grundgedanken demnach als *verbundene Reduktion von zeitlicher, sachlicher und sozialer Komplexität* kennzeichnen.

Dementsprechend beruht die »Lösung« des Problems im Falle der Operationalisierung letztlich auf einer Kombination von Zeitbestimmung, Vereinfachung und Konsensgewißheit, die aber nur durch Verlust an ursprünglicher Problematik zu erlangen ist. Lösung heißt hier, daß über Problemsurrogate entschieden werden kann, daß das Problem eine Fassung als konkret erzielbare Wirkung erhält, die in Aussicht gestellt und dann in die Vergangenheit überführt werden kann. Ob darin mehr liegt als ein Zeitvertreib, hängt davon ab, in welcher Beziehung die lösbaren zu den unlösbaren Problemen stehen, wie, mit anderen Worten, diese in jene transformiert werden.

Wie weit solche Transformation unlösbarer in operational definierte und dadurch lösbare Probleme durch das Programm selbst vorbereitet oder gar vollzogen wird, kann allgemein nicht gesagt werden. Das wird von Fall zu Fall verschieden sein. Die Problemverkleinerung durch Zerlegung des Systemzwecks in Unterzwecke wird zumeist eine Annäherung an operationale Zweckbegriffe mit sich bringen. In Untersystemen wird man mehr Operationalität finden als in umfassenden Systemen. In Grenzfällen kann das Programm selbst vollständig operational spezifiziert sein. Das setzt allerdings wiederholbares Handeln voraus. In diesem Falle kann nämlich sogar die Zeitbestimmung in das Programm aufgenommen werden, ohne daß Allgemeinheit und Dauergeltung des Programms darunter litten – zum Beispiel in der Form, daß das Programm die Produktion einer bestimmten Stückzahl pro Stunde vorschreibt. Andererseits ist es durchaus denkbar, daß ein Zweckprogramm Zeitbestimmung und andere konkretisierende Angaben offenhält und die Operationalisierung fallweise getroffenen Entscheidungen überläßt.

Während die operationale Problemlösung sich die Vorteile der Empirie zunutze macht, sucht die kalkülisierbare Problemlösung Anhaltspunkte in der Logik. Daß der Schluß vom Zweck auf das Mittel logisch nicht haltbar ist, versteht sich von selbst[62]. Die Erfindung automatischer Datenverar-

62 Es sei denn, man eliminiere den Kern der Funktion des Zweck/Mittel-Schemas: die Alternativität kausaler Möglichkeiten und die Wahlproblematik. Zu den Schwierigkeiten, die selbst dann noch bestehen, vgl. *von Wright*, aaO, 1963.

beitungsgeräte hat jedoch die Entwicklung einer besonderen Algorithmik für Computer mit sich gebracht, und deren Anwendung auf Probleme der Zweckprogrammierung beginnt jetzt die Aufmerksamkeit der Forschung auf sich zu ziehen.

Ein Algorithmus oder Kalkül ist zunächst einfach eine Entscheidungsregel, die schematisch vollzogen werden kann, ohne daß der Sinn des Vollzugs mitbedacht werden müßte[63]. Die mathematische Rechenregel ist das klassische Beispiel dafür, aber das Rechnen mit Zahlen wird heute nur als Teilbereich einer umfassenderen, häufig auch mathematisch genannten Logistik angesehen. Darüber hinaus zeichnet sich heute bereits die Möglichkeit ab, den Bereich der Algorithmik auch über den der Logistik hinaus auszudehnen unter Einbeziehung von Entscheidungsverfahren, die zwar schematisch vollzogen werden, aber nicht dazu dienen, aus einem Axiomensystem Ergebnisse logisch richtig abzuleiten, sondern anderen Zwecken gewidmet sind.

Bedenkenloser Vollzug ist immer dann möglich, wenn die Regeln des Entscheidungsprogramms so fixiert sind, daß für jeden Entscheidungsschritt eine Entscheidungsregel eindeutig vorschreibt, was zu geschehen hat, wenn eine bestimmte Information gegeben wird. Eine Regel und eine Information! Wenn mehr Komplexität zu verarbeiten ist, müssen mehrere Entscheidungsschritte vorgesehen werden, die nach je anderen Regeln über je andere Informationen entscheiden und deren *Zeit*folge die *sachliche* Komplexität des Entscheidungsproblems wiedergibt[64]. Kalkülisierung heißt demnach *atomisierte Komplexität.* Die Verbindung der Entscheidungsschritte erfolgt dabei durch einen Informationenfluß, auf den sich die Umarbeitung der Informationen mit Hilfe von Wenn-Dann-Regeln bezieht. Kalküli-

63 Hierzu treffende Bemerkungen bei *Herbert Fiedler,* Rechenautomaten als Hilfsmittel der Gesetzesanwendung (Einige grundsätzliche Bemerkungen). Deutsche Rentenversicherung 1962, S. 149–155.

64 Zur funktionalen Äquivalenz von Zeitfolge und Sachordnung, die dabei vorausgesetzt wird, vgl. auch *Luhmann,* aaO, 1966 c, S. 49 ff.

sierung erfordert mithin Übersetzung in die Sprache der konditionalen Programmierung. Kalkülisierung von Zweckprogrammen bedeutet Aushöhlung des Zweckprogramms durch seinen Gegentyp.

Darum bemühen sich nun in der Tat Forschungen, die vor allem am Carnegie Institute of Technology in Pittsburgh gefördert werden und die computergerechte Programmierung der heuristischen Funktion von Zweckprogrammen zum Gegenstand haben[65]. Diese Bestrebungen, die zunächst nur an relativ einfachen logisch-mathematischen Problemen durchprobiert werden, können hier nicht im einzelnen geschildert, sondern nur mit Literaturhinweisen belegt werden[66]. Ihre Tragweite ist zur Zeit noch nicht abzuschätzen. Auch die sozialistische Planungstheorie sieht das Ideal algorithmisierter Planung in weiter Ferne liegen[67]. Doch ist damit zu rechnen, daß in absehbarer Zeit Computerprogramme mit heuristischen Funktionen auf den Markt kommen werden, die wohl keine optimalen, einzigrichtigen Entscheidungen garantieren können, die aber mindestens ebenso gut wie der Mensch mit Hilfe von »gelernten« Erfahrungen und von Daumenregeln komplexe Probleme sehr wahrscheinlich brauchbaren Lösungen zuführen können.

Soweit bisher zu sehen, müßten diese Programme als un-

65 Die Kalkülisierung der heuristischen Funktion darf natürlich nicht verwechselt werden mit der Kalkülisierung von Modellen der Entscheidung zwischen fest konstruierten Alternativen. Modelle dieser letzteren Art sind selbstverständlich gang und gäbe. Vgl. dazu etwa *Kosiol*, aaO, 1961, S. 318–334.

66 Vgl. namentlich: *Allen Newell/J. C. Shaw/Herbert A. Simon*, Elements of a Theory of Human Problem Solving. Psychological Review 65 (1958), S. 151–166; *dies.*, A General Problem Solving Program for a Computer. Computers and Automation 8 (1959), S. 10–17; *Allen Newell/Herbert A. Simon*, Heuristic Problem Solving. Operations Research 6 (1958), S. 1–10, 499–500; *Simon*, aaO, 1960, S. 21 ff.; *Herbert A. Simon/Allen Newell*, Simulation of Human Thinking. In: *Martin Greenberger* (Hrsg.), Management and the Computer of the Future, New York 1962, S. 95–114; *Newell/Shaw/Simon*, aaO, 1962, S. 87 ff.

67 Siehe die Bemerkungen von *Greniewski*, aaO, S. 778.

mittelbare Grundlage der Problemlösung eine eindeutige (wenngleich nicht notwendig zeitfixierte oder gar empirische) Definition von Zwecken voraussetzen, da ihre Arbeit auf einer Unzahl ungeheuer rasch vollzogener Vergleiche erreichter Ergebnisse mit zu bezweckenden Ergebnissen beruht. Sie sind aber offenbar in der Lage, die Automaten so zu instruieren, daß sie sich diese Vergleichsgrundlage weitgehend selbst erarbeiten können. Während bei der Operationalisierung menschliches Urteilsvermögen vorausgesetzt wird, um Systemprobleme bzw. Systemzwecke in operationale Zwecke zu transformieren, scheint sich bei den kalkülisierten Entscheidungsmodellen die Möglichkeit abzuzeichnen, auch diese Funktion wenigstens teilweise auf Datenverarbeitungsanlagen zu übertragen. Das heißt, daß solche Programme sozusagen auf sich selbst angewandt werden können, daß sie Lernvorgänge instruieren und im Rahmen von ziemlich unbestimmt vorgeschriebenen Ergebniserwartungen die Maschine dahin anleiten, die Probleme erst schärfer zu definieren und damit lösbar zu machen, bevor sie eine brauchbare Lösung zu suchen beginnt. Natürlich können die Ergebnisse solcher Datenverarbeitung, soweit sie unklar definierte und erst in der Maschine präzisierte Probleme lösen, nicht kritikfest ausfallen. Es bleibt hier die gleiche Unsicherheit übrig wie bei der Operationalisierung und Erfüllung von an sich nicht operational definierten Zwecken.

Trotz wesentlicher Unterschiede beruht auch die Kalkülisierung, darin der Operationalisierung ähnlich, auf Substitutionsformeln für unlösbare Probleme. Auch sie setzt eine Reduktion von Komplexität voraus, die teils durch eine Zweckfeststellung, teils durch konditionale Programmierung vorgeleistet sein muß. Die Systemproblematik wird damit reduziert auf bloße *Unübersichtlichkeit einer Konstellation* – zum Beispiel Unübersichtlichkeit der Reihenfolge des Anfalls relevanter Umweltinformationen, Unübersichtlichkeit der Möglichkeiten des Zusammenspiels von wertmäßigen Präferenzen und kausalen Opportunitäten oder Unübersichtlichkeit der Veränderungsmöglichkeiten multivariabler Modelle mit interdependenten Variablen. Das heißt, daß für jede Eventualität im Programm eine Vorentscheidung getroffen sein muß, auch wenn der Programmierer nicht weiß, wann, in welchem Zusammenhang und mit welchem Endergebnis diese Vorentscheidungen zum Zuge kommen.

Nur auf dieser Grundlage sind Probleme durch Kalkül lösbar. Es ist aber zu vermuten – und deshalb haben wir den hier besprochenen Forschungen vorhin unabschätzbare Bedeutung zugebilligt –, daß die Umweltkomplexität von Handlungssystemen zu einem guten Teil reine Unübersichtlichkeit der Konstellation ist bzw. sich darauf zurückführen läßt, so daß die Ausnutzung der Möglichkeiten maschineller Datenverarbeitung den Bereich der lösbaren Probleme weit in jenes Gebiet hineinschieben wird, das uns heute durch seine permanente, unaufhebbare Problematik den Atem nimmt.

Die Umarbeitung unlösbarer in lösbare Probleme durch Operationalisierung oder Kalkülisierung läßt sich rationalisieren als Suche nach funktional äquivalenten Formeln, welche die ursprünglicheren Probleme, letztlich das Problem des Bestandes in einer äußerst komplexen Welt, in ihrer Programmfunktion ersetzen können. Funktionale Äquivalente können nur unter spezifischen Gesichtspunkten entdeckt und als austauschbar festgehalten werden. Äquivalente sind niemals vollständig dasselbe in jeder Hinsicht, sondern nur ein »Ersatz«, der bestimmte Erwartungen gleichwertig erfüllt. Sie können daher nur unter ganz bestimmten »Sofern«-Voraussetzungen eingesetzt werden – nämlich sofern es sinnvoll ist, den vorausgesetzten abstrakten Standpunkt wirklich zu beziehen und von ihm aus zu handeln.

Diese Grenzen der funktionalen Äquivalenz finden sich wieder als Risiken und Belastungen des Prozesses der Problemverkleinerung, und zwar in zwei zueinander komplementären Aspekten: Die Transformation unlösbarer in möglichst äquivalente lösbare Probleme bringt ein Wuchern abstrakter und spezifizierter Gesichtspunkte von relativer »Sofern«-Geltung mit sich. Sie werden partieller, voraussetzungsvoller und ausgleichsbedürftiger, je mehr man sich der Realität nähert[68]. Und zugleich wird mit dem Beziehen so vereinseitigter Positionen Verantwortung übernommen im Sinne einer Informationsverdichtung, die zwar geordnet erarbeitet, rechenschaftspflichtig und erläuterungsfähig sein mag, sich aber nicht aus Ursachen kausal oder aus Prämissen logisch erklären läßt, sondern innovativ Ordnung schafft.

Auf beiden Wegen, dem der Abstraktion und dem der Verantwortung, entfernt der Entscheidungsprozeß sich in seinem Bemühen um Problemlösung von der ursprünglichen Problematik. Es bedarf daher laufender Kontrolle, die das Verfehlen der System/Umwelt-Problematik durch die Problemlösungstechniken aufweist. Diese Kontrolle ist ein wesentliches Korrektiv, ein unabdingbares Strukturelement der Zweckprogrammierung. Sie hat darauf zu achten, daß das System sich nicht um der Lösbarkeit willen irrelevanten Problemen zuwendet oder irrelevant werdenden Problemen verhaftet bleibt, weil sie zu lösen sind. Nur wenn auf allen Stufen der Problemverkleinerung ein solcher kontrollierender Gegenzug eingebaut ist, der die bleibende Problematik der gelösten Probleme bewußt hält, kann ein System es riskieren, sich im täglichen Verhalten auf das Abspulen von Lösungen lösbarer Probleme zu konzentrieren.

68 Deshalb findet sich – das sei angemerkt – auch die Wissenschaft unter einem eigentümlichen Abstraktionsdruck, der um so schärfer spürbar wird, je mehr sie sich um konkret relevantes Wissen bemüht, ohne auf Komplexität zu verzichten. Gerade die praxisnah orientierten Entscheidungsmodelle der Betriebswirtschaftslehre sind genötigt, ausgeklügelte mathematische Techniken zu verwenden. So kommt es zu einer von Empirikern und Praktikern so selten verstandenen Zwangsehe von Brauchbarkeit und Abstraktion.

Mit der Frage nach der Kontrolle von Zweckprogrammen treten wir in den Umkreis eines viel diskutierten, aber unklar gebliebenen Begriffs. Daher wird es nützlich sein und uns ein unnötiges Herumtappen im Wirrwarr der Definitionen und Distinktionen ersparen, wenn wir zunächst unsere Themenstellung in einer Auseinandersetzung mit den Grundpositionen der klassischen Organisationslehre zu klären suchen.

Denn diese beherrscht das Thema. Mehr als in anderen Bereichen der Organisationswissenschaft stehen Erörterungen über Kontrolle noch heute bewußt oder unbewußt unter dem Eindruck von Annahmen, die man in anderen Zusammenhängen längst aufgegeben hat. Es fehlt zwar nicht an kritischen Vorstößen[69], aber eine bessere, fortschrittlichere Konzeption, welche die klassische Kontrolltheorie hätte ablösen können, ist nicht erarbeitet worden[70]. Offenbar hat der Kontrollvorgang als ein anscheinend ziemlich technisches, an fertige Entscheidungen angehängtes Prüfungsverfahren kein nachhaltiges, sozialwissenschaftliches Interesse finden können, wenn man von der Aufdeckung unvorhergesehener, dysfunktionaler Nebenwirkungen absieht, die auch den Klassikern der Organisationslehre nicht unbekannt waren.

Nehmen wir die herrschende Kontrolltheorie zunächst beim Wort. Ihre These lautet, es sei Sinn und Zweck der Kontrolle, die Übereinstimmung oder Nichtübereinstimmung des Handelns oder seiner Folgen mit Zwecken, Normen,

69 Als Beispiel aus der frühen human relations Bewegung siehe *Mary Parker Follett*, The Psychology of Control. In: *Henry C. Metcalf/Lyndall Urwick* (Hrsg.), Dynamic Administration. The Collected Papers of Mary Parker Follett, London-Southampton 1941, S. 183–209; und *dies.*, The Process of Control. In: *Gulick/Urwick*, aaO, S. 159–169, und als eine soziologische Kritik scharfer, unnachsichtiger Kontrolle *Gouldner*, aaO, 1954.

70 Auf die Besonderheiten der kybernetischen Kontrollkonzeption kommen wir unten zurück.

Instruktionen, Standards usw., kurz mit gesetzten Entscheidungsprämissen, festzustellen und aus dem Ergebnis dieser Feststellung gegebenenfalls Konsequenzen zu ziehen[71]. Kontrolle ist danach nicht oder doch nicht in erster Linie Kontrolle des Entscheidungsprogramms, sondern Kontrolle der Entscheidungen. Die Programme werden im Kontrollzusammenhang als richtig vorausgesetzt. Es wird zwar nicht ausgeschlossen, daß ein Vorgesetzter sich selbstkritische Gedanken macht, wenn seine Untergebenen laufend weit unter der Norm bleiben; doch sind die Kontrollfeststellungen nach der klassischen Theorie nicht daraufhin angelegt, für eine Revision der Programme Entscheidungsunterlagen zu liefern. Darin zeigt sich typisch und unverkennbar die Art und Weise, wie die klassische Organisationslehre Komplexität behandelt, und zu lösbaren Problemen verkleinert: Die Gesamtproblematik wird parzelliert, in Ausschnitten behandelt und in jedem Sektor wird dann vorausgesetzt, daß überall sonst optimale Ergebnisse erzielt werden. Nur unter solcher Optimalitätsvoraussetzung[72] kann man Sinn darin finden, Problemlösungen ausschnittsweise zu optimieren.

Und zweitens impliziert die Begrenzung des Kontrollthemas durch gesetzte Entscheidungsprämissen, daß Planungsfunktion und Kontrollfunktion konvergieren, ohne widerspruchsvolle Anforderungen zu stellen, daß, mit anderen Worten, genau die gleichen Entscheidungsprämissen die Planung optimal fixieren und die Kontrolle optimal anlei-

71 Aus der Fülle geeigneter Belege seien nur einige willkürlich herausgegriffen. *Henri Fayol*, Allgemeine und industrielle Verwaltung, dt. Übers. München-Berlin 1929, S. 82; *Dimock*, aaO, S. 217; *Kurt Glaser*, Verwaltungstechnik, Frankfurt/M. 1950, S. 153 f.; *William H. Newman*, Administrative Action. The Techniques of Organization and Management, Englewood Cliffs/N. J. 1951, 13. Druck 1961, S. 28, 408 f.; *Günter Wöhe*, Einführung in die Allgemeine Betriebswirtschaftslehre, 6. Aufl. Berlin-Frankfurt/M. 1964, S. 100 ff.; *Hermann C. Heiser*, Budgetierung. Grundsätze und Praxis der betriebswirtschaftlichen Planung, dt. Übers. Berlin 1964, S. 127 ff.; *Gutenberg*, aaO, S. 147.

72 Vgl. dazu oben S. 278 f.

ten können[73]. Diese Konvergenzannahme wird jedoch fragwürdig, wenn man beginnt, systeminterne Schwierigkeiten, also die eigentlichen Organisationsprobleme, ernstzunehmen, zum Beispiel Motivationsprobleme[74] oder Probleme der Zweck/Mittel-Verschiebung und der dadurch bedingten Zielkonflikte[75].

Die klassische Theorie der wirtschaftlichen Rationalität klammert hier wie auch sonst, weil sie Rationalität als Handlungsrationalität nach dem Zweck/Mittel-Schema zu begreifen sucht, die Organisation als Problembereich aus und geht an wichtigen Problemen der Systembildung vorüber. So wird es nicht wundernehmen, daß man auf der Grundlage einer Systemtheorie zu einer andersartigen Auffassung der Kontrollfunktion gelangt. Wir beziehen die Kontrollfunktion nicht auf die Programmdurchführung, sondern auf das Bestandsproblem (bzw. Komplexitätsproblem)[76].

Die Systemtheorie bricht radikal mit der Annahme, daß bestimmte Werte oder Zwecke als Ausgangspunkte für pla-

73 Diese These wird zum Beispiel für das Budget als Planungs- und Kontrollschema formuliert. Siehe statt anderer *McFarland*, aaO, S. 418 f.; *Klaus Agthe*, Methoden der Budgetkontrolle in amerikanischen Unternehmungen, Frankfurt/M. 1960, S. 7 ff.; *Heiser*, aaO, S. 20 f.

74 Siehe hierzu *Stedry*, aaO, den Überlegungen und Experimente über den Einfluß budgetierter Leistungserwartungen auf die Bildung von Anspruchsniveaus und auf Leistungen dazu geführt haben, die Verschmelzung von Planung und Kontrolle in der älteren Budget-Theorie zu verwerfen. Vgl. auch *Charnes/Cooper*, aaO, 1961, S. 38 bis 91 (39 f.). Wenig überzeugt, daß hier die Steuerung des Anspruchsniveaus als Sache der Kontrolle und nicht als Element der Planung gesehen wird, vgl. die umgekehrte Sicht bei *Alexander Marettek*, Typen der Budgetkostenrechnung. Zeitschrift für Betriebswirtschaft 34 (1964), S. 408–414.

75 Vgl. dazu *Ijiri*, aaO.

76 Auch in der Betriebswirtschaftslehre tauchen derartige Überlegungen auf, und zwar angeregt durch die Substanzerhaltungstheorie (vgl. S. 153 Anm. 122). Siehe *Günter Sieben*, Prospektive Erfolgserhaltung. Ein Beitrag zur Lehre von der Unternehmenserhaltung. Zeitschrift für Betriebswirtschaft 34 (1964), S. 628–641. Vgl. auch *Cooper*, aaO.

nende und kontrollierende Tätigkeiten invariant vorgegeben seien. Sie sieht alle Entscheidungsprämissen als Eigenleistungen des Systems selbst, mit denen das System sich seine Umwelt interpretiert. Sie trennt deshalb den Systemstandpunkt vom Zweckprogramm, in welchem er nur unvollkommen Ausdruck findet.

Diese Umorientierung untergräbt die herkömmliche Auffassung, daß es bei der Kontrolle nur darum gehe, Abweichungen von festgelegten Entscheidungskriterien zu entdecken und auszumerzen, obwohl natürlich auch diese Funktion anzuerkennen ist und ihr relatives Recht behält. In der Perspektive, die die Systemtheorie eröffnet, muß sich die Kontrolle ebenso wie die Planung auf die Zweckprogrammierung selbst erstrecken. Sie erfaßt und begleitet den gesamten Prozeß der Umformung von Bestandsproblemen in Entscheidungsprogramme, überwacht die Kleinarbeitung von Zwecken und Mitteln zu lösbaren Problemen, und sie findet den Grund ihres Daseins in den Gefahren und Unzulänglichkeiten dieses Transformationsprozesses. Gerade weil dieser Prozeß die Systemprobleme zu entscheidungsfähigen Surrogatformeln verkleinert, muß er kontrolliert werden. Seine Funktion erfordert diese Kompensation. Die Kontrolle dient gleichsam als kritisches Gewissen der Absorption von Komplexität. Die Trennung der normalen, programmierenden und programmierten Entscheidungsprozesse und ihrer Kontrolle hat demnach den Sinn einer taktisch-differenzierten Reaktion auf Umweltkomplexität: Die Problematik wird zunächst vereinfacht, damit überhaupt sinnvoll entschieden und gehandelt werden kann, und dann wird die Vereinfachung selbst daraufhin überwacht, ob sie sich bewährt oder in kritische Situationen führt. Die Aufstellung von Programmen für richtiges Entscheiden ist demnach zwar eine unerläßliche Vorbedingung für jegliche Kontrolle. Sie strukturiert das Prüffeld. Aber sie vermag die Ergebnisse der Kontrolle nicht zu präjudizieren, vermag nicht auszuschließen, daß Abweichungen ihre guten Gründe haben – vielleicht bessere als das Programm selbst.

Den gleichen Gedanken kann man auch unter dem Blickwinkel des Ungewißheitsproblems formulieren: Systembildung bedeutet, daß externe Ungewißheiten zum Teil durch interne Ungewißheiten verdrängt werden. Das geschieht durch vermittelnde Programme für »richtiges« Entscheiden. Es bleibt systemintern dann zunächst zwar ungewiß, ob in der Tat »richtig« entschieden worden ist; aber diese interne Ungewißheit ist leichter zu beheben oder doch zu reduzieren als die externe. Hierauf bezieht sich die Funktion der Kontrolle[77].

Da der kontrollierte Prozeß der Reduktion von Komplexität selbst eine abgestufte Ordnung aufweist, muß auch seine Kontrolle entsprechend differenziert eingerichtet sein. Sie arbeitet auf verschiedenen Stufen mit je verschiedenen Kriterien und sie bezieht dabei die kontrollierte Entscheidung auf jeweils andere Probleme zurück. Im Falle zweckstrukturierter Organisationen lassen sich mindestens die drei folgenden Unterfunktionen der Kontrolle unterscheiden. Sie überwacht (1) die Umdeutung der Bestandsproblematik in Zwecke, (2) die Transformation der Systemzwecke in letztlich operationale Unterzwecke und schließlich (3) die Verwirklichung der operational definierten Unterzwecke als Lösung der lösbar gemachten Probleme.

(1) Die Festlegung der Systemzwecke kann, wenn ihre spezifische Funktion erkannt ist, am Bestandsproblem kontrolliert werden. Dabei muß das Unbestimmtere zum Maßstab des Bestimmteren gemacht werden. Diese Auffassung stellt die herkömmliche Kontrollidee auf den Kopf. Sie ist gleichwohl nicht undurchführbar. Der Sinn dieser höchsten Form der Kontrolle liegt in der Benutzung eines anderen Verfahrens der Unbestimmtheitsreduktion: Das Bestandsproblem ist zwar theoretisch unbestimmter als die System-

77 So auch *Krüsselberg*, aaO, S. 53. Siehe dazu ferner den Begriff des »innerbetrieblichen Risikos« bei *Gutenberg*, aaO, 1965, S. 255.

zwecke, aber es vereindeutigt sich in der Situation in Gestalt von *Krisen*. Und die Kontrolle der Zwecksetzung macht sich diese Klärungswirkung von Krisen zunutze.

Krisen sind heikle Situationen in System/Umwelt-Beziehungen, die den Fortbestand des Systems oder wichtiger Systemstrukturen unter Zeitdruck in Frage stellen[78]. Ihr Erkennen erfordert, obwohl es sich dabei um die höchste Kontrollfunktion handelt, keine langfristige Voraussicht und keinen Überblick über weit auslaufende, komplex verzweigte Kausalzusammenhänge. Sie ist eher angewiesen auf einen programmfreien Sinn für das Unmittelbare, auf Unbefangenheit gegenüber den vertrauten und bewährten Verhaltensmustern, und auf die Fähigkeit, Gefahren zu erkennen, die sich in unauffälligen, aber symptomatischen Ereignissen des Alltags oder in unmerklich-kumulativen Entwicklungen ankündigen. Frühzeitig bewußte Aufmerksamkeit schafft Zeit für die Korrektur; die Gefahrenschwelle wird gleichsam vorverlegt, wenn die Krisensymptome feinfühlig definiert sind[79]. Zumeist wird sich die Krise aber erst relativ spät und mit einer gewissen Drastik erkennbar machen, und es wird angesichts der Kosten einer Programmumstellung auch vertretbar sein, den Krisendruck sich eine Weile aufstauen zu lassen, bis eine gewisse Evidenz das Planen und Einführen von Änderungen erleichtert[80].

78 Vgl. dazu *Charles F. Hermann*, Some Consequences of Crisis which limit the Viability of Organizations. Administrative Science Quarterly 8 (1963), S. 61–82.

79 Hierzu einige Bemerkungen bei *Vickers*, aaO, 1959, S. 94.

80 Zum alternierenden Rhythmus von programmäßigem Ablauf und krisenbedingter Neuerung siehe namentlich *Crozier*, aaO, der sie besonders als eine französische Pathologie bürokratischer Organisationen darstellt. Auch amerikanischen, britischen und deutschen Beobachtern ist aber diese Erscheinung aufgefallen. Siehe z. B. *Gore*, aaO; *Cyril Sofer*, The Organization From Within. A Comparative Study of Social Institutions Based on a Sociotherapeutic Approach, Chicago 1962 (Erstausgabe London 1961), S. 150 ff.; *Luhmann*, aaO, 1964 a, S. 62. Als typische Einzelfallstudie siehe die Darstellung einer Krise der US Civil Service Commission und ihrer Abwendung durch eine Strategie der Delegation bei *Baum*, aaO, S. 70 ff.

Während die Programmplanung auf weite Sicht, darum aber auch nur mit Hilfe schematischer Problemlösungen, Komplexität zu verarbeiten sucht, verläßt sich die Programmkontrolle in dieser obersten Stufe typisch auf ein dazu komplementäres Verfahren der Komplexitätsreduktion: Abwarten und Sehen. Sie rechnet damit, daß der Zeitablauf selbst Komplexität absorbiert, die Fülle der Möglichkeiten reduziert und in der Situation spürbar werden läßt, woran es hapert. Unter dem Druck der Situation muß dann freilich rasch und auf Grund weitreichender Vollmachten gehandelt werden können. Der Rhythmus von Routine und Krise setzt eine Zentralisierung von Entscheidungsbefugnissen voraus und wird pathologisch dort, wo sie – zum Beispiel infolge des Gewaltenteilungsprinzips – nicht gegeben ist.

(2) Hat die Krisenkontrolle der Zwecksetzung den Charakter eines seltenen Ausnahmehandelns – allerdings auf Grund laufender Wachsamkeit –, so kommen wir mit der nächsten Stufe der Kontrolle bereits stärker in den Bereich der organisatorischen, zum Teil sogar mathematisierbaren Routinen[81]. Hier wird kontrolliert, ob die Leistungen für Unterzwecke die Systemzwecke auch wirklich ausreichend fördern. Ebenso wie bei der Krisenkontrolle geht es hier nicht, oder doch nicht in erster Linie, um eine Antreiberfunktion, ausgelöst durch unzureichende Arbeitsmotivation. Vielmehr liegt der Kontrollgrund auch hier im Dilemma von Funktion und Struktur, in der Tatsache also, daß Untersysteme mit Unterzwecken nie vollkommen funktionsspezifisch eingerichtet werden können. Überwacht wird das Risiko der Problemverkleinerung. Ebenso wie bei der Krisenkontrolle geht es darum, bestimmtere Entscheidungsmaßstäbe, nämlich die Unterzwecke, an Hand unbestimm-

81 Als eine Untersuchung, die sich mathematischer Methoden (z. B. der linearen Programmierung) bedient, um das an Unterzwecken orientierte, meßbare Verhalten auf seinen Ertrag für Systemzwecke hin zu kontrollieren, siehe *Ijiri*, aaO.

terer, übergeordneter zu kontrollieren. Insgesamt ist das Kontrollthema auf dieser Stufe schon präziser abgegrenzt, also auch besser organisierbar und weniger der Intuition oder dem drastischen Anstoß überlassen als die Kontrolle mit Hilfe von Krisen.

Wenn die Zweck/Mittel-Verschiebung selbst kontrolliert werden soll, kann sich die Kontrollinstanz nicht damit begnügen, festzustellen, ob die Unterzwecke tatsächlich erfüllt werden. Die programmierten Leistungserwartungen sind das Kontrollthema – und damit keine ausreichende Kontrollgrundlage. Es müssen vielmehr neben ihnen besondere *Indikatoren*[82] entwickelt werden, die, wenn mit der erbrachten Leistung und ihren rückgemeldeten Folgen verglichen, Aufschluß darüber geben, ob die Leistungen überhaupt den Anforderungen übergeordneter Zwecke genügen. Die Kontrollfunktion erfordert andere Leitbilder als die Programmfunktion. So kann zum Beispiel der Schulbau durch operationale Ziele wie das Erreichen einer bestimmten durchschnittlichen Klassenfrequenz gesteuert werden. Ob dagegen die Klassenfrequenz, wo sie erreicht wird, es ermöglicht, weniger genau bestimmte pädagogische Ziele zu verwirklichen, ob sie sich als Unterziel bewährt angesichts der Entwicklungen der Pädagogik und der Lehrmethoden, der Erziehungsprobleme, des allgemeinen Wohlstandes und der Zahl verfügbarer Lehrkräfte, ist eine sehr viel schwierigere Frage, deren Beantwortung, mit allgemeinen Planungen des Ausbildungswesens verzahnt, ein kom-

82 Zu diesem Begriff und zum Verhältnis von Indikatoren und Unterzwecken vgl. *Ijiri,* aaO, S. 65 ff. Siehe ferner *McKean,* aaO, insb. S. 32 ff., und die skeptischen Bemerkungen bei *Dorfman,* aaO, S. 611 ff. Zuweilen wird dieser Gedanke auch in der Form ausgedrückt, daß es bei großer Distanz zwischen Nahzwecken und Fernzwecken Formen abgekürzter Rechtfertigung des Handelns an bestimmten Regeln oder Standards der Richtigkeit geben müsse – so etwa *Parsons,* aaO, 1949 S. 407. *Joel Dean,* Profit Performance Measurement of Division Managers. In: *Rubenstein/Haberstroh,* aaO, S. 337–344, sucht demselben Problem durch Dezentralisierung von »Profit Centers« beizukommen.

pliziertes Gerüst von indizierenden Kriterien sowie ein laufendes Beobachten der am Unterziel gewonnenen Ergebnisse unter verschiedenen Hinsichten erfordert.

(3) Die unterste Stufe, die operationale Kontrolle bzw. die Kontrolle des Kalküls, entspricht am ehesten den herkömmlichen Kontrollvorstellungen. Hier wird die Programmausführung an Hand ihrer Ergebnisse überwacht. Die Kontrolle wird vollzogen durch einen *Vergleich* der Resultate mit den programmierten Erwartungen, den Unterzwecken[83]. Das scheint zunächst einfach zu sein. Die Probleme treten jedoch wieder ans Licht, sobald man nach dem Sinn eines solchen Vergleichs fragt und sich nicht mehr unbedenklich auf die Auskünfte der klassischen Theorie verläßt.

Die klassische Kontrollkonzeption akzeptiert typisch, wenn auch nicht ohne Hintertüren, die Programmperspektive[84]. Führt der Vergleich zur Feststellung von Ungleichheiten, so ist das Resultat, vom Programm her gesehen, ein Fehler bzw. eine Störung[85]. Es verlangt eine Korrektur im Sinne

83 Siehe z. B. die Betonung des Vergleichsverfahrens der Kontrolle bei *Urwick*, aaO, S. 149 f. Vgl. aber auch darüber hinausgehend *Haberstroh*, aaO, S. 166 f. und *Dale*, aaO, 1952, S. 203.

84 Diese Auffassung mit Hintertür nimmt etwa die folgende Form an: »Die Feststellung der Abweichung dient nicht nur dem unmittelbar korrigierenden Eingriff, sondern auch der Verbesserung künftiger Planungsgrundlagen« (*Lohmann*, aaO, S. 226). Auch die amerikanische Theorie der Budgetierung betont die Überprüfung der Pläne an Hand der Kontrollergebnisse. Siehe z. B. *Heiser*, aaO, S. 129 ff. Im Grunde ist das schon die Ansicht, die wir hier auszuarbeiten suchen; aber das bloße Nebeneinanderstellen von »sowohl... als auch« befriedigt natürlich wenig und führt praktisch zum Dominieren der leichter durchzuführenden unmittelbaren Korrektur des »Fehlers«. Außerdem ist zu fragen, ob der Soll/Ist-Vergleich auf Grund eines Programmes eine ausreichende Aufbereitung von Informationen ist, die der Kritik des Programmes dienen sollen. Zu Einzelheiten der Analyse von Programmabweichungen siehe *Klaus Agthe*, Die Abweichungen in der Plankostenrechnung. Ihre Ermittlung, Analyse und Verrechnung, Freiburg/Brsg. 1958.

85 Zu den besonderen organisatorischen und programmatischen Voraussetzungen der Darstellung einer Erwartensenttäuschung als »Fehler« vgl. *Luhmann*, aaO, 1964 a, S. 256 ff. und *ders.*, aaO, 1966 c, S. 75 ff.

des Programms. Mit der Veranlassung der Korrektur und eventuell einer vorbeugenden Sicherung, daß der Fehler nicht wieder passiert (zum Beispiel durch Bestrafung des Schuldigen) ist nach dieser Auffassung die Kontrolleistung erbracht. Ein solches Korrigieren und Bestrafen erfordert immerhin ein gewisses Forschen nach den Gründen der Abweichung. Wenn man sich auf den Boden der hier vertretenen Kontrollauffassung stellt und dementsprechend Programmperspektive und Kontrollperspektive scharf trennt, tritt diese Frage nach den Gründen der Ungleichheit in den Mittelpunkt. Sie dient dann nicht mehr nur der Vorbereitung von Abstellungsmaßnahmen, sondern in erster Linie der Prüfung des Programmes selbst.

Eine Besinnung auf den Sinn des Vergleichens vermag diese Umdeutung zu untermauern[86]. Vergleichbar ist nur etwas, was verschieden ist. Jeder Vergleich setzt daher eine abstrakte Perspektive voraus, welche die Hinsicht festlegt, unter der Verschiedenes als gleich angesehen oder gar behandelt werden soll. Diese Perspektive neutralisiert die Ungleichheiten am Gleichen; aber sie vermag infolge ihrer abstrakten Einseitigkeit diese Neutralisierung letztlich ebensowenig zu begründen, wie der Zweck die Neutralisierung von Nebenfolgen begründen kann. Ein Vergleich kann deshalb nie, wie die ontologische Arten- und Gattungslogik meinte, der begründeten Feststellung des Wesentlichen dienen. Er modifiziert und verwandelt nur die Frage nach dem ausreichenden Grunde – und auch das ist ein Mechanismus der Problemverkleinerung. Die Gleichheit des Verglichenen gilt als ausreichender Grund. Dieser Grund hat aber keine exklusive Geltung. Er kann nicht ausschließen, daß auch das, was in der Vergleichsperspektive als ungleich erscheint, Gründe vorzuweisen vermag. Aber die Vermutung spricht dagegen. Das Ungleiche muß sich daher besonders begründen. Vergleicht man ein Han-

86 Vgl. zum folgenden ausführlichere Darlegungen in *Luhmann*, aaO, 1965 b, S. 52 ff. und *ders.*, aaO, 1965 a, S. 162 ff.

deln mit seiner Norm, eine Wirkung mit dem angestrebten Zweck, so ist demnach die Feststellung der Übereinstimmung ein ausreichender Grund für die Beurteilung als richtig, die Feststellung der Nichtübereinstimmung dagegen zunächst nur eine Information und ein Schema für die Frage nach dem Grunde der Abweichung. Das Vergleichsprinzip dient der ungleichen Verteilung der Begründungslast und insofern der Entscheidungserleichterung, als die Pauschalbegründung des Gleichen die Regel und die Sonderbegründung des Ungleichen (wenn sie gelingt) eine Ausnahme ist. Die bei der operationalen Kontrolle festgestellten Abweichungen dürfen sonach nicht ohne weiteres gebrandmarkt und abgestellt werden[87]. Das wäre angebracht im Geltungsbereich absolut geltender Normen, falls es die gibt, nicht aber im Geltungsbereich variabler Entscheidungsprogramme, wie sie die Systemtheorie kennt. Die Abweichungen müssen also zunächst aufgefordert werden, ihre besonderen Gründe zu nennen[88]. Diese Gründe müssen dann unabhängig von den Entscheidungsprogrammen geprüft werden – sei es an Hand jener Indikatoren, die den Bezug zu höheren Zwecken vermitteln, sei es auf Krisenverdacht hin. Ziel dieser Prüfung ist die Klärung der Frage, ob es sich um systemrelevante oder vom System her ge-

87 Selbst die Frage nach »Verantwortung für die Entstehung des Abweichens« (so z. B. *Agthe,* aaO, 1958, S. 100 ff.) impliziert schon Vorwerfbarkeit und sollte daher durch die neutralere Frage nach den Gründen der Abweichung ersetzt werden. Das schließt die Feststellung des Verschuldens des Verantwortlichen als Grund der Abweichung nicht aus.

88 Dasselbe gilt im übrigen, wenn der Vergleich sich nicht auf formalisierte Entscheidungsprogramme, sondern auf aus der Erfahrung gewonnene Durchschnittsleistungen oder Verhältniszahlen bezieht. Solche Verhältniszahlen – zum Beispiel Periodengewinn pro Kapitalsumme, Schreibmaschinenseiten pro Arbeitsstunde –, die häufig als präzisierte Ausdrücke des Wirtschaftlichkeitsprinzips Anwendung finden, ergeben ebenfalls nur Anhaltspunkte für die genauere Analyse auffälliger Abweichungen, nie aber einen ausreichenden Grund für die Verwerfung von abweichenden Ergebnissen, und erst recht keine allein ausreichende Optimierungsfunktion. Siehe dazu besonders *Hitch/McKean,* aaO.

sehen um »zufällige« Abweichungen handelt. Erst auf Grund einer solchen Prüfung kann dann entschieden werden, ob das Programm weiterhin durchgeführt und der Fehler eingerenkt oder ob es modifiziert werden soll. Auch diese unterste Stufe der Kontrolle dient mithin letztlich wie jede systemtheoretisch konzipierte Kontrolle der Rückbeziehung verfestigter Programme auf das Bestandsproblem.

Wenn wir uns nunmehr diese drei Kontrollformen, die wir nach den verwendeten Techniken der Vereinfachung kurz als Krisenkontrolle, Indikatorenkontrolle und vergleichende Kontrolle bezeichnen können, zusammen vor Augen führen, dann zeigen sich an ihrem Zusammenhang Gemeinsamkeiten und Differenzen. Die Gemeinsamkeiten ergeben sich aus der einheitlichen Funktion, die Differenzen daraus, daß die Kontrolle auf eine differenzierte Programmstruktur bezogen ist, die auf verschiedenen Ebenen der Problemverkleinerung operiert.

Gemeinsam ist die Funktion, daß die Kontrolle Programm und programmiertes Handeln an den Problemen mißt, die sie für das System lösen sollen, daß sie sich also das breite Problembewußtsein bewahren muß, das für den unmittelbar Entscheidenden durch ein einfacheres Programmbewußtsein ersetzt ist. Die Kontrolle behält gleichsam die soziologische Optik bei, während das kontrollierte Entscheiden Rationalmodelle der Problemlösung sucht bzw. sich an vorhandenen Modellen orientiert, also zum Beispiel wirtschaftlich-rational oder bei Konditionalprogrammen juristisch denkt. Daraus erwächst die Forderung, die Kontrolle von der Entscheidungspraxis mindestens gedanklich und möglichst auch institutionell, wenn nicht gar arbeitsteilig getrennt zu halten. Ob diese prinzipielle Forderung in allen Systemen und auf allen Ebenen der Kontrolle gleich dringlich ist, mag jedoch zweifelhaft sein. Das müßte empirische Forschung näher untersuchen[89].

89 Auf die besondere Frage der Trennung von Planung und Kontrolle werden wir sogleich zurückkommen.

Gemeinsam ist ferner ein Grundzug des Kontrollverfahrens: das Prinzip der Rückkoppelung. Das Programm wird an seinen Wirkungen, die in das System zurückgemeldet werden, und nicht etwa dogmatisch-exegetisch an vorausgesetzten Idealen oder Werten überprüft[90]. Dadurch ist es möglich, die kausale Verflechtung des Systems mit seiner Umwelt laufend zu berücksichtigen und das System vor einseitigem Programmfanatismus zu bewahren. Allerdings muß man, will man die ganze Anwendungsbreite der Kontrolle im Blick behalten, das Rückkoppelungsprinzip nicht im engen, servomechanischen Sinne auffassen, der nur auf der untersten Ebene der vergleichenden Kontrolle anwendbar ist, wo Unterzwecke operational definiert sind[91]. Auf höheren Ebenen reicht der einfache Vergleich rückgemeldeter Ergebnisse mit programmierten Zielen nicht mehr aus, und selbst auf der untersten Ebene werden die Probleme dafür komplex, wenn die Antennen der Kontrolle systemrelevante Störungen melden. Dann müssen die Ergebnisinformationen in komplizierten Hinsichten und unabhängig vom Programm analysiert werden.

Die Unterschiede der Kontrollaufgaben und Kontrolltechniken auf den einzelnen Ebenen haben wir bereits behandelt. Auf Grund dieser Darstellung können einige allgemeine Züge dieser Stufenordnung der Kontrolle notiert werden.

Dic Kontrollstufen unterscheiden sich einmal unter dem

90 Das Rückkopplungsprinzip hat mithin weitreichende Gültigkeit, aber es ist durchaus nicht der einzige Kontrollmechanismus. Es gilt für Zweckprogramme, die die Output-Grenze eines Systems stabilisieren. Für Konditionalprogramme, die an Input anknüpfen, gelten völlig andere Kontrollformen. Bei ihnen bedient man sich vor allem des Regel/Ausnahme-Schemas, um die Eignung der Regel an Anlaß und Häufigkeit des Bedarfs für Ausnahmen überprüfen zu können. Hier ist denn auch der Bezug zum Bestandsproblem und die Instruktivität von Abweichungen weniger dicht als beim Zweckprogramm.

91 Vgl. etwa *Alan S. Goldman,* Information Flow and Worker Productivity. Management Science 5 (1959), S. 270–278. Kritisch dazu *Vickers,* aaO, 1965, S. 72 ff.

Gesichtspunkt der Kontrolldichte. Vergleichende Kontrolle muß laufend und möglichst zeitnah am kontrollierten Handeln erfolgen[92]. Für die Indikatorenkontrolle gilt dies in vermindertem Maße. Die Krisenkontrolle ist zwar auch eine permanente Funktion, aber sie stützt sich auf die Ergebnisse und Vorleistungen der untergeordneten Kontrollstufen. Diese liefern ihr die Informationen. Ihr Eingreifen hat Ausnahmecharakter.

Ein weiterer Gesichtspunkt ist die Vorwerfbarkeit des Kontrollbefundes. Abweichungen, die von der vergleichenden Kontrolle aufgedeckt werden, sind in der Regel vorwerfbar, es sei denn, daß sie als »Störungen« der Umwelt zugerechnet werden können. Nur selten gelingt es ihnen, sich so zu rechtfertigen, daß die betroffenen Programme ihnen angepaßt werden. Die Indikatorenkontrolle rechnet bereits mit einer »normalen« Differenz von Unterzweckstreben und Gesamterfolg. Das ist ihr Ausgangspunkt. Sie kennt daher eine Toleranzzone und erhebt ihre mahnende Stimme nur, wenn die Gefahrmarken der Indikatoren überschritten werden. Die Krisenkontrolle macht keinerlei Vorwürfe – es sei denn sich selbst für zu spätes Wahrnehmen –, da sie ja gerade die Grundlage aller Vorwürfe, die geltenden Entscheidungsprogramme, von Grund auf in Frage stellt.

Ein drittes Strukturmerkmal steht mit dem der Vorwerfbarkeit in engem Zusammenhang. Je mehr die Kontrolle die Möglichkeit von Vorwürfen anzukündigen scheint, um so wahrscheinlicher ist es, daß die Kontrollierten hinter den Kontrollkriterien Deckung suchen. Eine Verzerrung des Programms durch die Kontrolle ist die Folge[93]. Auf der

92 Daß trotzdem Kontrollformen gewählt werden können, die den Bedenken der human relations Bewegung gegen den Druck der persönlichen, auf dem Nacken sitzenden Kontrolle Rechnung tragen, ist eine andere Frage. Man denke etwa an die unmerkliche Produktionssteuerung mit Hilfe einer statistischen Qualitätskontrolle.

93 Dieser Verzerrungseffekt ist häufig beobachtet worden. Siehe z. B. *James C. Worthy*, Organizational Structure and Employee Morale. American Sociological Review 15 (1950), S. 169–179 (176); *Peter M. Blau*, The Dynamics of Bureaucracy, 2. Aufl. Chicago 1963,

untersten Stufe fallen Programm und Kontrollkriterien zusammen. Trotzdem bewirkt die Kontrolle Verzerrungen, weil an den Arbeitsplätzen für den Fall entdeckter Abweichungen ein Schatz heilender Ausreden, guter Gründe und bewährter Präzedenzfälle gesammelt wird, dessen Reichweite bei heiklem Handeln berücksichtigt wird. Die Hauptgefahr der Verzerrung liegt im Bereich der Indikatorenkontrolle, wo die Indikatoren vom Programm an sich getrennt sind, dessen Ausführung aber beeinflussen – vor allem im Sinne einer restlosen Ausnutzung des Spielraums für Nachlässigkeit, Selbstsucht oder Schlechtleistung, den die Kontrolle dem Untersystem eigentlich für die Anpassung an konkrete Situationen konzediert hatte. Die Krisenkontrolle entgeht diesem Problem dadurch, daß sie keine Vorwürfe macht.

Schließlich ist die funktionelle Trennung von Planung und Kontrolle als eine Variable zu berücksichtigen, die auf den einzelnen Kontrollebenen verschiedene Werte annehmen kann. Die vergleichende Kontrolle wird von der Programmplanung zumeist getrennt durchgeführt, auch wenn sie der Planung melden muß, was ihr auffällt. Die Indikatorenkontrolle kann, braucht aber nicht mit der Planungsfunktion gekoppelt zu sein. Die Krisenkontrolle muß dagegen bei allen hierarchisch organisierten Systemen an der Spitze geleistet werden, denn sie verantwortet das System als Ganzes; und das macht es unvermeidlich, sie mit der höchsten Planungsfunktion in eine Hand zu legen, obwohl die gedankliche und aufgabenmäßige Trennung erhalten bleiben kann.

insb. S. 36 ff.; *Francis/Stone*, aaO, S. 136; *Ridgway*, aaO, *János Kornai*, Overcentralization in Economic Administration. A Critical Analysis Based on Experience in Hungarian Light Industry, London 1959, S. 117 ff.; *Dubin*, aaO, 1962, S. 11–55 (42 ff.); *Etzioni*, aaO, 1964, S. 8 ff.; *Fritz Morstein Marx*, Interne Verwaltungskontrolle. In: *Ders.* (Hrsg.), Verwaltung. Eine einführende Darstellung, Berlin 1965, S. 372–387 (373 ff.).

Unsere Überlegungen über Zweckprogrammierung haben sich tragen lassen von der Annahme eines Zusammenhanges von Entscheidungen. Diese Annahme gilt es abschließend zu klären und auf die Bedingungen ihrer Möglichkeit hin zu untersuchen.

Ein solcher Entscheidungszusammenhang kam in verschiedenen Formen vor. Wir können drei Haupttypen unterscheiden. Im einen Falle handelt es sich um die programmierten Entscheidungszusammenhänge, um das arbeitsteilige Entscheiden im programmierten Prozeß, in dem jeder Beitrag voraussetzen muß, daß auch die übrigen Beiträge faktisch erbracht werden, und, umgekehrt gesehen, jeder Beitrag nicht nur seinen spezifischen Zweck (als Mittel für andere Zwecke) erfüllt, sondern damit zugleich über die Entscheidungsprämissen anderer Beiträge entscheidet. Davon zu unterscheiden ist die Programmierung des Entscheidungsprozesses. Sie legt die Zwecke und Nebenbestimmungen des Entscheidungsprogrammes fest. Auch sie entscheidet also über Entscheidungsprämissen anderer Entscheidungen, aber nicht über faktische, sondern über normative Prämissen. Schließlich weist, wie im letzten Abschnitt gezeigt, auch die Kontrolle diese eigentümliche Struktur des Entscheidens über Entscheidungsprämissen auf: Sie prüft die Beziehung der bereits getroffenen Entscheidungen zu ihren Entscheidungsprämissen und bringt die Probleme in dieser Relation gegebenenfalls zur Entscheidung, indem sie entweder die getroffene Entscheidung oder ihre Prämissen zu korrigieren sucht.

Daß eine solche über Entscheidungsprämissen koordinierte Ordnung im sozialen Leben möglich ist, versteht sich durchaus nicht von selbst; sie ist, mit anderen Worten, nicht in jeder Art von sozialem System möglich. Im normalen, elementaren Entscheidungsprozeß wird über *Handlungen* entschieden (und dieses Entscheiden über Handlungen hatte die klassische, ethische Handlungstheorie vor Augen). Im Falle der Programmierung wird dagegen eine umweghafte Ordnung des Entscheidens eingerichtet, in der nicht nur unmittelbar über Handlungen, sondern mit jeder Entscheidung immer auch über andere *Entscheidungen* mitentschieden werden muß. Der Entscheidungsprozeß wird also laufend auf sich selbst angewandt; er wird in diesem Sinne *reflexiv*[94]. Seine Rationalität wird durch präjudizierende Effekte, also über Entscheidungsprämissen für anderes Entscheiden, vermittelt, und diese Vermittlung muß im Entscheidungsprozeß laufend beachtet und unter Kontrolle gebracht werden. Auf diese Weise läßt sich eine Verstärkung der Selektivität des Entscheidungsprozesses erreichen, das heißt eine Steigerung der Fähigkeit, Komplexität zu reduzieren. Ein soziales System, das sich mit reflexiven Entscheidungsprozessen ausrüstet, kann durch eine Steigerung der eigenen Komplexität in einer komplexeren Umwelt existieren. Der damit gewinnbare Vorteil kann nicht mehr als Handlungsrationalität oder als Zweckrationalität, sondern nur als Systemrationalität begriffen werden.

Die allgemeinen gesellschaftlichen Bedingungen der Stabilisierung reflexiver Mechanismen sind noch kaum erforscht und jedenfalls ihrerseits hochkomplex. Dieses Thema kann hier nicht annähernd adäquat behandelt werden. Eine zunehmend ausgeprägte, alle Bereiche der Gesellschaft erfassende funktional-strukturelle Systemdifferenzierung gehört ebenso dazu wie die Umstrukturierung zahlreicher anderer sozialer Prozesse in reflexive Mechanismen: Neben dem Entscheiden muß auch das Sprechen, Tauschen, Lehren und Lernen, Forschen, Werten, Vertrauen reflexiv werden, also auf sich selbst angewandt werden können. Auch die Institutionalisierung jener generalisierten Medien der Problemlösung und Übertragung selektiver Leistungen

94 Zu diesem Begriff näher *Niklas Luhmann,* Reflexive Mechanismen, Soziale Welt 17 (1966), S. 1–23.

gehört dazu, die wir oben[95] erörtert haben. Eine sehr allgemeine Bedingung müssen wir jedoch besonders hervorheben, weil sie für das Reflexivwerden der Entscheidungsprozesse und damit auch für Zweckprogrammierung besondere Bedeutung besitzt, nämlich die *formale Organisation* sozialer Systeme.

Als formal organisiert sollen, wie an anderer Stelle näher ausgeführt[96], soziale Systeme bezeichnet werden, welche die Anerkennung bestimmter Verhaltenserwartungen zur Bedingung der Mitgliedschaft im System machen. Nur wer bestimmte, besonders ausgezeichnete Erwartungen akzeptiert, kann in formal organisierten Sozialsystemen Mitglied werden und Mitglied bleiben. Eine solche Koppelung von Mitgliedschaft und (änderbaren) Erwartungen ist ein sehr elastischer Mechanismus, der Systeme von sehr hoher Komplexität und Variabilität zu begründen vermag[97]. Soweit ein System überhaupt zur Mitgliedschaft motivieren kann, weitet dieser Mechanismus die Annahme einer Rolle im System aus und verbindet sie mit der Anerkennung aller Verhaltenserwartungen, die im System nach anerkannten Regeln formalisiert worden sind oder formalisiert werden.

Diese Ausweitung ist vor allem in zwei Hinsichten bedeutsam: Sie erstreckt sich auch auf Erwartungen, die nicht direkt an das betreffende Mitglied selbst, sondern an andere Mitglieder adressiert sind, sowie auf abstrakte Symbole, Regeln und Beziehungen, die weitgehend offenlassen, mit welchem Verhalten ihnen im Einzelfall Rechnung getragen werden muß. Das ermöglicht den Aufbau hochkomplexer, funktional differenzierter Rollenstrukturen, in denen jeder Rollenträger die Gesamtordnung akzeptiert

95 Vgl. S. 201 ff.

96 Vgl. *Luhmann,* aaO, 1964 a.

97 »A society which powerfully sanctions the obligation of ›role playing‹, whilst leaving wide freedom to design and change the roles to be played, has obviously developed a new and powerful flexibility of adaption«, betont *Vickers,* aaO, 1965, S. 119.

und all das als Prämisse eigenen Verhaltens übernimmt, was in anderen Rollen unter Beachtung der formal geltenden Erwartungen entschieden worden ist.

Zum anderen bezieht sich die Anerkennung nicht nur auf die beim Eintritt vorhandene, geschichtlich vorgegebene Erwartungsstruktur, sondern auch auf künftige Änderungen oder Neufestsetzung von Erwartungen und namentlich auf Verfahren und Kompetenzen, mit denen über solche Änderungen entschieden wird. Dadurch ist es möglich, im voraus Gewißheit darüber zu schaffen, daß das System sich künftigen Situationen, die im einzelnen nicht vorhersehbar sind, anpassen kann. Die dafür notwendigen Loyalitäten sind in kapitalisierter Form vorhanden und nicht im voraus an spezifische Entscheidungszusagen gebunden.

Beide Generalisierungsleistungen, die Steigerung der sachlichen Komplexität und die Sicherung künftiger Anpassungsfähigkeit des Systems, müssen in Anspruch genommen werden, wo es in nennenswertem Umfange zu Zweckprogrammierungen kommen soll. Sie sind Voraussetzung dafür, daß hochkomplexe Sozialsysteme intern integrierbar und extern in einer übermäßig komplexen Umwelt anpassungsfähig bleiben. Sie gewährleisten, daß die Entscheidungsleistungen jeder Stelle im System in voraussehbarer Weise faktische oder normative Entscheidungsprämisse anderer Stellen werden, daß also reduzierte Komplexität im System übertragen werden kann und nicht überall und immer die gesamte Komplexität des Systems und seiner relevanten Umwelt erfaßt und reduziert werden muß. Formale Organisation ist jene evolutionäre Errungenschaft, die es den Entscheidungsprozessen ermöglicht, reflexiv zu werden.

Für Zweckprogramme können damit neben diesen allgemeinen auch speziellere Voraussetzungen ihrer spezifischen Leistungen erfüllt werden. Durch Organisation ist es möglich, eine Vielzahl von Zweckperspektiven nebeneinander und ineinandergeschachtelt zu verwenden, *ohne die dabei vorausgesetzten Werturteile zu integrieren:* Organisation stellt nämlich sicher, daß die in den verschiedenen Zweckperspektiven getroffenen Entscheidungen einander als Prämissen dienen, so daß die Reduktion der Komplexität auch dann gelingt, wenn keine gemeinsame, transitive Wertordnung generell festgehalten werden kann. Durch Organisation wird mithin nicht Einheit, sondern gerade Vielfältigkeit der konkret benutzten Wertorientierungen erreicht. Nur so ist es möglich, das Bestandsproblem durch einen »Zweck des Systems« zu definieren und diesen Zweck im System kleinzuarbeiten. Damit hängt ein weiterer Gesichtspunkt eng zusammen: Organisation ermöglicht es, die Komplexität des Systems so zu steigern, daß der Widerspruch von Identitätsbedürfnissen und Programmatik auf der einen, Anpassungsfähigkeit und Opportunismus auf der anderen Seite in neuer Weise gelöst werden kann. Die Lösung liegt in einer differenzierten Ordnung von Entscheidungsprozessen, die in der Lage ist, jeden Zweck je nach Entscheidungszusammenhang entweder als Konstante oder als Variable zu behandeln.

Diese Einsichten dürfen nicht in ein uneingeschränktes Lob der Organisation ausufern. Die dysfunktionalen Folgen aller Organisationen sind zu bekannt, als daß sie übersehen werden könnten. Auch hier handelt es sich mithin zunächst nur um Problemverschiebung, um eine Umdefinition des Problems der Weltkomplexität, die dieses Problem nicht etwa zum Verschwinden bringt, sondern nur einen Systemrahmen bereitstellt, in dem lösbare Ersatzprobleme gefunden werden können. Organisation macht soziale Systeme mithin nicht problemfrei; sie steigert nur die Komplexität des Systems, nämlich die Zahl der Zustände, die mit der Systemstruktur vereinbar sind, und sie ermöglicht es dadurch, Systeme zu bilden, die der Welt angemessener sind.

Zweckprogrammierung ist eine der Techniken, die im Rahmen organisierter Systeme ausgebildet werden können, um sehr komplexe Sachverhalte zu erfassen und zu bearbeiten. Soziale Systeme sind nicht kraft Natur an einen Zweck (geschweige denn an einen »guten« Zweck) gebunden. Sie sind nicht in ihrem Wesen durch einen Zweck definiert. Sie können aber unter angebbaren Voraussetzungen und mit angebbaren Folgelasten ihr Bestandsproblem durch einen Zweck definieren. Das ist nur eine Möglichkeit neben vielen anderen, Komplexität zu erfassen und zu reduzieren. Sie läßt sich rationaler wählen und rationaler ausgestalten, wenn diese ihre Funktion bewußt gemacht und die Zweckprogrammierung damit einem Vergleich mit anderen, funktional äquivalenten Möglichkeiten ausgesetzt wird.

Schluß

Zur Trennung von empirischer und normativer Forschung

Unsere Untersuchungen sollen nunmehr zusammengefaßt und in ihrem Leitgedanken vor Augen geführt werden. Statt die ohnehin gedrängt formulierten Ausführungen nochmals verdichtet zu wiederholen, wählen wir für diesen Zweck ein scheinbar spezielles, methodologisches Thema, das in Wahrheit jedoch zentrale Bedeutung besitzt: das Verhältnis von empirischer (deskriptiver oder kausal-erklärender) und normativer, insbesondere rational-präskriptiver Forschung. Das Schisma dieser beiden Forschungsintentionen und der ihnen zugeordneten Methodenformen beherrscht die gegenwärtige Situation der Sozialwissenschaften[1]. Es wird durchweg verlangt, daß ein Forscher, der methodenbewußt arbeiten will, sich für die eine oder die andere Betrachtungsweise entscheide. Wir haben diese Entscheidung nicht getroffen, sind ihr vielmehr bewußt ausgewichen. Die Gründe für diese Zurückhaltung hängen mit der vorgetragenen System/Umwelt-Theorie zusammen und sollen an ihr bewußt gemacht werden.

Angesichts jenes Schismas besteht eine Möglichkeit der Opposition darin, darauf hinzuweisen, daß die Trennung dieser Perspektiven dem Gegenstand der Organisationswissenschaft, ja vielleicht der Sozialwissenschaft überhaupt, nicht angemessen sei. Denn organisiertes bzw. soziales Handeln sei stets normiertes und Normen akzeptierendes Handeln, so daß sein Sinn nicht verstanden werden könne, ohne daß die Wissenschaft diese Normen in ihrer Normativität sich zu eigen mache; ihr Gegenstand würde sonst unter ihren Blicken zerrinnen, sich in etwas auflösen, das nicht mehr Handeln ist.

1 Hierzu näher: *Luhmann*, aaO, 1966 b, S. 22 ff., 112 ff.

Dieses Argument ist indes schwach. Es plädiert im Grunde für eine Rückkehr zur aristotelischen Einheit der Weltsicht der Wissenschaft und des Handelns und übersieht dabei die Funktion einer Differenzierung von wissenschaftlicher und praktischer Betrachtungsweise.

Solange Wissenschaft und Praxis sich in ihrem Sinnstreben identifizieren konnten, solange sie letztlich »Dasselbe« meinten und eine gemeinsame Wahrheit suchten, solange – konkreter gesprochen – wahre Zwecke vorstellbar waren, war diese Haltung adäquat. Der Wissenschaft fiel dann die Aufgabe zu, dem Handelnden sein richtiges Handeln vorzustellen, es ihm nahezubringen, zu erläutern, was er zu tun habe. Sie hatte erkennende und ermahnende Aufgaben in einem. Diese einheitliche Perspektive des Wissens und des richtigen Handelns ließ es letztlich als Sache des guten Willens und der Tugend erscheinen, ob der Handelnde dem Rat des Wissenden folgte oder nicht.

Durch die neueren Entwicklungen hauptsächlich in den Sozialwissenschaften und der Psychologie ist diese traditionelle, bei aller Divergenz von Theorie und Praxis letztlich homogene Gesamtorientierung überholt. Die Handlungswissenschaften suchen heute in manchen ihrer Fachrichtungen ein Handlungsverständnis, das der Handelnde selbst nicht teilt, ja weder teilen kann noch teilen braucht. Sie messen das Handeln an inkongruenten Perspektiven. Das begann mit den zahlreichen Faktor-Theorien des 19. Jahrhunderts, die das Handeln kausal auf einzelne Faktoren wie ökonomische Bedingungen, Instinkte oder was sonst zurückzuführen suchten und glaubten, die Gedankenwelt des Handelnden auf dieser Grundlage als »Ideologie« oder als »Rationalisierung« erklären zu können. Dieses Stadium der Wissenschaftsentwicklung liegt deutlich hinter uns. Heute scheinen Systemtheorien statistischer oder funktionaler Art die Faktor-Theorien abzulösen, und damit treten Statistik bzw. funktionale Analyse an die Stelle kausalgesetzlicher Erklärungen.

Ob dieses Übergehen von der teleologisch fundierten Einheit ethischen Wissens und Handelns zur einfachen Spaltung der Welt in ideologische Orientierungen einerseits und sie entlarvende Kausalerklärungen andererseits und von dort weiter zum Pluralismus vielfacher Systemreferenzen ein Fortschritt ist im Sinne einer Annäherung an die Wahrheit, mag dahinstehen[2]. Auf alle Fälle hat dieser Entwicklungsprozeß das Potential der Wissenschaft für Komplexität von Stufe zu Stufe gesteigert. Die Wissenschaft ist dadurch, rein formal gesehen, in der Lage, sehr viel kompliziertere Sachzusammenhänge als Ordnung zu begreifen. Der Rückgang auf Ursachen, die außerhalb des Handlungshorizontes wirken, die also nicht bewußt motivieren, ja vielleicht nicht einmal motivfähig sind, hatte bereits völlig neue Perspektiven eröffnet und alle Intentionen in das Licht anderer Möglichkeiten gesetzt, die sich aktualisiert haben würden, wenn die Ursachenkonstellation eine andere gewesen wäre. Die Systemtheorien leisten demgegenüber nochmals eine sprunghafte und immense Ausweitung des Fassungsvermögens, über das zur Zeit noch keine ausreichende Klarheit besteht. Wenn man berücksichtigt, daß es Handlungssysteme in extrem hoher Zahl gibt, daß einzelne Handlungen mehreren Systemen zugerechnet werden können, daß ferner Systeme selbst sehr komplex ineinandergeschachtelt und nach vielen Richtungen variiert werden können, ist eine Grenze dieses Fassungs- und Darstellungsvermögens prinzipiell nicht abzusehen.

Unter dem Druck dieses Zuwachses an erfaßbarer, dem Bewußtsein zuführbarer Komplexität, den die sogenannten empirischen Wissenschaften herbeiführen, wandeln sich die traditionellen, der Ethik entwachsenen präskriptiven Wissenschaften in Entscheidungstheorien – und es liegt auf der Hand, daß dies ein Echo auf die Zunahme bewußt erreichbarer Komplexität ist, die nach Reduktion verlangt.

2 Dazu auch *Niklas Luhmann,* Soziologische Aufklärung. Soziale Welt 18 (1967), S. 97–123.

Die Entscheidungstheorien übernehmen es, die von den Systemwissenschaften erarbeiteten Einsichten umzumünzen in Modelle, die das Entscheiden instruieren können. Sie ersinnen klug hintereinandergeschaltete Selektionsvorgänge, die sich im Effekt wechselseitig verstärken, um dadurch möglichst viel Komplexität zu absorbieren. Sie probieren zulässige oder doch wenig schädliche Vereinfachungen aus und suchen ein Gerüst von Entscheidungsprämissen (wie zum Beispiel das Transitivitätsprinzip), an die man sich halten kann, ohne weiter zurückzufragen. Und sie erfinden zahlreiche Entscheidungserleichterungen. Eine von ihnen ist das mathematische Kalkül.

Noch haben diese Entscheidungstheorien wenig Zusammenhang mit den Systemtheorien sozialwissenschaftlicher Herkunft. Doch Kontakte bahnen sich an. Das vermeintlich zwingende Schisma von empirischen und normativen Wissenschaften stört die Verständigung. Dieses Schisma hat jedoch als einzigen Grund die ebenso richtige wie in ihrer Bedeutung maßlos überschätzte Tatsache, daß aus Sollsätzen keine Seinssätze deduziert werden können und umgekehrt. Aber es gibt andere Formen des wissenschaftlichen Zusammenhangs, vor allem die problembezogen-funktionale. Das Schisma gehört denkgeschichtlich in die Epoche der Faktor-Theorien[3]. Es ist durch den Ansatz der funktionalen Systemtheorie überholt[4]. Das gemeinsame Grundproblem lebensnaher und handlungsnotwendiger Reduktion von Komplexität bietet einen übergreifenden Bezugspunkt und eine Grundlage der Kooperation. Die Systemtheorien hätten danach permanente Problemzusammenhänge zu erforschen, wie sie sich ergeben, wenn man Systeme bestimmter Art und bestimmter Reichweite erhalten will. Die

3 Ein Beweis dafür ist die erstaunliche Naivität, mit der ein sonst so scharfsichtiger, prominenter Vertreter des Schismas, nämlich Hans Albert, in seinen zahlreichen Studien zu diesem Thema die Möglichkeit kausalgesetzlicher Feststellungen in den Sozialwissenschaften unterstellt.

4 Vgl. auch *Luhmann*, aaO, 1964 d, S. 21 ff.

Entscheidungstheorien hätten diese Probleme in Programme zu transformieren, also entscheidbar zu machen. An einem Beispiel, der Problemverkleinerung durch Zwecksetzung und Operationalisierung von Unterzwecken, haben wir uns diese Art der Zusammenarbeit veranschaulicht. An der Input-Grenze, wo die Probleme durch Konditionalprogramme lösbar gemacht werden, liegen die Dinge strukturell analog; aber die Lösungstechniken sind natürlich andere.

Ein solches Hand-in-Hand-Arbeiten von Systemtheorien und Entscheidungstheorien würde auf der Einsicht beruhen, daß Systeme normalerweise als Handlungsgrundlage viel zu komplex sind. Man muß davon ausgehen, daß das Komplexitätspotential, das in der wissenschaftlichen Systemanalyse erhellt wird, den Handelnden typisch überfordert und praktisch allenfalls in großen Kooperationszusammenhängen, also durch Organisation, zu bewältigen ist[5]. Als Tatsache wird diese Diskrepanz heute kaum jemand bezweifeln. Ihre gedankliche Verarbeitung steht jedoch noch aus. Sie erscheint zum Beispiel als viel beklagte Abstraktheit und Unverständlichkeit der Wissenschaft, als Relativität ihrer Feststellungen in bezug auf Methoden oder Axiomengruppen oder auch im Postulat der Wertfreiheit wissenschaftlicher Forschung. Keine dieser Versionen gibt ein treffendes Bild des Problems. Die »konkreten« Reduktionen der Praxis – wenn etwa ein Praktiker auf sein Fingerspitzengefühl oder auf langjährige Erfahrungen schwört – sind um vieles einschneidender und sichtverkürzender als die Abstraktionen der Wissenschaft[6]. Der Relativismus der

5 So findet man denn heute Wissenschaftler, die mit viel Verständnis notieren, daß die Praktiker ihre Ziele nicht zureichend angeben können, da ja selbst die Wissenschaft darüber in Unklarheiten und Kontroversen befangen sei – so *Moxter*, aaO, S. 8 f.

6 Überhaupt muß man sich vor dem Irrtum hüten, das Handeln sei in irgendeinem Sinne »konkreter« als das Denken. Die Steigerung des Komplexitätsbewußtseins löst den Halt am Konkreten in jeder Form auf und läßt nur Surrogate der Konkretheit übrig, die ihre Funktion erfüllen können – im Bereich der Zwecksetzungen

Praxis prägt sich durch Beziehung auf Wert- oder Zwecksetzungen sehr viel schärfer aus. Und vollends führt das Postulat der Wertfreiheit in die Irre. Es ist nicht in erster Linie, wenn überhaupt, eine Differenz von Wertungen, die Wissenschaft und Praxis trennt. Welchen Sinn sollte eine prinzipielle Trennung dieser Art auch haben[7]. Vielmehr ist die Kluft dadurch bedingt, daß die Wissenschaft ihr Potential für Komplexität in einer Weise erweitert hat, daß es in Entscheidungen schlechterdings nicht mehr adäquat berücksichtigt, geschweige denn ausgeschöpft werden kann. Eine der wichtigsten Grundlagen dieses neu erworbenen Potentials für Komplexität ist die funktionale Methode[8]. Sie ist bisher nie unter diesem Gesichtspunkt gewürdigt worden. Ihre Grundzüge lassen sich aber leicht als Ausdruck dieses einen Gedankens erfassen und so in ihrem Sinnzusammenhang begreifen. Die Absicht auf Steigerung der Komplexität zeigt sich einmal im Zusammenhang der funktionalen Methode mit der Systemtheorie; ferner darin, daß sie den Zugang nicht nur zu manifesten, sondern sehr bewußt auch zu latenten Funktionen erschließt; ferner darin, daß sie nicht nur funktionale, sondern gerade auch dysfunktionale Folgen (Folgeprobleme) des Handelns berücksichtigt; und schließlich sehr entscheidend darin, daß sie

z. B. den Rausch, der gesellschaftlich-zentralisiert wie im Osten, aber auch dezentral wie im Westen gesucht werden kann. Zur Konkretheit – Abstraktheit von Orientierungen im Zusammenhang mit Systemdifferenzierung (also Komplexität) vgl. auch *O. J. Harvey/David E. Hunt/Harold M. Schroder,* Conceptual Systems and Personality Organization, New York-London 1961.

7 Daß der Forscher für die selektive Orientierung *seiner* Such- und Entscheidungsprozesse andere Wertkriterien verwendet als der Praktiker, ist damit selbstverständlich nicht in Frage gestellt. Aber auch Rechtsanwälte und Komponisten, Parlamentarier und Krankenschwestern divergieren in dieser Hinsicht. Dem Forscher jede Wertorientierung zu verbieten, hieße ihn zu unbeweglicher Entscheidungsunfähigkeit zu verurteilen.

8 Eine andere ist ohne Zweifel die Statistik, besonders durch ihre wahrscheinlichkeitstheoretische Fundierung. Wir werden darauf jedoch nicht näher eingehen, da dies aus dem Themenkreis dieser Untersuchungen hinausführen würde.

eine vergleichende Methode ist, welche die »natürliche« Bindung des Vergleichs an vorausliegende Ähnlichkeit sprengt und Erkenntnis gerade darin sucht, möglichst heterogene Dinge als funktional äquivalent zu erweisen, indem sie das Gleichheitsurteil aus dem Objekt in die Relation, nämlich die Funktion, verlegt. All das zusammengenommen läßt den eigentlichen Sinn der funktionalen Methode erkennen. Sie sucht den Erlebnishorizont des Handelnden zu transzendieren und mehr Komplexität zu erschließen, als er fassen kann, und ihm dann diese Komplexität an die Hand zu geben in der Form ausgearbeiteter und spezifischer Standpunkte, die ihm, *sofern* er sie einzunehmen vermag, ein Repertoire funktional äquivalenter Alternativen zur Wahl stellen.

Dient die funktionale Methode in diesem Sinne dazu, die Kapazität des menschlichen Bewußtseins für Komplexität zu steigern, so nimmt es nicht wunder, daß sie im Problem der Komplexität ihr letztes Bezugsproblem und ihre Grenze findet. Ihr Weltbegriff ist der eines äußerst komplexen Feldes von Möglichkeiten, ihr Seinsbegriff der eines zu erhaltenden, systemmäßig individualisierten Bestandes in einer äußerst komplexen Welt. Von diesen Prämissen her, deren philosophischer Sinn dunkel bleibt, hat sich der Gang unserer Untersuchungen bestimmen lassen. Deshalb konnten sie nicht ausschließlich auf empirische bzw. normative Aussageformen festgelegt werden. Reduktion von Komplexität ist ein Prozeß, der weder rein kausal als Bewirken einer Wirkung geschieht, noch lediglich als gesollte Aufgabe verstanden werden kann. Es ist der Prozeß der Bestimmung des Unbestimmten, der Seinswerdung in der Zeit im Blick des Bewußtseins. Wir vermeiden es, ihn in der alten Weise als Formung von Materie zu bezeichnen. Denn die Vollendung der Form galt als der Endzweck aller Bewegung. Zwecke aber sind heute nur noch eine unter vielen Strategien der Reduktion von Komplexität.

Achenwall, Gottfried, Ius naturae, 7. Aufl., Göttingen 1774.
Acker, Heinrich B., Organisationsstruktur. In: Schnaufer/Agthe, aaO, S. 119–148.
– Die organisatorische Stellengliederung im Betrieb, Wiesbaden o. J.
Ackoff, Russel L., Towards a Behavioral Theory of Communication. Management Science 4 (1958), S. 218–234.
– Systems, Organizations, and Interdisciplinary Research. In: Eckman, aaO, S. 26 bis 41.
Agthe, Klaus, Die Abweichungen in der Plankostenrechnung. Ihre Ermittlung, Analyse und Verrechnung. Freiburg/Br. 1958.
– Methoden der Budgetkontrolle in amerikanischen Unternehmungen, Frankfurt 1960.
Agthe, Klaus / Erich Schnaufer (Hrsg.), Unternehmensplanung. Baden-Baden 1963.
Albach, Horst, Zur Theorie der Unternehmensorganisation. Zeitschrift für handelswissenschaftliche Forschung 11 (1959), S. 238–259.
– Entscheidungsprozeß und Informationsfluß in der Unternehmensorganisation. In: Schnaufer / Agthe, aaO, S. 355–402.
– Investition und Liquidität, Wiesbaden 1962.
Albert, Hans, Marktsoziologie und Entscheidungslogik. Objektbereich und Problemstellung der theoretischen Nationalökonomie. Zeitschrift für die gesamte Staatswissenschaft 114 (1958), S. 269–296.
Allport, Floyd H., Theories of Perception and the Concept of Structure, New York-London 1955.
Almond, Gabriel A., Introduction. A Functional Approach to Comparative Politics. In: Gabriel A. Almond/James S. Coleman (Hrsg.), The Politics of the Developing Areas, Princeton/N.J. 1960. S. 3–64.
Angermann, Adolf, Kybernetik und betriebliche Führungslehre. Betriebswirtschaftliche Forschung und Praxis 11 (1959), S. 257–267.
Apter, David E., The Political Kingdom in Uganda: A Study in Bureaucratic Nationalism, Princeton N.J. 1961.
– The Politics of Modernization, Chicago–London 1965.
Argyris, Chris, Personality and Organization: The Conflict between System and the Individual, New York 1957.
– Understanding Organizational Behavior, Homewood/Ill. 1960.

– The Integration of the Individual and the Organization. In: Argyris u. a., aaO, S. 57–98.

Argyris, Chris, u. a., Social Science Approaches to Business Behavior, Homewood/Ill. 1962.

Aristoteles, Metaphysik.

– Nikomachische Ethik.

Arrow, Kenneth J., Social Choice and Individual Values, New York–London 1951.

Ashby, W. Ross, Design for a Brain, London 1952, (2. Druck 1954).

– An Introduction to Cybernetics, London 1956 (4. Druck 1961).

Bales, Robert F., Interaction Process Analysis: A Method for the Study of Small Groups, Cambridge/Mass. 1950.

– Task Status and Likeability as a Function of Talking and Listening in Decision-Making Groups. In: Leonard D. White (Hrsg.), The State of Social Sciences, Chicago 1956, S. 148–161.

– Task Roles and Social Roles in Problem Solving Groups. In: Eleanor E. Maccoby/Theodore M. Newcomb/Eugene L. Hartley, Readings in Social Psychology, 3. Aufl., New York 1958, S. 396–413.

Bales, Robert F. / Philipp E. Slater, Role Differentiation in Small Decision-Making Groups. In: Talcott Parsons/ Robert F. Bales (Hrsg.), Family, Socialization and Interaction Process, Glencoe/Ill. 1955, S. 259–306.

Banfield, Edward C., Ends and Means in Planning. International Social Science Journal 11 (1959), S. 361–368; mit Berichtigungen neu gedruckt in: Sidney Mailick/Edward H. Van Ness (Hrsg.), Concepts and Issues in Administrative Behavior, Englewood Cliffs/N.J. 1962, S. 70–80.

– Political Influence, New York 1961.

Barber, Bernard, Structural-Functional Analysis: Some Problems and Misunderstandings. American Sociological Review 21 (1956), S. 129–135.

Barnard, Chester I., The Functions of the Executive, Cambridge/Mass. 1938.

Bauch, Bruno, Wahrheit, Wert und Wirklichkeit, Leipzig 1923.

Baum, Bernard H., Decentralization of Authority in a Bureaucracy, Englewood Cliffs/N.J. 1961.

Baumgarten, Eduard, Die geistigen Grundlagen des amerikanischen Gemeinwesens, Bd. 2: Der Pragmatismus: R. W. Emerson, W. James, J. Dewey, Frankfurt 1938.

Bavelas, Alex, Leadership: Man and Function. Administrative Science Quarterly 4 (1960), S. 491–498.

Becker, Erich, Verwaltung und Verwaltungsrechtsprechung. Veröffentlichungen der Vereinigung der deutschen Staatsrechtslehrer 14 (1956), S. 96–135.

– Verwaltungsaufgaben. In: Fritz Morstein Marx (Hrsg.), Verwaltung: Eine einführende Darstellung, Berlin 1965, S. 187–214.

Becker, Howard S. / Blanche Geer, Latent Culture: A Note on the Theory of Latent Social Roles. Administrative Science Quarterly 5 (1960), S. 304–313.

Beer, Stafford, Below the Twilight Arch: A Mythology of Systems. In: Eckman, aaO, S. 1–25.

– Kybernetik und Management, Frankfurt 1962 (dtsch. Übers.).

Bendixen, Peter, Die Komplexität von Entscheidungssituationen. Kritik am Formalismus der betriebswirtschaftlichen Entscheidungstheorie. Kommunikation 3 (1967), S. 103–114.

Bennis, Warren G., Towards a »Truly« Scientific Management: The Concept of Organization Health. General Systems 7 (1962), S. 269–282.

Bensman, Joseph/Israel Gerver, Crime and Punishment in the Factory: The Function of Deviance in Maintaining the Social System. American Sociological Review 28 (1963), S. 588–593.

Bensman, Joseph/Bernard Rosenberg, The Meaning of Work in Bureaucratic Society. In: Maurice R. Stein/Arthur J. Vidich/David Manning White (Hrsg.), Identity and Anxiety, Glencoe/Ill. 1960, S. 181–197.

Berger, Peter L./Hansfried Kellner, Die Ehe und die Konstruktion der Wirklichkeit, Soziale Welt 16 (1965), S. 220 bis 235.

Bertalanffy, Ludwig von, Zu einer allgemeinen Systemlehre. Biologia Generalis 19 (1949), S. 114–129.

– An Outline of General System Theory. The British Journal for the Philosophy of Science 1 (1950), S. 134–165.

– General System Theory. In: General Systems. Yearbook of the Society for the Advancement of General Systems Theory 1 (1956), S. 1–10.

– General System Theory: A Critical Review. General Systems 7 (1962), S. 1–20.

Biddle, Bruce J., Roles, Goals, and Value Structures in Organization. In: Cooper/Leavitt/Shelly II, aaO, S. 150–172.

Bidlingmaier, Johannes, Unternehmerziele und Unternehmerstrategien, Wiesbaden 1964.

Bion, W. R., Experience in Groups and other Papers, London–New York 1961.

Bischofberger, Pius, Durchsetzung und Fortbildung betriebswirtschaftlicher Erkenntnisse in der öffentlichen Verwaltung. Ein Beitrag zur Verwaltungslehre, Zürich–St. Gallen 1964.

Blau, Peter M., Bureaucracy in Modern Society, New York 1956.

– Structural Effects. American Sociological Review 25 (1960), S. 178–193.

– The Dynamics of Bureaucracy, 2. Aufl., Chicago 1963.

– Exchange and Power in Social Life, New York–London–Svdney 1964.

Bleicher, Knut, Organisation der Unternehmensplanung. In: Agthe/Schnaufer, aaO, S. 121–161.

– Grundsätze der Organisation. in: Schnaufer/Agthe, aaO, S. 149–164.

Böhrs, Hermann, Organisation und Gestaltung der Büroarbeit, München–Bern 1960 a.

– Aufgabe und Funktion in der Organisation des Industriebetriebs. Zeitschrift für Betriebswirtschaft 30 (1960 b), S. 263–273.

– Organisation des Industriebetriebes, Wiesbaden 1963.

Boulding, Kenneth E., A Reconstruction of Economics, New York 1950.

– Implications for General Economics of More Realistic Theories of the Firm. The American Economic Review 42 (1952); Papers and Proceedings, S. 35–44.

– The Image: Knowledge in Life and Society, Ann Arbor/Mich. 1956 a.

– General Systems Theory: The Skeleton of Science. Management Science 2 (1956 b), S. 197–208.

– The Present Position of the Theory of the Firm. In: Boulding/Spivey, aaO, S. 1–17.

Boulding, Kenneth E. / W. Allen Spivey (Hrsg.), Linear Programming and the Theory of the Firm, New York 1960.

Bowen, Howard R., The Business Enterprise as a Subject for Research, New York 1955.

Braybrooke, David / Charles E. Lindblom, A Strategy of Decision: Policy Evaluation as a Social Process, New York–London 1963.

Briggs, George E., Engineering Systems Approaches to Organizations. In: Cooper/Leavitt/Shelly II, aaO, S. 479–492.

Brown, Robert, Explanation in Social Science, London 1963.

Bruner, Jerome S. / Jaqueline J. Goodnow / George A. Austin, A Study of Thinking, New York–London 1956.

Buck, R. C., On the Logic of General Behavior Systems Theory. In: Herbert Feigl/Michael Scriven (Hrsg.), The Foundations of Science and the Concepts of Psychology and Psychoanalysis. Minnesota Studies in the Philosophy of Science, Bd. 1, Minneapolis 1956, S. 223–238.

Buck, Vernon E., A Model for Viewing an Organization as a System of Constraints. In: James D. Thompson (Hrsg.), Approaches to Organizational Design, Pittsburgh 1966, S. 103–172.

Buckley, Walter, Structural-Functional Analysis in Modern Sociology. In: Howard Becker/Alvin Boskoff (Hrsg.), Modern Sociological Theory in Continuity and Change, New York 1957, S. 236–259.

Burckhardt, Walther, Methode und System des Rechts, Zürich 1936.

Burke, Kenneth, A Grammar of Motives, Cleveland–New York 1962 (Meridian Book Ausgabe).

Burns, Tom, Friends, Enemies, and the Polite Fiction. American Sociological Review 18 (1953), S. 654–662.

Burns, Tom / G. M. Stalker, The Management of Innovation, London 1961.

Busse von Colbe, Walther, Substanzerhaltung. Handwörterbuch der Betriebswirtschaft, Bd. III, Stuttgart 1960, Sp. 5309–5321.

– Entwicklungstendenzen in der Theorie der Unternehmung. Zeitschrift für Betriebswirtschaft 34 (1964), S. 615–627.

Cannon, Walter B., The Wisdom of the Body, New York 1932.

Caplow, Theodore, Principles of Organization, New York–Chicago–Burlingame 1965.

Carlsson, Gösta, Reflections on Functionalism. Acta Sociologica 5 (1962), S. 201–224; dtsch. Übers. in: Ernst Topitsch (Hrsg.), Logik der Sozialwissenschaften, Köln 1965, S. 236–261.

Cossio, Carlos, Intuition, Thought, and Knowledge in the Domain of Law. Philosophy and Phenomenological Research 14 (1953/54), S. 470–493.

Catton, Jr., William R., Unstated Goals as a Source of Stress in an Organization. Pacific Sociological Review (1962), S. 29–35.

Chapple, Eliot D. / Leonard R. Sayles, The Measure of Management, New York 1961.

Charnes, A. / William W. Cooper, Management Models and Industrial Applications of Linear Programming, New York 1961.

Charnes, A. / William W. Cooper, Deterministic Equivalents for Optimizing and Satisficing under Chance Constraints. Operation Research 11 (1963), S. 18–39.

Child, Irving L., Morale: A Bibliographical Review. Psychological Bulletin 38 (1951), S. 393–420.

Churchman, West C., Prediction and Optimal Decision: Philosophical Issues of a Science of Values, Englewood Cliffs/N.J. 1961.

Churchman, West C. / Russel L. Ackoff, Purposive Behavior and Cybernetics. Social Forces 29 (1950), S. 32–39.

Churchman, West C. / Russel L. Ackoff / Leonard Arnoff, Operations Research. Eine Einführung in die Unternehmensforschung, Wien-München 1961 (dtsch. Übers.).

Churchman, West C. / Herbert B. Eisenberg, Deliberation and Judgment. In: Shelly II/Bryan, aaO, S. 45–53.

Claessens, Dieter, Rationalität revidiert. Kölner Zeitschrift für Soziologie und Sozialpsychologie 17 (1965), S. 465–476. Neu gedruckt in: Ders., Angst, Furcht und gesellschaftlicher Druck, und andere Aufsätze, Dortmund 1966, S. 116–124.

Clark, Burton R., Organizational Adaption and Precarious Values: A Case Study. American Sociological Review 21 (1956), S. 327–336.

– Adult Education in Transition: A Study of Institutional Insecurity. University of California Publications in Sociology and Social Institutions 1, 2 (1956), S. 43–202.

– The Open Door College: A Case Study, New York–Toronto–London 1960.

Clark, Peter B. / James Q. Wilson, Incentive Systems: A Theory of Organization. Administrative Science Quarterly 6 (1961), S. 129–166.

Cleland, Sherrill, A Short Essay on a Managerial Theory of the Firm. In: Boulding/Spivey, aaO, S. 202–216.

Cohen, Albert K., On the Place of »Themes« and Kindred Concepts in Social Theory. American Anthropologist 50 (1948), S, 436–443.

– The Sociology of the Deviant Act: Anomie Theory and Beyond. American Sociological Review 30 (1965), S. 5–14.

Collins, Barry E. / Harold Guetzkow, A Social Psychology of Group Processes for Decision-Making, New York–London–Sydney 1964.

Cooper, William W., A Proposal for Extending the Theory

of the Firm. The Quarterly Journal of Economics 65 (1951), S. 87–109.

Cooper, William W. / Harold J. Leavitt / Maynard W. Shelly II (Hrsg.), New Perspectives in Organization Research, New York–London–Sydney 1964.

Corail, Jean-Louis de, La crise de la notion juridique de service public en droit administratif français, Paris 1953.

Coser, Lewis A., The Functions of Social Conflict, Glencoe/Ill. 1956.

Couffignal, Louis, Kybernetische Grundbegriffe, Baden-Baden–Paris o. J. (dtsch. Übers.).

– La gestion cybernétique d'une entreprise. Cybernetica 5 (1962), S. 71–87.

Coyle, Grace, Social Process in Organized Groups, New York 1930.

Cressey, Donald R., Contradictory Directives in Complex Organizations: The Case of the Prison. Administrative Science Quarterly 4 (1959), S. 1–19.

– (Hrsg.), The Prison: Studies in Institutional Organization and Change, New York 1961.

Crozier, Michel, Le phénomène bureaucratique, Paris 1963.

Cyert, R. M. / W. R. Dill / James G. March, The Role of Expectations in Business Decision-Making. Administrative Science Quarterly 3 (1958), S. 307–340.

Cyert, R. M. / E. A. Feigenbaum / J. G. March, Models in a Behavior Theory of the Firm. Behavioral Science 4 (1959), S. 81–85.

Cyert, Richard M. / James G. March, Organizational Structure and Pricing Behavior. The American Economic Review 45 (1955), S. 129–139.

Cyert, Richard M. / James G. March, Organizational Factors in the Theory of Oligopoly. The Quarterly Journal of Economics 70 (1956), S. 44–64.

Cyert, Richard M. / James G. March, A Behavioral Theory of Organizational Objectives. In: Mason Haire (Hrsg.), Modern Organization Theory, New York-London 1959, S. 76–90.

Cyert, Richard M. / James G. March, A Behavioral Theory of the Firm, Englewood Cliffs / N.J. 1963.

Cyert, Richard M. / Herbert A. Simon / Donald B. Trow, Observation of a Business Decision. The Journal of Business 29 (1956), S. 237–248.

Dahrendorf, Ralf, Sozialstruktur des Betriebs – Betriebssoziologie, Wiesbaden 1959.

– Gesellschaft und Freiheit. Zur soziologischen Analyse der Gegenwart, München 1961.

Dale, Ernest, Planning and Developing the Company Organization Structure, New York 1952 (6. Druck 1959).

Dale, Harold E., The Higher Civil Service of Great Britain, o. O. (London) 1941.

Dalton, Melville, Men who Manage: Fusion of Feeling and Theory in Administration, New York–London 1959.

Davidson, Donald / Patrick Suppes. Decision-Making: An Experimental Approach, Stanford/Cal. 1957.

Davis, John M., The Transitivity of Preferences. Behavioral Science 3 (1958), S. 26–33.

Dean, Joel, Profit Performance Measurement of Division Managers. In: Rubenstein/Haberstroh, aaO, S. 337–344.

Dearbon, De Witt C. / Herbert A. Simon, Selective Perception: A Note on the Departmental Identifications of Executives. Sociometry 21 (1958), S. 140–144.

Descartes, Premières Réponses. In: Oeuvres et Lettres, Paris 1952 (Ausgabe der Bibliothèque de la Pléiade).

Deutsch, Karl W., On Communication Models in the Social Sciences. Public Opinion Quarterly 16 (1952), S. 356–380.

– The Nerves of Government: Models of Political Communication and Control, New York–London 1963.

Dewey, John, Democracy and Education, New York 1916 (24. Druck 1951).

– Human Nature and Conduct, New York 1922.

– The Public and Its Problems, New York 1927.

– The Quest for Certainty: A Study of the Relation of Knowledge and Action, New York 1929.

– Logic: The Theory of Inquiry, New York 1938.

– The Theory of Valuation. In: International Encyclopedia of Unified Science, Bd. 2, No. 4, Chicago 1939 (6. Druck 1950).

Dill, William R., Environment as an Influence on Managerial Autonomy. Administrative Science Quarterly 2 (1958), S. 409–443.

– Administrative Decision-Making. In: Sidney Mailick / Edward H. Van Ness (Hrsg.), Concepts and Issues in Administrative Behavior, Englewood Cliffs/N.J. 1962, S. 29–48.

Dimock, Marshall E., The Executive in Action, New York–London 1945.

Dinkelbach, Werner, Unternehmerische Entscheidungen bei mehrfacher Zielsetzung. Zeitschrift für Betriebswirtschaft 32 (1962), S. 739–747.

Dombrowski, Harald, Mißbrauch der Verwaltungsmacht. Zum

Problem der Koppelung verschiedener Verwaltungszwecke, Mainz 1967.

Dorfman, Robert, Mathematical or »Linear« Programming: A Non-mathematical Exposition. The American Economic Review 43 (1953), S. 797–825.

– Operations Research. The American Economic Review 50 (1960), S. 575–623.

Dorsey, John T., A Communication Model for Administration. Administrative Science Quarterly 2 (1957), S. 307–324.

Dreyer, Albert S., Aspiration Behavior as Influenced by Expectations and Group Comparison. Human Relations 7 (1954), S. 175–190.

Drucker, Peter F., Praxis des Management. Ein Leitfaden für die Führungsaufgaben in der modernen Wirtschaft, 4. Aufl., Düsseldorf 1964 (dtsch. Übers.).

Dubin, Robert, Industrial Worker's World: A Study of the »Central Life Interest« of Industrial Workers. Social Problems 3 (1956), S. 313–342. Neu gedruckt in: Arnold M. Rose (Hrsg.), Human Behavior and Social Processes, Boston 1962, S. 247–266.

– Business Behavior *Behaviorally* Viewed. In: Argyris u. a., aaO, S. 11–55.

Duncan, Hugh Dalziel, Language and Literature in Society, Chicago 1953.

Durkheim, Emile, Les règles de la méthode sociologique, 8. Aufl., Paris 1927.

– De la division du travail social, 7. Aufl., Paris 1960 (zuerst 1893).

Easton, David, An Approach to the Analysis of Political Systems. World Politics 9 (1957), S. 383–400.

– A Systems Analysis of Political Life, New York–London–Sydney 1965 a.

– A Framework for Political Analysis, Englewood Cliffs/N.J. 1965 b.

Eckhoff, Torstein / Knut Dahl Jacobsen, Rationality and Responsibility in Administrative and Judicial Decision-Making, Kopenhagen 1960.

Eckman, Donald P. (Hrsg.), Systems: Research and Design. Proceedings of the First Systems Symposium at Case Institute of Technology, New York–London 1961.

Edelman, Murray, The Symbolic Uses of Politics, Urbana/Ill. 1964.

Edwards, Ward, The Theory of Decision-Making. Psychological Bulletin 51 (1954), S. 380–417.

Ehmke, Horst, »Staat« und »Gesellschaft« als verfassungstheoretisches Problem. Festgabe für Rudolf Smend, Tübingen 1962, S. 23–49.

Eisenstadt, Shmuel N., Bureaucracy and Bureaucratization. Current Sociology 7 (1958), S. 99–164.

– The Political Systems of Empires, New York 1963.

Eisler, Rudolf, Eislers Wörterbuch der Philosophie, 2. Aufl. Berlin 1922.

Elias, Norbert, Problems of Involvement and Detachment. The British Journal of Sociology 7 (1956), S. 226–252.

Ellwein, Thomas, Einführung in die Regierungs- und Verwaltungslehre, Stuttgart–Berlin–Köln–Mainz 1966.

Emerson, Harrington, The Twelve Principles of Efficiency, New York 1919.

Emery, F. E. / E. L. Trist, The Causal Texture of Organizational Environments. Human Relations 18 (1965), S. 21–32.

Emmet, Dorothy, Function, Purpose and Powers. American Sociological Review 28 (1963), S. 5–13.

Etzioni, Amitai, Two Approaches to Organizational Analysis: A Critique and a Suggestion. Administrative Science Quarterly 5 (1960), S. 257–278.

– A Comparative Analysis of Complex Organizations: On Power, Involvement, and their Correlates, New York 1961.

– Modern Organizations, Englewood Cliffs/N.J. 1964.

– Dual Leadership in Complex Organizations. American Sociological Review 30 (1965), S. 688–698.

Eulenburg, Franz, Das Geheimnis der Organisation, Berlin 1952.

Falldung, Harold, Functional Analysis in Sociology. American Sociological Review 28 (1963), S. 5–13.

Fayol, Henri, Allgemeine und industrielle Verwaltung, München–Berlin 1929 (dtsch. Übers.).

Festinger, Leon, A Theory of Social Comparison Processes. Human Relations 7 (1954), S. 117–140.

Fiedler, Herbert, Rechenautomaten als Hilfsmittel der Gesetzesanwendung (Einige grundsätzliche Bemerkungen). Deutsche Rentenversicherung 1962, S. 149–155.

Firth, Raymond, Function. In: William L. Thomas, Jr. (Hrsg.), Yearbook of Anthropology 1955, New York 1955, S. 237–258.

Fishburn, Peter, Decision and Value Theory, New York–London–Sydney 1964.

Fleishman, Edwin A. / Edwin F. Harris / Harold L. Burtt, Leadership and Supervision in Industry, Columbus/Ohio 1955.

Follet, Mary Parker, Dynamic Administration (hrsg. von Henry C. Metcalf and Lyndall Urwick), London-Southampton 1941.

– The Process of Control. In: Gulick/Urwick, aaO, S. 159–169.

Forsthoff, Ernst, Lehrbuch des Verwaltungsrechts, Bd. I, 8. Aufl., München–Berlin 1961.

Francis, Roy G. / Robert C. Stone, Service and Procedure in Bureaucracy, Minneapolis 1956.

Frank, Andrew G., Goal Ambiguity and Conflicting Standards. An Approach to the Study of Organizations. Human Organization 17 (1958–59), S. 8–13.

Gäfgen, Gérard, Theorie der wirtschaftlichen Entscheidung. Untersuchungen zur Logik und ökonomischen Bedeutung des rationalen Handelns, Tübingen 1963.

Gagné, Robert M. (Hrsg.), Psychological Principles in System Development, New York 1962.

Gamson, William A., A Theory of Coalition Formation. American Sociological Review 26 (1961), S. 373–382.

Gardner, Burleigh B. / David G. Moore, Praktische Menschenführung im Betrieb, Köln-Opladen 1957 (dtsch. Übers.).

Gaus, John M. / Leon O. Wolcott, Public Administration and the US Department of Agriculture, Chicago 1940.

Gehlen, Arnold, Probleme einer soziologischen Handlungslehre: In: Carl Brinkmann (Hrsg.), Soziologie und Leben. Die soziologische Dimension der Fachwissenschaften, Tübingen 1952, S. 28–62.

– Urmensch und Spätkultur. Philosophische Ergebnisse und Aussagen, Bonn 1956.

– Der Mensch. Seine Natur und seine Stellung in der Welt, 6. Aufl., Bonn 1958.

Georgopoulos, Basil S. / Arnold S. Tannenbaum, A Study of Organizational Effectiveness. American Sociological Review 22 (1957), S. 534–540.

Gerwin, Robert, Die moderne Großprojektplanung. Frankfurter Allgemeine Zeitung vom 8. Juni 1965, S. 11.

Gibb, Cecil A., The Principles and Traits of Leadership. The Journal of Abnormal and Social Psychology 42 (1947), S. 267–284.

– Leadership. In: Gardner Lindzey (Hrsg.), Handbook of Social Psychology, Bd. II, Cambridge/Mass. 1954, S. 877–920.

Glaser, Kurt, Verwaltungstechnik, Frankfurt 1950.
Gönner, Nicolaus Thaddäus, Teutsches Staatsrecht, Landshut 1804.
Goffman, Erving, Alienation from Interaction. Human Relation 10 (1957), S. 47–59.
– The Presentation of Self in Everyday Life, Edinburgh 1958.
Goldman, Alan S., Information Flow and Worker Productivity. Management Science 5 (1959), S. 270–278.
Gompertz, Heinrich, Interpretation. Erkenntnis 7 (1937/38), S. 225–232.
Goode, William J., A Theory of Role Strain. American Sociological Review 25 (1960), S. 483–496.
Gore, William J., Administrative Decision-Making. A Heuristic Model, New York–London–Sydney 1964.
Gouldner, Alvin W. (Hrsg.), Studies in Leadership, New York 1950.
– Red Tape as a Social Problem. In: Robert K. Merton / Ailsa P. Grey / Barbara Hockey / Hanan C. Selvin (Hrsg.), Reader in Bureaucracy, Glencoe/Ill. 1952, S. 410–418.
– Patterns of Industrial Bureaucracy, Glencoe/Ill. 1954.
– Cosmopolitans and Locals: Towards an Analysis of Latent Social Roles. Administrative Science Quarterly 2 (1957/58), S. 281–306, 444–480.
– Organizational Analysis. In: Merton/Broom/Cottrell, Jr., aaO, S. 400–428.
– The Norm of Reciprocity: A Preliminary Statement. American Sociological Review 25 (1960), S. 161–178.
Grazia, Alfred de, The Science and Values of Administration. Administrative Science Quarterly 5 (1960), S. 362–397, 556–582.
Greniewski, Henryk, Intention and Performance: A Primer of Cybernetics of Planning. Management Science 11 (1965) A, S. 763–782.
Grochla, Erwin, Zur Organisation des betrieblichen Planungsablaufs. Zeitschrift für Betriebswirtschaft 32 (1962), S. 702–715.
Gross, Bertram M., The Managing of Organizations: The Administrative Struggle, Bd. II, New York – London 1964.
– What are Your Organization's Objectives? A General Systems Approach to Planning. Human Relations 18 (1965), S. 195–216.
Gross, Neal / Ward S. Mason / Alexander W. McEachern, Explorations in Role Analysis, New York 1958.
Grusky, Oscar, Role Conflict in Organization: A Study of

Prison Camp Officials. Administrative Science Quarterly 3 (1959 a), S. 452–472.
– Organizational Goals and the Behavior of Informal Leaders. The American Journal of Sociology 65 (1959 b), S. 59–67.
– Managerial Succession and Organizational Effectiveness. The American Journal of Sociology 69 (1963), S. 21–31.
Gümbel, Rudolf, Nebenbedingungen und Varianten der Gewinnmaximierung. Zeitschrift für handelswissenschaftliche Forschung 15 (1963), S. 12–21.
– Die Bedeutung der Gewinnmaximierung als betriebswirtschaftliche Zielsetzung. Betriebswirtschaftliche Forschung und Praxis 16 (1964), S. 71–81.
Günther, Gotthard, Das Bewußtsein der Maschinen. Eine Metaphysik der Kybernetik, 2. Aufl., Krefeld–Baden-Baden 1963.
Gulick, Luther / Lyndall Urwick (Hrsg.), Papers on the Science of Administration, New York 1937.
Gurvitch, Georges, La vocation actuelle de la sociologie, 3. Aufl., Paris 1963.
Gurwitsch, Aron, Théorie du Champs de la Conscience, o. O. (Paris) 1957.
Gusfield, Joseph R., Social Structure and Moral Reform. A Study of the Woman's Christian Temperance Union. The American Journal of Sociology 61 (1955), S. 221–232.
– Symbolic Crusade. Status and Politics and the American Temperance Movement, Urbana/Ill. 1963.
Gutenberg, Erich, Die Unternehmung als Gegenstand betriebswirtschaftlicher Theorie, Berlin–Wien 1929.
– Unternehmensführung. Organisation und Entscheidungen, Wiesbaden 1962.
– Grundlagen der Betriebswirtschaftslehre, Bd. I, 10. Aufl., Berlin–Heidelberg–New York 1965.

Habermas, Jürgen, Analytische Wissenschaftstheorie und Dialektik. Ein Nachtrag zur Kontroverse zwischen Popper und Adorno. In: Zeugnisse, Theodor W. Adorno zum 60. Geburtstag, Frankfurt 1961, S. 473–501.
Haberstroh, Chadwick J., Control as an Organizational Process. Management Science 6 (1960), S. 165–171; neu gedruckt in: Rubenstein/Haberstroh, aaO, S. 331–336.
Hagen, Everett E., Analytical Models in the Study of Social Systems. The American Journal of Sociology 67 (1961), S. 144–151.
Hall, Everett W., What is Value? An Essay in Philosophical Analysis, London 1952.

Hartmann, Heinz, Bürokratische und voluntaristische Dimensionen im organisierten Sozialgebilde. Jahrbuch für Sozialwissenschaft 15 (1964), S. 115–127.

Hartmann, Nicolai, Zur Grundlegung der Ontologie, 3. Aufl., Meisenheim am Glan 1948.

– Teleologisches Denken, Berlin 1951.

– Ethik, 4. Aufl. Berlin 1962.

Harvey, O. J. (Hrsg.), Motivation and Social Interaction: Cognitive Determinants, New York 1963.

Harvey, O. J. / David E. Hunt / Harold M. Schroder, Conceptual Svstems and Personality Organization, New York–London 1961.

Hax, Herbert, Die Koordination von Entscheidungen. Ein Beitrag zur betriebswirtschaftlichen Organisationslehre, Köln–Berlin–Bonn–München 1965.

Hax, Karl, Die Substanzerhaltung der Betriebe, Köln–Opladen 1957.

Heckhausen, Heinz, Hoffnung und Furcht in der Leistungsmotivation, Meisenheim am Glan 1963.

Hegel, Georg Wilhelm Friedrich, Wissenschaft der Logik, Bd. II, Sämtliche Werke (Hrsg. Lasson), Bd. IV, Leipzig 1948.

Heidegger, Martin, Über den Humanismus, Frankfurt 1949.

Heinen, Edmund, Die Zielfunktion der Unternehmung. In: Festschrift Erich Gutenberg, Wiesbaden 1962, S. 9–71.

– Das Zielsystem der Unternehmung, Wiesbaden 1966.

Heintz, Peter, Einführung in die soziologische Theorie, Stuttgart 1962.

Heiser, Herman C., Budgetierung. Grundsätze und Praxis der betriebswirtschaftlichen Planung, Berlin 1964 (dtsch. Übers.).

Hempel, Carl G., The Logic of Functional Analysis. In: Llewellyn Gross (Hrsg.), Symposium on Sociological Theory, Evanston/Ill. – White Plains/N.J. 1959, S. 271–307.

Henderson, Lawrence J., Pareto's General Sociology. A Physiologist's Interpretation, Cambridge/Mass. 1935.

Hennis, Wilhelm, Politik und Praktische Philosophie. Eine Studie zur Rekonstruktion der politischen Wissenschaft. Neuwied-Berlin 1963.

Herbst, P. G., A Theory of Simple Behaviour Systems. Human Relations 14 (1961), S. 71–94, 193–293.

Hermann, Charles F., Some Consequences of Crisis which Limit the Viability of Organizations. Administrative Science Quarterly 8 (1963), S. 61–82.

Hespe, Klaus, Zur Entwicklung der Staatszwecklehre in der

deutschen Staatsrechtswissenschaft des 19. Jahrhunderts, Köln–Berlin 1964.

Hitch, Charles, Sub-optimization in Operations Problems. Journal of the Operations Research Society 1 (1953), S. 87–99.

Hitch, Charles / Roland McKean, Sub-optimization in Operations Problems. In: Joseph F. McCloskey / Florence N. Trefethen (Hrsg.), Operations Research for Management, Bd. I, Baltimore 1954, S. 168–186.

Hobbes, Thomas, Leviathan, New York 1953 (Ausgabe Everman's Library).

Hoffmeister, Johannes, Wörterbuch der philosophischen Begriffe, 2. Aufl. Hamburg 1955.

Hofstätter, Peter R., Gruppendynamik, Reinbek 1957.

– Erfahrung und Erwartung. In: Aspekte sozialer Wirklichkeit.. Hrsg. von der Hochschule für Sozialwissenschaften Wilhelmshaven, Hft. 7, Berlin 1958, S. 155–172.

Holtzmann, Abraham, The Townsend Movement: A Political Study, New York 1963.

Homans, George C., Theorie der sozialen Gruppe, Köln–Opladen 1960 (Dtsch. Übers.).

– Contemporary Theory in Sociology. In: Robert E. L. Faris (Hrsg.), Handbook of Modern Sociology, Chicago 1964, S. 951–977.

Horowitz, Irving Louis, Consensus, Conflict and Cooperation: A Sociological Inventory. Social Forces 41 (1962), S. 177–188.

Hug, Hans, Die Theorie vom Staatszweck, Winterthur 1954.

Husserl, Edmund, Logische Untersuchungen, Bd. II, 1. 3. Aufl., Halle 1922.

– Erfahrung und Urteil, Hamburg 1948.

– Ideen zu einer reinen Phänomenologie und phänomenologischen Philosophie, Bd. I, Husserliana Bd. III, Den Haag 1950 a.

– Cartesianische Meditationen und Pariser Vorträge. Husserliana Bd. I, Den Haag 1950 b.

– Die Krisis der europäischen Wissenschaften und die transzendentale Phänomenologie, Husserliana Bd. VI, Den Haag 1954.

Husson, Léon, Les transformations de la responsabilité. Étude sur la pensée juridique, Paris 1947.

Ijiri, Yuji, Management Goals and Accounting for Control, Amsterdam 1965.

Irle, Martin, Soziale Systeme. Eine kritische Analyse der Theorie von formalen und informalen Organisationen, Göttingen 1963.

Jaeggi, Urs / Herbert Wiedemann, Der Angestellte im automatisierten Büro. Betriebssoziologische Untersuchungen über die Auswirkungen elektronischer Datenverarbeitung auf die Angestellten und ihre Funktionen, Stuttgart 1963.

Janne, Henri, Fonction et finalité en sociologie. Cahiers internationaux de sociologie 16 (1954), S. 50–67.

Jaques, Elliot, The Changing Culture of a Factory, London 1951.

– Measurement of Responsibility, London 1956.

Jellinek, Georg, Allgemeine Staatslehre, 6. Neudruck der 3. Aufl., Darmstadt 1959.

Jellinek, Walter, Gesetz, Gesetzesanwendung und Zweckmäßigkeitserwägung, Tübingen 1913.

– Verwaltungsrecht, 3. Aufl., Neudruck Offenbach 1948.

Jhering, Rudolf von, Der Zweck im Recht, Bd. I, 3. Aufl., Leipzig 1893.

Johnson, Harry M., Sociology, New York 1960.

Johnson, Richard A. / Fremont E. Kast / James E. Rosenzweig, The Theory and Management of Systems, New York–San Francisco–Toronto–London 1963.

Johnson, Richard A. / Fremont E. Kast / James E. Rosenzweig, System Theory and Management. Management Science 10 (1964), S. 367–384.

Joksch, H. C., Constraints, Objectives, Efficient Solutions and Suboptimization in Mathematical Programming. Zeitschrift für die gesamte Staatswissenschaft 122 (1966), S. 5–13.

Jones, Maxwell, The Therapeutic Community, New York 1953.

Kahn, Robert L. / Donald M. Wolfe / Robert P. Quinn / J. Diedrick Snoek, Organizational Stress: Studies in Role Conflict and Ambiguity, New York–London–Sydney 1964.

Kant, Immanuel, Grundlegung zur Metaphysik der Sitten, Sämtliche Werke, Bd. III (Hrsg. v. Kirchmann), Leipzig 1897.

Katona, George, Rational Behavior and Economic Behavior. Psychological Review 60 (1953), S. 307–318.

– Das Verhalten der Verbraucher und Unternehmer. Über die Beziehungen zwischen Nationalökonomie, Psychologie und Sozialpsychologie, Tübingen 1960 (dtsch. Übers.).

Kaufman, Herbert, Emerging Conflicts in the Doctrines of Public Administration. The American Political Science Review 50 (1956), S. 1057–1073.

Kaufmann, Felix, Methodenlehre der Sozialwissenschaften, Wien 1936.

Katz, Daniel, Human Interrelationship and Organizational Behavior. In: Sidney Mailick/Edward H. Van Nees (Hrsg.), Concepts and Issues in Administrative Behavior, Englewood Cliffs/N.J. 1962, S. 166–186.

– The Motivational Basis of Organizational Behavior. Behavioral Science 9 (1964), S. 131–146.

Katz, Daniel / Robert L. Kahn, The Social Psychology of Organizations, New York–London–Sydney 1966.

Katz, Fred E., Autonomy and Organization: The Limits of Social Control, New York 1968.

Kelsen, Hans, Allgemeine Staatslehre, Berlin 1925.

Kennedy, John L., Psychology and System Development. In: Gagné, aaO, S. 517–546.

– The System Approach: Organizational Development. Human Factors 4 (1962), S. 25–52.

Kerr, Clark / Lloyd H. Fisher, Plant Sociology: The Elite and the Aborigines. In: Mirra Komarowsky (Hrsg.), Common Frontiers of the Social Science, Glencoe/Illinois 1957, S. 281–309.

Kidd, J. S., A New Look at System Research and Analysis. Human Factors 4 (1962), S. 209–216.

Klaus, Georg, Das Verhältnis von Kausalität und Teleologie in kybernetischer Sicht. Deutsche Zeitschrift für Philosophie 8 (1960), S. 1266–1277.

– Kybernetik und Gesellschaft, Berlin 1964.

Klein, Hans H., Zum Begriff der öffentlichen Aufgabe. Die öffentliche Verwaltung 18 (1965), S. 755–759.

Kluckhohn, Florence R. / Fred L. Strodtbeck, Variations in Value Orientations. Evanston/Ill.–Elmsford/N. Y. 1961.

Knight, Frank H., Risk, Uncertainty and Profit, Boston–New York 1921 (7. Druck 1948).

Knox, John B., The Sociology of Industrial Relations, New York 1955.

Koch, Helmut, Die Theorie der Unternehmung als Globalanalyse. Zeitschrift für die gesamte Staatswissenschaft 120 (1964), S. 385–434.

König, René, Die informellen Gruppen im Industriebetrieb. In: Schnaufer/Agthe aaO, S. 55–118.

Koopmans, Tialling C., On Flexibility of Future Preference. In: Shelly II/Bryan aaO, S. 243–254.

Kornai, János, Overcentralization in Economic Administration: A Critical Analysis Based on Experience in Hungarian Light Industry, London 1959.

Kosiol, Erich, Grundlagen und Methoden der Organisationsforschung, Berlin 1959.

– Modellanalyse als Grundlage unternehmerischer Entscheidungen. Zeitschrift für handelswissenschaftliche Forschung 13 (1961), S. 318–334.

– Organisation der Unternehmung, Wiesbaden 1962.

Kraft, Viktor, Die Grundlagen einer wissenschaftlichen Wertlehre, 2. Aufl., Wien 1951.

Kramer, Rolf, Information und Kommunikation. Betriebswirtschaftliche Bedeutung und Einordnung in die Organisation der Unternehmung, Berlin 1965.

Krauss, Ruprecht von, Der Grundsatz der Verhältnismäßigkeit, Hamburg 1955.

Krüger, Herbert, Allgemeine Staatslehre, Stuttgart 1964.

Krüsselberg, Hans-Günter, Organisationstheorie, Theorie der Unternehmung und Oligopol. Materialien zu einer sozialökonomischen Theorie der Unternehmung, Berlin 1965.

Krupp, Sherman, Pattern in Organizational Analysis. A Critical Examination, Philadelphia–New York 1961.

Kuhn, Alfred, The Study of Society. A Unified Approach, Homewood/Ill. 1963.

Kuhn, Helmut, The Phenomenological Concept of »Horizon«. In: Marvin Farber (Hrsg.), Philosophical Essays in Memory of Edmund Husserl, Cambridge/Mass. 1940.

Landsberger, Henry A., The Horizontal Dimension in Bureaucracy. Administrative Science Quarterly 6 (1961), S. 299–332.

Langen, Heinz, Bemerkungen zur betriebswirtschaftlichen Organisationslehre. Betriebswirtschaftliche Forschung und Praxis 5 (1953), S. 455–464.

Langkjaer, Asger, Contributions to a General Normology or Theory of Purpose-Setting with Particular Reference to Imperatives and Definitions of Serviceability, Kopenhagen 1961.

Lapide, Hippolythus a, Dissertatio de ratione status in imperio nostro Romano-Germanico, Freistadt 1647.

Latané, *Henry A.,* The Rationality Model in Organizational Decision-Making. In: Harold J. Leavitt (Hrsg.), The Social Science of Organizations. Four Perspectives, Englewood Cliffs/N.J. 1963.

Lauterbach, Albert, Perceptions of Management. Case Materials from Western and Northern Europe. Administrative Science Quarterly 2 (1957), S. 97–109.

Leavitt, Harold J., Management According to Task: Organizational Differentiation. Management International 1962, Hft. 1, S. 13–22.

– Managerial Psychology. An Introduction to Individuals, Pairs, and Groups in Organization, Chicago 1962.
Lee. D. Demetracopoulou A Primitive Systems of Values. Philosophy of Science 7 (1940), S. 355–378.
Leibenstein, Harvey, Economic Theory and Organizational Analysis, New York 1960.
Lerche, Peter, Übermaß und Verfassungsrecht. Zur Bindung des Gesetzgebers an die Grundsätze der Verhältnismäßigkeit und der Erforderlichkeit, Köln–Berlin–München–Bonn 1961.
LeVine, Robert A. (Hrsg.), The Anthropology of Conflict. The Journal of Conflict Resolution 5 (1961), S. 3–108.
Levy, Marion J., The Structure of Society, Princeton/N.J. 1952.
Lewin, Kurt/Tamara Dembo/Leon Festinger/Pauline S. Sears, Level of Aspiration. In: J. McV. Hunt (Hrsg.), Personality and the Behavior Disorders, Bd. I, New York 1944, S. 333–378.
Liet-Veau, Georges, La théorie du service public. Crise ou mythe. Revue Administrative 14 (1961), S. 256–263.
Likert, Rensis, New Patterns of Management, New York–Toronto–London 1961.
Lindblom, Charles E., Policy Analysis. The American Economic Review 48 (1958), S. 298–312.
– The Science of »Mudding Through«. Public Administration Review 13 (1959), S. 79–88.
– The Intelligence of Democracy: Decision-Making Through Mutual Adjustment, New York–London 1965.
Lindsay, A. D., The Modern Democratic State, I, London–New York–Toronto 1943.
Linhardt, Hanns, Grundlagen der Betriebsorganisation, Essen 1954.
Lipset, Seymour M. / Martin Trow / James S. Coleman, Union Democracy, Glencoe/Ill. 1956.
Litterer, Joseph A., The Analysis of Organizations, New York–London–Sydney 1965.
Litwak, Eugene, Models of Bureaucracy which Permit Conflict, The American Journal of Sociology 67 (1961), S. 177–184.
Lohmann, Martin, Einführung in die Betriebswirtschaftslehre, 3. Aufl., Tübingen 1959.
Luce, R. Duncan, Individual Choice Behavior. A Theoretical Analysis, New York–London 1959.
Luhmann, Niklas, Kann die Verwaltung wirtschaftlich handeln? Verwaltungsarchiv 51 (1960), S. 97–115.
– Funktion und Kausalität. Kölner Zeitschrift für Soziologie und Sozialpsychologie 14 (1962 a), S. 617–644.

– Wahrheit und Ideologie. Der Staat 1 (1962 b), S. 431–448.
– Funktionen und Folgen formaler Organisation, Berlin 1964 a.
– Zweck – Herrschaft – System. Grundbegriffe und Prämissen Max Webers. Der Staat 3 (1964 b), S. 129–158.
– Lob der Routine. Verwaltungsarchiv 55 (1964 c), S. 1–33.
– Funktionale Methode und Systemtheorie. Soziale Welt 15 (1964 d), S. 1–25.
– Grundrechte als Institution. Ein Beitrag zur politischen Soziologie, Berlin 1965 a.
– Öffentlich-rechtliche Entschädigung rechtspolitisch betrachtet, Berlin 1965 b.
– Spontane Ordnungsbildung. In: Fritz Morstein Marx (Hrsg.), Verwaltung. Eine einführende Darstellung, Berlin 1965 c, S. 163–183.
– Reflexive Mechanismen. Soziale Welt 17 (1966 a), S. 1–23.
– Theorie der Verwaltungswissenschaft. Bestandsaufnahme und Entwurf, Köln–Berlin 1966 b.
– Recht und Automation in der öffentlichen Verwaltung. Eine verwaltungswissenschaftliche Untersuchung, Berlin 1966 c.
– Politische Planung. Jahrbuch für Sozialwissenschaft 17 (1966 d), S. 271–297.
– Soziologische Aufklärung. Soziale Welt 18 (1967 a), S. 97–123.
– Positives Recht und Ideologie. Archiv für Rechts- und Sozialphilosophie 53 (1967 b), S. 531–571.
– Soziologie als Theorie sozialer Systeme. Kölner Zeitschrift für Soziologie und Sozialpsychologie 19 (1967 c), S. 615–645.
– Die Knappheit der Zeit und die Vordringlichkeit des Befristeten. Die Verwaltung 1 (1968), S. 3–30.

Maass, Arthur, u. a., Design of Water Resource Systems, Cambridge/Mass. 1962.

MacIver, R. M., Social Causation, Boston 1942.

Maier, Norman F., Frustration: The Study of Behavior without a Goal, New York 1949.

Maniha, John / Charles Perrow, The Reluctant Organization and the Aggressive Environment. Administrative Science Quarterly 10 (1965), S. 238–251.

March, James G., The Business Firm as a Political Coalition. The Journal of Politics 24 (1962 a), S. 662–678.
– Some Recent Substantive and Methodological Developments in the Theory of Organizational Decision-Making. In: Austin Ranney (Hrsg.), Essays on the Behavioral Study of Politics, Urbana/Ill. 1962 b, S. 191–208.

March, James G. / Herbert A. Simon, Organizations, New York–London 1958.
Marcus, Philip M., Expressive and Instrumental Groups: Toward a Theory of Group Structure. The American Journal of Sociology 66 (1960), S. 54–59.
Marcus, Robert L., The Nature of Instinct and the Physical Basis of Libido. General Systems 7 (1962), S. 133–156.
Marettek, Alexander, Typen der Budgetkostenrechnung. Zeitschrift für Betriebswirtschaft 34 (1964), S. 408–414.
Margolis, Julius, The Analysis of the Firm: Rationalism, Conventionalism, and Behaviorism 31 (1958), S. 187–199.
Marschak, Jacob, Towards an Economic Theory of Organization and Information. In: Thrall/Coombs/Davis aaO, S. 187–220.
– Actual Versus Consistent Decision Behavior. Behavioral Science 9 (1964), S. 103–110.
Martin, Norman H., Differential Decisions in the Management of an Industrial Plant. The Journal of Business 29 (1956), S. 249–260.
May, K. O., Transitivity, Utility, and Aggregation in Preference Patterns. Econometrica 22 (1954), S. 1–13.
Mayer, Franz, Die Eigenständigkeit des Bayerischen Verwaltungsrechts, dargestellt an Bayerns Polizeirecht, München 1958.
– Das Opportunitätsprinzip in der Verwaltung, Berlin 1963.
Mayer, Otto, Deutsches Verwaltungsrecht, Bd. I, Leipzig 1895.
Mayntz, Renate, Die soziale Organisation des Industriebetriebes, Stuttgart 1958.
– Kritische Bemerkungen zur funktionalistischen Schichtungstheorie. In: David V. Glass/René König (Hrsg.), Soziale Schichtung und soziale Mobilität. Sonderheft 5 der Kölner Zeitschrift für Soziologie und Sozialpsychologie, Köln–Opladen 1961, S. 10–28.
– On the Use of the Equilibrium Concept in Social System Analysis. Transactions of the Fifth World Congress of Sociology, Washington D. C. 1962, Bd. IV, S. 133–153.
– Soziologie der Organisation, Reinbek 1963.
– Die Organisationssoziologie und ihre Beziehungen zur Organisationslehre. In: Schnaufer/Agthe aaO, S. 29–54.
McCall, George J. / J. L. Simmons, Identities and Interactions, New York–London 1966.
McFarland, Dalton E., Management: Principles and Practices, 2. Aufl. New York–London 1964.
McKean, Roland N., Efficiency in Government Through Sy-

stems Analysis with Emphasis on Water Resources Development, New York 1958.
Mechanic, David, Sources of Power of Lower Participants in Complex Organizations. Administrative Science Quarterly 7 (1962), S. 349–364.
Mehl, Lucien, La cybernétique et l'administration. La Revue Administrative 10 (1957), S. 410–419; 11 (1958), S. 539–545, 667–671; 12 (1959), S. 201–207, 531–544; 13 (1960), S. 75–83, 323–327; 14 (1961), S. 311–319, 671–679.
Meier, Albert, Rationelle Führung und Leitung in der Unternehmung. Aufgabengliederung und Aufgabenverteilung in neuer Sicht, Stuttgart 1957.
Mellerowicz, Konrad, Allgemeine Betriebswirtschaftslehre, Bd. I, 10. Aufl., Berlin 1958.
Mendieta y Núñez, Lucio, Sociologia de la Burocracia, Mexiko 1961.
Menger, Christian Friedrich, Die Bestimmung der öffentlichen Verwaltung nach den Zwecken, Mitteln und Formen des Verwaltungshandelns. Deutsche Verwaltungsblatt 75 (1960), S. 297–303.
Merk, Walter, Der Gedanke des gemeinen Besten in der deutschen Staats- und Rechtsentwicklung, Weimar 1934.
Mertens, Peter, Netzwerktechnik als Instrument der Planung. Zeitschrift für Betriebswirtschaft 34 (1964), S. 382–407.
Merton, Robert K., Bureaucratic Structure and Personality. Social Forces 18 (1940), S. 561–568, neu gedruckt in: *Ders.,* aaO, 1957, S. 195–206.
– Social Structure and Anomie. In: *Ders.,* aaO, 1957, S. 131 bis 194.
– Social Theory and Social Structure, 2. Aufl., Glencoe/Ill. 1957.
Merton, Robert K. / Leonard Broom / Leonard S. Cottrell, Jr. (Hrsg.), Sociology Today, New York 1959.
Mesarovič, M. D. / J. L. Sanders / C. F. Sprague, An Axiomatic Approach to Organizations from a General Systems Viewpoint. In: Cooper/Leavitt/Shelly II, aaO, S. 493–512.
Messinger, Sheldon L., Organizational Transformation. A Case Study of a Declining Social Movement. American Sociological Review 20 (1955), S. 3–10.
Michels, Robert, Zur Soziologie des Parteiwesens in der modernen Demokratie. Neudruck der 2. Aufl., Stuttgart o. J. (1957).
Mill, John Stuart, System of Logic. Ratiocinative and Inductive, 9. Aufl., London 1875, Bd. II.

– Representative Government, London–New York 1954 (Everyman's Library).
Mises, Ludwig von, Grundprobleme der Nationalökonomie. Untersuchungen über Verfahren, Aufgaben und Inhalt der Wirtschafts- und Gesellschaftslehre, Jena 1933.
Mohl, Robert, System der Präventivjustiz und Rechtspolizei, Tübingen 1834.
Mohl, Robert von, Encyclopädie der Staatswissenschaften, 2. Aufl., Freiburg/Brsg.–Tübingen 1872.
Moore, Omar K. / Donald J. Lewis, Purpose and Learning Theory. The Psychological Review 60 (1953), S. 149–156.
Moore, Wilbert E., Man, Time, and Society, New York–London 1963.
Moore, Wilbert E. / Arnold S. Feldman, Spheres of Commitment. In: *Dies.* Hrsg.), Labor Commitment and Social Change in Developing Areas, New York 1960, S. 1–77.
Morstein Marx, Fritz, Einführung in die Bürokratie, Neuwied 1959.
– The Higher Civil Service as an Action Group in Western Political Development. In: Joseph La Palombara (Hrsg.), Bureaucracy and Political Development, Princeton/N.J. 1963, S. 62–95.
– Interne Verwaltungskontrolle. In: *Ders.* (Hrsg.), Verwaltung. Eine einführende Darstellung, Berlin 1965 a, S. 372–387.
– Das Dilemma des Verwaltungsmannes, Berlin 1965 b.
Moxter, Adolf, Präferenzstruktur und Aktivitätsfunktion des Unternehmers. Zeitschrift für betriebswirtschaftliche Forschung 16 (1964), S. 6–35.
Myrdal, Gunnar, Das Zweck/Mittel-Denken in der Nationalökonomie. Zeitschrift für Nationalökonomie 4 (1933), S. 305–329. Neu gedruckt in: *Ders.,* Das Wertproblem in der Sozialwissenschaft, Hannover 1965.

Nadel, Siegfried F., The Foundations of Social Anthropology, Glencoe/Ill. 1951.
– The Theory of Social Structure, Glencoe/Ill. 1957.
Nagel, Ernest, Teleological Explanation and Teleological Systems. In: Sidney Ratner (Hrsg.), Vision and Action, New Brunswick/N.J. 1953, S. 192–222.
– On the Statement »The Whole is More than the Sum of its Parts«. In: Paul F. Lazarsfeld/Morris Rosenberg (Hrsg.), The Language of Social Research, Glencoe/Ill. 1955, S. 519–527.
– Logic without Metaphysics, Glencoe/Ill. 1956.

– The Structure of Science, New York 1961.

Neumann, John von, Die Rechenmaschine und das Gehirn, München 1960 (dtsch. Übers.).

Newell, Allen / J. C. Shaw / Herbert A. Simon, Elements of a Theory of Human Problem Solving. Psychological Review 65 (1958), S. 151–166.

Newell, Allen / J. C. Shaw / Herbert A. Simon, A General Problem Solving Program for a Computer. Computers and Automation 8 (1959), S. 10–17.

Newell, Allen / J. C. Shaw / Herbert A. Simon, The Processes of Creative Thinking. In: Howard E. Gruber / Glenn Terrell / Michael Wertheimer (Hrsg.), Contemporary Approaches to Creative Thinking, New York 1962, S. 63–119.

Newell, Allen / Herbert A. Simon, Heuristic Problem Solving. Operations Research 6 (1958), S. 1–10, 499–500.

Newman, William H., Administrative Action. The Techniques of Organizations and Management, Englewood Cliffs/N.J. 1951 (13. Druck 1961).

Nokes, Peter, Purpose and Efficiency in Humane Social Institutions. Human Relations 13 (1960), S. 141–155.

Nordsieck, Fritz, Rationalisierung der Betriebsorganisation, 2. Aufl., Stuttgart 1955.

– Betriebsorganisation. Lehre und Technik. Textband, Stuttgart 1961.

Oakeshott, Michael, Rational Conduct. The Cambridge Journal 4 (1950/1), S. 3–27. Neu gedruckt in: *Ders.,* Rationalism and Politics and other Essays, London–Herford–Harlow 1962.

Optner, Stanford L., Systems Analysis for Business Management, Englewood Cliffs/N.J. 1960.

Orden, Alex, Man – Machine – Computer Systems. In: George P. Shultz/Thomas L. Whisler (Hrsg.), Management Organization and the Computer, Glencoe/Ill. 1960, S. 67–86.

Page, Charles H., Bureaucracy's Other Face. Social Forces 25 (1946), S. 88–94.

Papandreou, Andreas G., Some Basic Problems in the Theory of the Firm. In: Bernard F. Haley (Hrsg.), A Survey of Contemporary Economics, Bd. II, Homewood/Ill. 1952, S. 183–219.

Parsons, Talcott, The Place of Ultimate Values in Sociological Theory. The International Journal of Ethics 45 (1935), S. 282–316.

– The Structure of Social Action, 2. Aufl. Glencoe/Ill. 1949.
– The Social System, Glencoe/Ill. 1951.
– Suggestions for a Sociological Approach to the Theory of Organizations. Administrative Science Quarterly 1 (1956), S. 63–85, 225–239; neu gedruckt in: Parsons, aaO, 1960 a.
– Some Ingredients of a General Theory of Formal Organization. In: Andrew W. Halpin (Hrsg.), Administrative Theory in Education, Chicago 1958 a, S. 40–72; neu gedruckt in: Parsons, aaO, 1960 a.
– Social Structure and the Development of Personality: Freud's Contribution to the Integration of Psychology and Sociology. Psychiatry 21 (1958 b), S. 321–340; neu gedruckt in: Parsons, aaO 1964 a, S. 78–111.
– An Approach to Psychological Theory in Terms of the Theory of Action. In: Sigmund Koch (Hrsg.), Psychology. A Study of a Science, Bd. III, New York–Toronto–London 1959, S. 612–711.
– General Theory in Sociology. In: Merton/Broom/Cottrell Jr., aaO, S. 3–38.
– Structure and Process in Modern Society, Glencoe/Ill. 1960 a.
– Durkheim's Contribution to the Theory of Integration of Social Systems. In: Kurt H. Wolff. Emile Durkheim 1858 bis 1917, Columbus/Ohio 1960 b, S. 118–153.
– Pattern Variables Revisited. American Sociological Review 25 (1960 c), S. 467–483.
– The Point of View of the Author. In: Max Black (Hrsg.), The Social Theories of Talcott Parsons, Englewood Cliffs/N.J. 1961 a, S. 311–363.
– Some Considerations on the Theory of Social Change. Rural Sociology 26 (1961 b), S. 219–239.
– On the Concept of Influence. Public Opinion Quarterly 27 (1963), S. 37–62.
– Social Structure and Personality, New York–London 1964 a.
– Beiträge zur soziologischen Theorie. Neuwied–Berlin 1964 b (dtsch. Übers.).
– Evolutionary Universals in Society. American Sociological Review 29 (1964 c), S. 339–357.
– Die Motivierung des wirtschaftlichen Handelns. In: *Ders.*, aaO, 1964 b.
– Die jüngsten Entwicklungen in der strukturell-funktionalen Theorie. Kölner Zeitschrift für Soziologie und Sozialpsychologie 16 (1964 d), S. 30–49.
Parsons, Talcott / Robert F. Bales / Edward A. Shils, Working Papers in the Theory of Action, Glencoe/Ill. 1953.

Parsons, Talcott / Edward A. Shils (Hrsg.), Toward a General Theory of Action, Cambridge/Mass. 1951.

Parsons, Talcott / Neil J. Smelser, Economy and Society, Glencoe/Ill. 1956.

Paulsen, Andreas, Liquidität und Risiko in der wirtschaftlichen Entwicklung, Frankfurt–Berlin 1950.

Penrose, Edith T., The Theory of the Growth of the Firm, New York 1959.

Perrow, Charles, The Analysis of Goals in Complex Organizations. American Sociological Review 26 (1961 a), S. 854–866.

– Organizational Prestige. Some Functions and Dysfunctions. The American Journal of Sociology 66 (1961 b), S. 335–341.

Pfiffner, John M. / Frank P. Sherwood, Administrative Organization. Englewood Cliffs / N.J. 1960.

Phelan, John Leddy, Authority and Flexibility in the Spanish Imperial Bureaucracy. Administrative Science Quarterly 5 (1960), S. 47–65.

Pierce, Albert, Durkheim and Functionalism. In: Kurt H. Wolff (Hrsg.), Emile Durkheim, 1858–1917, Columbus/Ohio 1960, S. 154–169.

Pietzsch, Jürgen, Die Information in der industriellen Unternehmung. Grundzüge einer Organisationstheorie für elektronische Datenverarbeitung, Köln–Opladen 1964.

Presthus, Robert V., The Organizational Society, New York 1962.

Pringle, J. W. S., On the Parallel Between Learning and Evolution. Behaviour 3 (1951), S. 174–215.

Pütter, Johann Stephan, Institutiones iuris publici Germanici, 3. Aufl., Göttingen 1782.

Pufendorf, Samuel, Elementorum Iurisprudentiae Universalis. Oxford–London 1931 (Carnegie Classics of International Law).

Pugh. D. S., u. a., A Conceptual Scheme for Organizational Analysis. Administrative Science Quarterly 8 (1963), S. 289 bis 315.

Radner, Roy, Mathematical Specification of Goals for Decision Problems. In: Shelly II / Bryan, aaO, S. 178–216.

Radnitzky, Ernst, Dispositives und mittelbar geltendes Recht. Archiv für öffentliches Recht 21 (1907), S. 380–409.

Rapoport, Anatol, An Essay on Mind. General Systems 7 (1962), S. 85–101.

Rasch, E., Die Behörde. Begriff, Rechtsnatur, Errichtung, Einrichtung. Verwaltungsarchiv 50 (1959), S. 1–41.

Raven, Bertram H., / Jan Rietsema, The Effects of Varied Clarity of Group Goal and Group Path upon the Individual and his Relations to his Group. Human Relations 10 (1957), S. 29–45.

Redfield, Robert, Societies and Cultures as Natural Systems. The Journal of the Royal Anthropological Institute 85 (1955), S. 19–32.

Reitman, Walter, Heuristic Decision Procedures, Open Constraints, and the Structure of Ill-defined Problems. In: Shelly II/Bryan, aaO, S. 282–315.

Rhenman, Eric, Organizational Goals. Acta Sociologica 10 (1967), S. 275–287.

Rice, A. K., The Enterprise and its Environment. A System Theory of Management Organization, London 1963.

Ridgway, V. F., Dysfunctional Consequences of Performance Measurement. Administrative Science Quarterly 1 (1956), S. 240–247. Neu gedruckt in: Rubenstein/Haberstroh, aaO, S. 371–377.

Riesman, David, Constraint and Variety in American Education, Lincoln/Nebr. 1956.

Riggs, Fred W., Agraria and Industria. In: William J. Siffin (Hrsg.), Toward the Comparative Study of Public Administration, Bloomington/Ind. 1957, S. 23–116.

– The Ecology of Public Administration, London 1961.

– Administration in Developing Countries. The Theory of Prismatic Societv, Boston 1964.

– Thailand: The Modernization of a Bureaucratic Polity, Honolulu 1966.

Riggs, Fred W. / Weidner, Edward W., Models and Priorities in the Comparative Study of Public Administration. Papers in Comparative Public Administration, Special Series No. 1, Chicago 1963.

Rittig, Gisbert, Prinzip des offenen Systems. Bemerkungen zum Werturteilsproblem. Festschrift Gerhard Weisser, Berlin 1963, S. 79–102.

Rivero, Jean, Existe-t-il un critère du droit administratif? Revue du Droit et de la Science Politique 59 (1953), S. 279 bis 296.

Roby, Thornton B., Subtask Phasing in Small Groups. In: Joan H. Criswell/Herbert Solomon/Patrick Suppes (Hrsg.), Mathematical Methods in Small Group Processes, Stanford/Cal. 1962, S. 263–281.

Roethlisberger, Fritz J. / William J. Dickson, Management and the Worker, Cambridge/Mass. 1939.

Rohde, Johann Jürgen, Soziologie des Krankenhauses. Zur Einführung in die Soziologie der Medizin, Stuttgart 1962.

Romano, Santi, L'ordinamento giuridico. Studi sul concetto, le fonti e i caratteri del diritto, I, Pisa 1918.

Rombach, Heinrich, Substanz, System, Struktur, 2 Bde., Freiburg–München 1965/66.

Rosenblueth, Arturo / Norbert Wiener / Julian Bigelow, Behavior, Purpose, and Teleology. Philosophy of Science 10 (1943), S. 18–24.

Rosenblueth, Arturo / Norbert Wiener, Purposeful and Nonpurposeful Behavior. Philosophy of Science 17 (1950), S. 318 bis 326.

Rosengren, William R., Communication, Organization, and Conduct in the »Therapeutic Milieu«. Administrative Science Quarterly 9 (1964), S. 70–90.

Ross, Alf, Kritik der sogenannten praktischen Erkenntnis. Zugleich Prolegomena zu einer Kritik der Rechtswissenschaft, Kopenhagen–Leipzig 1933.

Rubenstein, Albert H. / Chadwick J. Haberstroh (Hrsg.), Some Theories of Organization, Homewood/Ill. 1960.

Rubington, Earl, Organizational Strains and Key Roles. Administrative Science Quarterly 9 (1965), S. 350–369.

Sauermann, Heinz / Reinhard Selten, Anspruchsanpassungstheorie der Unternehmung. Zeitschrift für die gesamte Staatswissenschaft 118 (1962), S. 577–597.

Scheler, Max, Der Formalismus in der Ethik und die materiale Wertethik, 4. Aufl., Bern 1954.

Scheff, Thomas J., Differential Displacement of Treatment Goals in a Mental Hospital. Administrative Science Quarterly 7 (1962), S. 208–217.

Schelsky, Helmut, Aufgaben und Grenzen der Betriebssoziologie. In: Hermann Böhrs/Helmut Schelsky, Die Aufgaben der Betriebssoziologie und der Arbeitswissenschaften, Stuttgart–Düsseldorf 1954.

Scheuner, Ulrich, Begriff und Entwicklung des Rechtsstaates. In: Hans Dombois/Erwin Wilkens, Macht und Recht. Beiträge zur lutherischen Staatslehre der Gegenwart, Berlin 1956, S. 76–88.

– Die Aufgabe der Gesetzgebung in unserer Zeit. Die öffentliche Verwaltung 16 (1960 a), S. 601–611.

– Die neuere Entwicklung des Rechtsstaates in Deutschland. In:

Hundert Jahre deutsches Rechtsleben. Festschrift deutscher Juristentag, Karlsruhe 1960 b, Bd. II, S. 229–262.

Schmalenbach, Eugen, Über Dienststellengliederung im Großbetriebe, Köln–Opladen 1959.

Schmölders, Günter, J. M. Keynes' Beitrag zur ökonomischen Verhaltensforschung. In: G. Schmölders/R. Schröder/H. St. Seidenfus, John Maynard Keynes als »Psychologe«, Berlin 1956, S. 7–24.

The Liquidity Theory of Money. Kyklos 13 (1960), S. 346 bis 360.

Schnaufer, Erich / Klaus Agthe (Hrsg.), Organisation, Berlin–Baden-Baden 1961.

Schneider, Erich, Bemerkungen zu einigen neueren Entwicklungen der Theorie der Unternehmung. Weltwirtschaftliches Archiv 83 (1959 II), S. 93–97.

Schneider, Louis / Sverre Lysgaard, The Deferred Gratification Pattern: A Preliminary Study. American Sociological Review 18 (1953), S. 142–149.

Schnur, Roman, Die Krise des Begriffs der services publics im französischen Verwaltungsrecht. Archiv des öffentlichen Rechts 79 (1954), S. 418–430.

Schramm, Walter, Die betrieblichen Funktionen und ihre Organisation Berlin–Leipzig 1936.

Schütz, Alfred, Der sinnhafte Aufbau der sozialen Welt. Eine Einleitung in die verstehende Soziologie, Wien 1932.

Schutz, Alfred, The Problem of Rationality in the Social World, Economica 10 (1943), S. 130–149. Neu gedruckt in: Ders., Collected Papers, Bd. II, Den Haag 1964.

– On Multiple Realities. Philosophy and Phenomenological Research 5 (1944/45), S. 533–576. Neu gedruckt in: *Ders.,* Collected Papers, Bd. I, Den Haag 1962.

– Equality and the Meaning Structure of the Social World. In: Lyman Bryson u. a. (Hrsg.), Aspects of Human Equality, New York 1956, S. 33–78. Neu gedruckt in: *Ders.,* Collected Papers, Bd. II, Den Haag 1964, S. 226–273.

– Collected Papers, 3. Bde., Den Haag 1962/66.

Schweitzer, Marcell, Probleme der Ablauforganisation in Unternehmungen, Berlin 1964.

Scott, W. Richard, Theory of Organizations. In: Robert E. L. Faris (Hrsg.), Handbook of Modern Sociology, Chicago 1964, S. 485–529.

Seashore, Stanley E. / Bernard P. Indik / Basil S. Georgopoulos, Relationship Among Criteria of Job Performance. Journal of Applied Psychology 44 (1960), S. 195–202.

Selznick, Philip, An Approach to a Theory of Bureaucracy. American Sociological Review 8 (1943), S. 47–54.
– Foundations of the Theory of Organization. American Sociological Review 12 (1948), S. 25–35.
– TVA and the Grass Roots, Berkeley–Los Angeles 1949.
– Leadership in Administration: A Sociological Interpretation, Evanston/Ill. – White Plains/N.Y. 1957.
Shackle, G. L. S., Time, Nature, and Decision. In: Money, Growth, and Methodology and other Essays in Economics in Honor of Johan Ackerman, Lund 1961, S. 299–310.
Shelly II, Maynard W. / Glenn L. Bryan (Hrsg.), Human Judgment and Optimality, New York–London–Sydney 1964.
Shepard, Roger N., On Subjectively Optimum Selection Among Multiattribute Alternatives. In: Shelly II/Bryan, aaO, S. 257–281.
Siebel, Wigand, Rationalität und Normorientierung in der Organisation. Zeitschrift für die gesamte Staatswissenschaft 120 (1964), S. 678–685.
Sieben, Günter, Prospektive Erfolgserhaltung. Ein Beitrag zur Lehre von der Unternehmenserhaltung. Zeitschrift für Betriebswirtschaft 34 (1964), S. 628–641.
Siegel, S., Level of Aspiration and Decision-Making. Psychological Review 64 (1957), S. 253–262.
Sigwart, Christoph, Der Kampf gegen den Zweck. In: *Ders.,* Kleine Schriften II, 2. Aufl., Freiburg/Brsg. 1889.
– Logik, Bd. II, Freiburg/Brsg. 1893.
Sills, David J., The Volunteers, Glencoe/Ill. 1957.
Simon, Herbert A., The Proverbs of Administration. Public Administration Review 6 (1946), S. 53–67.
– Comments on the Theory of Organizations. American Political Science Review 46 (1952), S. 1130–1139. Neu gedruckt in: Rubenstein/Haberstroh, aaO, S. 157–167.
– A Comparison of Organization Theories. Review of Economic Studies 20 (1952/1953). Neu gedruckt in: *Ders.,* aaO, 1957, S. 170–183.
- Birth of an Organization. The Economic Cooperation Administration. Public Administration Review 13 (1953), S. 227–236.
– Das Verwaltungshandeln. Eine Untersuchung der Entscheidungsvorgänge in Behörden und privaten Unternehmungen. Stuttgart 1955 a (dtsch. Übers.).
– Recent Advances in Organization Theory. In: Research Frontiers in Politics and Government, Washington 1955 b, S. 23–44.

– Models of Man, Social and Rational: Mathematical Essays on Rational Human Behavior in a Social Setting, New York-London 1957.
– The Role of Expectations in an Adaptive or Behavioristic Model. In: Mary Jean Bowman (Hrsg.), Expectations, Uncertainty, and Business Behavior, New York 1958, S. 49–58.
– Theories of Decision-Making in Economics and Behavioral Science. The American Economic Review 49 (1959), S. 253–283.
– The New Science of Management Decision, New York 1960.
– The Architecture of Complexity. Proceedings of the American Philosophical Society 106 (1962), S. 467–482.
– On the Concept of Organizational Goal. Administrative Science Quarterly 9 (1964), S. 1–22.
– The Logic of Rational Decision. The British Journal for the Philosophy of Science 16 (1965), S. 169–186.
Simon, Herbert A. / Allen Newell, Simulation and Human Thinking. In: Martin Greenberger (Hrsg.), Management and the Computer of the Future, New York 1962, S. 95–114.
Simon, Herbert A. / Donald W. Smithburg / Victor A. Thompson, Public Administration, New York 1950.
Simpsus, Richard L. / William H. Gulley, Goals, Environmental Pressures, and Organizational Characteristics. American Sociological Review 27 (1962), S. 344–351.
Singer, E. A., Jr., Experience and Reflection, Philadelphia 1959.
Sjoberg, Gideon, Contradictory Functional Requirements and Social Systems. The Journal of Conflict Resolution 4 (1960), S. 198–108.
Slater, Philipp E., Role Differentiation in Small Groups. American Sociological Review 20 (1955), S. 300–310.
Smelser, Neil J., Theory of Collective Behavior, New York 1963,
Sofer, Cyril, The Organization From Within. A Comparative Study of Social Institutions Based on a Sociotherapeutic Approach, Chicago 1962 (Erstausgabe London 1961).
Sombart, Werner, Die drei Nationalökonomien, München–Leipzig 1930.
Sonderegger, Fritz, Das Prinzip der Erhaltung der Unternehmung als Grundproblem der modernen Betriebswirtschaft, Berlin 1950.
Sorokin, Pitirim A. / Robert K. Merton, Social Time: A Methodological and Functional Analysis. The American Journal of Sociology 42 (1937), S. 615–629.
Spann, R. N., The Study of Organizations. Public Administration 50 (1962), S. 387–405.

Spinoza, Ethik.

Stahlmann, Jürgen, Organisation, Entscheidung und Kommunikation, Göttingen 1960 (Diss.).

Stammler, Rudolf, Lehrbuch der Rechtsphilosophie, 3. Aufl., Berlin–Leipzig 1928.

Starbuck, William H., Level of Aspiration Theory and Economic Behavior. Behavioral Science 8 (1963), S. 128–136.

Stedry, Andrew C., Budget Control and Cost Behavior, Englewood Cliffs/N.Y. 1960.

Steinbeck, Brigitte, Einige Aspekte des Funktionsbegriffs in der positiven Soziologie und in der kritischen Theorie der Gesellschaft. Soziale Welt 15 (1964), S. 97–129.

Stern, Klaus, Zur Grundlegung einer Lehre des öffentlich-rechtlichen Vertrages. Verwaltungsarchiv 49 (1959), S. 106–157.

Stern, William, Person und Sache. System des kritischen Personalismus, Bd. I, 2. Aufl., Leipzig 1923.

Stevenson, Charles L., Ethics and Language, New Haven 1944.

Stoedter, Rolf, Öffentlich-rechtliche Entschädigung, Hamburg 1933.

Stogdill, Ralph M., Individual Behavior and Group Achievement, New York 1959.

Storing, Herbert J., The Science of Administration: Herbert A. Simon. In: Herbert J. Storing (Hrsg.), Essays on the Scientific Study of Politics, New York 1962, S. 63–150.

Straus, Murray A., Deferred Gratification, Social Class, and the Achievement Syndrome. American Sociological Review 27 (1962), S. 326–335.

Strauss, George, Tactics of Lateral Relationships: The Purchasing Agent. Administrative Science Quarterly 7 (1962), S. 161–186.

– Some Notes on Power Equalization. In: Harold J. Leavitt (Hrsg.), The Social Science of Organizations: Four Perspectives, Englewood Cliffs/N.J. 1963, S. 38–84.

Strother, George B., Problems in the Development of a Social Science of Organization. In: Harold J. Leavitt (Hrsg.), The Social Science of Organization: Four Perspectives, Englewood Cliffs/N.J. 1963, S. 3–37.

Suppes, Patrick, The Philosophical Relevance of Decision Theory. The Journal of Philosophy 58 (1961), S. 605–614.

Tannenbaum, Arnold S., Control and Effectiveness in a Voluntary Organization. The American Journal of Sociology 67 (1961), S. 33–46.

Tannenbaum, Robert / Irving Weschler / Fred Massarik, Leadership and Organization, New York–Toronto–London 1961.

Tenbruck, Friedrich H., Zur deutschen Rezeption der Rollentheorie. Kölner Zeitschrift für Soziologie und Sozialpsychologie 13 (1961), S. 1–40.

Thayer, Lee O., Administrative Communication, Homewood/Ill. 1961.

Theisinger, Karl, Grundsätze der Betriebsorganisation. In: Festschrift Wilhelm Kalveram, Berlin–Wien 1942, S. 141–151.

Thibaut, John W. / Harold H. Kelley, The Social Psychology of Groups, New York 1959.

Thomas von Aquino, Summa contra Gentiles.

Thompson, James D., Decision-Making, the Firm, and the Market. In: Cooper/Leavitt/Shelly II, aaO, S. 334–348.

Thompson, James D. / Frederick L. Bates, Technology, Organization, and Administration. Administrative Science Quarterly 2 (1957), S. 325–343.

Thompson, James D. / William J. McEwen, Organizational Goals and Environment. Goal-Setting as an Interaction Process. American Sociological Review 23 (1958), S. 23–31. Neu gedruckt in: Dorwin Cartwright/Alvin Zander, Group Dynamics, 2. Aufl., Evanston/Ill. – London 1960, S. 472–484.

Thompson, James D. / Arthur Tuden, Strategies, Structures, and Processes of Organizational Decision. In: James D. Thompson u. a., Comparative Studies in Administration, Pittsburgh 1959, S. 195–206.

Thompson, Victor A., The Regulatory Process in OPA-Rationing, New York 1950.

– Modern Organization, New York 1961.

– Bureaucracy and Innovation. Administrative Science Quarterly 10 (1965), S. 1–20.

Thrall, Robert M. / Clyde H. Coombs / Robert L. Davis (Hrsg.), Decision Processes, New York–London 1954.

Tönnies, Ferdinand, Zweck und Mittel im sozialen Leben. In: Erinnerungsgabe für Max Weber, Bd. 1, München–Leipzig 1923, S. 235–270.

– Gemeinschaft und Gesellschaft. Nachdruck der 8. Aufl. (1935), Darmstadt 1963.

Trow, Martin, The Democratization of Higher Education in America. Europäisches Archiv für Soziologie 3 (1962), S. 231 bis 262.

Truman, David B., The Governmental Process. Political Interests and Public Opinion, New York 1951 (8. Druck 1962).

Turner, Ralph H., The Navy Disbursing Officer as a Bureaucrat. American Sociological Review 12 (1947), S. 342–348.

Udy, Stanley H., Technical and Institutional Factors in Production Organization: A Preliminary Model. The American Journal of Sociology 67 (1961), S. 247–254.

Urwick, Lyndall F., Grundlagen und Methoden der Unternehmensführung, Essen 1961 (dtsch. Übers.).

Vallier, Ivan, Structural Differentiation, Production Imperatives and Communal Norms: The Kibbutz in Crisis. Social Forces 40 (1962), S. 223–242.

Vickers, Geoffrey, The Undirected Society: Essays on the Human Implications of Industrialization in Canada, Toronto 1959.

– The Art of Judgment: A Study of Policy Making, London 1965.

Visalberghi, Aldo, Remarks on Dewey's Conception of Ends and Means. The Journal of Philosophy 50 (1953), S. 737 bis 753.

Viteles, Morris S., Motivation and Morale in Industry, New York 1953.

Vokuhl, Peter, Die Anwendung der linearen Planungsabrechnung in Industriebetrieben, Berlin 1965.

Waldo, Dwight, Comparative Public Administration: Prologue, Problems, and Promise. Papers in Comparative Public Administration. Special Series No. 2, Chicago 1964.

Walter, Benjamin, Internal Control Relations in Administrative Hierarchies. Administrative Science Quarterly 11 (1966) S. 179–206.

Warner, W. Keith / A. Eugene Havens, Goal Displacement and the Intangibility of Organizational Goals. Administrative Science Quarterly 12 (1968), S. 539–555.

Weber, Karl, Planung mit der »Critical Path Method« (CPM). Industrielle Organisation 32 (1963 a), S. 1–14.

– Planung mit der »Program Evaluation and Review Technique« (PERT). Industrielle Organisation 32 (1963 b), S. 35–50.

Weber, Max, Gesammelte Aufsätze zur Wissenschaftslehre, 2. Aufl., Tübingen 1951.

– Knies und das Irrationalitätsproblem. Neu gedruckt in: Max Weber, aaO, 1951.

– Wirtschaft und Gesellschaft, 4. Aufl., Tübingen 1956.

Weiner, Milton G., Observations on the Growth of Information-Processing Centers. In: Rubenstein/Haberstroh, aaO, S. 147–156.

Weller, Th., Einordnung der Finanzierung in den Rahmen der Betriebswirtschaftslehre. Zeitschrift für Betriebswirtschaft 32 (1962), S. 142–164.

Weltz, Friedrich, Vorgesetzte zwischen Management und Arbeitern, Stuttgart 1964.

White, C. Michael, Multiple Goals in the Theory of the Firm. In: Boulding/Spivey, aaO, S. 181–201.

Whyte, William F., Human Relations in the Restaurant Industry, New York 1948.

– Men at Work, Homewood/Ill. 1961.

Whyte, William F., u. a., Lohn und Leistung, Köln–Opladen 1958 (dtsch. Übers.).

Wiener, Norbert, Cybernetics, or Control and Communication in the Animal and the Machine. Paris 1948 (dtsch. Übers. der 2. Aufl.: Kybernetik, Düsseldorf-Wien 1963).

Wieser, Wolfgang, Organismen, Strukturen, Maschinen. Zu einer Lehre vom Organismus, Frankfurt 1959.

Wildavsky, Aaron, The Politics of the Budgetary Process, Boston-Toronto 1964.

Wilensky, Harold, Human Relations in the Workplace. Appraisal of Some Recent Research. In: Conrad Arensberg u. a. (Hrsg.), Research in Industrial Human Relations. New York 1957, S. 25–54.

Willems, Emilio, Innere Widersprüche im Gefüge primitiver Kulturen. Kölner Zeitschrift für Soziologie und Sozialpsychologie 8 (1956), S. 206–223.

Williamson, Oliver E., The Economics of Discretionary Behavior: Managerial Objectives in a Theory of the Firm, Englewood Cliffs/N.J. 1964.

Wilson, James Q., Innovation in Organization: Notes Toward a Theory. In: James D. Thompson (Hrsg.), Approaches to Organizational Design, Pittsburgh 1966, S. 193–223.

Wittmann, Waldemar, Lineare Programmierung und traditionelle Produktionstheorie. Zeitschrift für handelswissenschaftliche Forschung 12 (1960), S. 1–17.

Wöhe, Günter, Einführung in die Allgemeine Betriebswirtschaftslehre, 6. Aufl., Berlin–Frankfurt 1964.

Wolff, Hans J., Verwaltungsrecht II, München–Berlin 1962.

– Verwaltungsrecht I, 6. Aufl., München–Berlin 1965.

Wolff, Christian, Ius Gentium Methodo Scientifica Pertractatum, Oxford-London 1934 (Carnegie Classics of International Law).

Wolin, Sheldon S., Politics and Vision: Continuity and Innovation in Western Political Thought, Boston–Toronto 1960.

Worthy, James C., Organizational Structure and Employee Morale. American Sociological Review 15 (1950), S. 169–179.

Wright, Georg H. von, Deontic Logic. Mind 60 (1951), S. 1–15.

– On the Logic of Negation. Societas scientiarum Finnica, Commentationes physico-mathematicae XXII, 4, Helsinki 1959.

– Practical Inference. Philosophical Review 72 (1963), S. 159 bis 179.

Wundt, Wilhelm, Ethik. Eine Untersuchung der Tatsachen und Gesetze des sittlichen Lebens, Bd. I, 3. Aufl., Stuttgart 1903.

– Logik. Bd. II, 4. Aufl., Stuttgart 1920.

– Logik. Bd. I, 5. Aufl., Stuttgart 1924.

Yuchtman, Ephraim / Stanley E. Seashore, A System Resource Approach to Organizational Effectiveness. American Sociological Review 32 (1967), S. 891–903.

Zald, Mayer N., Power Balance and Staff Conflict in Correctional Institutions. Administrative Science Quarterly 7 (1962), S. 22–49.

Zald, Mayer N. / Patricia Denton, From Evangelism to General Service: The Transformation of the YMCA. Administrative Science Quarterly 8 (1963), S. 214–234.

Zaleznik, Abraham / C. Roland Christensen / Fritz J. Roethlisberger, The Motivation, Productivity and Satisfaction of Workers: A Prediction Study, Boston 1958.

Abstraktion von Werten 36 f.
s. Generalisierung, Spezifikation
Abweichungen 330 ff.
Ähnlichkeit der Teile des Ganzen 173 f.
Änderung
s. Zweckänderung
Äquivalenz, funktionale 120, 168, 197 f., 236
Aggregation individueller Werte 38
Algorithmus
s. Kalkülisierung
Alter ego 14
Alternativen 25 ff., 197 f.
Angemessenheit der Mittel 88
Anpassungszeit, Verkürzung von 295 f.
Anreize, finanzielle und nichtfinanzielle 131 f.
Anspruchsniveau 114 f., 117 f., 122
Anstalt 219
Arbeitsteilung 121, 280 f.
s. Differenzierung von Systemen
Asymmetrie der Kausalbeziehung 29 f.
Aufbau/Ablauf 64 ff., 121 f.
Aufgaben 57 f., 99 Anm. 31
Aufgabennormen 98
Außen/Innen-Differenz 129
Außenverkehr 74 f.
Automation 255 f., 316 ff.
Autonomie 104 f., 143, 177, 211

Befehl 83 f.
Befehlsmodell der Organisation 60, 77
Befriedigung als Bestandsgrundlage 145 Anm. 107
Beschleunigung der Anpassung 294 f.
Bestand eines Systems 62 ff., 124 f., 143 ff.
Bestimmtheit der Zwecke 211 ff.
s. Operationalisierung, Spezifikation
Bezugseinheit
s. Funktionale Methode
Brauchbarkeitsbedingungen 117 f., 127 f.

Ceteris paribus-Klausel 197, 242 Anm. 105

Darstellung 149 f.
Dienstideologie 140 f., 220 f.
Dienstweg 81 ff.
Differenzierung
– von Systemen 185 f., 245, 270 ff.
– von Umwelten 164, 184 f., 188, 201 ff., 244 f., 251 ff.
Doppelführung 83 ff.

Eignungsanalyse/Wertanalyse 199 Anm. 48
Einheit
– der Leitung 82 f.
– von Kausalfaktoren 34 f.
Elastizität der Systemstruktur 120 f.
Engagement, persönliches 207 f.
Entscheidung 35
–, befriedigende 114 ff.
–, einzig-richtige 37 f., 50, 65, 109, 114, 119 f., 161 s. Optimierung
–, programmierende und programmierte 296 ff.
–, suboptimale 115 f.
– über Entscheidungen 338
– über Programme
s. Positivität
Entscheidungsprämissen, Struktur als 66 f., 257 f., 337 f.

Entscheidungsprogramme
s. Programmierung
Entscheidungsprozeß 199 Anm. 48, 296 ff.
s. Mehrstufigkeit
Entscheidungstheorien/Systemtheorien 313, 345 ff.
Entwicklungsländer 218 f.
Erleben, alltägliches 21 ff.
Ermessen 100 ff.
Ethik 89, 107
Expressive/instrumentelle Variable 147 ff.
s. Doppelführung

Feedback 158 f.
Fehler 330 f.
Fließband 299
Führungsfunktionen 83 ff.
Funktion, betriebswirtschaftliche 57
- Kausalorientierung 29 ff., 193 ff.
- der Werte 35 f., 198 f.
-/Struktur 260 ff.
- von Zwecken 23 f., 46 ff., 166 ff., 179 ff.
Funktionale Methode 120, 156, 168, 348 f.
-, Bezugseinheit der 153, 168
Funktionen, latente 123 f., 247 Anm. 110

Ganzes/Teil 56 ff., 171 ff.
Gefängnisse 232
Gefühl 208 f.
Geld 205 f.
Gemeinwohl 63 f., 90, 217 f.
Generalisierung, koordinierende 189 f.
- von Werten 36
- von Zwecken 189 f., 200 f., 212 ff.
Gesetzgebung, Zunahme von 98 f.
Gesetzmäßigkeit der Verwaltung 100 f.
Gewaltenteilung 93, 94 Anm. 17
Gewinnmaximierung 109 f., 215 Anm. 62
s. Profitmotiv
Gewißheitsäquivalente 203 f.
Gleichheit 194 Anm. 43
s. Vergleich

Handlung 7 f.
- als Mittel 16 f.
Handlungszweck 7 f., 59, 166 f.
Herrschaftstheorien 55 f., 70
Heterogonie der Zwecke 41 f., Anm. 37
Hierarchie 70 ff., 300 f.
Horizontale Beziehungen 66 f., 82 f., 300 f.
Human relations 131 ff., 145 f.

Identität 149 f.
s. Einheit
Indifferenz 120 f., 132 f., 190, 198 f., 205 f., 271 f., 280, 295
Indikatoren als Kontrollhilfe 329 f.
Inkongruente Perspektiven 150 f., 344
Innen/Außen-Differenz 175 f.
Innovation 80
Input/Output-Modell 248 ff., 258
Institution als Bestandsgrundlage 146 f.
Institutionalisierung von Reduktionen 183 f., 244
Instrumentelle/expressive Variable 147 ff.
s. Doppelführung
Intersubjektivität 18 f.
Ius eminens 63 f., 91

Juristische Argumentation 246

Kalkülisierung 316 ff.
Kausalerklärung von Systemen 194 f.
Kausalgesetze 27, 169, 196 ff.
Kausalität 19 f., 24 ff., 168 f., 194 ff.

– und Input/Output-Modell 250 f.
Knappheit 191, 210 f.
– von Zeit 305 ff.
Koalition 135 ff.
Körperschaft 219
Kompetenznormen 98
Komplexität 19, 155 f., 349
Konditionalprogramme 101 ff., 242 f., 317 f.
Konflikte 229 ff.
–, innerorganisatorische 68, 233 ff., 281 f.
Konkurrenz, perfekte 178 f., s. Markt
Konsens 132 ff.
– als funktionales Äquivalent für Zweckprogramme 240 f.
Konsenstheorien 60, 68 ff.
Kontrolle 322 ff.
Koordination 75, 273
Korruption 218 f.
Krisen 192, 295, 326 ff.
Kriterien, sekundäre (neben einem Zweck) 215 ff., 227 f., 246
Kybernetik 157 ff.

Liquidität 204 Anm. 51, 206, 215
Lust 208

Macht 105, 206 f.
Markt 108 f., 178 f., 184
Maschinenmodell der Organisation 60, 77
Mechanismen, reflexive 338
Medien, generalisierte 201 ff.
Mehrstufigkeit des Entscheidungsprozesses 119 f., 127, 326 ff. s. Positivität
Mißbrauch 100
Mitglieder/Nichtmitglieder 142 f.
Motivation 68 ff., 128 ff., 215
Multifunktionalität 237

Nebenbedingungen 115 ff., 290 ff.
Nebenbestimmungen 285 ff.
Netzplanung 299 f., 309
Neuerungen s. Innovation, Zweckänderung
Neutralisierung von Nebenfolgen 12 f., 44 ff., 61, 108 ff., 198 ff., 231

Ontologie 9 f.
Operationalisierung 113 f., 316 ff. s. Bestimmtheit
Opportunismus 40, 47 ff., 200 f., 203, 233, 263 f. s. Neutralisierung
Optimierung 106 ff., 278 f.
Organisation 261, 337 ff.
–, formale/informale 144 f.
Organisationen, therapeutische 226, 232
Organisationslehre, klassische 55 ff., 278 f., 280 f., 322 f.
Organisationsloyalität 139 f.

Parteien, politische 222 f.
Planung
– und Ausführung 296 ff.
– und Kontrolle 323 ff., 336
Politik/Verwaltung 218
Politisches System 89 ff., 105 f., 216 ff.
Polizeistaat 88 ff.
Positivität der Programmierung 104 ff., 191, 269 f. s. Mehrstufigkeit
Probleme
–, permanente und lösbare 311 ff.
–, Programmierung von 261, 265 f.
–, Verkleinerung durch Umdefinition 181 ff., 190 ff., 273 ff., 311 ff.
Produktionsfunktion 28, 252 Anm. 114
Profitmotiv 74 s. Gewinnmaximierung
Programmierung 255 s. Konditionalprogramme, Zweckprogramme
–, lineare 286

Programmstruktur/Stellen-
struktur 187 Anm. 36
Publikum/Verwaltung 219

Quantifikation der Handlungs-
folgen 110

Rationalität 14 ff.
Rechtsbegriff, unbestimmter
100 ff.
Rechtsstaat 64, 92 ff., 218
Rechtswissenschaft 88 ff.
Reflexive Mechanismen 338
Regelung
s. Kybernetik
Relativität von Zweck und
Mittel 266 ff., 296
Rückkoppelung 158 f., 334

Schlendrian 137 Anm. 96
Schulen 221 f.
Scientific management 121
Selbstprogrammierung
s. Positivität
Selbstzweck 16, 33, 91
Selektivitätsverstärkung
185 f., 338
Service public 99 f.
Sinn 176 f.
Sinnerfüllung 33 f.
Souveränität 217
Sozialdimension 14
Sozialstaat 105 f.
Spezifikation der Werte 36
– und Unendlichkeit 33 f.
– von Zwecken
188 f., 201 ff., 211 ff.
Spontaneität 149 Anm. 115
Staatsräson 63, 90
Stäbe 81
Stellenstruktur/Programm-
struktur 187 Anm. 36
Stiftung 219 f.
Stoppregeln für Suche nach
Alternativen 288 f.
Struktur/Funktion 260 ff.
–/Prozeß 64 ff.
s. Mehrstufigkeit, Ent-
scheidungsprämissen
Stufenfunktion 122 f.
Subjektivität des Zwecks
11 ff., 18 f., 182 f.
Substanzerhaltung 153
Symbolische Identifikation 149 f.
System
s. Bestand
–, Begriff 7
–, Kausalerklärung von 194 f.
– grenzen 195 f., 264
s. Innen/Außen-Differenz,
Input/Output-Modell
– referenzen, Mehrheit von
272 f.
– theorie 171 ff.
– theorie/Entscheidungstheorie
313, 345 ff.
– zweck 7 f.

Teil
s. Ganzes/Teil
Teleologie 18 ff., 128 f.
Telos 10 ff., 18 s. Ethik
Terminplanung 309 f.
s. Zeit
Transitivität 31 Anm. 15, 37 ff.

Überspezifikation des Zwecks
218, 236 f.
Umweltdifferenzierung 164,
184 f., 188, 201 ff., 244 f.,
251 ff.
Umweltentwurf, subjektiver
182 f., 243
Unbestimmtheit der System-
struktur 186, 211 ff., 245 f.
Unendlichkeit des Kausal-
kontextes 25, 32 ff., 193,
195 f., 264
Ungewißheit, externe/interne
326
Unternehmerstandpunkt 70 ff.
Unterspezifikation des Zwecks
218 f., 236 f.
Unvorhersehbarkeit von Umwelt-
änderungen 162 f.

Verantwortlichkeit für Untergebene 78 f.
Verantwortung 321
Vereine 138 f., 223 ff.
Vergleich 49 Anm. 50, 168 f.
– als Kontrollhilfe 330 ff.
Vertagung von Befriedigung 304 f.
Verwaltung 217 ff., 252 f.
Voraussicht, fehlende 162 f., 204 f.
Vorstellung, Zweck als 12 f., 18
Vorwerfbarkeit von Abweichungen 335 f.

Wahrheit 209 f.
– des Zwecks 12 f., 18 ff., 107 f., 343 f.
Welt 176 f., 196
Wertbegriff 36 f.
Werte 24, 33 ff.
Wertehierarchie 38
Wertfreiheit 347 f.
Widersprüchlichkeit von Werten und Zwecken 37, 236 ff.
Wiederholungsstruktur des Entscheidungsprozesses 199 Anm. 48
Wille 13
Willkürlichkeit der Zwecksetzung 107 s. Subjektivität
Wirtschaftlichkeitsprinzip 108 ff.
Wirtschaftsbetrieb 214 f., 252
Wirtschaftswissenschaften 20, 88, 106 ff.
Wissenschaften, Mehrheit von analytisch getrennten 20 f., 107, 312 f., 343 ff.

Zeit 51 ff., 181 Anm. 23, 255, 298, 303 ff.
Zeitabstand zwischen Zweck und Mittel 51 ff., 189 f., 255, 303 ff.
Zweck
– als Grundbegriff und als Gegenstand der Forschung 125 ff., 249
– als Vorstellung 12 f., 18
–, Komplizierung des 284 f.
–/Mittel-Ketten 267 ff., 292 ff.
–/Mittel-Schema 42 ff., 266 ff.
–/Mittel-Umkehrung 274
–/Mittel-Verschiebung 273 f., 296
–/Mittel-Vertauschung 203, 223, 273 ff.
–, rechtliche Relevanz 95 ff.
–, Vielzahl 61 s. Widersprüchlichkeit
–, Wahl von 126 f., 211 f. s. Positivität
–, wiederholbare 239
– änderung 211 f., 285 f., 293 f.
– motivation 139 f.
– programme 101 ff., 127, 239 f., 257 ff.
– –, Mehrgliedrigkeit s. Zweck/Mittel-Ketten
– –, Mehrstufigkeit 284 ff.
– streben, Darstellung von 149 f.
– widersprüche s. Widersprüchlichkeit
Zufriedenheit 208 s. Befriedigung
Zukunft 20

Suhrkamp Verlag GmbH
Torstraße 44, 10119 Berlin
info@suhrkamp.de
www.suhrkamp.de